中国外交

China's Foreign Affairs

2007年版

中华人民共和国外交部
政　策　研　究　司　编

2006年11月5日，中国国家主席胡锦涛出席中非合作论坛北京峰会在北京人民大会堂北大厅举行的《中非合作论坛北京峰会宣言》宣读仪式。图为宣读仪式结束后，胡锦涛和论坛非洲成员国代表团团长以及非盟委员会主席科纳雷集体合影。

2006年6月14日，为纪念上海合作组织成立5周年，中国国家主席胡锦涛、哈萨克斯坦总统纳扎尔巴耶夫、吉尔吉斯斯坦总统巴基耶夫、俄罗斯总统普京、塔吉克斯坦总统拉赫莫诺夫、乌兹别克斯坦总统卡里莫夫在上海共植纪念树。

2006年7月17日，中国国家主席胡锦涛出席在俄罗斯圣彼得堡举行的八国集团同中国、印度、巴西、南非、墨西哥、刚果（布）6个发展中国家领导人对话会议。图为出席会议的领导人合影。

2006年11月19日，中国国家主席胡锦涛出席在越南举行的亚太经合组织第十四次领导人非正式会议第二阶段会议。图为亚太经合组织各成员领导人身穿越式传统服装，集体在河内国家会议中心西岛合影留念。

2006年9月10日，中国国务院总理温家宝出席在芬兰首都赫尔辛基举行的以“共同应对全球挑战”为主题的第六届亚欧首脑会议开幕式。图为与会的亚欧领导人在开幕式上合影留念。

2006年10月30日，中国国务院总理温家宝出席在广西南宁举行的中国－东盟建立对话关系15周年纪念峰会。图为温家宝与东盟10国领导人在峰会开幕式上合影。

2006年4月5日，中国国务院总理温家宝出席在斐济举行的“中国一太平洋岛国经济发展合作论坛”首届部长级会议。图为温家宝出席开幕式并发表题为《加强互利合作　实现共同发展》的主旨讲话。

2006年5月31日，中国一阿拉伯国家合作论坛第二届部长级会议在北京开幕。中国国务委员唐家璇出席开幕式并发表讲话。

2006年10月21日，外交部举办“公众开放日”大学生专场活动，外交部长李肇星热情回答同学们的提问。

2006年5月30日，中国外交部副部长杨洁篪访问格林纳达期间，前往中国援建的格国家体育场项目工地，看望中国援外人员。

2006年12月17日，中国外交部副部长、中国代表团团长武大伟在北京钓鱼台国宾馆为参加朝核问题第五轮六方会谈第二阶段会议的外方代表团团长举行欢迎晚宴。图为韩国代表团团长千英宇（左一）、日本代表团团长佐佐江贤一郎（左二）、美国代表团团长希尔（左三）、中国代表团团长武大伟（右三）、朝鲜代表团团长金桂冠（右二）和俄罗斯代表团团长拉佐夫在欢迎晚宴前握手。

2006年8月27日，在刚果（金）东部南基伍省省会布卡武，联合国驻刚果（金）第五批维和部队中的中国维和工兵分队的队员们向因公殉职的第一批分队队员付清礼烈士的祭碑敬礼。

2006年11月1日，埃塞俄比亚首都亚的斯亚贝巴迎来一批来自中国的青年志愿者。这些青年志愿者将在埃塞俄比亚展开为期一年的计算机、汉语教学、农业技术推广、医疗卫生等方面的志愿服务，在国际志愿服务舞台上展现中国青年的风采。

2006年4月底，东帝汶局势出现动荡。从5月底开始，局势恶化并造成人员伤亡。5月29日，中国政府派两架包机从帝力一次性撤离243名侨胞。图为侨胞乘专机抵达厦门。

2006年11月3日，参加中非合作论坛北京峰会报道的部分非洲记者来到2008年奥运会主会场国家体育场“鸟巢”工地参观采访。

外交部长序

2006年是我国国民经济和社会发展“十一五”规划开局之年，我国经济平稳快速增长，和谐社会建设取得新的成就。

2006年，我们高举和平、发展、合作的旗帜，坚持独立自主的和平外交政策，坚定地走和平发展道路，努力推动建设持久和平、共同繁荣的和谐世界。我们深化了与周边国家的睦邻友好和区域合作，稳定和发展了与各发达国家的关系，扩展了与广大发展中国家的团结与合作，积极开展多边外交，在朝鲜半岛核问题、伊朗核问题等热点问题上发挥了建设性作用。我国成功举办上海合作组织成立5周年峰会、中国—东盟建立对话关系15周年纪念峰会和中非合作论坛北京峰会，全面提升了对外交往与合作水平。

人民外交为人民。我们坚持以人为本、执政为民，维护中国公民和法人在海外的正当权益，在领事保护方面做了大量富有成效的工作。

我们庆幸能在外交战线报效祖国，服务人民，为世界和平与共同发展的崇高事业贡献力量。

《中国外交》(2007 年版)介绍了过去一年的中国外交，力求理论结合实践，以满足读者的需要。我相信，该书将传达这样的信息：中国人民热爱和平，是世界各国人民的真诚朋友与伙伴。

楊潔篪

2007 年 6 月 6 日

目　录

第二章　2006 年的中国外交

第三章　中国与各建交国家的关系

第四章　中国与国际和地区组织的关系

第五章　中国外交中的条约法律工作

第六章　中国外交中的新闻工作

第七章　中国外交中的领事工作

* 仅指东亚、东南亚、南亚。——编者

第一章

2006 年的国际形势

2006 年，国际形势总体保持稳定，局部动荡加剧，热点问题持续升温，各种矛盾错综复杂，国际关系调整日益深化。

1. 概　述

(1) 国际力量竞相发展，大国间合作与协调增多

美国相继出台一系列重要政策文件，继续将反恐、防扩散和遏制伊斯兰极端主义作为全球安全战略的主要目标，推行“变革外交”，实施“大中亚计划”，继续推进“大中东计划”，加大对亚太地区的投入。但美内政外交面临的挑战与困难增多，共和党在中期选举中失利，布什政府对外行动能力受到影响。欧盟在反思和调整的基础上逐步推进一体化进程，加强在能源、移民等问题上的务实合作，努力在国际事务中发挥更大作用。俄罗斯在政、经稳定和复兴方面取得显著进展，进一步完善强国富民战略，提出“主权民主”观，外交上更加积极主动。日本新政权上台，修复与邻国关系，加强日美同盟，加快成为“正常国家”的步伐。中国、印度、巴西、南非等新兴发展中大国保持较快

发展势头。

全球化深入发展使各国间相互依存进一步加深，利益交融和碰撞增加，国际协调合作与竞争摩擦均在发展。各主要力量在维护国际和地区安全稳定方面的共同利益上升，务实合作增多，但在一些具体问题上的利益分歧也更为明显。

（2）热点问题集中升温，国际安全形势复杂严峻

朝鲜先后进行导弹试射和核试验，东北亚和平稳定受到严重冲击。在各方共同努力下，六方会谈重新启动。伊拉克成立伊战后首届政府，完成政治过渡进程，但伊教派冲突、反美活动和恐怖袭击频发，安全形势持续动荡。黎巴嫩与以色列爆发激烈冲突。巴勒斯坦哈马斯上台组阁，与法塔赫矛盾突出。以色列政府国内支持率下降。巴以间冲突不时激化，中东和平进程举步维艰。伊朗重启铀浓缩活动，欧三（英法德）与伊谈判破裂，伊核问题紧张局势不断升级。苏丹达尔富尔问题引起国际社会高度关注。热点问题之间相互联系，相互影响。

传统安全作为国际安全形势的主导因素再度突出的同时，非传统安全威胁在全球范围内仍普遍存在。伦敦未遂炸机事件等恐怖活动此起彼伏，国际恐怖主义呈继续发展和扩散的趋势。民族分裂势力、极端宗教势力在一些地区还相当活跃，环境污染、毒品走私、跨国犯罪以及严重传染性疾病等跨国问题日益突出。

（3）多边外交日益活跃，多边主义深入发展

国际和地区组织为各国间加强协调合作发挥了日益重要的作用。联合国特别是安理会在重大热点问题上的作用上升。安理会就朝核、伊核、苏丹达尔富尔等问题通过一系列重要决议。各方对联合国的重视和期待上升。在第 61 届联大上，各国领导人共同探讨如何加强以联合国为核心的多边机制，有效应对全球性挑战。新一届联合国秘书长选举竞争空前激烈。韩国前外长潘基文成功当选，接替安南成为新一届联合国秘书长。同时，亚太经合组织、亚欧会议等各种区域和跨区域多边合作深入发展。八国集团峰会及对话会议成为大国关系互动的重要平台。随着热点问题的升温，多边机制逐渐成为寻求解决问题的主渠道。朝核问题六方会谈、伊核问题六国会议等机制发挥着重要作用。通过多边合作应对各种共同挑战日益成为国际社会的重要共识。

(4) 软实力竞争对国际关系的影响增大

软实力日益成为综合国力竞争中的重要因素。各国更加重视软实力建设，运用各种资源和手段，努力提升国际形象，扩大国际影响。“国家年”、“文化年”、“交流年”等多种形式的文化交流和“文明对话”越来越多，世界不同文明交流融合的势头加强。另一方面，不和谐的事件也时有发生。“穆罕默德漫画事件”引发全球穆斯林的抗议浪潮，在一些国家演变成暴力冲突，影响波及数十个国家。此外，国际社会有关“保护的责任”、“人的安全”等国际关系理念的争论也在继续发展。

(5) 世界经济增长点增多，但发展失衡加剧

美国经济继续增长。欧盟25国和欧元区经济分别增长2.8%和2.7%，为6年来最高。日本经济步入自主性增长轨道。亚洲仍是全球经济增长最快地区。拉美、非洲、中东经济增长强劲。中国、印度、巴西等发展中大国经济快速发展。世界经济增长点更趋多元化，全球经济较上年增长5.1%。

全球贸易额继续较快增长，全年达7%。国际直接投资持续升温，全球跨国并购势头强劲。多哈回合谈判受挫。区域经济一体化趋势增强，双边及多边自贸区建设加快。区域经济合作从贸易、投资、服务等传统领域开始向知识产权、环境、劳工标准等新领域拓展。跨区域经济合作日趋活跃，北美、欧盟、亚洲三大经济板块联系日益紧密。国际经济政策协调趋于加强。

与此同时，世界经济发展不平衡问题更加突出。南北差距、贫富差距进一步拉大。世界主要国家为抑制通货膨胀持续升息，给宏观经济带来紧缩效应。国际贸易摩擦上升，贸易保护主义、经济民族主义抬头。

国际市场初级产品价格高涨，国际油价持续在高位振荡，最高飙升至78.4美元/桶。各国围绕能源资源的争夺加大，美欧日等均积极规划能源新战略。

2. 全球各地区形势

(1) 亚洲地区形势

2006 年，亚洲形势总体保持稳定，经济增长势头强劲，国家间的协调与合作进一步加强。区域合作向纵深推进。地区安全问题相对突出。

大国关系向积极方向发展。中美建设性合作关系进一步加强，在维护地区和平与稳定上的共同利益增多，相互沟通与协调增强。日新任首相成功访华，打开五年来的政治僵局，两国关系开始走上正常发展轨道。中俄战略协作伙伴关系深入发展。中印面向和平与繁荣的战略合作伙伴关系取得新进展。

亚洲经济持续快速增长。各国转变经济增长方式，加快经济结构调整，商品出口与国内需求增势强劲。企业赢利能力增强，吸引外资水平超过金融危机前水平。

区域合作进一步深化、务实。东盟启动制定“东盟宪章”，决定提前建立经济共同体，一体化进程明显加快。南盟启动自由贸易区建设，首次吸纳域外观察员。东盟与中日韩合作蓬勃发展。亚非峰会、亚洲—中东对话、东亚—拉美论坛相继举行高官会或工作组会议。以东盟地区论坛为代表的多边安全对话合作活跃。

另一方面，影响本地区和平与发展的不稳定、不确定因素依然存在。朝鲜进行核试验，联合国安理会通过了制裁朝鲜的决议。各方重返六方会谈，但朝鲜半岛核问题走向仍面临诸多不确定因素。阿富汗安全局势恶化。一些国家政治社会转型过程中的深层矛盾凸显。消除贫困，缩小发展差距，应对恐怖主义、跨国犯罪、环境恶化、自然灾害、传染性疾病等问题仍是亚洲各国面临的重要课题。

(2) 西亚北非地区形势

2006 年，西亚北非地区形势持续动荡，对国际形势产生复杂、深刻影响。

美国开始加快调整中东政策，在处理热点问题上，更加注重借助温和阿拉伯国家的力量，强调大国协调与合作。

伊拉克政治进程曲折进展。5 月，以什叶派人士马利基为总理的伊拉克战后首届正式政府成立，标志着伊拉克政治过渡进程基本完成。11 月，伊拉克前总统萨达姆因被指控迫害伊什叶派，被伊高等法院判处绞刑，并于12月30日被处死。12月16日，伊拉克民族和解大会在伊召开。但伊安全形势持续动荡，伊民众伤亡惨重。

中东和平进程陷入僵局。年初，巴勒斯坦伊斯兰抵抗运动（“哈马斯”）赢得巴立法委员会选举并组成新政府。以色列前进党赢得大选，奥尔默特出任总理。因哈马斯拒绝接受中东问题“四方”和以色列提出的放弃暴力等三项条件，以、美、欧遂对巴进行经济和政治封锁，巴经济困难日益严重，人道状况恶化。同时，巴内部哈马斯与法塔赫矛盾激化，双方多次交火。6月，哈马斯抓获一名以军士兵，以军重新进入加沙，以巴爆发军事冲突。7月，黎巴嫩真主党抓获两名以军士兵，黎以冲突爆发。8月12日，安理会通过了1701号决议，黎以停火。

伊朗核问题持续升温。6月1日，欧盟三国提出解决伊朗核问题“一揽子方案”。7月31日，安理会通过1696号决议，要求伊朗完全停止包括研发在内的所有铀浓缩相关活动，否则将予以制裁。8月31日，国际原子能机构总干事向安理会提交伊朗核问题报告，指出伊朗未暂停铀浓缩相关活动，机构无法确认伊朗核计划的和平性质。12月23日，安理会通过关于对伊朗进行在核、导领域制裁的1737号决议。

苏丹达尔富尔问题一波三折。5月，苏政府与主要反政府武装“苏丹解放运动”签署《达尔富尔和平协议》。8月，安理会通过1706号决议，决定由联合国派遣维和部队接管达尔富尔地区。苏丹政府反对。国际社会与苏展开广泛对话，安南秘书长提出由联合国和非盟“混合”维和的折衷方案，得到多方认可。苏政府宣布接受在达区部署联合国和非盟“混合”维和部队，但对维和部队规模等问题仍持保留态度。

地区国家因应形势变化，继续调整内外政策。阿拉伯国家第18届首脑会议、阿拉伯议会联盟第12届大会及海湾阿拉伯国家首脑会议先后召开，阿国联合推动中东和平进程的意愿上升，同时，海合会、阿盟都提出了和平利用核能的要求。

得益于国际高油价，地区产油国经济持续增长，能源和其他基础设施建设力度加大，带动地区国家继续调整经济结构。

（3）撒哈拉以南非洲地区形势

2006年，撒哈拉以南非洲政局总体保持稳定，经济增速加快，外交更加积极主动，与国际社会互动明显增多。

和平稳定因素继续增长，但仍有局部动荡。刚果民主共和国举行独立后首次大选，和平进程迈出关键步伐；大湖地区11国签署《安全、稳定与发展公约》并成立重建与发展基金，对中东部非洲和平稳定具有重要意义；尼日利亚与喀麦隆最终和平解决长达 13 年的巴卡西半岛领土争端；利比里亚、布隆迪等冲突后国家结束过渡期，局势步入正轨；厄立特里亚与苏丹实现关系正常化；乌干达国内和解进程取得新进展。另一方面，苏丹达尔富尔问题仍在，索马里局势动荡并牵动周边局势和地区国家关系，乍得、中非局势持续动荡，埃塞俄比亚和厄立特里亚对立有增无减，科特迪瓦和平进程停滞不前。为防止有关问题失控或恶化，非盟及次区域组织、地区大国、国际社会加大对有关热点问题的介入和干预，非盟三次做出延长在达尔富尔地区维和行动的决定，并积极与联合国及苏丹政府协调；欧盟向刚果民主共和国派遣维和部队，帮助稳定选举前后局势；联合国加大对索马里问题关注，安理会授权东非政府间组织（伊加特）向索派遣和平支助团并豁免对其武器禁运，以支持索马里过渡政府。

非洲特色民主政治继续发展，不时激发新的社会矛盾。2006 年，撒哈拉以南非洲 11 国大选总体顺利，其中 9 国执政党继续执政。乌干达举行实行多党制以来首次总统选举，刚果民主共和国首次举行多党大选。非盟明确重申反对违宪夺权，尼日利亚议会否决旨在延长总统任期的宪法修正案，南非总统明确表示不谋求第三任。非洲民主政治内涵不断扩展，突出“人权”、“良政”，非盟成立人权法庭，“非洲互查机制”成员增至 26 个，利比里亚前总统泰勒因战争罪和反人类罪被绳之以法，乍得前总统哈布雷因反人类罪由非盟授权塞内加尔设立法庭予以审判。另一方面，非洲国家政治形势日趋复杂，部分国家进入新一轮政权交替期，党派斗争激烈，政局不确定因素增多。

经济形势总体继续趋好，但发展不平衡加剧。撒哈拉以南非洲经济连续 12 年保持增长，2006 年增长率达 5.4%，其中产油国平均达 6.7%，其他资源和经济作物出口国达 4.8%，南非、尼日利亚等主要经济体增势平稳，坦桑尼亚、马达加斯加、喀麦隆等国推进宏观经济改革初见成效。但资源贫乏国家、内陆和小岛屿国家发展面临严重困难，与其他国家发展差距进一步拉大。非洲经济增长主要受外部因素拉动，中国、印度等亚洲国家对非贸易和投资增长成为推动非洲经济发展的重要因素之一，据世界银行测算，截至 2006 年底，非洲 1/3 产品销往亚洲。非洲区域经济一体化取得积极进展，非盟首脑会议决定优化区域经济合作布局，推动统一市场建设；南部非洲发展共同体加强内部机制协调与整合，博茨瓦纳、斯威士兰和津巴布韦三国签署《南共体金融议定书》，使该议定书正式进入批准、实施阶段；东非共同体做出接受卢旺达和布隆迪加入的政治决定。总体上看，非洲经济增长仍未达到实现联合国千年发展目标所需的水平。

外交更加主动活跃，与国际社会互动显著增多。在国际形势深刻、复杂变化的背景下，非洲在国际政治、反恐、能源、市场等方面的重要性凸显，世界主要力量从各自利益和全球战略出发加大对非关注和投入。美国将非洲确定为外交新战线，欧盟及主要成员国寻求与非洲建立新伙伴关系，八国集团逐步落实对非援助和减债承诺，日本加大对非全方位投入，“印度—巴西—南非对话论坛”向高层次发展，巴西与尼日利亚共同主办首届“南美—非洲峰会”并决定峰会机制化，韩国首次举办“韩非论坛”，俄罗斯、日本、德国、印度、巴西、韩国、伊朗、委内瑞拉等国领导人访非。非洲国家以此为契机积极开展多元外交，促进南南合作和南北对话，大力争取援助和投资，营造有利的发展环境。非洲努力扩大在国际事务中的话语权，在联合国改革和世贸组织谈判等重大问题上继续显示团结，坚持用一个声音说话，影响和作用进一步上升。

（4）独联体地区形势

2006 年，独联体地区形势总体稳定。

俄罗斯保持稳定、发展的势头。俄罗斯政府继续推进政治、社会、经济改革，提出医疗、教育、住房、农业四大工程。经济持续增长。车臣和平与重建取得进展。

白俄罗斯、塔吉克斯坦分别举行总统选举，两国在任总统均高票蝉联。2006 年 12 月 21 日，土库曼斯坦总统尼亚佐夫病逝。吉尔吉斯斯坦于 2006 年 11 月初和 12 月底两次修改宪法。12 月 19 日，吉尔吉斯斯坦政府集体辞职。德涅斯特河左岸、阿布哈兹、南奥塞梯地区举行独立公投。

独联体地区多边机制活跃。2006 年 6 月，欧亚经济共同体和集体安全条约组织同时在明斯克召开峰会。乌兹别克斯坦恢复在集体安全条约组织中的成员国地位。2006 年 5 月，“古阿姆”集团召开基辅峰会，决定升格为国际组织，更名为“民主与发展组织—古阿姆”。

独联体国家经济普遍增长，地区全年 GDP 增长 7.5%，其中俄罗斯 6.8%，阿塞拜疆达 34.5%。俄罗斯、哈萨克斯坦等国能源出口收入增加。

（5）欧洲地区形势

2006 年，欧洲地区形势总体保持稳定，但也存在一些不确定、不安定因素。

欧洲政治与安全局势

众多国家进入新一轮政局变化期。匈牙利、意大利、捷克、斯洛伐克、马其顿、黑山、波黑、瑞典、拉脱维亚、奥地利、荷兰 11 国相继举行大选，多数国家政权左右更迭。英、法领导人更替和换届提上日程。

法、英、匈等国相继爆发罢工和示威抗议活动。恐怖主义威胁在欧洲依然突出。欧洲排外主义倾向有所抬头。“穆罕默德漫画事件”、罗马教皇有关言论在伊斯兰世界引起强烈反响。欧洲国家内部文化、宗教矛盾有所突出，族群对立情绪发展。西巴尔干形势总体趋缓，黑山和平独立，科索沃最终地位问题的谈判进入关键阶段。

欧洲经济

欧洲经济逐步摆脱多年低迷状态，增长势头明显。欧盟特别是欧元区经济复苏加快，基本实现预期目标，2006 年，欧盟和欧元区 GDP 增长率分别为 2.8% 和 2.7%。德、法、意等主要大国经济出现不同程度好转，GDP 增长率分别达 2.7%、2.2%、1.9%。失业率有所下降，欧元区失业率由 2005 年 8.6%降至 2006 年的 7.9%。中东欧国家经济继续保持较快增长势头，通货膨胀和失业率得到有效控制。欧盟在出口增长的同时，内需、投资不断增加，经济增长的动力更加多元。但全球化对欧洲的负面影响显现，产业空心化加剧，失业率仍然高企，贸易保护主义和经济民族主义抬头。

欧盟一体化建设

欧盟继续审慎务实地逐步推进一体化建设。

（一）振兴经济、加强能源安全成为欧盟关注重点。欧盟签署了旨在开放欧盟成员国服务市场的指令，为欧盟内人员自由流动打开了大门。3 月，欧盟首脑会议通过了《欧盟能源战略》绿皮书，一致同意建立共同能源政策。会议还批准了欧委会提交的重启“里斯本战略”方案及一系列具体举措，提出加大对创新的投资，七年内建立 300 亿欧元欧洲创新风险基金，并改善商业环境，积极创造就业机会，争取在 2005 ~ 2007 年新增 600 万个工作机会。12 月，欧盟首脑会议决定 2007 年成立“欧洲理工学院”，加快推动欧盟能源市场自由化和对外执行共同能源政策等。

（二）进一步扩大趋于谨慎。欧盟对巴尔干国家入盟的努力再次给予鼓励。2007 年 1 月 1 日，欧盟正式吸纳保加利亚、罗马尼亚入盟，斯洛文尼亚加入欧元区。但同时，欧盟也强调“吸纳能力”和“入盟标准”，部分冻结与土耳其的入盟谈判。

（三）共同外交与安全政策建设取得扎实进展。欧盟积极参与解决中东、伊朗核、达尔富尔等热点问题，在波黑和刚果（金）开展国际维和行动。欧盟主要大国努力斡旋黎以冲突并迅速提供人道主义救援，为黎巴嫩重建筹款 12 亿美元。欧盟呼吁重启中东和平进程“四方路线图”，向巴基斯坦提供 5000 万欧元补充人道援助。欧委会还发表了对伊拉克政策文件，首次全面规划与伊正式关系。7 月 1 日，欧盟军备市场行为准则正式实施，欧盟向单一军备市场迈出了重要一步。从 2007 年 1 月 1 日起，欧盟战斗群初步具备行动能力。欧盟还出台了未来 20 年《欧盟防务能力与防务需求远景规划》，为防务能力建设的长远发展指明了方向。

经过一年多的反思和调整，欧盟各成员国在扩大、《欧盟宪法条约》等重大问题上态度更趋务实、谨慎和理性，内部共识有所增加。

欧美、欧俄关系

欧美关系持续改善和发展，高层往来频繁。美副总统切尼、国务卿赖斯、国防部长拉姆斯菲尔德等高官访欧，德总理默克尔、英首相布莱尔等欧洲国家领导人相继访美。6月，美总统布什访问奥地利和匈牙利，并出席欧美峰会，双方决定在重大国际和地区问题、能源、经贸合作等领域深化合作，并建立关于气候变化、清洁能源和可持续发展的高级别对话机制。但欧美围绕农产品补贴、美在欧洲设立"黑狱"等问题的利益摩擦和分歧依然存在。

欧俄关系总体稳定，但矛盾与分歧不时显现。欧盟国家对年初俄罗斯、乌克兰天然气之争深感震动。欧盟内部在对俄立场上存在分歧，法、德等传统大国重视俄的战略地位，主张与俄加强对话与协调，开展务实合作。波兰、波罗的海三国等中东欧新成员国则对俄疑虑较深。波兰否决了欧盟有关授权动议，致使11月欧俄赫尔辛基峰会未能按期启动欧俄新的《伙伴合作协定》谈判。但欧俄能源、经济、安全利益密切交织，双方均努力维护关系稳定发展。

北约

2006年，北约继续推进战略转型，能力建设取得一定进展。7月，北约领导的国际安全援助部队（ISAF）从美英联军手中全面接管阿富汗南部地区军事指挥权，自此承担起维护阿全境安全的责任。11月，北约首脑会议在里加召开。会议通过了宏观指导北约未来10～15年能力建设的《全面政治指导纲要》，宣布由25000人组成的北约快速反应部队正式建成并开始投入使用，提出将增强实施多国联合远征行动能力，提升战略空运、后勤、情报、指挥控制、防御网络与核生化攻击水平。会议欢迎阿尔巴尼亚、克罗地亚和马其顿加入北约的努力，表示将在2008年北约峰会时视三国达标情况发出入约邀请，同意吸收波黑、塞尔维亚和黑山加入北约"和平伙伴关系计划"，强调与格鲁吉亚、乌克兰加强双边对话机制，要求格、乌在地区安全问题上发挥更大作用。

欧盟与发展中国家关系

（一）加强与非洲国家协调与合作，力求从根源上解决非洲非法移民问题。11月，欧盟与非洲移民与发展问题部长级会议在利比亚召开。会议就非法移民问题产生的根源、引发的问题及在打击非法移民方面加强协调与合作等进行了探讨，发表了《的黎波里共同宣言》。欧盟决定加大援非力度，承诺到2010年至少将其对外援助占其GDP比例提高至0.56%，

2015 年提高至 0.7%，其中至少 50%用于援非；鼓励外国在非洲投资，帮助非洲产品进入欧洲市场，在 2008 年前商签新的欧非经济伙伴协定，2010 年前建立环地中海自由贸易区。会议还决定，定期召开有关非法移民的专家级会议和部长级会议，并在联合国等国际组织框架下加强欧非在该问题上的磋商。12 月召开的欧盟峰会决定，2007 年下半年在葡萄牙召开“欧非峰会”。

（二）欧盟与印度关系呈现积极发展的势头。2 月，法总统希拉克访印，全面提升双边关系。双方签署了“关于发展民用核能合作的联合宣言”，法表示理解并支持印度和平发展核能的诉求，呼吁国际核框架做出有利于印的调整。4 月，印度总理辛格访德，突出强调两国关系的战略性和加强经贸合作的重要性。欧盟视印为重要能源伙伴，双方首次在印度召开欧印能源大会。10 月，欧印举行第七次峰会，就欧印战略伙伴行动计划提出了执行报告。会晤强调扩大和深化经贸、科技合作、促进文化交流和人员往来，重申欧印基于共同民主价值观的“天然伙伴关系”。

（三）欧盟与拉美战略伙伴关系进一步深化。3 月，欧盟批准了对加勒比关系新战略的建议，致力于发展欧加“强有力的政治伙伴关系”。5 月，欧盟—拉美及加勒比地区首脑会议在维也纳举行，就推动欧拉战略伙伴关系发展，加强经贸、能源合作等进行了讨论，发表了《维也纳宣言》。会议宣布启动欧盟与中美洲五国自由贸易区谈判，就欧盟与安第斯共同体国家玻利维亚、厄瓜多尔、哥伦比亚和秘鲁启动自贸谈判达成一致，并提出五年内欧拉贸易和投资额翻一番的目标。

（6）北美大洋洲地区形势

2006 年，布什政府大力推动医保、移民制度等改革，遇到较大阻力；努力通过削减政府开支减少财政赤字，收到一定成效；进一步实施减税政策，呼吁国会通过减税永久化法案，以刺激经济增长，增加就业；继续推进能源改革，实现能源多元化，减少对海外能源依赖；强化国土安全，推动国会延长《爱国者法》到期条款限制。

在 11 月举行的中期选举中，共和党失去对参、众两院的控制权和多数州长职位，民主党时隔 12 年后重新掌控国会。

美国经济继续保持增长，全年国内生产总值（GDP）增速为 3.3%，四季度数据分别为 5.6%、2.6%、2.0%和 2.2%。股市繁荣，财政赤字减少，企业利润增加，通货膨胀和失业率均保持在较低水平。美联储 8 月停止调高联邦基金利率。但与此同时，美国经济存在房地产市场降温、汽车业疲软、贸易赤字再创新高、美元持续贬值等问题。

2006年美对外政策总体框架未变，但进行了一些新的调整。继续以反恐、防扩散为首要任务，加大在全球传播“自由民主”，提出并实施“变革外交”。继续以大中东地区为重点投入方向，同时增加对亚太等地区的关注和投入。保持大国关系总体稳定，较前更加重视多边合作。优先借助外交手段处理热点问题，同时对相关国家保持强大压力。推进全球军力部署调整，强化美战略优势。

中东仍是美对外战略投入重点，稳定伊拉克局势则是重中之重。美在伊维持14万驻军，继续寻求稳定伊拉克安全局势，推进伊政治和解和经济重建，促伊政府承担更多安全责任，并推动国际社会加大对解决伊问题的支持。但伊教派冲突持续升级，国内局势更加动荡不安，美民众厌战情绪上升。美2006年度《国家安全战略报告》把伊朗列为美最大安全挑战，指责伊朗支持和庇护中东极端势力和恐怖主义活动。在伊核问题上，美强调优先通过外交手段解决，同意在伊朗暂停铀浓缩活动的前提下与伊直接对话，同时推动安理会通过第1696号和1737号对伊朗制裁决议。美拒绝承认在巴勒斯坦选举中获胜执政的哈马斯政府，支持以色列军事打击黎巴嫩真主党，但又注意将以黎冲突维持在可控范围内。

美俄关系总体稳定。美在反恐、防扩散、能源、中东等问题上对俄借重需求上升，协调与合作仍是两国关系主导面。双方高层保持交往，美总统布什年内两度访俄，两国元首在“八国集团”圣彼得堡峰会、亚太经合组织河内峰会等场合会晤。双方签署俄加入世贸组织协定，共同发起“打击核恐怖主义全球倡议”。同时，美将俄列为“战略十字路口国家”，加大介入俄内政，指责俄搞“能源政治”，与俄围绕“民主”价值观的政治对立加剧。

美加紧实施大中亚战略，推动将中、南亚连为一体，加强地区军事存在，重视与哈萨克斯坦等国开展能源、交通合作，推动召开中亚“毒品与安全合作”会议，支持兴建中亚油气外运管线，寻求建立大中亚经济圈。

美国继续调整与欧洲关系，深化与欧盟主要成员国的双边关系，增强在地区热点问题上的协调与合作，推动北约加快由地区性政治军事组织向全球性政治军事组织转变，跨大西洋关系得到改善和提升。美欧在国际秩序等问题上的分歧继续存在。

在亚太地区，美国进一步加大战略投入，以亚太为重心继续优化和调整全球军事部署，不断加强前沿军事力量。与日本确定建立“面向世界和亚洲的美日关系”方针，进一步强化美日同盟。提升美日澳三边战略对话级别，推进美日韩三边安全政策协调和军事指挥行动一体化。大力发展与印度的战略伙伴关系，美印民用核能合作协定在美国会通过并由布什签署生效，美印军事合作关系深入推进。美进一步发展与印尼、越南、菲律宾和新加坡等东南亚国家的关系，美总统布什与东盟七国领导人举行集体会晤并发表合作文件。美总统布什在河内亚太经合组织第 14 次领导人非正式会议上提出建立“亚太自由贸易区”的倡议。

在朝鲜半岛核问题上，美继续对朝实施金融制裁，并在朝试射导弹和进行核试后加大对朝施压。同时，美坚持通过六方会谈解决朝核问题，并希尽快取得实质性成果。经中方积极斡旋，中美朝先后于 10 月和 11 月在北京举行两次三方非正式会晤，就推进六方会谈进程坦率深入地交换了意见。12 月，第五轮六方会谈第二阶段会议召开，美方重申将履行在 2005 年 9 月 19 日《共同声明》中作出的承诺。在六方会谈举行期间，美朝还在北京单独举行金融问题磋商。

美继续寻求改善与拉美国家关系，包括与安第斯及中美洲国家商签双边自贸协定，加强与拉美各国在教育、减贫、救灾等领域合作。但美拉矛盾仍难弥合，美洲自由贸易区进程基本陷于停滞。

美更加重视非洲的战略价值。在“民主”、“良政”和缓解人道危机等方面加大投入，提高发展援助，重点推动解决苏丹达尔富尔问题，加强对东非索马里等政局不稳国家的关注和介入。

2006 年，加拿大政府更迭。1 月 23 日，加举行第 39 届联邦大选。保守党以 125 席对 102 席的较小优势击败自由党，时隔 13 年后再次执政，组成少数党政府。2 月 6 日，保守党领袖斯蒂芬·哈珀正式就任加第 22 任总理。保守党将内政作为施政重点，积极落实大选承诺。自由党年初大选失败后士气低落，12 月 2 日选出新领袖，支持率有所回升。

加拿大经济平稳增长。连续第九年保持财政收支平衡且有盈余；债务与国内生产总值之比降至 35.1%，为 24 年来最低；全年失业率降至 6.3%，创 31 年来新低；2006 年经济增长率达到 2.8%。

加拿大重视改善与发展对美关系。加在美国关切的反恐、中东、阿富汗等问题上积极提供支持和配合。两国领导人接触频繁，双方就困扰两国关系多年的软木争端达成原则协议。同时，加积极参与多边主义，谋求在热点问题上发挥更大作用，在对外关系中强调民主、自由、人权、良政等观念。

2006 年，澳大利亚、新西兰政局稳定，经济运行良好。澳政府进一步加快劳资关系改革和电讯、医疗银行等国有企业私有化步伐。澳经济保持快速增长，2005 至 2006 财年增长率达 2.7%，失业率降至 4.6%，为 30 年来最低点。新经济受油价上涨等影响，增长有所放缓。澳、新继续加强与亚洲国家关系，积极参与东亚合作，大力推进区域贸易自由化。澳继续强化与美、日同盟关系。新美关系有所改善。两国加大对太平洋岛国事务的投入。

2006 年，太平洋岛国地区形势总体稳定，个别国家发生动荡。萨摩亚、斐济上半年顺利举行大选，执政党均获连任。所罗门群岛 4 月大选引发民众骚乱。汤加国王图普四世病逝，11 月发生骚乱。斐济军政矛盾激化，军方 12 月发动政变推翻恩加拉塞政府。瓦努阿图等国政治力量分化组合频繁，不稳定因素仍然存在。

为应对全球化挑战，各岛国重视"太平洋计划"的实施，积极酝酿对地区一体化机制进行改革，整合资源和各种机构，明确发展方向，联合自强，力求实现经济增长和可持续发展等目标。

多数岛国经济保持低增长，但发展问题仍突出。一些岛国经济形势恶化，在经济全球化浪潮中进一步被边缘化，对外援依赖加深。

（7）拉丁美洲和加勒比地区形势

2006 年，拉美和加勒比政局总体保持稳定，左翼力量上升，政治格局继续演变。12 国相继举行大选，选举和权力交接总体上正常有序进行。拉美民主体制日趋稳固，地区热点持续降温，社会冲突有所缓和。哥伦比亚和海地暴力冲突受到控制，局势趋缓；墨西哥反对党不承认大选结果未造成全局性影响；古巴卡斯特罗主席因病暂时移交权力，未引发政局波动。左翼力量在智利、厄瓜多尔和尼加拉瓜大选中相继取胜，巴西总统卢拉和委内瑞拉总统查韦斯成功连任。多数左翼政府推行稳健、务实的内外政策，强调社会公正，重视改善民生，享有较高民意支持。

拉美经济较快增长，宏观形势继续好转，处于新的增长周期。由于世界经济大环境良好，国际能源、原材料和初级产品价格上涨，中国等亚太国家对地区经济的拉动作用明显，同时拉美各国加强政策调整，加大对基础设施和社会发展领域投资，实行积极、稳健的财税、货币政策和债务管理，维持财政平衡和金融稳定，地区外贸出口强劲，外资和侨汇增加，财政状况明显好转，国际储备扩大，经常项目顺差，债务压力减轻，内需旺盛，投资回升，失业率下降，通膨率维持较低水平。2006 年，拉美经济增长 5%。

地区一体化经历重要分化组合。委内瑞拉退出安第斯共同体使该组织受重创。南方共同市场吸收委加入，推动南美能源、通信和交通等基础设施一体化建设，但成员国间利益冲突和分歧增多。加共体单一市场和经济启动，成为继欧盟后第二个建立单一市场的地区组织。玻利维亚加入委内瑞拉和古巴倡导的"美洲玻利瓦尔选择"。在第 16 届伊比利亚美洲首脑会议和第二届南共体首脑会议上，拉美国家表达了加强地区一体化的政治意愿。

地区多元化外交活跃，美拉矛盾有所增加。2006 年，拉美国家积极推进同欧盟、俄罗斯、亚太和非洲国家的关系，分别举行了第四届欧盟—拉美首脑会议和首届南美—非洲首脑会议，推动了中美洲和安第斯国家同欧盟自由贸易区谈判进程，南美同非洲各国间的合作关系得以加强。地区各国在联合国改革、世贸组织谈判等国际事务中积极活跃，国际影响不断上升。拉美对美独立性和自主性不断增强。古巴、委内瑞拉和玻利维亚组成反美联盟；美在墨美边境强行修筑阻止非法移民的隔离墙，墨反应强烈。美国调整对拉关系，提升对拉关注，增加对部分国家的援助和扶持，有选择地进行双边自贸谈判，并分化、孤立和打击左派政权。囿于地缘政治和切身利益，多数拉美国家对美仍采取务实政策。

3. 专题评述

（1）联合国选举产生新任秘书长

联合国秘书长安南于 2006 年 12 月 31 日卸任。根据地区轮任原则，新一届秘书长应来自亚洲。

泰国副总理素拉杰、韩国外长潘基文、斯里兰卡总统高级顾问达纳帕拉、约旦常驻联合国代表扎伊德、阿富汗前财政部长加尼、联合国副秘书长塔鲁（印度籍）及拉脱维亚总统弗赖贝加等七人先后正式参选。安理会先后举行了四轮“意向性投票”，并于 10 月 9 日以鼓掌方式一致决定向联合国大会推荐潘基文为下届联合国秘书长，任期 5 年，自 2007 年 1 月 1 日至 2011 年 12 月 31 日。14 日，第 61 届联合国大会以鼓掌方式通过决议，核准安理会建议。

作为亚洲国家一员，中国坚定支持由亚洲人出任新一届联合国秘书长，相信亚洲能够产生一位有能力、有威望、可为各方接受的秘书长，并呼吁亚洲国家保持团结，加强协调，确保实现共同愿望。选举过程中，中国与安理会其他常任理事国及其他有关各方保持接触与沟通，为实现亚洲共同愿望发挥了重要作用，得到亚洲各国及国际社会广泛赞赏。

（2）朝鲜核试验引起国际社会强烈反应

2006年10月9日，朝鲜不顾国际社会普遍反对，进行地下核试验。国际社会反应强烈，纷纷表示谴责和遗憾，联合国安理会通过了制裁朝鲜的第1718号决议。中国政府就朝鲜核试表明了立场，同时积极开展外交努力，劝和促谈，为缓和形势、重启和谈进程、将朝核问题重新纳入对话和平解决的轨道发挥了重要作用。

10月3日，朝鲜外务省发表声明，宣布将在彻底保障安全的情况下进行核试验。各方迅速做出反应，美国白宫发表声明表示严重关切，称美将与日、韩及所有伙伴国一起反对朝的挑衅性声明。韩国外交通商部发言人发表声明，敦促朝鲜立即取消核试验计划，无条件重返六方会谈。中国外交部发言人发表谈话，希望朝方在核试问题上务必保持冷静和克制。10月6日，联合国安理会通过主席声明，敦促朝取消核试，立即无条件重返六方会谈，表示如朝鲜无视国际社会劝阻坚持核试验，安理会将采取进一步行动。

10月9日上午9时35分，朝鲜在咸境北道吉州郡凤溪里附近进行地下核试验。上午10时44分，朝鲜中央通讯社发布消息，称朝鲜科研部门已于当天安全、成功地进行了地下核试验。

国际社会对朝核试纷纷作出强烈反应。美国总统布什表示，朝鲜声称进行核试对国际和平与安全构成威胁，美谴责这一挑衅性行为，安理会应立即作出反应。朝鲜向其他国家或非国家实体转让核武器或核材料将被视为对美国的严重威胁，这种行为的后果将全部由朝鲜承担。美国仍致力于外交手段，并将继续保护美国和美国的利益，并将全面履行对日本、韩国等盟国的安全承诺。韩国政府发表声明表示，朝鲜进行核试验是对朝鲜半岛及东北亚和平的重大威胁，无视“9·19共同声明”所规定的义务，单方面撕毁了朝鲜半岛无核化宣言，由此引发的以南北关系为中心的所有事态，朝方要负全责。韩国政府敦促朝鲜立即废除核武器及其相关的所有计划。韩国军队将以韩美同盟为基础，应对朝鲜任何挑衅。韩国支持联合国安理会立即就此展开讨论，并将采取冷静果断措施。日本首相安倍晋三表示，日方已开始研究独自对朝实施经济制裁的措施，并将与国际社会紧密协商，努力使安理会通过更加严厉的对朝制裁决议。日本官房长官盐崎恭久表示，朝鲜核试不仅对日本而且对东北亚以及国际社会的和平与安全构成威胁，日本表示严重抗议。朝鲜这一行为对禁止核武器扩散体制是重大挑战，也是对日朝“平壤宣言”及“9·19共同声明”的严重挑战。俄罗斯总统普京表示，俄坚决谴责朝鲜核试，此举严重破坏了国际社会防止大规模杀伤性武器扩散的进程。希望朝鲜重新回到谈判的轨道上来。英国、澳大利亚等国也对朝核试予以强烈谴责，呼吁国际社会予以坚决回应。

中国外交部当天发表声明，对朝鲜悍然实施核试验表示坚决反对，要求朝方信守无核化承诺，停止一切可能导致局势进一步恶化的行动，重新回到六方会谈的轨道上来。呼吁有关各方冷静应对，坚持通过协商和对话和平解决问题。

10月9日晚，联合国安理会就朝鲜核试问题举行紧急磋商。美提议安理会援引《联合国宪章》第七章尽快通过对朝制裁决议，并提交决议草案，要求将朝核试直接定性为“对国际和平与安全构成威胁”，实施全面制裁，授权对一切进出朝的货物进行检查。日本提出补充建议，要求各国禁止朝鲜船只停靠、飞机起降，禁止进口朝一切产品，禁止朝高官入境或过境，并加强对朝移民检查等。经过艰苦磋商，联合国安理会于10月15日一致表决通过第1718号决议。决议对朝鲜核试表示谴责，要求朝鲜立即放弃核武器及核计划，无条件重返六方会谈，并决定在大规模杀伤性武器、导弹、特定常规武器等方面对朝实施制裁，呼吁成员国依据国内法和国际法，在必要时对进出朝的货物进行检查等。同时，决议呼吁有关各方保持克制，继续通过政治和外交努力寻求问题的解决，争取尽早恢复六方会谈，并指出将视朝鲜遵守决议情况调整、暂停或取消对朝制裁措施。同日，朝鲜常驻联合国代表朴吉渊在安理会发言，朝鲜外务省发言人17日发表声明，表示坚决谴责并全面反对安理会第1718号决议。

面对复杂紧张的朝核形势，中方在不同级别以不同方式坚持不懈地做各方工作，劝和促谈，居中斡旋，最终促成形势转圜。10月31日和11月28～29日，六方会谈中朝美三方团长两次在北京举行非正式会晤。三方就当前形势坦率、深入地交换意见，同意尽快重启六方会谈进程。朝美在会晤期间多次进行直接接触。在中方积极推动和各方共同努力下，第五轮六方会谈第二阶段会议于12月18～22日在北京举行。会议期间，各方围绕落实“9·19共同声明”的具体措施和起步阶段各方将要采取的行动进行了有益的探讨。朝美多次深入交换意见，并启动了金融问题双边磋商。各方重申通过对话和平实现朝鲜半岛无核化是各方的共同目标和意志，重申将认真履行在“9·19共同声明”中作出的承诺，同意根据“行动对行动”原则，尽快采取协调一致步骤，分阶段落实共同声明。会议发表主席声明，各方同意休会并尽早复会。六方会谈在停顿13个月后复会，标志着朝鲜半岛核问题重新回到了对话解决的正确轨道。各方之间深入交换意见，为下一步会谈打下了重要基础。

中方坚持实现半岛无核化，坚持通过对话和平解决问题，坚持推动六方会谈进程，并将继续为此作出积极努力。

(3) 伊朗核问题风波再起

2006年，伊朗核问题持续升温，国际社会高度关注，各方积极进行外交斡旋。伊核问题沿着安理会内外两条轨道发展。

1月10日，伊朗重启核燃料研发活动，国际社会高度关注。2月4日，国际原子能机构（下称“机构”）通过将伊核问题报告安理会的决议。伊对此反应强烈，随即致函机构，宣布中止包括附加议定书在内的自愿合作。2月14日，伊朗恢复铀浓缩活动。美欧推动安理会对伊施压。3月17日，安理会就伊核问题举行首次磋商。3月29日，安理会发表关于伊核问题的主席声明，呼吁伊朗全面恢复暂停包括研发在内的所有铀浓缩相关和后处理活动。伊无视主席声明的要求，继续进行核活动。4月11日，伊朗宣称生产出浓度为3.5%的浓缩铀。4月29日，欧三（英、法、德）散发了安理会关于伊核问题的决议草案。但由于各方分歧严重，未能就决议草案达成一致。

为打破僵局，经中、俄努力，在5月8日举行的六国（英、法、德、美、俄、中）外长会议上，美欧同意先提出解决伊核问题的新一揽子方案，暂缓推动安理会通过对伊制裁的决议。6月1日，六国外长在维也纳举行会议，就欧三提出的新一揽子方案基本达成一致，包括对伊在核、政治安全、经贸领域鼓励措施等。6月6日，欧盟共同外交与安全事务高级代表索拉纳代表六国向伊方递交了一揽子方案。

伊对一揽子方案未做及时回应，7月12日，伊核问题巴黎六国外长会议决定，在八国集团峰会后重启安理会有关伊核问题决议草案的磋商。7月18日，六国常驻联合国代表团就欧三提出的伊核问题决议草案进行磋商。7月31日，安理会通过关于伊核问题的第1696号决议，强制性要求伊朗在8月31日前暂停包括研发在内的所有铀浓缩和后处理活动。伊宣布拒绝接受第1696号决议，声称将继续发展包括铀浓缩在内的核技术。8月22日，伊朗对一揽子方案做出正式答复，在伊核活动透明、建立信任措施、经济合作、地区安全合作等方面表现出积极姿态，但在关键的暂停铀浓缩相关活动问题上未作承诺。9月9日至10月3日，欧盟共同外交与安全事务高级代表索拉纳就复谈问题与伊首席核谈判代表、最高国家安全委员会秘书拉里贾尼举行了多轮会晤，但未取得实质性进展。伊核问题继续升温。

伊仍然拒绝暂停铀浓缩相关活动，坚持推进核计划。8月26日，伊朗阿拉克重水工厂正式投入使用。10月初，伊朗组装了第二套164台离心机级联，宣称将于2007年3月前安装3000台离心机。美欧推动安理会尽快通过对伊实施严厉制裁的决议。10月24日，欧三向中、美、俄散发了关于伊核问题的安理会决议草案。12月23日，安理会一致通过第1737

号决议，对伊采取核、导领域禁运、金融制裁和冻结资产、限制与机构合作范围、人员旅行限制等制裁措施。伊宣称决议非法和不公正，继续推进核计划。美威胁对伊采取进一步制裁措施。

中国致力于维护国际核不扩散体系，反对核武器扩散，主张通过政治和外交途径妥善解决伊核问题，不希望中东地区出现新的动荡，支持伊与欧三通过对话和谈判寻求长期解决方案。中方认为，《不扩散核武器条约》缔约国在履行相应义务和承诺的前提下，享有和平利用核能的权利。

自伊核问题出现以来，中方高度关注并积极推动问题的解决，一直通过各种渠道、以多种方式做各方工作。国家主席胡锦涛在出席圣彼得堡八国集团同发展中国家领导人对话会、亚太经合组织会议期间，就伊核问题做欧、美等领导人工作，6 月在上海合作组织峰会期间亲自做伊总统内贾德工作。国务院总理温家宝多次通过会谈、通话等方式就伊核问题做欧方工作。外交部长李肇星在第 61 届联合国大会、亚太经合组织会议期间就伊核问题做各方工作。中方积极参与伊核问题六国机制的外交努力，2005 年 11 月至今，外交部长李肇星、副部长戴秉国、张业遂等先后五次出席了伊核问题六国外长会议，外交部部长助理崔天凯、军控司司长张炎先后十余次参加了六国政治总司长会议，深入阐述中方立场，呼吁有关各方保持冷静、耐心与克制，致力于通过外交谈判寻求伊核问题的长期、全面解决。此外，外交部有关负责人还专程赴伊、欧做工作，劝和促谈。中方与到访的伊最高国家安全委员会秘书拉里贾尼、伊副外长阿拉格齐和俄罗斯副外长基斯里亚克等就伊核问题深入交换看法。同时，与不结盟运动、联合国秘书长、国际原子能机构总干事等各方保持密切沟通。

中方的外交努力为推动伊核问题的妥善解决发挥了建设性作用，受到各方普遍赞赏。

（4）巴以、黎以冲突加剧中东地区局势动荡

2006 年，巴以紧张局势加剧，巴以、黎以之间相继爆发大规模冲突，地区局势更加动荡不安。

巴勒斯坦伊斯兰抵抗运动（哈马斯）赢得 1 月举行的巴立法委员会选举，并于 3 月组成新政府后，巴以局势趋于紧张。因哈马斯拒绝接受中东问题“四方”和以色列所提的三项条件：放弃暴力、承认以生存权并接受巴以达成的所有协议，美国、欧盟遂切断与巴政府的一切联系，并中止了对其直接援助，以色列也停止向巴转移每月 5500 万美元的代收税款，对巴实行全面封锁。巴经济困难日益严重，人道主义状况恶化。3 月，以色列前进党赢得大选，奥尔默特正式出任总理，表示要继续推行沙龙的单边路线，并拒绝与哈马斯政府接

触，对巴武装派别采取更严厉的打击措施。

6 月 25 日，巴武装人员袭击以军哨所，造成数名以军伤亡，并绑架了一名以军士兵。以军随即对加沙地区展开了代号为“夏雨”的大规模军事行动，并逮捕了数十名哈马斯政府部长和立法委员。11 月初，以军又发动了“秋云”行动。巴武装人员向以境内发射火箭弹进行反击。11 月 8 日，以军炮击加沙北部贝特哈嫩镇，造成十余名巴平民死亡，招致国际社会的广泛谴责。11 月末，巴以宣布在加沙地带停火，但零星冲突仍有发生。

以军对巴勒斯坦展开“夏雨”行动不久，7 月 12 日，黎巴嫩真主党武装袭击以北部地区并俘虏两名以军士兵，以立即对其发起猛烈进攻，双方爆发了自 2000 年以从黎南部单方面撤军以来规模最大的武装冲突。以军出动战机轰炸黎境内多处目标，对黎实施全面封锁；真主党武装则用火箭和导弹袭击以北部进行反击。7 月 30 日，以军空袭黎南部加纳村，造成数十名平民死亡。8 月 12 日，安理会通过了 1701 号决议，黎以于 14 日停火。

巴以、黎以冲突加剧了中东地区局势动荡。首先，军事冲突给各方、特别是巴勒斯坦、黎巴嫩造成大量人员、财产损失，同时给民用设施造成严重破坏。据巴卫生部 11 月 2 日统计，自“夏雨”行动以来，加沙有 347 人丧生，5520 人受伤。据官方统计，黎以冲突导致黎方 1000 余平民死亡，4000 余人受伤，100 万人流离失所，也造成以方 100 余人死亡，300 余人受伤。其次，热点问题升温，各方分歧加剧。巴以冲突升级使一度缓和的巴以局势遭受重大逆转，中东和平进程深陷僵局，黎以冲突突然爆发更凸显了地区局势的脆弱和不稳定性。美国称哈马斯和真主党是问题的根源，指责伊朗、叙利亚暗中煽动。阿拉伯国家谴责以色列过度使用武力，但一些国家对绑架以士兵的行动持保留态度。第三，地区局势面临更大挑战。随着巴以、黎以冲突的爆发和美国对伊朗、叙利亚指责的增加，一些阿拉伯国家发出警告，整个中东都可能被卷入战争。

（5）国际能源安全受到广泛重视

2006 年，国际能源形势复杂多变。能源安全已成为影响国际关系演变的重要因素和引起高度重视的全球性问题。

2006 年国际石油价格在高位大幅震荡。世界经济保持良好发展势头，拉动能源需求持续增长，而采油和炼油能力相对不足制约了石油供给，导致全球石油供需关系偏紧。局部地区动荡和国际投机资本炒作更加剧了能源价格波动幅度。上半年国际油价不断攀升，7 月创 78.4 美元/桶的历史新高价位，比年初上涨

20%以上，自 8 月后油价呈总体下行趋势，但仍未摆脱高位波动，给世界经济、各国国家安全和国际稳定带来了不确定因素。

能源安全与地缘政治交互作用增强。一些重要油气产区地缘政治及安全形势更加复杂。恐怖组织或武装人员袭击油田或储运设施的事件时有发生。油气生产、运输、储备、贸易等环节皆有安全隐患。国际能源安全的脆弱性已严重影响全球经济和各国安全。

世界主要国家纷纷调整能源战略。美国政府推出能源战略规划，欧盟发表《能源战略绿皮书》，日本提出《新国家能源战略大纲》。各国普遍重视能源结构多元化和进口来源多元化，立足增加国内供应、减少对外依赖，优先发展可再生能源，重视发展核电，注重提高能效和能源技术创新等。

国际能源合作进一步受到重视。在经济全球化和各国相互依存加深的背景下，绝大多数国家都不可能离开国际合作而获得能源安全保障，国际社会普遍认识到能源安全对话与合作的重要性。联合国及其相关机构高度重视能源安全的全球性影响，倡导并推动能源合作。国际原子能机构和国际能源署倡导全球合作，综合应对能源安全问题。八国集团将能源安全列为 2006 年峰会的重点议题，提出了全球能源安全原则及有关行动计划，还邀请主要发展中国家的领导人共议能源安全问题。一些区域和国际组织倡导能源安全合作。

中国是维护全球能源稳定安全的重要力量和积极因素。中国既是能源生产大国，也是能源消费大国；既是能源进口国，也是能源出口国。中国政府高度重视能源问题，提倡科学发展观，坚持节约优先、立足国内、多元发展、保护环境，加强国际互利合作，努力构筑稳定、经济、清洁、安全的能源供应体系，加快建设资源节约型、环境友好型社会。中国提出国民经济和社会发展第十一个五年计划，既要实现到 2010 年人均国内生产总值比 2000 年翻一番，又要实现单位国内生产总值能源消耗比 2005 年末降低 20%左右。

中国致力于推动世界能源安全合作。作为一个负责任国家，中国积极参与国际能源安全问题的解决。国家主席胡锦涛在出席八国集团同发展中国家对话会发表讲话时提出，国际社会应该树立和落实互利合作、多元发展、协同保障的新能源安全观，努力加强能源开发利用的互利合作，构建先进能源技术的研发推广体系，并为能源安全稳定创造良好的政治环境。中国按照新能源安全观的要求，坚持平等互惠、互利共赢的原则，加强同各能源生产国、消费国及相关国际组织的合作，为维护国际能源安全作出贡献。

(6) 气候变化问题再度升温

全球气候变化问题自 20 世纪 80 年代以来一直是国际社会的热点和焦点之一。为应对气候变化带来的不利影响，国际社会先后通过了《联合国气候变化框架公约》(以下简称“《公约》”) 及其《京都议定书》(以下简称“《议定书》”)，奠定了国际社会应对气候变化的基本法律框架。《公约》于 1992 年通过，1994 年生效。《公约》确立了发达国家与发展中国家在应对气候变化方面“共同但有区别的责任”原则，要求发达国家率先采取减排行动，并向发展中国家提供应对气候变化的资金与技术，帮助发展中国家提高应对气候变化的能力；《议定书》于 1997 年通过，2005 年生效。《议定书》进一步为《公约》附件一国家（即发达国家和经济转型国家）规定了 2008 ~ 2012 年间温室气体量化减排指标，但没有为发展中国家规定减排义务。

2005 年《议定书》生效以来，气候变化问题不断升温。2005 年的“G8 + 5”领导人对话会、达沃斯世界经济论坛以及联合国成立 60 周年峰会等均将气候变化列为重要议题。亚太清洁发展与气候伙伴计划、甲烷市场化伙伴计划、碳收集领导人论坛等多边气候变化合作机制纷纷成立。一些国家亦建立了双边气候变化合作伙伴关系，气候变化领域的国际对话与合作日益加强。

由于《议定书》只涉及 2008 ~ 2012 年的减排安排，《议定书》生效后，附件一国家如何在 2012 年后进一步承担温室气体减排义务逐渐被提上国际社会议事日程。2005 年底，在加拿大蒙特利尔举行的《议定书》第一次缔约方会议根据《议定书》第三条第九款，启动了附件一国家 2012 年后温室气体减排指标的谈判（即第二承诺期谈判），并为此设立了“特设工作组”。该谈判已成为当前气候变化国际谈判的重点。特设工作组分别于 2006 年 5 月在德国波恩和 11 月在肯尼亚内罗毕举行了两次会议，由于附件一国家对于在 2012 年后继续率先承担减排义务态度消极，谈判进展十分缓慢。气候变化谈判的走向再度引起国际社会高度关注。

气候变化是发达国家长期历史排放和当前高人均排放造成的，发达国家应根据“共同但有区别的责任”原则，在第二承诺期继续率先承担减排义务，并加强与发展中国家的技术合作与转让，促进发展中国家的可持续发展，提高全球应对气候变化的能力，为应对气候变化做出新的贡献。

作为遭受气候变化不利影响的发展中国家，中国政府高度重视气候变化问题，分别于 1993 年、2002 年加入《公约》和《议定书》。中国在致力于发展经济的同时，已根据自己的可持续发展战略为应对气候变化和改善生态环境采取了大量措施，取得了显著成效，为应对气候变化做出了重要贡献。未来，中国将继续在《公约》和《议定书》框架下，为推进第二承诺期谈判和全球应对气候变化做出不懈努力。

第二章

2006年的中国外交

1. 概　述

2006年，中国外交成绩显著。面对纷繁复杂的国际形势，中国高举和平、发展、合作的旗帜，坚持独立自主的和平外交政策，坚定不移地走和平发展道路，全方位开展对外交往合作，为推动建设持久和平、共同繁荣的和谐世界作出重要贡献。

（1）深化周边睦邻友好和区域合作

中国继续贯彻“与邻为善，以邻为伴”的周边外交方针，努力构筑和睦的邻国关系框架，走与周边国家共同发展之路。

中国国家领导人分别访问越南、老挝、柬埔寨、印尼、马来西亚、印度、巴基斯坦、哈萨克斯坦、塔吉克斯坦等国，与周边国家在政治、经贸、安全等领域的合作成效显著。与柬埔寨、阿富汗建立全面合作伙伴关系，与越南建立并启动双边合作指导委员会，与印度制定深化中印战略合作伙伴关系的十点战略，与印尼启动两国副总理级对话机制，并继续分别与日本、印度就东海和中印边界问题进行磋商，推进谈判解决势头。

中国积极参与和推动区域合作。成功主办上海合作组织成员国元首理事会第六次会议，各成员就缔结长期睦邻友好合作公约达成共识，在经贸、安全、机制建设等领域务实合作深化。积极参与东亚合作，成功举办中国—东盟建立对话关系15周年纪念峰会，签署联合声明，对双方关系未来发展做出规划，巩固和深化了中国与东盟面向和平与繁荣的战略伙伴关系。

中国在力所能及的范围内积极向周边国家提供帮助：救助越南遇险渔船，为印尼地震、朝鲜及泰国水灾、菲律宾泥石流及油轮沉没灾害事故提供紧急援助，为印尼应对禽流感疫情提供专项援助，向东帝汶提供紧急粮食援助，积极落实巴基斯坦地震救灾项目。这些实际行动证明，中国是周边国家的好邻居、好伙伴、好朋友。

（2）全面推进大国关系

中美关系保持稳定并取得新的进展。国家主席胡锦涛成功访美，中美领导人一年内多次会晤，双方就全面推进21世纪中美建设性合作关系达成新的重要共识，确认中美是利益攸关方，更是建设性合作者。中美首次战略经济对话和第三次战略对话成功举行，在经贸、两军、执法、反恐、防扩散、教育、文化、卫生等领域的交流与合作富有成效，在朝鲜半岛核问题、伊朗核问题、中东问题和联合国事务等重大国际和地区问题上的协调与合作显著加强。

中俄战略协作伙伴关系全面深入发展。胡锦涛主席五次与俄罗斯总统普京会晤，就双边关系长远发展和加强战略协作达成重要共识。“俄罗斯年”活动成功举办，巩固了中俄友好互信的社会基础。两国在经贸、科技、能源等领域合作成果喜人，在国际和地区重大问题上保持密切协调与配合。

中欧全面战略伙伴关系稳定发展，双方举行第九次中欧领导人会晤，同意启动中欧伙伴合作协定谈判。双方高层往来密切，政治对话和在经贸、科技、能源、防扩散、环保等领域的合作富有成果。人文交流活跃，在华举办的“意大利年”和在奥地利举办的“中国年”反响热烈。

中日关系实现转圜。日本新首相安倍晋三访华，中日关系长达五年的政治僵局被打开，开始走上正常发展的轨道。胡锦涛主席出席亚太经合组织会议期间与安倍首相会晤，就进一步发展中日关系达成共识。两国恢复并加强高层交往，推动中日关系呈现良好的改善与发展局面。

(3) 深化与广大发展中国家的团结合作

2006 年是新中国与非洲国家开启外交关系 50 周年。国家主席胡锦涛、国务院总理温家宝相继访问非洲。中国政府发表《中国对非洲政策文件》，成功举行中非合作论坛北京峰会。这是迄今中国举办的与会领导人最多的一次国际盛会。峰会通过了《中非合作论坛北京峰会宣言》和《中非合作论坛——北京行动计划（2007 至 2009 年）》，确立了政治上平等互信、经济上合作共赢、文化上交流互鉴的中非新型战略伙伴关系，对中非未来三年合作进行了全面规划。胡锦涛主席宣布了旨在加强中非务实合作、提高非洲自主发展能力的八项政策措施，受到非洲国家热烈欢迎。

中国继续加强南南合作，积极提升与广大发展中国家的友好关系。中国领导人多次出访亚洲、拉美、中东国家，增进了中国与有关国家的政治互信，为双边务实合作奠定了坚实基础。中国与阿拉伯国家集体对话合作成效卓著，成功举办中阿合作论坛第二届部长级会议，明确了中阿新型伙伴关系的发展方向。通过“太平洋岛国经济发展合作”会议，深化了与南太国家的互利合作。美洲国家组织、拉美议会负责人相继访华，中国同加勒比十国举行磋商，与拉美国家及区域组织的关系进一步深化。

(4) 多边外交成果显著

国家主席胡锦涛出席“八国集团”同发展中国家领导人对话会议和亚太经合组织第 14 次领导人非正式会议，国务院总理温家宝出席第六届亚欧首脑会议，全面阐述建设和谐世界、实现共同繁荣的政策主张，引起热烈反响。

中国妥善处理难点、热点问题。从维护国家安全和发展利益，以及朝鲜半岛和东北亚地区和平稳定出发，坚持朝鲜半岛无核化目标，坚持通过对话和平解决，坚持劝和促谈。在朝鲜试射导弹和进行核试验后，积极开展外交斡旋，在安理会发挥重要作用，着力防止紧张局势升级，实现六方会谈复会，受到国际社会广泛赞誉。在伊朗核问题上，积极劝和促谈，有针对性地做各方工作，努力推动通过外交谈判和平解决，防止矛盾激化和局势失控。积极参与关于苏丹达尔富尔问题的磋商，推动各方显示灵活，尽快缓解安全和人道局势。在巴以、黎以冲突等重大热点问题上发挥建设性作用。

中国继续支持和推动联合国改革，积极参与联大成立人权理事会的磋商并当选理事会首届成员。在联合国秘书长选举中发挥独特作用。中方候选人陈冯富珍当选世界卫生组织总干事，实现了中国人担任联合国专门机构最高负责人零的突破。

中国积极参与联合国及国际多边经济组织活动，妥善应对国际金融体制改革特别是国际货币基金组织份额改革，成为本轮改革特别增资方之一。积极参与非传统安全领域多边合作，与欧盟委员会和世界银行共同举办禽流感防控国际筹资大会部长级会议并认捐1000万美元。

(5) 坚定维护国家主权安全

世界上绝大多数国家和国际组织支持一个中国原则，支持中国的和平统一大业，反对“台独”。中国政府就陈水扁宣布“终统”、顽固推行“法理台独”等分裂活动，广泛做国际社会工作，赢得了绝大多数国家和国际组织支持。与乍得恢复外交关系。再次打掉个别国家在世界卫生组织内提出的涉台提案，连续第14次挫败台“参与”联合国的图谋，在国际上捍卫了一个中国原则。

中国坚决反对外国势力干预香港、澳门事务，维护了特区的稳定。

(6) 全面开展对外经济技术合作交流

中国与世界经济融合更加密切，构筑互利共赢的对外开放格局的努力取得新成果。积极推动双、多边经贸合作。推动有关国家落实《避免双重征税协定》和《投资保护协定》，消除对华企业不公平待遇，减少投资壁垒，进一步开放市场。截至2006年11月，已有64个国家承认中国完全市场经济地位，为争取公正、公平的国际贸易和投资环境奠定了初步基础。

(7) 切实维护中国公民和法人海外合法权益

2006年，国外涉及中国公民和法人的重大案件频繁发生，有渔业纠纷、政治动乱、恐怖袭击、刑事案件、劳务纠纷、交通事故等不同类型。中国领导人高度重视维护海外中国公民和法人的合法权益，多次做出重要批示。外交部及时启动应急机制，与有关部门通力合作，在所罗门群岛、东帝汶、黎巴嫩和汤加等国成功实施护侨、撤侨行动，快速处理了中国工程师在南亚遇害、香港同胞旅行团在埃及发生重大车祸等三万余起领事保护案件，践行了“以人为本”、“执政为民”的理念。许多身处一线的外交官为此忘我工作，在每一起领事保护案件背后，都有着他们无私奉献的感人故事。

2006年，中国继续深入开展政党、人大、政协、军队、民间等多层次、宽领域对外交流，努力扩大科教文化和体育交流，加强公众外交，宣传和平发展道路、科学发展观以及构建和谐社会、建设和谐世界等理念，增进了中国人民与世界人民的理解、友谊与合作。

2. 中国与各地区国家关系

(1) 中国与亚洲地区国家关系

2006 年，中国坚持“与邻为善、以邻为伴”的周边外交方针，与亚洲各国的睦邻友好和互利合作关系迈上新台阶。

中国领导人利用出访和出席国际会议，全面、深入阐述中国的亚洲外交政策。国家主席胡锦涛在亚太经合组织第 14 次领导人非正式会议上指出，亚太各国应维护和平稳定，促进共同发展，实现合作共赢，奉行开放包容，为造福亚太人民，以及世界和平与发展作出更大贡献。中国将坚持走和平发展道路，坚持实施互利共赢的开放战略，愿为推动建设持久和平、共同繁荣的和谐亚太大家庭作出贡献。胡锦涛主席在印度科学宫演讲时表示，一个和平繁荣的南亚，符合中国和本地区各国的共同利益。中国希望看到南亚各国政治稳定、经济繁荣，希望看到南亚国家和睦相处、共谋发展。中国在南亚不谋求任何私利，愿为促进南亚和平与发展发挥建设性作用。中方愿本着互利共赢的精神，同南盟探讨各领域合作，为南亚发展繁荣作出积极贡献。国务院总理温家宝在中国—东盟建立对话关系 15 周年纪念峰会上强调，中国与东盟应加强战略协作，丰富合作内涵，维护共同安全，密切人文交流，推动双方关系迈上新台阶。发展同东盟国家的睦邻友好合作，巩固与东盟的战略伙伴关系，是中国长期坚持的外交政策。中国永远做东盟的好邻居、好伙伴、好朋友。

中国与亚洲国家高层互访和交流频密，睦邻互信不断增强。胡锦涛主席访问了越南、老挝、印度和巴基斯坦，温家宝总理访问了柬埔寨，全国政协主席贾庆林访问了越南、印尼和马来西亚。朝鲜、巴基斯坦、老挝、阿富汗、越南、马尔代夫、韩国、印尼、菲律宾、柬埔寨、缅甸、斯里兰卡、日本、新加坡、蒙古等国的国家元首或政府首脑访华。中国领导人还在八国集团同发展中国家领导人对话会议、上海合作组织峰会、亚太经合组织领导人非正式会议、亚欧首脑会议等多边场合与亚洲多国领导人会晤。这些高层互访和会晤促进了中国与亚洲各国的相互理解与信任。

中国与亚洲国家的友好合作关系进一步巩固。中朝保持睦邻友好关系。中韩全面合作伙伴关系深化发展。中蒙睦邻互信伙伴关系持续稳步发展。中日关系实现转圜，开始走上正常发展轨道。中国与印尼的战略伙伴关系进展顺利，与泰国就制订战略性合作共同行动计划达成共识，与柬埔寨、阿富汗分别建立了全面合作伙伴关系。中国与印度的战略合作伙伴关系发展势头良好，与巴基斯坦的战略合作伙伴关系深入发展，与亚洲其他国家的睦邻友好合作续有进展。2006年是"中印（度）友好年"，中国与老挝建交45周年，与巴基斯坦建交55周年，与东盟建立对话伙伴关系15周年，中国与上述国家和地区组织分别举行了庆祝活动，增进了与周边国家人民的理解与友谊。

中国与亚洲国家互利共赢的经贸关系进一步发展。2006年，中国继续保持亚洲第一大贸易进口国地位，日本、东盟、韩国和印度分列中国的第三、五、六、十大贸易伙伴，中国是朝鲜、韩国、蒙古、越南的第一大贸易伙伴，是柬埔寨、蒙古的第一大投资来源地。中国与巴基斯坦签署《中巴自由贸易协定》和《中巴经贸合作五年发展规划》。中国启动与新加坡的自由贸易区谈判，积极参与中菲经贸合作论坛，举办中国与印尼能源论坛。中印签署《双边投资促进和保护协定》，同意2007年完成中印区域贸易安排的可行性研究。中国通过信贷、援助等方式推进与亚洲发展中国家的经济合作。中国积极推动与亚洲国家的旅游合作，亚洲成为中国公民的第一大旅游目的地。

中国继续向本地区遭受自然灾害的国家提供援助。印尼日惹发生里氏6.2级地震后，中国政府向印尼政府提供200万美元现汇和价值1000万元人民币的物资，派遣中国国际救援队赴印尼协助救灾，向印尼政府提供2000万元人民币禽流感防控专项援助。中国就朝鲜水灾提供了紧急救灾援助，就菲律宾遭受泥石流、油轮事故、台风等灾害多次提供援助并进行救灾合作。中国向东帝汶提供了大米、药品等援助，中国医疗队继续在当地提供医疗服务。

中国积极参与区域合作。中国成功举办中国—东盟建立对话关系15周年纪念峰会，国务院总理温家宝与东盟国家领导人共同签署了《中国—东盟纪念峰会联合声明》，进一步巩固和提升了双方面向和平与繁荣的战略伙伴关系。温家宝总理在峰会上宣布，向东盟发展基金捐资100万美元，为东盟一体化倡议下的有关项目提供100万美元援助，今后5年为东盟培训8000名各类人才并邀请1000名东盟国家青少年访华。外交部长李肇星在第七次东盟与中日韩外长会上指出，应以2007年10+3合作10周年为契机，将合作提升到一个新的水平。不断拓展和深化新的合作，以10+3为主渠道推进东亚共同体建设，支持东亚峰会等其他机制对东亚合作给予有益补充。中国主办了博鳌亚洲论坛年会、亚洲艺术节、10+3区域扶贫高层研讨会、中国—南亚商务论坛等一系列活动。南盟正式确认了中国的观察员地位，并邀请中国出席2007年峰会。

中国与亚洲国家的安全互信与合作进一步加强。朝鲜核试验后，中国积极开展外交努力，劝和促谈，重启六方会谈进程，将朝鲜半岛核问题重新纳入对话和平解决的轨道。第五轮六方会谈第二阶段会议于12月在北京举行。中国致力于推进落实《南海各方行为宣言》后续行动进程，积极参与落实《南海各方行为宣言》后续行动特别高官会和联合工作组第二次会议。中国致力于本地区非传统安全领域合作，参加了国际海事组织举办的加强马六甲和新加坡海峡安全、保安及环境保护会议。中国与新加坡和美国共同举办东盟地区论坛防扩散研讨会，与文莱共同主办了第四届东盟地区论坛反恐与打击跨国犯罪会间会，与印尼共同主办了第六次东盟地区论坛救灾会间会，积极参加了“东盟地区论坛安全政策会议”第三次会议。

（2）中国与西亚北非地区国家关系

2006年，在西亚北非地区形势持续动荡的背景下，中国积极稳妥发展与地区国家关系，双方各领域友好合作进一步发展。

高层互访频繁，政治互信加深。国家主席胡锦涛出访沙特、摩洛哥；国务院总理温家宝访问埃及；全国人大常委会副委员长司马义·艾买提访问伊朗和沙特；全国政协副主席阿不来提·阿不都热西提访问叙利亚、突尼斯、摩洛哥；国务委员华建敏访问埃及、土耳其；国务委员陈至立赴卡塔尔出席第15届亚运会；外交部长李肇星访问利比亚、科威特、卡塔尔、阿联酋和巴林并过境毛里塔尼亚，在联大期间会见了海湾合作委员会六国外长或代表及其秘书长。沙特国王、也门总统、埃及总统、阿尔及利亚总统、阿盟秘书长和突尼斯、阿尔及利亚、叙利亚、苏丹、约旦等国外长或外交大臣先后访华；伊朗总统来华出席上海合作组织峰会；埃及总统、阿尔及利亚总统、苏丹总统、毛里塔尼亚国家元首和摩洛哥首相来华出席中非合作论坛北京峰会。

中阿合作论坛建设取得新进展。论坛第二届部长级会议在北京成功举行，国家主席胡锦涛会见了与会代表。中阿双方签署了《中阿合作论坛第二届部长级会议公报》、《中阿合作论坛2006年至2008年行动执行计划》、《中华人民共和国政府和阿拉伯国家联盟关于环境保护合作的联合公报》和《关于建立中阿合作论坛企业家大会合作机制的谅解备忘录》四个文件，明确了中阿新型伙伴关系的发展方向和目标，中阿集体合作进入新的发展阶段。

中国为缓解中东紧张局势、推动解决地区热点问题发挥了建设性作用。在中东问题上，外交部长李肇星在联大会议期间出席了中东问题国际会议；中国积极参与安理会关于黎以问题的磋商，并增派中国驻黎巴嫩南部地区维和人员；中国中东问题特使两度出访中东国家，并出席了在瑞典召开的援助黎巴嫩国际会议；中国政府向黎共提供4000万元人民币的人道物资援助，向巴勒斯坦提供新的无偿援助；中国首次举办巴勒斯坦—以色列民间和平人士研讨会。上述举措体现了中国劝和促谈的积极姿态，受到有关各方赞赏和欢迎。在伊朗核问题上，胡锦涛主席、温家宝总理和李肇星外长分别以会晤和通电话等方式，积极做工作；中方积极参与伊核问题六国机制，与俄罗斯、欧盟和美国保持沟通与协调；外交部部领导先后赴伊做工作。在苏丹达尔富尔问题上，中方通过派特使访问、联合国磋商及各种机会做有关各方工作，坚持通过政治和外交手段解决问题；中国政府向苏方提供了3000万元人民币人道主义物资援助，还向非盟提供了180万美元捐款，用于达尔富尔地区维和工作。李肇星外长在联大会议期间参加了伊拉克问题外长级会议，并会见了伊拉克外长兹巴里，表示中方愿继续为伊拉克重建提供力所能及的帮助。

中国与该地区国家在地区和国际事务中密切配合，相互支持。该地区国家始终坚持一个中国的原则立场，阿盟秘书长穆萨在中阿论坛第二届部长级会议期间表示，阿拉伯国家将严格遵守阿盟首脑会议就“一个中国”原则作出的决议，不与台湾发展官方关系。阿拉伯国家在中国竞选世界卫生组织总干事及人权等问题上予中方坚定支持。

2006年，中国与该地区国家经贸合作进一步加强。双方贸易额继续保持快速增长势头，在大型工程项目承包、能源、自贸区建设、投资等领域的合作也取得了重要进展。

（3）中国与撒哈拉以南非洲地区国家关系

加强同非洲国家的团结与合作，始终是中国独立自主和平外交政策的重要组成部分。中国致力于与撒哈拉以南非洲地区国家发展新型战略伙伴关系。2006年是新中国与非洲国家开启外交关系50周年。中国政府发表了《中国对非洲政策文件》，中非合作论坛北京峰会成功举行并取得丰硕成果，中非友好合作全面深入发展，中非关系进入新的发展阶段。

高层互访频繁，政治互信加深。2006年，国家主席胡锦涛访问尼日利亚、肯尼亚。国务院总理温家宝访问加纳、刚果（布）、安哥拉、南非、坦桑尼亚、乌干达。中共中央政治局常委、中央纪律检查委员会书记吴官正访问卢旺达、马达加斯加、博茨瓦纳、加蓬。全国人大常委会副委员长司马义·艾买提访问塞舌尔。全国人大常委会副委员长成思危赴肯尼亚出席各国议会联盟大会并访问加蓬。全国政协副主席王忠禹访问塞内加尔。外交部长李肇星访问佛得角、塞内加尔、马里、利比里亚、尼日利亚。该地区访华的领导人有：多哥、马达加斯加、加蓬、塞内加尔、贝宁、利比里亚、几内亚比绍、塞舌尔、南非总统以及 3 位副总统、1 位总理、6 位议长、8 位外长。众多非洲国家坚持一个中国立场，积极配合中国成功挫败台湾当局所谓“重返”联合国、“参与”世界卫生组织的图谋。2 月，陈水扁提出终止“国统会”的运作和“国统纲领”的适用后，所有与中国建交的非洲国家都表示支持中国的原则立场。8 月 6 日，中国与乍得恢复大使级外交关系。

11 月 3～5 日，中非合作论坛北京峰会暨第三届部长级会议隆重举行(详见有关专题评述)。

中非在经贸、文化等领域合作不断深化。中非贸易继续快速增长，2006 年中非贸易额达 555 亿美元，同比增长 39.6%。中国对非投资稳步发展，涉及贸易、生产加工、资源开发、农业等多个领域。在中非合作论坛框架下，中国继续实施给予非洲最不发达国家部分输华商品免关税待遇，28 个非洲国家已享受该项优惠；新增加佛得角、喀麦隆、加蓬、卢旺达、马里、莫桑比克、贝宁、尼日利亚等八国为中国公民组团出境旅游目的地国，使获得该资格的非洲国家增至 26 个；成功举办了第二届“中非青年联欢节”，首批志愿者在埃塞俄比亚圆满完成工作，第二批志愿者已赴埃塞服务；加大对非人力资源培训力度，圆满完成三年内为非洲培训一万名各类人才的目标。

在国际事务中，中非双方继续相互支持，密切合作。中国支持非洲维护本地区和平与稳定的努力，积极参与联合国在非洲的维和行动。目前，中国在非洲参加六项维和行动，维和军事人员近 1300 人。中国继续支持非洲联盟建设，并向非盟在苏丹达尔富尔地区的维和行动提供了专项捐款。

(4) 中国与独联体地区国家关系

2006 年，中国与独联体地区各国友好关系发展顺利，各领域合作取得新进展。

中国在与独联体国家交往中继续遵循平等互利、友好合作的基本原则，尊重独联体各国的主权和领土完整，不干涉内政，尊重各国人民自主选择的发展道路。独联体国家在台湾、“东突”、西藏、人权等问题上明确支持中国的原则立场。

中国与独联体国家高层互访频繁，政治互信加深。国家主席胡锦涛与俄罗斯总统普京在多边与双边场合共举行5次会晤，共同出席中国“俄罗斯年”开幕式和中俄经济工商界高峰论坛开幕式。国家主席胡锦涛、全国人大常委会委员长吴邦国、国务院总理温家宝等国家领导人先后访问独联体地区国家。俄罗斯总统普京、哈萨克斯坦总统纳扎尔巴耶夫、格鲁吉亚总统萨卡什维利、摩尔多瓦总统沃罗宁、土库曼斯坦总统尼亚佐夫、吉尔吉斯斯坦总统巴基耶夫、俄罗斯总理弗拉德科夫分别来华访问或度假。2006年6月15日，上海合作组织成员国元首理事会第六次会议在上海举行，中国、哈萨克斯坦、吉尔吉斯斯坦、俄罗斯、塔吉克斯坦、乌兹别克斯坦六个成员国元首，以及印度、伊朗、蒙古、巴基斯坦四个观察员国的元首或代表出席会议。会议发表的宣言强调，上海合作组织将继续致力于建立互信、互利、平等、相互尊重的新型全球安全架构，主张基于公认的国际法准则，在互谅基础上通过谈判解决争端。胡锦涛主席在上海合作组织峰会期间发表讲话，提出建设持久和平、共同繁荣的和谐地区的主张，同时建议缔结上海合作组织成员国长期睦邻友好合作公约，反响热烈。

胡锦涛主席与俄总统普京签署《中华人民共和国和俄罗斯联邦联合声明》，与土库曼斯坦总统尼亚佐夫签署《中华人民共和国和土库曼斯坦联合声明》及《中华人民共和国政府和土库曼斯坦政府关于实施中土天然气管道项目和土库曼斯坦向中国出售天然气的总协议》，与格鲁吉亚总统萨卡什维利签署《中华人民共和国和格鲁吉亚关于进一步发展友谊与合作的联合声明》，与吉尔吉斯斯坦总统巴基耶夫签署《中华人民共和国和吉尔吉斯斯坦共和国联合声明》。

中国与独联体国家经济合作水平进一步提高，2006年贸易额507.76亿美元，同比增长20.7%；与俄罗斯贸易额333.86亿美元，同比增长14.7%。

在中国举办的“俄罗斯年”共200多项活动，涵盖了中俄合作各个领域，吸引了两国各界、各阶层人士广泛参与，取得圆满成功。“俄罗斯年”活动增进了中国和俄罗斯人民的了解与友谊，促进了两国各领域互利合作，充实了中俄战略协作伙伴关系的内涵。中国同其他独联体国家在文化、教育、卫生、科技领域的合作也深入发展。中国在独联体国家成功举办了一系列中国文化日、电影周、科技展、图片展等活动，效果显著。

（5）中国与欧洲地区国家关系

中国本着互相尊重、互利共赢、求同存异的原则，积极发展与欧洲地区国家关系。2006年，中国与该地区国家关系取得了新的进展。

中国与欧洲国家高层交往频繁，政治互信增强。全国人大常委会委员长吴邦国正式访问希腊、罗马尼亚；国务院总理温家宝出席在芬兰举行的第九次中欧领导人会晤和第六届亚欧首脑会议后正式访问芬兰，并对英国、德国进行工作访问；全国政协主席贾庆林对英国、爱沙尼亚、立陶宛进行正式友好访问；中共中央政治局常委李长春访问瑞士、挪威、保加利亚；国务院副总理曾培炎出席瑞士达沃斯世界经济论坛 2006 年年会，对匈牙利、比利时、爱尔兰、挪威进行正式访问；国务院副总理回良玉访问波兰、捷克、阿尔巴尼亚、法国；国务委员唐家璇访问塞尔维亚、马其顿、黑山、斯洛文尼亚、克罗地亚；国务委员陈至立访问冰岛、丹麦、波兰；国务委员兼公安部长周永康访问法国。

罗马尼亚总统、瑞典国王、立陶宛总统、卢森堡大公、法国总统、塞浦路斯总统、匈牙利国会主席、捷克众议院主席、拉脱维亚议长、比利时众议长、西班牙王储、希腊总理、芬兰总理、德国总理、意大利总理、保加利亚总理等欧洲国家领导人访华。斯洛文尼亚总统来华出席亚洲博鳌论坛 2006 年年会并访问西藏。中欧领导人还通过电话、信函等方式，并利用八国集团与发展中国家领导人对话会和亚欧会议等多边场合，就双边关系及重大国际和地区热点问题交换意见。

各级政治对话与磋商富有成效。外交部长李肇星访问奥地利、瑞士、挪威、摩纳哥、法国等国，并与多国外长通电话、致函或在多边场合举行会晤；中共中央对外联络部部长王家瑞访问西班牙、意大利、奥地利。卢森堡、德国、西班牙、波兰、立陶宛、丹麦、爱尔兰、瑞士、意大利、斯洛伐克、黑山、阿尔巴尼亚等国外长访华。中国外交部同近 20 个欧洲国家外交部举行副部级、司局级等不同级别的政治磋商，就双边关系、外交政策、战略安全、军控、反恐、人权、联合国事务、气候变化、可持续发展等问题开展对话。中德启动首轮副外长级战略对话。中国与希腊建立全面战略伙伴关系，荷兰发表基调积极的首份对华政策文件。

中国与欧洲国家外交关系发展平稳。2 月，中国与摩纳哥关系升格为大使级外交关系，中国驻法国大使兼任驻摩纳哥大使。6 月，中国驻塞尔维亚和黑山大使馆更名为驻塞尔维亚大使馆，中国驻塞黑大使转任驻塞尔维亚大使。7 月，中国与黑山建立大使级外交关系，并正式开设中国驻黑山大使馆。中欧领事合作继续发展。比利时、瑞士驻广州总领馆及卢森堡、葡萄牙驻上海总领馆开馆。中法就中国在里昂设立总领馆达成协议，并决定尽快实现中国在留尼汪和法国在沈阳设领。中国同意希腊在广州设领。

中欧经贸合作继续平稳增长。2006 年，中国与欧洲 41 国贸易额 3302 亿美元。中国与芬兰、瑞典、丹麦、塞浦路斯、罗马尼亚、保加利亚、黑山、斯洛文尼亚等国签署经济、经贸合作协定。中国与冰岛自由贸易区可

2006年3月21日，中国国家主席胡锦涛在北京人民大会堂会见俄罗斯联邦总统普京。

2006年4月20日，中国国家主席胡锦涛和美国总统布什在华盛顿白宫椭圆形办公室举行会谈。

2006年10月26日，中国国家主席胡锦涛在北京人民大会堂东门外广场举行仪式，欢迎法国总统希拉克访华。

2006年11月15日至17日，中共中央总书记、国家主席胡锦涛对越南进行国事访问。图为11月16日胡锦涛和越共中央总书记农德孟、越南国家主席阮明哲共同出席中国－越南经贸合作网站开通仪式。

2006年5月17日至19日，中国全国人大常委会委员长吴邦国对罗马尼亚进行友好访问。图为5月18日吴邦国在布加勒斯特的罗马尼亚议会宫和罗马尼亚众议长奥尔泰亚努举行会谈。

2006年9月5日至7日，中国全国人大常委会委员长吴邦国对智利进行友好访问。图为9月7日吴邦国在位于圣地亚哥的总统府会见智利总统巴切莱特。

2006年6月18日至19日，中国国务院总理温家宝对加纳共和国进行正式访问。图为6月19日温家宝与加纳总统库福尔一同出席中国政府援建的加纳阿克拉至库马西公路改扩建项目竣工移交仪式时来到学生中间，和大家亲切见面并合影留念。

2006年4月1日至4日，中国国务院总理温家宝对澳大利亚进行正式访问。图为4月2日温家宝和澳大利亚联邦总理霍华德在堪培拉举行的欢迎仪式上。

2006年10月8日，中国国务院总理温家宝在北京人民大会堂东门外广场举行仪式，欢迎日本首相安倍晋三访华。

2006年10月30日至11月3日，中国全国政协主席贾庆林对乌克兰进行正式友好访问。图为10月31日贾庆林在基辅会见乌克兰最高苏维埃主席莫罗兹。

2006年7月21日，中国国家副主席曾庆红在北京人民大会堂会见来访的密克罗尼西亚联邦副总统雷德利•基利昂。

2006年10月28日，中共中央政治局常委、国务院副总理黄菊出席在上海举行的中国—印尼第二次能源论坛。图为黄菊和印度尼西亚共和国总统苏西洛握手。

2006年9月27日，中共中央政治局常委、中央纪委书记吴官正在北京人民大会堂会见来访的加蓬国防国务部长阿里•邦戈。

2006年10月27日，中共中央政治局常委李长春在北京人民大会堂会见来访的瑞士联邦副主席兼外长卡尔米一雷伊。

2006年11月13日，中共中央政治局常委罗干在北京人民大会堂会见来访的蒙古最高法院首席大法官巴特德勒格尔。

2006年12月14日，首次中美战略经济对话在北京人民大会堂开幕。中国国务院副总理吴仪和美国财政部长保尔森作为两国元首的特别代表共同主持此次对话。

2006年3月15日，中国国务委员唐家璇访问斯里兰卡。图为唐家璇国务委员同斯里兰卡总统拉贾帕克萨在举行正式会谈前握手。

2006年1月13日，中国外交部长李肇星（右三）和塞内加尔外交国务部长谢赫•蒂迪亚内•加迪奥（前左三）在塞内加尔首都达喀尔共同为中华人民共和国驻塞内加尔共和国大使馆揭牌。中国与塞内加尔2005年10月复交后中国驻塞使馆正式重新开馆。

2006年7月6日，中国和印度乃堆拉山口边贸通道开通仪式隆重举行。这标志着封闭了40多年的军事禁地，又重新成为两国友好交往的通道。

为庆祝英国与上海长期的友好合作伙伴关系，并纪念伦敦金融城与上海签署友好合作协议10周年，2006年10月19日，英国皇家军舰“威斯敏斯特”号抵达上海进行为期5天的友好访问。

2006年3月26日，埃及开罗大学中国文化周开幕。此次中国文化周活动是庆祝中埃建交50周年系列活动的一部分。图为两名女生在埃及开罗大学文学院观看中国图片展。

行性研究结束，双方签署《关于启动中华人民共和国与冰岛共和国自由贸易协定谈判的议定书》。

中国与欧洲国家签署并开展了一系列重大合作项目。中国与英国签署《中国国际航空公司购买罗尔斯·罗伊斯飞机发动机的协议》等合作协议；法国总统希拉克访华期间，双方签署《中国航空器材进出口集团公司与空中客车公司关于购买 150 架 A320 系列飞机框架协议》等 14 项重大合作协议，协议金额约 100 亿欧元。

中国与英国、法国、德国、意大利、波兰、马其顿等 20 多国举行经贸联委会、混委会会议、经贸合作论坛、研讨会或投资洽谈会。第三届中国国际中小企业博览会暨中国—意大利中小企业博览会、中意中小企业高峰论坛等在广州举行。

中国与欧洲国家在军事、教育、科学、文化、旅游及地方交往等领域交流与合作有效开展，成果显著。中央军委副主席郭伯雄上将访问法国，中央军委副主席、国务委员兼国防部长曹刚川上将访问罗马尼亚、保加利亚、匈牙利，中央军委委员、总参谋长梁光烈上将访问丹麦、挪威、捷克，中央军委委员、总政治部主任李继耐上将访问芬兰、希腊，中央军委委员、总装备部部长陈炳德上将访问奥地利。德国联邦国防军总监、挪威国防参谋长、爱沙尼亚国防部长、瑞士国防部长等近 10 国军方领导人访华。

中国与瑞典签署高等教育合作框架协议，与瑞士签署 2006 ~ 2008 年高等教育合作备忘录，与冰岛签署 2007 ~ 2010 年文化教育交流执行计划，与爱尔兰、芬兰、丹麦等国就相互承认高等教育学历学位证书签署谅解备忘录。中意就意大利接受中国学生赴意留学政策进行换文，两国高等学校联合办学项目中意学院正式开学。2006 年，中国在英国、德国、荷兰、比利时、匈牙利等 10 多国设立的孔子学院相继揭牌。截至 2005 年，中国在欧盟国家留学生人数达 17.53 万人。

中国与欧洲国家科技合作不断拓展和深化。中英召开可持续发展高级别对话机制第一次部长级会议和气候变化工作组第一次会议；第四届中德高技术与重要产业领域合作对话论坛在北京举行，主题为“可持续能源与循环经济”的第二届中德环境论坛在青岛举行；中国与意大利签署关于空间合作的联合声明，联合举办“中意环境周”活动；中国与比利时签署核科学与技术合作协议；中国与奥地利签署关于中奥科技园建设意向书；中国与挪威签署关于加强在节能和可再生能源领域合作的谅解备忘录。

中法青年交流活动启动。400 名法国青年成功访华；作为中法文化年后续行动的“中法交流之春”活动在华成功举行。西班牙文化中心塞万提斯学院北京分院正式建立。“意大利年”活动在华成功举办。“中国西藏文物展”在德国埃森举行，国家元首共同担任展览监护人。奥地利政府将2006年定为“中国年”，奥总统出席有关活动开幕式。此外，中国与比利时、葡萄牙、塞尔维亚等其他欧洲国家也举行了形式多样的文化活动。

中国与比利时、西班牙恢复直航；爱尔兰旅游局在上海设立办事处；中国与希腊签署政府间旅游合作协定；中国宣布塞尔维亚、黑山、安道尔成为中国公民旅游目的地国。2006年，中国公民首站赴欧人数达116.43万人次。

甘肃省与英国法夫大区和爱尔兰斯莱果郡、湖北省与挪威泰勒马克郡、湖南省与德国萨尔州、浙江省与克罗地亚伊斯特拉省结为友好省(区、郡、州)。第二届中国与奥地利友城会议在奥举行，奥总统菲舍尔会见中国人民对外友好协会会长陈昊苏。北京与芬兰赫尔辛基、哈尔滨与芬兰罗瓦涅米、三亚与芬兰库萨莫、广州与英国伯明翰、杭州与西班牙奥维耶多缔结友城。

(6) 中国与北美大洋洲地区国家关系

2006年，中华人民共和国与美利坚合众国关系总体保持稳定并取得重要进展。

两国高层和各级别交往密切。4月18～21日，国家主席胡锦涛应美国总统布什邀请对美国进行国事访问，两国元首就全面推进21世纪中美建设性合作关系达成新的重要共识，一致认为中美拥有广泛而重要的共同战略利益，两国既是利益攸关方又是建设性合作者，良好的中美关系对维护和促进亚太地区和世界的和平、稳定、繁荣具有战略意义。访问取得重要成果，对推动中美关系健康稳定发展意义重大。两国元首还通过在其他场合会晤、通电话、通信等方式，就中美关系及共同关心的重大国际和地区问题保持经常性沟通。国务院副总理吴仪、中央军委副主席郭伯雄上将、国务委员兼公安部长周永康、全国人大常委会副委员长盛华仁、国务委员唐家璇、陈至立等先后访美。美国国会参议院临时议长史蒂文斯、国务卿赖斯、财政部长鲍尔森、商务部长古铁雷斯、教育部长斯佩林斯、国土安全部长切尔托夫、美军太平洋总部司令法伦上将等访华。12月，吴仪副总理与鲍尔森财长分别作为胡锦涛主席和布什总统特别代表在北京共同主持首次中美战略经济对话。外交部长李肇星和国务卿赖斯通过会晤、通电话和通信等方式就双方共同关心的问题保持密切联系与沟通。外交部副部长杨洁篪与美国副国务卿伯恩斯进行了第三次中美战略对话。这些互访交往促进了中美两国在相关领域的合作，有力推动了双边关系的发展。

妥善处理台湾问题是中美关系保持健康稳定发展的关键。中国领导人多次向美国领导人指出，中方愿以最大诚意、尽最大努力，同台湾同胞一道，促进两岸关系和平稳定发展，争取和平统一前景，但绝不允许“台独”分裂势力以任何名义、任何方式把台湾从祖国分割出去。希望美方认清“台独”分裂活动的严重危害性，切实履行在台湾问题上向中方所作承诺，慎重、妥善处理台湾问题，不向“台独”分裂势力发出任何错误信号。美国领导人多次表示理解台湾问题的敏感性和重要性，将坚持一个中国政策，遵守美中三个联合公报，反对“台独”，不希望看到台湾当局单方面改变台海现状的行动影响美中关系。

中美在经贸、反恐、执法、能源、科教文卫等领域和朝鲜半岛核、伊朗核、中东事务、苏丹达尔富尔、联合国改革等重大国际和地区问题上保持着有效磋商、协调与合作。双边贸易继续快速增长。两军关系进一步改善和发展。

2006 年，中国和加拿大高层保持了接触。国家主席胡锦涛和加拿大总理哈珀分别于 7 月圣彼得堡八国集团与发展中国家领导人对话会、11 月河内亚太经合组织第 14 次领导人非正式会议期间简短会面。两国各级别官员间交流与合作继续发展，在国际和地区问题上保持磋商。中加贸易稳步增长。目前中国是加拿大第二大贸易伙伴，加拿大是中国第十大贸易伙伴。中加在文化、教育、卫生、农业、科技等领域的合作继续深化，立法机构间交往增多，两军关系进一步发展。

中国与澳大利亚、新西兰关系发展良好。双方高层互访与接触密切。国务院总理温家宝对两国进行了正式访问，与两国领导人就发展中澳、中新 21 世纪互利共赢的全面合作关系达成共识。澳总理霍华德来华进行工作访问。国家主席胡锦涛在出席越南河内亚太经合组织领导人非正式会议期间会见了澳总理霍华德。中澳、中新经贸合作深入发展，双边贸易增长迅速，双边自由贸易协定谈判稳步推进。中澳能源资源合作取得新进展。中澳、中新在科技、文化、教育、旅游、司法等领域的交流与合作不断深化，两军交往进一步扩大，民间交往日益活跃。澳、新多次重申坚持一个中国政策，反对“台独”。

2006 年，中国同南太岛国关系取得长足发展。双方高层接触频繁。密克罗尼西亚联邦总统、副总统、外长，巴布亚新几内亚总督，瓦努阿图副总理兼外交部长以及其他岛国多位部长访华。

国务院总理温家宝访问斐济并出席了在楠迪举行的“中国—太平洋岛国经济发展合作论坛”首届部长级会议开幕式，会见了出席会议的各岛国领导人及太平洋岛国论坛秘书长。外交部长李肇星 7 月底 8 月初访问与中国建交的太平洋岛国及纽埃。外交部部长助理何亚非 10 月率中国政府代表团出席在斐济楠迪举行的第 18 届论坛会后对话会。

中国与岛国贸易持续增长，经济合作富有成果。中国冶金科工集团公司在巴新投资开发的拉姆镍矿项目举行奠基仪式。中国援建的密克罗尼西亚联邦金枪鱼委员会办公楼、瓦努阿图美拉尼西亚先锋集团办公楼、巴新总督府修缮等一批重点项目顺利实施。中国成功组织南太岛国记者团访华，在“亚洲教育北京论坛”期间为岛国教育部长举行“中国—太平洋岛国论坛发展中国家教育部长圆桌会议”，并为岛国举办外交官培训班等一系列活动。双方各层次交往明显增加，合作领域更加广泛。

（7）中国与拉丁美洲和加勒比地区国家关系

2006 年，中国与拉美和加勒比各国的友好合作关系继续全面发展，取得丰硕成果。

双边高层交往保持良好势头。国家主席胡锦涛在圣彼得堡出席八国集团同发展中国家领导人对话会议期间会晤巴西、墨西哥总统并在河内亚太经合组织领导人非正式会议期间会见智利总统。全国人大常委会委员长吴邦国访问巴西、乌拉圭和智利。国务委员陈至立访问古巴和墨西哥。全国政协副主席罗豪才访问阿根廷和巴西。外交部长李肇星访问墨西哥、巴哈马、圣卢西亚、安提瓜和巴布达，与墨外交部长共同主持中墨政府间两国常设委员会第二次会议。委内瑞拉和多米尼克总统、玻利维亚当选总统、巴西、阿根廷和哥伦比亚副总统、古巴国务委员会副主席兼部长会议执行秘书等先后访问中国。墨西哥、厄瓜多尔、阿根廷和巴哈马等国外长访华。中国与加勒比 10 个建交国外交部间第三次磋商在北京举行，双方就进一步加强在政治、经济、文化和新闻等领域的合作深入交换了意见。

中国同拉美地区组织的合作进一步加强。9 月，全国人大常委会委员长吴邦国访问拉美议会总部并会见内伊·洛佩斯议长。12 月，全国人大外委会副主任委员吕聪敏应邀以观察员身份出席在巴西圣保罗市举行的拉美议会第 22 届年会。6 月，拉美议会副议长豪尔赫·皮萨罗率团访华。第 61 届联大期间，李肇星外长与里约集团成员国外长举行第 16 次政治对话，双方表示愿进一步加强在政治、经贸和国际事务中的协调与合作。中国常驻美洲国家组织观察员周文重大使代表中国政府出席该组织第 36 届大会。美洲国家组织副秘书长阿尔伯特·拉姆丁率加勒比和中美洲常驻代表访华。

中拉在国际事务中密切配合，相互支持。拉美国家在台湾、西藏等问题上充分理解和支持中国的立场。拉美多国领导人和政府发表声明，反对陈水扁强行终止“国统会”和“国统纲领”的分裂行径。中拉在亚太经济合作组织和东亚—拉美合作论坛内，以及在联合国改革和多哈回合谈判等问题上，保持着密切联系与合作。

中拉贸易继续保持快速增长，经济合作领域进一步拓宽，规模不断扩大。2006年，中拉贸易额为702.2亿美元，同比增长39.1%。其中，中国出口360.3亿美元，同比增长52.1%；进口341.9亿美元，同比增长27.6%。中智自贸协定自10月1日起生效，两国政府决定启动投资与服务贸易谈判。

中国全国人大与拉美和加勒比各国议会间保持密切交往，相互了解加深，合作日益加强。全国人大常委会副委员长顾秀莲访问秘鲁、哥伦比亚和玻利维亚。全国人大常委会副委员长、中国科学院院长路甬祥访问秘鲁。中国全国人大与智利议会建立政治对话关系并在吴邦国委员长访智期间举行第一次会议。这是中国全国人大首次与外国议会建立政治对话关系。中国全国人大与巴西众议院建立定期交流机制。委内瑞拉全国代表大会主席、哥伦比亚国会主席兼参议长、智利参议长、多米尼克议长和格林纳达参众议长先后访华。

中拉在文化、教育、卫生、科技和人力资源培训等领域的合作继续加强。中国与墨西哥签署《中墨两国政府关于在墨建立孔子学院的谅解备忘录》，并举行墨西哥城孔子学院授牌仪式。中国科学院与秘鲁国立工程大学签署合作框架协议。委内瑞拉文化部长率委政府文化代表团访华，双方签署《中国和委内瑞拉2006~2008年度文化交流执行计划》。中国和苏里南签署《中苏两国卫生部关于卫生合作的联合公报》。墨西哥和秘鲁分别在中国举办"墨西哥古代文明展"和"印加人及其祖先珍宝展"。中国先后组织了拉美国家青年外交官讲习班和加勒比国家高级外交官研修班。

中国同拉美和加勒比地区未建交国间的人员往来增多，相互了解进一步增加。全国人大环境与资源委员会主任委员毛如柏访问哥斯达黎加和巴拿马。危地马拉、洪都拉斯和尼加拉瓜中央银行行长、危总统府规划部长参加世界银行拉美国家部长团访华。巴拿马总统顾问和议会外委会主席、巴拉圭参议员代表团、多米尼加旅游部长、尼加拉瓜制宪自由党主席、尼（加拉瓜）中友协、萨（尔瓦多）中友协代表团访华。10月，第一届"中国与中美洲民间友好论坛"在墨西哥城举行。11月，中国贸促会在巴拿马举行第九届"中国贸易展"。

3. 专题评述

(1) 胡锦涛主席出席八国集团同发展中国家领导人对话会议

2006年7月17日，国家主席胡锦涛出席了在俄罗斯圣彼得堡举行的八国集团同发展中国家领导人对话会议（以下简称对话会）。对话会前夕，胡锦涛主席同印度、巴西、南非、墨西哥和刚果（布）（代表非盟）领导人举行了集体会晤。对话会期间，胡锦涛主席还进行了一系列双边会见活动。

胡锦涛主席出席对话会取得了积极成果，影响深远。

第一，推动南北对话和国际发展合作。围绕全球能源安全、传染病防控、教育、非洲发展等议题，胡锦涛主席在对话会上全面阐述中国政策主张。一是倡导国际社会树立和落实互利合作、多元发展、协同保障的新能源安全观，并呼吁国际社会加强能源开发利用和互利合作，形成先进能源技术的研发推广体系，维护能源安全稳定的良好政治环境。二是提议建立和完善全球传染病防控合作机制，呼吁国际社会在技术、资金等方面为发展中国家提供更大支持。三是主张加强国际合作，促进各国经济社会发展，促进不同文明和文化相互理解，提出推动建立八国集团与发展中国家教育领域的交流机制。四是呼吁国际社会切实支持和帮助非洲国家。上述主张受到与会各方高度重视，是中国对加强南北对话和南南合作、推进国际发展合作的重要贡献。

第二，促进中国同八国集团及其成员国的合作。此系中国领导人第三次出席对话会，体现了中国愿同主要发达国家和发展中大国就共同关心的问题进行广泛对话并开展务实合作，共同应对各种全球性挑战的积极意愿。与会期间，胡锦涛主席同俄罗斯、美国、法国、意大利等国领导人举行了双边会晤，就双边关系及共同关心的问题交换了意见，增进了了解，加强了合作。

第三，加强同发展中国家的协调与合作。在同印度、巴西、南非、墨西哥、刚果（布）领导人集体会晤和双边会见时，胡锦涛主席强调发展中国家应立足当前、着眼长远，从战略高度审视和加强相互合作，并就此提出三点建议：落实承诺，促进国际发展合作；加强合作，推动多哈回合谈判取得成功；开拓创新，深化南南合作。胡锦涛主席还介绍了中非合作特别是即将举行的中非合作论坛北京峰会的有关情况。

第四，积极参与国际、地区热点问题讨论，发挥建设性作用。朝鲜试射导弹、伊朗核和中东冲突升级问题在会议期间备受各方关注。关于朝鲜试导问题，胡锦涛主席呼吁各方继续共同努力，推动尽快恢复六方会谈，维护半岛和平稳定，通过对话谈判实现半岛无核化的目标；关于伊朗核问题，胡锦涛主席重申坚决反对核扩散，坚持通过外交谈判解决问题；关于中东局势，胡锦涛主席呼吁有关各方保持克制，早日重启中东和平“路线图”，在联合国有关决议和土地换和平原则的基础上通过政治谈判解决问题。

（2）胡锦涛主席出席亚太经合组织（APEC）第14次领导人非正式会议

2006年11月18～19日，亚太经合组织（APEC）第14次领导人非正式会议在越南河内举行，21个APEC成员的领导人或代表与会。

会议围绕“走向充满活力的大家庭，实现可持续发展与繁荣”的主题，深入讨论了多哈回合谈判、茂物目标、亚太自由贸易区、经济技术合作、人类安全、APEC改革等问题，发表了《河内宣言》和《关于多哈回合谈判的领导人声明》，通过了关于实现茂物目标的《河内行动计划》。

国家主席胡锦涛出席此次领导人非正式会议，并以《推动共同发展，谋求和谐共赢》为题做了重要讲话。胡锦涛主席以构建和谐亚太为主线，阐述了中国对推动区域经济合作的主张。他指出亚太地区各种合作机制正蓬勃发展，区域一体化进程不断加快。有关各方应该在这一基础上凝聚共识，树立符合时代潮流和亚太地区特点的区域合作观，深化各领域务实合作，推动共同发展，谋求和谐共赢，造福亚太人民，为世界和平与发展作出更大贡献。胡锦涛主席建议从四个方面进行努力：（一）维护和平稳定；（二）促进共同发展；（三）实现合作共赢；（四）奉行开放包容。胡锦涛主席的主张得到各方积极响应，构建和谐亚太的主张明确写入了《领导人河内宣言》。

胡锦涛主席还就如何进一步加强APEC工作阐述了中方立场，指出，面对世界和地区的新形势，APEC应该坚持以经济合作为重点，在以下方面发挥更大作用：（一）积极支持多边贸易体制发展；（二）努力实现茂物目标；（三）推动经济技术合作迈出新步伐。他还宣布中国政府将向APEC支持基金（APEC Support Fund）捐款200万美元，用于开展经济技术合作，并倡议成立APEC港口服务网络，以加强亚太地区港口和相关部门间的交流与合作。胡锦涛主席的发言反映了APEC的现状和总体趋势，得到不少成员呼应，为确保 APEC 平衡健康发展作出了贡献。

胡锦涛主席还出席了 APEC 工商领导人峰会并发表演讲。胡锦涛主席结合“十一五”规划详细介绍了中国努力建设民主法治、公平正义、诚信友爱、充满活力、安定有序、人与自然和谐相处的和谐社会的政策，并表示中国将坚定不移地走和平发展道路，既通过维护世界和平来发展自己，又以自身的发展促进世界和平。胡锦涛主席的演讲增进了国际社会对中国发展理念的理解，受到工商界人士的普遍欢迎。

与会期间，胡锦涛主席还会见了美国、日本、俄罗斯、澳大利亚、智利、韩国等国领导人，就双边关系和重大国际问题交换看法。

胡锦涛主席与会受到外界广泛关注，外电报道称胡锦涛主席在会议过程中发挥了关键作用，展现了中国和平外交的魅力；认为中国地位的迅速提升给亚太经济带来积极变化，丰富和推动了区域合作，中国在世界政治和经济中，特别是在亚太地区影响力正日益增强。

(3) 温家宝总理出席第六届亚欧首脑会议

2006 年 9 月 10～11 日，国务院总理温家宝出席了在芬兰赫尔辛基举行的第六届亚欧首脑会议。

会议正值亚欧会议成立 10 周年，与会领导人围绕“共同应对全球挑战”主题，就加强多边主义和应对安全威胁、全球化和竞争力、文化与文明对话、地区形势及热点问题及亚欧会议未来发展等问题进行了讨论，通过了《主席声明》、《关于气候变化的宣言》和《关于亚欧会议未来发展的赫尔辛基宣言》，批准了一系列后续行动倡议。会议决定接纳印度、巴基斯坦、蒙古、东盟秘书处、保加利亚和罗马尼亚加入亚欧会议，欢迎中国主办 2008 年第七届亚欧首脑会议。

温家宝总理积极参与会议讨论，指出十年来亚欧会议在政治对话、经济合作及社会文化交流三大支柱领域取得积极成果，为加强亚欧交流与合作、增进了解与共识、推进多边主义发挥了重要作用。温家宝总理阐述了中国对国际地区形势的立场，并提出巩固和发展亚欧新型伙伴关系的八点建议：（一）加强政治对话，应对安全威胁；（二）加深文化交流，实现和睦相处；（三）密切金融合作，推动经济平衡发展；（四）扩大对话与合作，保障能源安全；（五）支持多边贸易体制，实现互利共赢发展；（六）鼓励企业参与，拓宽合作渠道；（七）应对非传统安全，有效防控禽流感；（八）缩小城乡差距，实现经济均衡发展。为推动亚欧务实合作，温家宝总理提出举办亚欧中小企业部长级会议及贸易投资博览会系列活动、乡村发展论坛和禽流感防控研讨会等倡议，宣布中国将于 2007 年举办第三届亚欧会议不同信仰间对话会议，受到各方欢迎。

与会期间，温家宝总理还会见了越南、荷兰、波兰、西班牙、丹麦、斯洛文尼亚、斯洛伐克、葡萄牙和拉脱维亚等国领导人，就双边关系及共同关心的重大国际和地区问题交换意见，推动了有关双边关系的发展。

（4）2006年中国“俄罗斯年”活动取得圆满成功

2005年7月1日，国家主席胡锦涛访俄期间，同俄罗斯总统普京一起正式宣布，2006年在中国举办“俄罗斯年”，2007年在俄举办“中国年”。互办“国家年”活动，是落实《中俄睦邻友好合作条约》的具体步骤，是中俄两国关系史上的创举。“国家年”活动涵盖了政治、经济、人文、科技、军事等双边合作的方方面面。

2006年元旦前夕，胡锦涛主席和普京总统互致贺电，宣布“俄罗斯年”正式启动。3月21日，胡锦涛主席和普京总统在北京共同出席“俄罗斯年”开幕式并致辞。11月9日，“俄罗斯年”活动在北京人民大会堂胜利闭幕，国务院总理温家宝和俄总理弗拉德科夫共同出席闭幕式并致辞。

一年里，中俄成功举办300多项“俄罗斯年”活动。其中包括两国元首互致贺电，“俄罗斯年”开幕式和闭幕式，中方媒体采访俄总统、总理、第一副总理和外长，中俄经济工商界高峰论坛，俄罗斯国家展，中俄投资促进周，俄罗斯文化节，中俄建交57周年庆祝活动，中俄立法机构圆桌会议，俄西伯利亚、西北和远东联邦区在华推介活动等国家级活动。其他活动按类举办，涵盖了两国政治、经济、文化、科技、教育、军事、地方等各个合作领域。

据初步统计，“俄罗斯年”创下九项中俄交往新纪录：（一）两国高层交往最频繁的一年。胡锦涛主席和普京总统五次会晤，俄总统、议长、总理、副总理等几乎所有高层领导人均访华。（二）“俄罗斯年”是中国对外交往中参与单位最多、参与人数也最多的活动，中央和国家机关百余家单位承办或参加了活动。中方直接参加“俄罗斯年”活动的人数约50万，通过媒体经常关注“俄罗斯年”活动的人员达几亿。数万俄罗斯人来华举办活动。（三）两国议会首次举办“中俄立法机构圆桌会议”，开辟了中俄立法机构合作新途径。（四）“俄罗斯国家展”是俄在华举办的水平最高、领域最广、人数最多、规模最大的综合性展会。（五）“全国大学生俄语竞赛”是中国首次全国性俄语语言文化知识大赛。（六）“俄罗斯文化节”是中俄建交以来规模最大的文化交流活动。（七）“中俄友谊之旅”跨境采访活动是中俄新闻交往史上的首创，参加者达3万人，历时45天，行程1.5

万公里。（八）俄国立模范大剧院280多名演员参加“俄罗斯年”开幕式演出，创大剧院300年历史上一次性派出艺术人员之最。（九）“克里姆林宫珍品展”的200余件馆藏珍品系俄首次在国外展出。

2006年中国“俄罗斯年”活动取得圆满成功，为推动中俄关系发展发挥了重要作用：

第一，增进了政治互信。“俄罗斯年”的口号“携手共进”，反映出中俄高水平的政治互信和密切的战略协作，体现了双方全面推进中俄战略协作伙伴关系的政治意愿。在“俄罗斯年”活动的推动下，中俄各级别交往空前活跃，双方互信达到前所未有的高度。

第二，充实了中俄战略协作伙伴关系的物质基础。双方在“俄罗斯年”框架内，举办了大量高质量、大规模的研讨、展览和洽谈活动，涉及两国贸易、投资、能源、教育、科技、文化等领域合作，如中俄经济工商界高峰论坛、俄联邦区在华推介活动及俄罗斯国家展、中俄投资促进周等。

第三，巩固了中俄战略协作伙伴关系的社会基础。双方通过举办俄罗斯文化节、“中俄友谊之旅”、俄罗斯高等教育展、中俄科技合作高层论坛等丰富多彩的人文活动和宣传活动，加深了中国人民对俄罗斯悠久历史、灿烂文化和发展现状的了解，增进了两国人民的相互理解和友谊，中俄“世代友好”的和平思想深入人心。

第四，树立了国与国平等交往、共同构建和谐世界的典范。中俄两国在历史传统、意识形态、社会制度等方面存在差异，但两国本着相互尊重、平等相待的原则，摒弃了国与国非结盟即对抗的旧思维，确立了以互信求安全、以合作谋发展的新型安全观，建立了不结盟、不对抗、不针对第三国的新型国家关系，为构筑平等信任、面向未来的新型国家关系树立了光辉典范。

2006年中国“俄罗斯年”活动的成功举办为2007年俄罗斯“中国年”活动打下了良好基础。中俄双方将总结经验，再接再厉，全力办好“中国年”活动，为两国关系增添新的色彩。

（5）上海合作组织峰会顺利召开

6月15日，上海合作组织成员国元首理事会第六次会议在上海举行。国家主席胡锦涛同其他成员国元首：哈萨克斯坦总统纳扎尔巴耶夫、吉尔吉斯斯坦总统巴基耶夫、俄罗斯总统普京、塔吉克斯坦总统拉赫莫诺夫、乌兹别克斯坦总统卡里莫夫出席。观察员国伊朗总统内贾德，蒙古总统恩赫巴亚尔，巴基斯坦总统穆沙拉夫，印度总理代表、石油和天然气部长迪奥拉参加。与上海合作组织建立了合作关系的国家和组织的代表：阿富汗总统卡尔扎伊、独联体执委会主席鲁沙伊洛、东盟副秘书长维拉考特作为主席国客人与会。联合国秘书长安南向峰会发来贺信。胡锦涛主席主持会议。

此次峰会适值上海合作组织成立5周年及其前身“上海五国”机制建立10周年，因此是一次纪念峰会。会议期间，成员国元首先后举行小范围和大范围会谈，在友好、务实和建设性气氛中，总结了上海合作组织的发展成就和经验，讨论了组织的迫切问题和任务，规划了下一步发展方向，并就共同关心的国际和地区问题深入交换了意见。

成员国元首还共同会见上海合作组织实业家委员会代表。

峰会上，成员国元首签署了《上海合作组织五周年宣言》、《上海合作组织成员国元首关于国际信息安全的声明》，发表了新闻公报，批准了新版《上海合作组织秘书处条例》，批准哈萨克斯坦籍的努尔加利耶夫担任下任秘书长（2007~2009年）。成员国主管部门负责人签署了安全、经济、教育等领域合作文件。

此次峰会进一步弘扬了“上海精神”，实现加强团结互信、深化务实合作、扩大国际影响的目标。主要成果有：

第一，进一步确立“互信、互利、平等协商、尊重多样文明、谋求共同发展”的“上海精神”是上海合作组织的基本理念和最重要的行为准则。强调“上海精神”丰富了当代国际关系的理论和实践，体现了国际社会对实现国际关系民主化的普遍要求，对国际社会探索建立新型国际关系模式具有重大现实意义。

第二，巩固了成员国的团结互信。成员国一致认为，为适应本地区形势的变化和上海合作组织发展的要求，成员国应不断加强团结协作，商定缔结成员国长期睦邻友好合作的多边文件。该文件的中心内容是成员国世代友好，共同维护地区和平，促进共同发展。成员国重申，继续为建立互信、互利、平等、相互尊重的新型全球安全架构作出建设性贡献；积极致力于将本地区建设成一个和平、协作、开放、繁荣与和谐的地区；一如既往地就国际和地区事务加强协调与合作，就涉及上海合作组织利益的问题形成共同立场。

第三，进一步深化了安全合作。成员国一致认为，鉴于“三股势力”在本地区活动猖獗，加强安全合作仍是上海合作组织当前的重要工作。此次峰会签署和批准了一系列安全合作文件，例如《关于在上海合作组织成员国境内组织和举行联合反恐行动的程序协定》、《关于查明和切断在上海合作组织成员国境内参与恐怖主义、分裂主义和极端主义活动人员渗透渠道的协定》，对指导成员国深化反恐合作具有重要意义。各方还商定继续举行各种形式的联合反恐演习。

第四，推动经济和人文合作取得实际成果。成员国确认优先开展能源、交通运输、信息通信、农业等领域的具体合作，重申加快推进贸易和投资便利化，逐步实现商品、资本、服务和技术自由流动。峰会期间正式成立了上海合作组织实业家委员会，并举行第一次会议。举行了上海合作组织工商论坛。上海合作组织银行联合体成员行签署了《上海合作组织银行联合体成员行关于支持区域经济合作的行动纲要》。中方在 2004 年塔什干峰会上宣布向其他成员国提供的 9 亿美元优惠出口买方信贷全部得以落实。

成员国还决定，全力推进文化艺术、教育、体育、旅游、传媒等双边和多边合作。

第五，确认上海合作组织继续奉行对外开放、不针对其他国家和组织的原则，与其他国家和组织在平等、相互尊重和建设性基础上开展对话、交流与合作。

(6) 中非合作论坛北京峰会成功举行

2006 年是新中国与非洲国家开启外交关系 50 周年。在这一具有特殊纪念意义的年份里，为深化传统友谊、加强友好合作，中非双方商定召开中非合作论坛北京峰会。

11 月 4～5 日，中非合作论坛北京峰会隆重举行，国家主席胡锦涛和论坛 48 个非洲成员国的 35 位国家元首、6 位政府首脑、1 位副总统、6 位高级代表以及非洲联盟委员会主席出席。其间举行了开幕式、圆桌会议、中非领导人宣读《中非合作论坛北京峰会宣言》、集体合影等重要活动。国务院总理温家宝与 33 位非洲国家领导人共同出席了中非工商界代表高层对话会。24 个国际和地区组织派观察员列席峰会有关活动。

在 4 日上午的开幕式上，胡锦涛主席发表主旨讲话，回顾了新中国与非洲国家开启外交关系 50 年来友好合作发展历程，阐述了中非新型战略伙伴关系，宣布了中国政府为推动这一关系发展，促进中非在更大范围、更广领域、更高层次上的合作将采取的八项政策措施：（一）扩大对非洲援助规模，到 2009 年使中国对非洲国家的援助规模比 2006 年增加一倍。（二）今后三年内向非洲国家提供 30 亿美元的优惠贷款和 20 亿美元的优惠出口买方信贷。（三）为鼓励和支持中国企业到非洲投资，设立中非发展基金，基金总额逐步达到 50 亿美元。（四）为支持非洲国家联合自强和一体化进程，援助建设非洲联盟会议中心。（五）免除同中国有外交关系的所有非洲重债穷国和最不发达国家截至 2005 年底到期的政府无息贷款债务。（六）进一步向非洲开放市场，把同中国有外交关系的非洲最不发达国家输华商品零关税待遇受惠商品由 190 个税目扩大到 440 多个。（七）今后三年内在非洲国家建立三至五个境外经济贸易合作区。（八）今后三年内为非洲培训 15000 名各类人才；向非洲派遣 100 名高级农业技术专家；在非洲建立 10 个有特色的农业技术示范中心；为非洲援助 30 所医院，并提供三亿元人民币无偿援款帮助非洲防治疟疾，用于提供青蒿素药品及设立 30 个抗疟中心；向非洲派遣 300 名青年志愿者；为非洲援助 100 所农村学校；在 2009 年之前，向非洲留学生提供中国政府奖学金名额由目前的每年 2000 人次增加到 4000 人次。

论坛共同主席国埃塞俄比亚总理梅莱斯、非盟主席国刚果（布）总统萨苏在开幕式上分别发表讲话。梅莱斯总理指出，在中华人民共和国和非洲国家开启外交关系 50 周年之际召开此次峰会，必将进一步推进中非战略伙伴关系的发展。他表示，贫困和落后是非洲所有挑战的根源，中非新型战略伙伴关系应关注非洲经济发展。萨苏总统高度评价峰会拟通过的《中非合作论坛北京峰会宣言》和《中非合作论坛北京行动计划（2007～2009 年)》两个成果文件草案，赞赏中国为非洲大陆实现和平做出的积极贡献。

5 日，峰会举行了圆桌会议。中非领导人围绕“友谊、和平、合作、发展”主题，就 50 年来中非关系发展，新形势下建立和发展中非新型战略伙伴关系，加强中非务实合作，以及共同关心的重大国际和地区问题等交换看法，达成广泛共识：（一）中非领导人一致认为中非传统友谊是双方的宝贵财富，一致同意建立政治上平等互信、经济上合作共赢、文化上交流互鉴的中非新型战略伙伴关系。（二）中非领导人一致认为中非合作给双方人民带来了实实在在的好处，符合双方利益，前景广阔。非洲领导人高度赞赏胡锦涛主席代表中国政府宣布的中国加强对非务实合作八项政策措施，表示愿与中方密切合作，共同落实好上述举措。（三）中非领导人阐述了对重大国际和地区问题的看法和立场，决定在国际事务中相互支持、密切配合，共同维护发展中国家的正当权益。（四）中非领导人满意地回顾了中非合作论坛取得的成果，决定完善论坛机制，加强集体对话，推进论坛行动计划同非洲国家经济社会发展计划的协调配合。

胡锦涛主席主持通过了《中非合作论坛北京峰会宣言》和《中非合作论坛——北京行动计划（2007～2009 年)》两个文件，并在圆桌会议总结发言中强调指出，北京峰会为构筑长期稳定、内涵丰富、不断发展的中非新型战略伙伴关系奠定了坚实基础。中国是发展中国家的一员，加强同发展中国家的团结合作是中国外交的基石。在维护世界和平、促进共同发展的进程中，中国将始终同包括非洲国家在内的广大发展中国家站在一起，中国永远是促进非洲和平稳定的可靠伙伴，永远是实现非洲发展繁荣的可靠伙伴，永远是支持非洲积极参与国际事务的可靠伙伴。

峰会期间，召开了第二届中非企业家大会，中非企业签订了15项合作协议，总金额约19亿美元。埃及、阿尔及利亚、加蓬、马里、苏丹、中非、塞拉利昂等七国宣布承认中国完全市场经济地位。

中非合作论坛北京峰会是新中国成立以来主办的规模最大、级别最高、与会外国领导人最多的一次国际会议。峰会的成功举行，为中非友好合作树立了新的里程碑，对巩固中非传统友谊、深化相互信任、扩大互利合作、开创中非关系新局面意义重大。

（7）中国—东盟建立对话关系15周年纪念峰会成功召开

2006年10月30日，中国—东盟建立对话关系15周年纪念峰会在广西南宁成功举行。

2005年12月，在马来西亚举行的第九次中国—东盟领导人会议上，根据柬埔寨首相洪森建议，国务院总理温家宝与东盟国家领导人就2006年在华举办中国—东盟纪念峰会达成共识。纪念峰会系首次在华举办的中国与东盟10国领导人会议，是中国—东盟关系史上的一件盛事，对进一步推进和深化中国—东盟友好合作具有里程碑意义。

温家宝总理与东盟10国领导人以及东盟秘书长出席了会议。会议由温家宝总理与东盟轮值主席国菲律宾总统阿罗约共同主持。与会领导人回顾和总结了15年来中国—东盟关系的发展历程和积极成果，对中国—东盟未来合作进行了展望和规划，还就朝鲜核试验、东亚合作等国际和地区问题交换了意见。

东盟领导人均对中国—东盟关系予以高度评价，感谢中方对东盟的支持与帮助，认为中国是东盟可依赖的伙伴，双方关系的发展正处于历史最好时期，为双方人民带来了实实在在的利益，为促进地区的和平与发展发挥了重要作用。

作为峰会最重要的政治成果，温家宝总理与东盟国家领导人共同签署了《中国—东盟纪念峰会联合声明》。这是中国与东盟自1997年发表《中华人民共和国与东盟国家首脑会晤联合声明》以来的第二份联合声明。声明从纪念性和战略性的角度出发，回顾了过去15年中国—东盟关系的发展历程，对双方未来合作做出规划，承诺将共同努力推进战略伙伴关系，加强双方在政治、安全、经济、社会和文化以及国际和地区领域的合作。

温家宝总理在峰会上宣布，向东盟发展基金捐资100万美元、为支持东盟一体化倡议下的有关项目提供100万美元援助、今后五年为东盟培训8000名各类人才，并邀请1000名东盟青少年访华。中国政府已于12月8

日将承诺捐款划拨至东盟发展基金，并决定由中国海关总署承办“加快越老柬缅海关改革及现代化建设”的东盟一体化倡议。

峰会期间，温家宝总理与东盟 10 国领导人分别举行了双边会见，并与 10 国领导人一起出席了与纪念峰会同期举行的第三届中国—东盟博览会开幕式和第三届中国—东盟商务与投资峰会开幕式。中国—东盟纪念峰会的成功举办进一步巩固和提升了双方面向和平与繁荣的战略伙伴关系。

（8）遏制“台独”分裂活动，坚定维护国家主权

2006 年，台湾当局顽固坚持“台独”分裂路线，在对外领域变本加厉地推行“攻击性外交”，推动台湾“正名”，并叫嚣以“台湾”名义加入联合国，挑战一个中国原则。

一年中，中国政府坚决贯彻“和平统一、一国两制”基本方针及各项对台政策，对“台独”势力在国际上的分裂行径进行了坚决斗争，沉重打击了“台独”分裂势力的嚣张气焰。

中国政府积极向国际社会宣示中国发展两岸关系、维护台海和平稳定的诚意，揭露陈水扁的“台独”本质和“台独”分裂活动的危害，使各国对“台独”的危害性有了更清醒的认识，增进了国际社会对中国政府对台方针政策的理解和支持，有力地遏制了台当局以各种手段推行“实质外交”的图谋。

针对台当局在国际多边领域的分裂活动，中国政府进行了坚决斗争，分别第 10 次和第 14 次挫败台挤入世界卫生大会和“参与”联合国的图谋；阻止了陈水扁挤入越南亚太经合组织领导人非正式会议，挫败了台当局借禽流感、反恐、救灾和人道援助等问题扩大“国际空间”的企图，捍卫了一个中国原则。

随着中国国际地位的提高，一些台“邦交国”与中国发展关系的意愿增强，对台湾当局制造台海紧张、破坏亚太和平与稳定的分裂本质认识加深。2006 年 8 月，乍得与中国复交。

中国政府十分关心台湾同胞在海外的经济、民生、安全问题，采取切实措施努力维护海外台胞的合法权益，获得台湾岛内及国际社会普遍赞誉。

(9) 以人为本，外交为民，加强领事保护工作

随着中国改革开放的不断深化和经济全球化的发展，中外各领域的交流与合作日趋密切，海外中国公民和法人的数量持续增加。由于一些国家和地区社会治安环境恶化，甚至因政局不稳导致严重骚乱，海外中国公民和法人面临的风险越来越大，中国领事保护工作日益繁重。

2006 年的领事保护工作主要有以下特点：

一是由于一些国家社会动荡引发的涉及中国公民领事保护案件明显增多，不仅对在当地的中国公民和法人，甚至对中国驻当地使领馆人员的生命安全造成严重威胁，并给他们的财产带来重大损失。

二是涉及中国公民的劳务纠纷案、渔事案和商铺被查抄案频发。如在外中国工人发生劳资纠纷、中国渔船渔民被抓扣以及中国华侨商铺被查抄等。

三是涉及港澳台同胞的领事保护案件有所增加。如 44 名香港游客在埃及遭遇重大车祸案。此外，中国政府从所罗门群岛、东帝汶、汤加及黎巴嫩实施重大撤侨行动也涉及香港和台湾同胞。

每逢重大领事保护案件发生，党中央和国务院领导均予以高度重视。外交部和驻外使领馆在第一时间做出反应，并采取积极有效措施，及时为有关中国公民提供必要协助，充分体现中国政府“以人为本、执政为民”的理念，努力将“外交为民”的宗旨落到实处。

一年来，中国外交部及中国驻外使领馆认真贯彻“三个代表”重要思想，以科学发展观为指导，从构建和谐社会的高度出发，积极维护海外中国公民的合法权益。一方面，外交部在领事司增设了专门负责处理国外领事保护案件的领事保护处，并积极构建中央、地方和驻外使领馆“三位一体”的涉及海外中国公民突发事件的应急工作体系。另一方面，继续完善领事保护工作的协调机制、预警机制、应急机制、宣传机制和磋商机制，不断加强海外安全信息的评估和发布，认真做好重大领事保护案件的对外宣传工作。在此基础上，外交部和各驻外使领馆始终以高度负责的态度妥善处理每一起领事保护案件，受到海内外公众的广泛赞誉。

(10) 中央外事工作会议在北京举行

中央外事工作会议于 2006 年 8 月 21 ~ 23 日在北京举行。中共中央总书记、国家主席胡锦涛，国务院总理温家宝等党和国家领导人出席了会议并发表重要讲话。各省、自治区、直辖市和计划单列市、新疆生产建设兵团的党政主要负责人，中央和国家机关有关部门主要负责人，军队有关单位负责人，部分驻外使节及部

分大型国有企业负责人出席。

会议深刻分析了国际形势和中国外部环境的变化，在总结党的十六大以来外事工作理论和实践的基础上，进一步明确了新形势下外事工作的指导思想、基本原则、总体要求和主要任务，对加强和改进中国共产党对外事工作的领导提出了具体要求。

会议指出，和平与发展仍然是当今时代的主题，世界多极化和经济全球化的趋势在曲折中发展，维护和平、制约战争的因素不断增长，争取较长时期的和平国际环境和良好周边环境是可以实现的。

会议认为，外事工作是党和国家的一项重要工作，在促进国家现代化建设，维护国家主权、安全、发展利益方面具有十分重要的作用。

会议指出，加强和改进外事工作，是中国同国际社会关系发生重大变化的必然要求，是抓住和用好重要战略机遇期、更好地应对挑战和化解风险的必然要求，是新形势下外事工作发展的必然要求。

会议强调，新世纪新阶段的外事工作，要坚持以毛泽东思想、邓小平理论和"三个代表"重要思想为指导，全面贯彻落实科学发展观，紧紧围绕发展这个党执政兴国的第一要务，高举和平、发展、合作的旗帜，坚持独立自主的和平外交政策，坚定不移地走和平发展道路，全方位开展外事工作，维护和用好重要战略机遇期，维护国家主权、安全、发展利益，努力为中国改革开放和社会主义现代化建设营造良好国际环境和有利外部条件，为推动建设持久和平、共同繁荣的和谐世界作出贡献。

会议强调，要把这个指导思想贯彻落实好，关键是要做好以下工作。

第一，坚持统筹国内国际两个大局。要紧紧围绕党和国家的中心任务，把国内发展与对外开放统一起来，更加注重从国际国内形势的相互联系中把握发展方向，更加注重从国际国内条件的相互转化中用好发展机遇，更加注重从国际国内资源的优势互补中创造发展条件，更加注重从国际国内因素的综合作用中掌握发展全局。要坚持政治、经济、文化相结合，维护国家主权、安全、发展利益相统一，加强战略谋划和整体运筹，努力掌握对外关系的主动权，积极营造有利的工作局面和战略态势。

第二，坚持走和平发展道路。要加强同世界各国和平共处、互利合作，恪守和平共处五项原则，积极营造和平稳定的国际环境、睦邻友好的周边环境、平等互利的合作环境、互信协作的安全环境、客观友善的舆论环境。要把中国人民的根本利益与各国人民的共同利益结合起来，把中国的对外政策主张与各国人民的进步意愿结合起来，以合作谋和平，以合作促发展，以合作解争端。

第三，坚持互利共赢的开放战略。要坚定不移地实施对外开放的基本国策和互利共赢的开放战略，在更大范围、更广领域、更高层次上参与国际经济技术合作和竞争，充分利用国际国内两个市场、两种资源，充分运用经济全球化和区域合作提供的各种有利条件，促进国家现代化建设。要坚持“引进来”和“走出去”相结合，坚持重信守诺、遵循法制、互利共赢，注重加强互利合作和共同开发。要进一步扩大对外开放，发展对外贸易和经济技术合作。要大力开展对外文化交流，深化对外文化体制改革，实施对外文化精品战略，扩大文化产品出口，搞好对外宣传，推动中华优秀文化走向世界，让世界更多更好地了解中国。

第四，坚持推动建设和谐世界。要致力于同各国相互尊重、扩大共识、和谐相处，尊重各国人民自主选择社会制度和发展道路的权利，坚持各国平等参与国际事务，促进国际关系民主化；致力于同各国深化合作、共同发展、互利共赢，推动共享经济全球化和科技进步的成果，促进世界普遍繁荣；致力于促进不同文明加强交流、增进了解、相互促进，倡导世界多样性，推动人类文明发展进步；致力于同各国加深互信、加强对话、增强合作，共同应对人类面临的各种全球性问题，促进和平解决国际争端，维护世界和地区安全稳定。

第五，坚持以人为本的思想。要适应中国企业和人员大量走出国门的新形势，依法维护中国海外机构和人员的安全和合法权益。要依法维护华侨华人及香港特别行政区同胞、澳门特别行政区同胞、台湾同胞的正当权益。要引导广大干部群众正确认识国际形势，平等友好地对待各国人民。要尊重和顾及别国人民的合理利益和关切，随着国家实力增长适当增加对外援助，尤其要支持发展中国家加快发展、改善人民生活。

此次会议的召开，对于加强和改进外事工作，具有十分重要的意义。

（11）陈冯富珍当选世界卫生组织总干事

2006年5月22日，世界卫生组织（世卫组织）总干事李钟郁（韩国人）因病医治无效，在日内瓦去世。世卫组织执委会召开紧急会议，决定于2006年11月6日至9日选举新任总干事。

各方对世卫组织总干事选举高度重视，共有来自科威特、中国、墨西哥、冰岛、缅甸、法国、莫桑比克、日本、芬兰、西班牙、土耳其的11名候选人参加角逐，竞争激烈。中国推荐世卫组织助理总干事、香港特别行政区前卫生署长陈冯富珍参选。对此次竞选，中国中央政府高度重视，大力支持。8月底，外交部长李肇星、卫生部长高强联名致函世卫组织执委会主席，正式提名陈冯富珍。国家主席胡锦涛、国务院总理温家宝、外交部长李肇星、卫生部长高强分别致函世卫组织执委会成员国领导人及外长、卫生部长等，推荐陈冯富珍并寻求支持。香港和澳门特区政府也给予积极协助。陈冯富珍在竞选中走访了近 30 个国家。

11 月 6 日，世卫组织执委会（含中国共 34 国）对 11 名候选人进行初选，经五轮投票，陈冯富珍和日本、墨西哥、西班牙、科威特候选人进入五人短名单。7 日，执委会对五人进行面试。8 日，执委会举行正式选举。陈冯富珍以 24 票获得执委会提名。9 日，出席卫生大会特别会议的 154 个世卫组织成员国参加投票，以 150 国赞成、2 国反对、2 国弃权的压倒多数批准了执委会提名，正式任命陈冯富珍为总干事，任期自 2007 年 1 月 4 日至 2012 年 6 月 30 日。这是中国自 1971 年恢复联合国合法席位以来首次当选为联合国专门机构最高负责人。

第三章

中国与各建交国家的关系

阿富汗

(Afghanistan)

2006 年，中华人民共和国与阿富汗伊斯兰共和国关系提升为全面合作伙伴关系。建立在和平共处五项原则基础上的中阿睦邻友好与互利合作关系得到进一步深化和扩展。中国重视发展对阿传统友好关系，支持阿推进和平重建进程，并继续向阿重建提供力所能及的帮助。

两国高层往来密切，政治互信增强。6 月 18～21 日，阿富汗总统哈米德·卡尔扎伊对中国进行国事访问。国家主席胡锦涛与其会谈，全国人大常委会委员长吴邦国、全国政协主席贾庆林分别会见。访问期间，双方发表了联合声明，宣布建立全面合作伙伴关系。双方还签署了《睦邻友好合作条约》、《贸易和经济合作协定》、《航空运输协议》等 11 个合作文件。

两国其他高层往来还有：1 月，外交部长李肇星赴英国出席由阿富汗、英国政府和联合国共同举办的阿富汗问题伦敦会议，并会见了阿富汗总统卡尔扎伊。4 月，李肇星外长致电阿富汗新任外交部长兰金·达德法尔·斯潘塔，祝贺其当选。9 月 15 日，国务院总理温家宝在杜尚别出席上海合作组织成员国总理第五次会议期间会见阿富汗第一副总统艾哈迈德·齐亚·马苏德。21 日，李肇星外长在出席第61届联大期间会见阿富汗外长斯潘塔。

两国在地区和国际事务中的合作进一步加强。中方支持阿富汗积极开展区域合作。6月14~16日，阿富汗总统卡尔扎伊以主席国客人身份出席上海合作组织上海峰会。中国驻印度大使孙玉玺代表李肇星外长出席11月18~19日在新德里召开的第二届阿富汗区域经济合作会议。

中阿经贸往来活跃。中国公司积极参与阿富汗经济重建，在阿富汗承建公路、通讯等基础设施项目。为扩大阿富汗商品对华出口，中方于7月起给予阿富汗278种对华出口商品零关税待遇。中国继续推进中方援建的喀布尔共和国医院和帕尔旺水利工程两大项目，并宣布再向阿方提供8000万元人民币无偿援助。

中阿在国防、安全、教育、资源、新闻等领域合作良好。6月，中央军委副主席、国务委员兼国防部长曹刚川上将会见了随卡尔扎伊总统来访的阿富汗国防部长阿卜杜勒·拉希姆·瓦尔达克将军。10月26日至11月2日，阿富汗国防部长瓦尔达克将军率团访华。国家副主席曾庆红会见，中央军委副主席曹刚川上将与其会谈。

6月，双方签署《打击跨国犯罪协议》。11月29日至12月7日，阿富汗内政部副部长穆罕默德·达乌德访华，公安部副部长张新枫与其会谈。双方签署《禁毒合作协议》。

中方宣布从2007年起，每年为阿方提供30名政府奖学金名额，今后两年还将接受阿方200名各类专业技术人员来华培训和研修。

8月2~7日，阿富汗矿产与工业部长伊卜拉希姆·阿迪勒率团来华进行商务访问。商务部副部长魏建国会见。双方就两国资源合作交换了意见。

12月，阿富汗新闻代表团访华。

阿尔巴尼亚

(Albania)

2006 年，中华人民共和国与阿尔巴尼亚共和国友好合作关系顺利发展，各领域互利合作不断扩大。

两国高层交往保持良好势头。4 月，国务院副总理回良玉访阿，阿尔巴尼亚总统阿尔弗雷德·莫伊休、总理萨利·贝里沙、副总理伊利尔·鲁斯马利分别会见、会谈。双方就进一步巩固中阿传统友谊，扩大各领域务实合作深入交换意见，达成广泛共识。阿重申将继续坚定奉行一个中国政策。6 月，全国政协副主席王忠禹访阿，阿总统莫伊休、议长约泽菲娜·托帕利、总理贝里沙分别会见。7 月，阿总理贝里沙致信国务院总理温家宝确认阿将参加 2010 年上海世博会。11 月，阿外交部长贝斯尼克·穆斯塔法伊访华，国家副主席曾庆红、外交部长李肇星会见会谈。

两国经贸合作增多，双边贸易额持续增长。5 月，中阿政府经贸混委会第五次会议在京举行。

两国在广电、审计、政党等领域的交流与合作不断加强。阿尔巴尼亚国家广电总局局长阿尔图尔·热伊、审计长罗伯特·切库、争取一体化社会运动党主席伊利尔·梅塔先后访华。中国国家广电总局副局长胡占凡访阿。

阿尔及利亚

(Algeria)

2006 年，中华人民共和国与阿尔及利亚民主人民共和国战略合作关系进一步深化，各领域的交流与合作取得重要进展。

11 月 4~5 日，阿尔及利亚总统阿卜杜勒—阿齐兹·布特弗利卡率团出席中非合作论坛北京峰会。6~8 日，布特弗利卡总统对中国进行国事访问。国家主席胡锦涛与布特弗利卡总统举行正式会谈，全国人大常委会委员长吴邦国、国务院总理温家宝、副总理黄菊分别会见。双方就如何深化两国战略合作关系及其他共同关心的问题深入交换意见。两国元首共同签署了《中阿关于发展两国战略合作关系的声明》，双方有关部门签署了有关司法、经济、税务、航空、质量检验、油气等方面合作的 9 个协议文本。布特弗利卡总统还出席了中、阿经济合作论坛开幕式，并在北京大学发表演讲。北京大学授予布特弗利卡总统名誉教授称号。访问期间，中国政府宣布批准阿尔及利亚为中国公民组团出国旅游目的地，阿尔及利亚政府宣布承认中国完全市场经济地位。

两国政府部门间的交流与合作十分密切。1 月，中国政府特使、外交部副部长吕国增在喀土穆出席第六届非盟首脑会议期间会见了阿尔及利亚国务部长兼外长穆罕默德·贝贾维。3 月，贝贾维外长访华，国务院总理温家宝、国务委员唐家璇和中共中央对外联络部部长王家瑞分别会见，外交部长李肇星与其举行会谈。同月，阿尔及利亚审计法院院长阿卜杜勒—卡德尔·本马鲁夫访华。5 月，贝贾维外长来华出席中阿合作论坛第二届部长级会议期间，两国外长再次会晤。同月，阿尔及利亚国土整治与环境部长谢里夫·拉赫马尼率团出席在北京举行的“妇女与防治沙漠化国际会议”。7 月，中国民用航空总局副局长杨国庆访阿，与阿尔及利亚交通部负责人签署了关于两国航空运输合作的协定。9 月，外交部副部长杨洁篪在哈瓦那出席第 14 次不结盟运动领导人峰会期间会见了贝贾维外长。10 月，阿尔及利亚司法与掌玺部长塔耶卜·贝莱兹率团出席在北京召开的国际反贪联合会首次代表大会，并与最高人民检察院检察长贾春旺签署了《中国最高人民检察院和阿尔及利亚司法部的合作谅解备忘录》。11 月，中国人民对外友好协会会长陈昊苏访阿。

中阿经贸合作取得积极进展。5 月，中信集团和中铁建公司联合体中标阿尔及利亚东西高速公路中、西标段项目。6 月，阿尔及利亚能源与矿产部长沙基卜·克利勒访华。9 月，阿尔及利亚税务总局代表团访华。10

月，中国核工业集团公司代表团访阿；12 月，阿尔及利亚能矿部、原子能署代表团访华。

两国文化、卫生、军事、新闻等领域的合作与交流全面开展。1 月，中国文化部副部长兼故宫博物院院长郑欣淼率中国政府文化代表团访阿，与阿尔及利亚文化部长卡丽达·图米女士签署了两国政府文化协定 2006～2008 年度执行计划。中国卫生部副部长李熙、中国人民解放军总装备部政委迟万春上将等先后访阿。7 月、10 月，阿尔及利亚海军司令、空军司令先后访华。8 月，阿尔及利亚人民军参谋长艾哈迈德·萨拉赫·盖德少将访华，中共中央军委副主席徐才厚上将会见，中央军委委员、总参谋长梁光烈上将与其举行会谈。

安道尔

（Andorra）

2006年，中华人民共和国与安道尔公国的关系持续稳定发展。

12月13～14日，中国驻西班牙兼驻安道尔大使邱小琪对安道尔进行工作访问，拜会了安首相平塔特和外交大臣米诺韦斯，就双边关系现状和未来前景交换了意见。安方表示重视发展对华关系，希望保持双方高层互访，加强经济合作与文化交流，同时表示在台湾问题上，安方将坚持一个中国原则，支持中国的统一大业。

安哥拉

(Angola)

2006 年，中华人民共和国与安哥拉共和国友好合作关系继续深入发展。

两国高层交往频繁。6 月 20 ~ 21 日，国务院总理温家宝对安哥拉进行正式访问，这是两国 1983 年建交以来中国总理首次访问安哥拉。温家宝总理与安哥拉总统若泽·爱德华多·多斯桑托斯举行会谈，并会见总理费尔南多·迪亚斯·多斯桑托斯。温家宝总理对中安关系给予积极评价，指出近年来中安经贸合作成效显著，中方将继续本着相互尊重、平等互利的原则，扩大与安方在基础设施、通讯和能源等领域的合作，中方还愿向安方提供力所能及的援助，并鼓励中资企业赴安投资。中方愿与安方一起努力，不断深化两国在各领域的友好合作。安哥拉领导人表示，安中有着牢不可破的友谊，两国在一些领域已建立起战略性的合作关系。安中合作是互利双赢的。安哥拉欢迎中国企业来安投资，愿与中方扩大在各领域的交往与合作。访问期间，双方签署了涉及经济技术合作、司法、卫生和农业等领域的多项协议和法律文件。

10 月 29 日至 11 月 6 日，安哥拉总理费尔南多代表多斯桑托斯总统率团来华出席中非合作论坛北京峰会并对华进行工作访问。国务院总理温家宝、国家副主席曾庆红分别会见费尔南多总理。中国领导人表示，安哥拉是中国在非洲的重要合作伙伴，中国十分重视与安哥拉的友好关系，支持安哥拉的重建与发展计划，鼓励双方开展文教、卫生等领域的合作。费尔南多总理赞同中国领导人对两国关系的评价，希望两国政治上密切合作，共同致力于世界和平与发展事业，经济上深挖潜力，不断提升经贸合作的水平。费一行还访问了深圳、上海。安哥拉计划部长安娜·洛伦索、外交部副部长乔治斯·希科蒂、财政部副部长爱德华多·德莫赖斯随行来华出席中非合作论坛第三届部长级会议。

双方在各个领域继续保持友好交往。中国进出口银行行长李若谷、中国检察代表团等访安。安哥拉邮政电信部长利西尼奥·里贝罗、卫生部长塞巴斯蒂昂·维罗佐、总检察长奥古斯托·达科斯塔·卡尔内罗等先后访华。安哥拉贸易部长若阿金·伊库马·穆阿富马出席在澳门举行的中国—葡语国家经贸合作论坛（澳门）第二届部长级会议。

两国经贸合作迈上新台阶，双边贸易额增长迅速，安哥拉已成为中国在非洲第一大贸易伙伴。中国政府同意安哥拉共和国在澳门特别行政区设立总领事馆。

安提瓜和巴布达
(Antigua and Barbuda)

2006年，中华人民共和国与安提瓜和巴布达友好关系稳步发展，经济技术合作进展顺利，双方在国际事务中相互支持、密切配合。

9月，外交部长李肇星访问安巴，会见了安巴总督卡莱尔爵士，并与总理斯潘塞举行会谈。同月，国防部外事办公室主任张邦栋少将访问安巴。7月，安巴外交部常务秘书科林·默多克来华出席中国和加勒比建交国外交部间第三次磋商。议会秘书兰沃斯·约翰逊来华出席“中国·泰山中小城市发展国际交流大会”。

6月28日，安巴新任驻华大使戴维·肖尔爵士向国家主席胡锦涛递交国书。

中国援建的安巴板球场项目和圣约翰山医疗中心项目进展顺利。2月，中国人民解放军军乐团赴安巴访演。中国宣布将自2007年起向安巴提供政府奖学金名额。

阿根廷

(Argentina)

2006 年，中华人民共和国与阿根廷共和国关系继续保持良好发展。

中阿政治互信进一步加深。10 月 25～28 日，阿副总统丹尼尔·奥斯瓦尔多·肖利对中国进行正式访问，全国人大常委会委员长吴邦国会见，国家副主席曾庆红与其举行会谈。中方表示，中阿长期友好是两国人民的共同愿望，两国合作潜力巨大，前景广阔。中方愿与阿方一道，进一步加强各领域务实合作，不断充实中阿战略伙伴关系。肖利副总统表示，阿政府高度重视发展同中国的战略伙伴关系，愿扩大双方在经贸、旅游、能源和基础设施建设等领域的合作。他强调，阿将一如既往地坚定奉行一个中国政策。9 月 19～21 日，外交部副部长杨洁篪访阿，与阿外交、国际贸易与宗教事务部外交国务秘书罗伯托·加西亚·莫里坦举行了两国外交部间第九次政治磋商，并会见阿副总统兼参议长肖利。11 月 22～28 日，阿外交、国际贸易与宗教事务部长豪尔赫·恩里克·塔亚纳对中国进行正式访问。国家副主席曾庆红会见，外交部长李肇星与其举行工作会谈，并共同出席两国体育合作协议的签字仪式。商务部长薄熙来会见塔。

全年双边副部级以上互访团组逾 90 个，多层次宽领域交流与合作进一步增强。司法、议会部门交往频繁。2 月，国务院法制办公室主任曹康泰访阿。7 月，全国政协副主席罗豪才访阿。11 月，阿众议院外委会主席豪尔赫·阿圭略率议员代表团访华。

5 月 11 日，中国驻阿根廷第十任大使张拓向阿代总统肖利递交国书。

两国贸易继续平稳增长，经贸合作领域进一步拓宽。6 月，全国社会保障基金理事会理事长项怀诚访阿。10 月，国家质量监督检验检疫总局副局长葛志荣访阿期间，双方签署了《关于阿烟叶输华植物卫生要求议定书》。铁道部长刘志军访阿。11 月，中阿经贸混合委员会第 16 次会议在京举行。

中阿在人文、新闻、军事、地方等领域交流日益深化，民间交往更加活跃。2 月，中国国家天文台与阿根廷圣胡安大学天文台开展天文科学合作项目。国家广播电影电视总局局长王太华（9 月），中央军委委员、第二炮兵司令员靖志远上将（12 月）访阿。6 月，安徽省省长王金山访阿。阿根廷米西奥内斯省省长卡洛斯·爱德华多·罗维拉访华。两国经商旅游人数明显上升。

亚美尼亚

(Armenia)

2006年，中华人民共和国与亚美尼亚共和国友好合作关系继续深入发展。双方政治互信加深，各领域交流与合作不断扩大。

5月3日，国家主席胡锦涛致电亚美尼亚总统罗伯特·科恰良，就亚一架客机在黑海上空不幸失事表示慰问。10月，全国人大常委会副委员长许嘉璐率全国人大代表团访亚。许嘉璐副委员长分别与亚总统科恰良、国民会议主席季格兰·托罗相、总理安德拉尼克·马尔加良举行会见、会谈。双方高度评价中亚关系发展，愿继续加强双方立法机构的交流与合作，推动两国关系深入发展。亚方重申恪守一个中国政策，支持中国的和平统一大业。11月，亚副外长阿尔缅·拜布尔强访华。外交部长李肇星、部长助理李辉分别与拜布尔强副外长举行会见、会谈。双方就双边关系及共同关心的国际和地区问题深入交换意见，达成广泛共识。

3月，亚美尼亚外交部发言人就台湾当局决定终止“国统会”和“国统纲领”发表声明，表示亚方坚持一个中国原则。

中亚双方在国际组织竞选中开展了良好合作。10月，亚方支持中方候选人参加联合国国际法委员会委员选举和联合监察组成员选举。

两国经贸关系持续发展，双边贸易额稳步增长，有关经济技术合作项目进展顺利。

中亚双方在其它领域继续开展友好交往。4月，人事部副部长王晓初访亚，与亚公务员委员会签署两部门合作谅解备忘录；亚国防部副部长尤里·哈恰土洛夫中将访华。

澳大利亚

(Australia)

2006 年，中华人民共和国与澳大利亚关系继续保持良好发展势头，双边高层互访与接触频繁，互信不断增强，两国领导人就发展中澳 21 世纪互利共赢的全面合作关系达成重要共识，双边经贸等领域合作富有成效。

4 月，国务院总理温家宝对澳进行正式访问，会见澳总督杰弗里，与澳总理霍华德举行会谈。双方还在农业、教育、司法、能源资源等领域签署了一系列合作协议与商业合同。6 月，霍华德总理来华工作访问。温家宝总理在深圳与霍会谈并共同出席广东液化天然气项目投产庆典仪式。11 月，国家主席胡锦涛在越南河内出席亚太经合组织领导人非正式会议期间同霍华德总理举行双边会晤。1 月，国务委员华建敏访澳。11 月，外交部长李肇星在吉隆坡出席东盟地区论坛系列外长会期间与澳外长唐纳举行双边会晤。11 月，李肇星外长在越南河内出席亚太经合组织部长级会议期间会见澳外长唐纳。

其他重要双边交往有：4 月，国务院新闻办公室主任蔡武率媒体代表团访澳并出席在悉尼举办的“中澳媒体交流与北京奥运报道论坛”。同月，澳教育、科学和培训部长毕晓普访华并出席博鳌亚洲论坛。6 月，澳卫生和老龄部长托尼·艾博特访华。7 月，澳总检察长菲利普·拉多克访华。8 月，澳众议院秘书长伊恩·哈里斯访华。10 月，澳环境和遗产部长伊安·坎贝尔来华参加“保护海洋环境免受陆源污染全球行动计划第二次政府间审核会”。11 月，全国政协秘书长郑万通访澳。12 月，澳国家党领袖、政府副总理兼交通和地区服务部长维尔访华。

2006 年，中澳经贸合作不断深化，中国是澳第二大贸易伙伴和第二大出口市场，澳是中国第九大贸易伙伴。10 月，中澳部长级经济联委会第 11 次会议在澳举行。中澳自由贸易协定谈判已举行七轮。

双边对话和磋商机制不断加强。双方举行了第 18 次外交部官员年度政治磋商、第 15 轮地区安全与裁军磋商、第 10 次人权对话。

两军交流继续深入。9 月，中共中央书记处书记、中央军委副主席徐才厚上将访澳，分别会见澳总理霍华德、外长唐纳、国防部长纳尔逊，与澳国防军司令豪斯顿上将举行会谈。

两国在科技、教育、司法、旅游等领域的交流与合作日益扩大。8 月，国家旅游局局长邵琪伟率中国旅游代表团赴墨尔本出席中澳旅游高峰论坛，与澳旅游部长贝利签署了《关于中国公民组团赴澳大利亚旅游相关事宜的谅解备忘录》。10 月，中澳第六次科技联委会会议在澳举行。截至 2005 年底，在澳中国留学生 8.1 万余人，中国是澳最大的留学生来源国。2005 年中国公民赴澳旅游 28.5 万人，是澳增长最快的海外游客来源地。

澳大利亚政府重视对华关系，视中国发展为机遇，多次重申坚持一个中国政策，反对“台独”。

奥地利

(Austria)

2006 年，中华人民共和国与奥地利共和国关系保持平稳，双方在政治、经贸、教育、科技、文化等领域的友好互利合作不断加强。

奥政府将 2006 年定为“中国年”，并在奥举办了一系列活动，奥总统菲舍尔出席“中国年”开幕式。两国外长就中奥建交 35 周年互致贺电。2 月，应奥地利外交部长普拉斯尼克邀请，外交部长李肇星对奥进行正式访问。访问期间，奥总统菲舍尔和总理许塞尔分别会见了李肇星外长，两国外长举行了会谈。

两国在议会、政党领域保持交流。4 月，奥联邦议会常务副议长哈塞尔巴赫女士应中国人民对外友好协会邀请率团访华，全国政协主席贾庆林会见。5 月、7 月，中共中央对外联络部部长王家瑞和全国人大常委会副委员长、欧美同学会会长韩启德先后访奥。

两国在经贸、教育、科技、文化等领域的合作取得新成果。奥副总理戈尔巴赫先后三次非正式来华出席双边科技、经贸活动。4 月，铁道部部长刘志军访奥。5 月、11 月，奥教育部长盖勒尔先后两次访华，双方签署了两国教育部长联合声明。9 月，奥地利维也纳大学“孔子学院”成立。4 月，中奥科技园在奥正式注册成立；11 月，双方签署了关于中奥科技园建设的意向书。8 月，奥总理府国务秘书莫拉克来华出席《奥地利建筑艺术展》开幕式。同月，中国手工艺人邓剑辉个人剪纸艺术展在维也纳举行。10 月，第二届中奥友城会议在奥举行，奥总统菲舍尔会见率团与会的全国对外友协会长陈昊苏。同月，中国在奥地利举办“西藏文化周”。

两国在民政、军事、卫生、人员培训等领域继续保持良好合作。1 月，奥卫生与妇女部长劳赫—卡拉特来华出席“禽流感防控国际筹资大会”；5 月，卫生部部长高强赴奥出席欧盟卫生部长会议。同月，两国续签了《中奥行政领导干部培训与经验交流合作协议》。5 月、6 月，民政部部长李学举，中央军委委员、总装备部部长陈炳德上将先后访奥。

阿塞拜疆

（Azerbaijan）

2006年，中华人民共和国与阿塞拜疆共和国友好合作关系发展顺利，各领域合作继续深化。

高层交往保持良好势头，政治互信加强。10月，全国人大常委会副委员长许嘉璐率全国人大代表团访阿。许嘉璐副委员长分别与阿总统伊利哈姆·阿利耶夫、国民议会主席奥克泰·阿萨多夫举行会见、会谈。双方就进一步加强两国立法机构合作，开展各领域交流，推动中阿关系深入发展交换了意见，达成许多共识。阿方重申恪守一个中国政策，支持中方在西藏、打击“东突”恐怖势力等问题上的原则立场。

3月，阿塞拜疆外交部就台湾当局终止“国统会”和“国统纲领”发表声明，表示阿塞拜疆支持中国的领土完整，坚持一个中国政策。

中阿双方在联合国等国际组织竞选中开展了良好合作。5月，双方相互支持成功当选联合国人权理事会首届成员国。

双边经贸合作积极发展，贸易额快速增长。中方石油、电工、通讯等企业与阿方开展的合作项目取得良好进展。6月，中国科学院代表团赴阿考察可再生能源的开发与利用。11月，应中国石油天然气集团公司邀请，阿工业能源部长纳提奇·阿利耶夫访华。

两国政党、青年、体育、文化等各领域交往活跃。3月，中国拳击队参加在阿举行的国际拳击邀请赛。4月，阿执政党“新阿塞拜疆党”副主席、执行书记阿里·阿赫梅多夫访华。全国人大常委会副委员长司马义·艾买提、中共中央对外联络部副部长陈凤祥分别与代表团举行会见、会谈。双方同意进一步深化中阿党际交往，促进双边关系发展；中国铁路代表团参加在阿举行的铁路合作会议。6月，中国进出口银行代表团访阿，并参加在阿举行的银行年会。9月，阿塞拜疆青年和体育部长阿扎德·拉吉莫夫访华。10月19日，中国人民对外友好协会中阿（塞拜疆）分会成立。11月，国家体育总局副局长于再清访阿。

1月30日，中国新任驻阿塞拜疆大使张海舟向阿总统阿利耶夫递交国书。

巴哈马

(Bahamas)

2006年，中华人民共和国与巴哈马国关系发展顺利，双方在政治、经济、文教、新闻等领域进行了积极合作，在国际事务中相互支持、密切配合。

2006年，两国高层交往频繁。1月，巴哈马外长弗雷德·米切尔访华。同月，巴在华设立使馆。2月，商务部部长助理傅自应访巴。5月，外交部长李肇星访巴。7月，巴外交部副常务秘书玛丽琳·佐尼克尔参加中国与加勒比建交国外交部间第三次磋商，并与外交部副部长杨洁篪共同主持会议。12月，全国人大外事委员会副主任吕聪敏访巴。

巴政府坚定奉行一个中国政策，在联合国、世界卫生组织等机构涉台问题上坚定支持中方立场。

两国经贸合作继续发展。巴是中国在英语加勒比地区最主要的贸易伙伴之一。3月，中国国家旅游局正式启动旅游团队赴巴旅游的组团业务。6月，中国旅游代表团考察巴旅游市场。7月，中方援建的巴国家体育场项目举行开工仪式。8月，中巴签署《中华人民共和国政府和巴哈马政府关于中国向巴哈马提供优惠贷款的框架协议》。

中巴保持地方交往，人文交流趋于活跃。5月，浙江省省委书记习近平访巴。8月，中国政府向巴增加提供3个奖学金名额。

巴林
(Bahrain)

2006年，中华人民共和国与巴林王国友好合作关系发展顺利。

两国政治往来频繁，政治互信加深。3月31日，国家主席胡锦涛致电巴林国王哈马德·本·伊萨·阿勒哈利法，对巴方一游船沉没造成数十人死亡表示慰问。5月25日，外交部长李肇星访巴，会见了巴首相哈利法·本·萨勒曼·阿勒哈利法殿下，并与外交大臣哈立德·本·艾哈迈德·本·穆罕默德·阿勒哈利法举行会谈，双方签署了两国外交部合作谅解备忘录。5月底，巴外交大臣哈立德率团出席在北京举行的中阿合作论坛第二届部长级会议，外交部长李肇星会见。

两国在国际和地区事务中保持着良好合作。中国支持巴林当选第61届联合国大会主席。9月，世界卫生组织总干事中方候选人陈冯富珍访巴，拜会了巴首相哈利法、副首相穆罕默德·本·穆巴拉克·阿勒哈利法和卫生大臣娜达·哈法兹，寻求巴方支持。。

此外，两国经贸和农业合作也富有成果。4月，中巴签署了农、牧、渔项目第二期合作换文。

孟加拉国

(Bangladesh)

中国与孟加拉国是友好近邻，两国长期相互信任、相互尊重、平等相待、真诚合作。2006 年，两国全面合作伙伴关系得到巩固和发展。

两国保持高层往来。2 月 6 ~ 9 日，中共中央对外联络部部长王家瑞率团访问孟加拉国，分别拜会了孟总理卡莉达·齐亚和孟主要反对党人民联盟主席谢赫·哈西娜。4 月 18 日，孟加拉国外交秘书赫马耶特乌丁来华参加第八次中孟外交磋商。6 月 5 ~ 7 日，孟加拉国外交部长莫希德·汗访华，国务院总理温家宝和国务委员唐家璇会见。孟加拉国主要政党人民联盟、民族党分别组团访华。

双方经贸关系稳步发展。双边贸易额保持强劲增长势头。中国援孟工程进展情况良好，吉大港磷酸二铵化肥厂项目竣工，中孟友谊六桥通过中期验收，总发电能力 25 万千瓦的巴拉普库利亚坑口电站顺利完工交付。两国政府签署了由中国提供 2.11 亿美元优惠买方信贷承建孟加拉国程控电话交换机项目的贷款总协议。

在国际和地区事务中，中孟继续相互支持和配合。中国支持孟加拉国加入东盟地区论坛。孟加拉国支持中国竞选国际电信联盟副秘书长、国际法委员会委员、联合国联检组专家等国际组织职位，支持中国申办 2010 年世界博物馆大会，并推动南亚区域合作联盟吸收中国成为观察员。在联合国大会等多边场合，孟加拉国坚持一个中国原则，在台湾、西藏、人权等重大问题上支持中国。

两国在国防、安全、文化教育等领域合作密切。5 月 15 日，孟加拉国陆军参谋长莫因·艾哈迈德中将访华，中央军委副主席、国务委员兼国防部长曹刚川上将会见。4 月 23 日，孟加拉国内政国务部长卢夫萨曼·巴巴尔访华，中共中央政治局委员、国务委员兼公安部部长周永康会见。中国公安部向孟加拉国内政部提供了价值 300 万元人民币的警用物资。

文化教育方面，孟加拉国孟中人民友协代表团、佛教代表团、艺术团等访华。云南省杂技团、云南大学代表团访问孟加拉国，中国在孟加拉国举办郑和展、中国发展成就图片展、第二届中国教育展及中国电影周等，孟加拉国首家孔子学院挂牌。

巴巴多斯

(Barbados)

2006年，中华人民共和国与巴巴多斯关系顺利发展，两国在政治、经贸等领域的交流与合作不断深化。

6月，外交部副部长杨洁篪访巴，会见了总督赫斯本兹，与总理阿瑟和外交、外贸部国务部长西蒙兹分别会谈。8月，国防部外办主任张邦栋少将访巴，会见巴总督、总理等政要。江苏省副省长李全林率经贸代表团访巴。7月，巴外交和外贸部常务秘书塞缪尔·钱德勒来华出席中国和加勒比建交国外交部间第三次磋商。巴住房、土地和环境部部长伊丽莎白·汤普森来华出席国际会议。

6月28日，新任驻华大使阿伦·菲尔兹爵士向国家主席胡锦涛递交国书。

白俄罗斯

(Belarus)

2006 年，中华人民共和国与白俄罗斯共和国全面友好合作关系健康稳定发展，两国政治、经贸、文化、军事等领域交流与合作富有成果。

中白领导人保持友好交往，函电往来频繁。3 月，国家主席胡锦涛致电白俄罗斯总统亚历山大·格里戈里耶维奇·卢卡申科，祝贺其再次当选总统。4 月，国务院总理温家宝致电白俄罗斯总理谢尔盖·谢尔盖耶维奇·西多尔斯基，祝贺其再次出任总理。

中白在重大问题上相互支持。3 月，白俄罗斯外交部就台湾当局废除“国家统一纲领”适用及终止“国家统一委员会”运作发表声明，表示支持中国的原则立场，反对“台湾独立”，反对任何旨在建立“两个中国”、“一中一台”的图谋。

中白经贸合作不断加强。温家宝总理与西多尔斯基总理互致信函，就加强两国经贸合作交换意见。

中白文化、军事交往活跃。9 月，中央军委副主席、国务委员兼国防部长曹刚川上将访问白俄罗斯，分别与白俄罗斯总统卢卡申科、国防部长列昂尼德·谢苗诺维奇·马尔采夫上将举行会见、会谈。同月，“中国文化日”在白俄罗斯成功举办。

比利时

(Belgium)

2006年，中华人民共和国与比利时王国的关系发展平稳，政治、经济、文化、教育、航空等领域的交流与合作继续深化与扩大。

两国高层往来密切。9月，国务院副总理曾培炎对比利时进行正式访问，会见了比首相伏思达、王储菲利普，与副首相兼财政大臣雷德尔斯举行会谈，并在工商界早餐会上发表演讲。双方签署了七个合作协议，涉及经贸、环保、核能、教育等领域。10月，比副首相兼财政大臣雷德尔斯以比法语革新运动党主席身份访华，国家副主席曾庆红、中共中央对外联络部部长王家瑞、财政部长金人庆、商务部长薄熙来分别会见。10月底至11月初，比众议长德克罗访华，全国人大常委会委员长吴邦国、国家副主席曾庆红、全国人大常委会副委员长许嘉璐、中共中央对外联络部部长王家瑞、北京市市长王岐山分别会见。这些访问加深了两国间相互了解和信任，推动了两国关系不断向前发展。

2006年是两国建交35周年。10月26日，中国驻比利时大使馆与比外交部共同主办中比关系研讨会。比外交大臣德古赫特在开幕词中强调，发展对华关系将是比对外政策的优先重点。外交部长李肇星发表电视讲话，回顾了中比建交35年来两国在政治、经济、人文等领域取得的丰硕成果，指出未来中比关系发展前景广阔，受到与会者的一致赞誉。中比双方在布鲁塞尔举办了郎朗音乐会、汉阳陵文物展等一系列庆祝活动，反响热烈，成为今年双边关系中的一大亮点。

全年中比双边贸易继续保持快速增长。布鲁塞尔、列日两所孔子学院正式挂牌。6月，比利时驻广州总领馆开馆。7月，中比开通直航航线。

贝 宁

(Benin)

2006 年，中华人民共和国与贝宁共和国的友好合作关系继续健康、稳定发展。双方在政治、经贸、文教、卫生等领域真诚合作。贝宁政府坚持一个中国立场，在国际事务中给予中国坚定支持。

两国高层交往频繁，政治互信进一步加深。4 月，博尼·亚伊就任贝宁总统，中国政府派特使崔永乾大使出席总统就职仪式。8 月，亚伊总统对中国进行国事访问，国家主席胡锦涛与其会谈，国务院总理温家宝会见。亚伊总统表示，贝宁人民永远和中国人民站在一起，贝宁将继续奉行一个中国政策，进一步加强两国在各领域的合作。访问期间，双方签署了《中华人民共和国政府和贝宁共和国政府经济技术合作协定》和《中贝文化协定 2006～2009 年度执行计划》等文件。11 月，亚伊总统率团来华出席中非合作论坛北京峰会，国家主席胡锦涛会见。亚伊总统积极评价论坛峰会，认为这是中非建立战略伙伴关系进程中的历史性成果。

经贸合作继续深化，其他领域交往不断取得新进展。双边贸易额继续快速增长，中国成为贝宁重要贸易伙伴和主要棉花出口对象国。中国援建的贝宁外交部办公楼等项目进展顺利。8 月，中国人民解放军代表团访问贝宁。11 月，贝宁三军总参谋长马蒂厄·博尼准将访华。

玻利维亚

（Bolivia）

2006 年，中华人民共和国与玻利维亚共和国关系顺利发展。

两国高层交往增加。1 月 8～9 日，玻利维亚当选总统胡安·埃沃·莫拉莱斯·艾马访华。国家主席胡锦涛、国务委员唐家璇等分别会见。胡锦涛主席表示，中方愿与玻方共同努力，通过扎实有效的工作，把中玻友好合作关系提高到新的水平。1 月 20～23 日，中国政府特使、司法部长吴爱英出席玻总统权力交接仪式。11 月 20～22 日，全国人大常委会副委员长顾秀莲率全国人大代表团对玻进行正式友好访问。玻总统莫拉莱斯、参议长桑托斯·拉米雷斯·巴贝尔德和众议长埃德蒙多·诺维略·阿吉拉尔分别会见。玻前总统爱德华多·罗德里格斯·贝尔塞、矿业冶金部部长瓦尔特·比利亚罗埃尔、国防部长沃克·圣米格尔·罗德里格斯和武装力量总司令维尔弗雷多·巴尔加斯上将等先后访华。

两国在国际事务中相互支持。玻方支持中方竞选联合国人权理事会成员国等，中方支持玻方竞选联合国经社理事会成员国等。

两国经贸合作扩大。双边贸易额保持快速增长势头。中方在玻投资呈上升态势。8 月，中玻第九次经贸混委会在拉巴斯举行。双方就加强两国贸易和投资合作进行了深入探讨。

波斯尼亚和黑塞哥维那
(Bosnia and Herzegovina)

2006 年，中华人民共和国与波斯尼亚和黑塞哥维那友好合作关系稳步发展。

两国保持政治交往。5 月，波黑外交部副部长安东·里尔访华，进行两国外交部副外长级磋商。双方积极评价中波关系，表示愿继续加强两国在政治、经贸、文化等领域的务实合作，并就共同关心的国际和地区问题深入交换意见，达成广泛共识。波黑重申坚持一个中国原则。6 月，波黑外交部部长助理佐兰·佩尔科维奇来华进行两国外交部首轮领事磋商。波黑副议长兼议会外事委员会主席马尔廷·拉古日访华，全国人大常委会副委员长韩启德、外交部副部长张业遂、全国人大外事委员会副主任委员王英凡分别会见、会谈。

两国经贸关系发展顺利。2006 年，双边经贸额继续保持快速增长。10 月，商务部副部长廖晓琪访问波黑。

两国广电、民间等领域的交流与合作不断扩大。4 月，波中友好协会代表团访华。12 月，中国国际广播电台代表团访问波黑。

博茨瓦纳

(Botswana)

2006年，中华人民共和国与博茨瓦纳共和国的友好合作关系健康发展，互利合作富有成效。

两国高层交往不断，政治互信增强。9月4～6日，中共中央政治局常委、中央纪律检查委员会书记吴官正率中共代表团访博，会见博茨瓦纳总统、博民主党总裁费斯图斯·莫哈埃，与博民主党中央领导集体举行会谈。双方签署了《中华人民共和国政府和博茨瓦纳共和国政府关于中国向博茨瓦纳提供优惠贷款的框架协议》、《中华人民共和国国家旅游局和博茨瓦纳共和国环境与野生动物和旅游部关于中国公民组团赴博旅游谅解备忘录》、《中国进出口银行和博茨瓦纳财政与发展计划部关于莱特哈肯—克昂公路二期的贷款协议》三个文件。

11月1～6日，莫哈埃总统来华出席中非合作论坛北京峰会，国家主席胡锦涛会见。胡锦涛主席表示，中方愿与博方保持高层互访势头，增进相互了解和信任，扩大经贸、文化、教育、卫生等领域交流合作，加强在国际事务中的磋商和配合，维护发展中国家的共同利益。莫哈埃总统表示，建立在相互尊重和共同利益基础上的博中关系发展良好，博人民感谢中国人民在资金、技术、医疗卫生、教育等方面的援助和合作。博方期待同中方扩大政府、政党、人民之间的交往，深化经贸、投资等领域合作。博茨瓦纳外交与国际合作部长蒙帕蒂·梅拉费和财政与发展计划部长白勒兹·哈沃莱齐随行来华出席中非合作论坛第三届部长级会议。

此外，中国进出口银行行长李若谷、国务院侨务办公室副主任许又声、福建省人大常委会副主任陈营官等访博。博通讯与科技部长佩洛诺米·文森、工程与交通部长莱塞霍·莫楚米等访华。

两国在文教、人力资源培训等领域的合作持续发展。年内共有19名官员、学者来华培训。中方派遣2名团体操教练为博筹办独立40周年庆典活动。中国国家档案馆代表团访博。

巴　西

(Brazil)

2006年，中华人民共和国与巴西联邦共和国在落实2004年两国元首互访成果方面迈出重要步伐，战略伙伴关系取得新发展。

两国高层交往和政治对话进一步深化。3月19~24日，巴西副总统若泽·阿伦卡尔对中国进行正式访问，国家主席胡锦涛、全国人大常委会委员长吴邦国分别会见，国家副主席曾庆红同阿进行会谈，国务院副总理吴仪与阿共同主持召开中国与巴西高层协调与合作委员会第一次会议。访问期间，外交部副部长杨洁篪与巴外交部常务副部长吉马良斯于20日在上海举行了两国第13次政治磋商暨中巴高层协调与合作委员会政治分委会会议，双方还签署了科技、经贸、文化和质检等领域的多个合作文件。

8月29日至9月3日，全国人大常委会委员长吴邦国对巴西进行正式友好访问，分别会见巴总统卢拉、副总统阿伦卡尔和参议长卡列罗斯，同众议长雷贝洛举行会谈，并在巴西国会发表题为《加强友好合作，促进共同发展》的演讲。双方签署了《中华人民共和国全国人民代表大会与巴西联邦共和国众议院关于建立定期交流机制的谅解备忘录》。

10月30日，胡锦涛主席、曾庆红副主席分别致电巴总统卢拉和副总统阿伦卡尔，祝贺竞选连任成功。

此外，全国人大常委会副秘书长何晔晖，全国政协副主席、中国致公党中央主席罗豪才也先后访问巴西。

在联合国等国际组织和多边事务中，两国继续保持密切合作和相互支持。

中巴经贸关系保持快速发展势头。铁道部部长刘志军等应邀访巴。巴矿产能源部部长龙多、财政部常务副部长阿皮和发展工业外贸部副部长梅西亚特等相继访华。巴政府派团出席了9月在澳门举行的“中国—葡语国家经贸合作论坛第二届部长级会议”。巴西仍为中国在拉美最大贸易伙伴，中国成为巴西全球第三大贸易伙伴和第三大出口、第二大进口市场。8月，中国企业确认购买中巴合资及巴原产的100架支线飞机，优化了巴对华出口结构。此外，两国经济技术合作和相互投资取得较大进展，中国企业承建了巴西约10亿美元的工程建设项目。

中巴在科技、文化领域的交流与合作取得新的成果并签署多项合作协议。中国在巴举办中国汉字展、中巴妇女图片展，并首次在巴举办大型教育展览。巴文化部副部长费雷拉访华。巴在华举办了“巴西国家展”。

文　莱

(Brunei Darussalam)

2006年是中华人民共和国与文莱达鲁萨兰国建立外交关系15周年，两国外交部举办了一系列庆祝活动，中、文友好合作关系进一步提升。

两国高层接触频繁。10月，文莱苏丹哈桑纳尔·博尔基亚来南宁出席中国—东盟纪念峰会，国务院总理温家宝与其会晤，双方就双边关系和共同关心的国际和地区问题交换了意见。温家宝总理表示，中文关系发展顺利，各领域合作成效显著，两国关系已经进入一个全面发展的新时期，面临新的发展机遇。温家宝总理就加强两国友好合作提出几点建议：密切高层往来，深化能源合作，进一步加强文化、教育交流与合作，重视加强两国农业科技合作，加强多边合作与协调。

4月，文莱外交和贸易部无任所大使玛斯娜公主访华并赴南京出席“中国—文莱友谊馆”预展开幕式，国务委员唐家璇会见。6月，文莱外交和贸易部第二部长林玉成访华，唐家璇国务委员会见。9月，文莱外交和贸易大臣穆罕默德亲王来华进行正式访问并赴香港宣布设立文莱驻港总领事馆，温家宝总理和唐家璇国务委员分别会见。

两国经贸合作进展良好。11月，文莱能源部长叶海亚应中国发展与改革委员会邀请访华。中国保持从文莱进口原油规模，双边贸易额显著增长。

两国在文化、司法、妇女、旅游等领域的交流与合作不断扩大。为庆祝中、文建交15周年和文莱苏丹60华诞，中国广西壮族自治区代表团、中国人民解放军军乐团、中国杂技团等经贸、文艺团体先后应邀赴文莱访问演出。4月，中国最高人民检察院检察长贾春旺访问文莱；中国国家文物局局长单霁翔访问文莱。8月，《中国与文莱关系史料汇编》正式出版发行，两国外长作序。10月，玛斯娜公主来华出席首届中国—东盟妇女论坛。11月，中国最高法院副院长姜兴长访问文莱；文莱工业和初级贸易部长艾哈迈德赴上海出席中国国际旅游展。

保加利亚

(Bulgaria)

2006 年，中华人民共和国与保加利亚共和国的友好合作关系持续发展。

两国高层往来频繁。6 月 8～11 日，中共中央政治局常委李长春访保，会见了保加利亚总统格奥尔基·珀尔瓦诺夫、国民议会议长格奥尔基·皮林斯基、总理塞尔盖伊·斯塔尼舍夫、副总理兼教育和科学部长达尼埃尔·沃尔切夫。11 月 19～23 日，保总理斯塔尼舍夫对中国进行正式访问。全国人大常委会委员长吴邦国、国务院总理温家宝、国家副主席曾庆红分别会见、会谈。温家宝总理在会谈中建议，为进一步推进中保友好关系，中方愿与保方保持高层交往，加强政治对话，确保两国关系长期稳定健康发展；深化经贸合作，提高合作水平，鼓励双向投资，支持中小企业合作；认真落实文化、教育交流计划，扩大民间和青年交往。访问期间，两国签署了《中华人民共和国和保加利亚共和国政府联合声明》《中华人民共和国政府和保加利亚共和国政府经济合作协定》《中华人民共和国政府和保加利亚共和国政府关于两国使馆馆舍的协定》《中华人民共和国中央人民广播电台与保加利亚共和国国家广播电台合作协议》《上海市外国投资促进中心和保加利亚投资署谅解备忘录》。外交部长李肇星与保副总理兼外交部长伊瓦伊洛·卡尔芬在第 61 届联合国大会期间举行会晤。

两国经贸合作逐步扩大，贸易额增长幅度较大。中保政府间经济和贸易合作委员会第 12 次例会在索非亚举行。商务部副部长于广洲、廖晓淇访保。

两国在各领域合作良好。中央军委副主席、国务委员兼国防部长曹刚川上将、全国政协副主席周铁农、全国人大外事委员会副主任委员吉佩定、铁道部副部长陆东福、监察部副部长陈昌智访保。保总检察长鲍里斯·维尔切夫、卫生部长拉多斯拉夫·盖达尔斯基、劳动和社会政策部长埃米莉娅·玛斯拉罗娃、瓦尔纳大区区长彼得·坎迪拉罗夫访华。

布隆迪

(Burundi)

2006年，中华人民共和国与布隆迪共和国的友好合作关系稳步发展。

两国保持高层交往。10月30日至11月8日，布隆迪总统皮埃尔·恩库伦齐扎率团出席中非合作论坛北京峰会，并访问广东、贵州。国家主席胡锦涛、全国政协主席贾庆林分别会见恩库伦齐扎。中方领导人积极评价中布传统友好关系，表示愿与布方增强政治互信，积极推动两国政府、政党、议会等各领域和各层次的人员往来，扩大和深化两国经贸合作，加强文化、教育、人力资源开发等人文领域交流合作。恩库伦齐扎总统表示愿与中方共同努力，推动两国友好合作关系不断发展。3月，布隆迪国家情报局长阿道夫·恩希米里马纳访华。5月，布隆迪国防与老战士部部长热尔曼·尼约扬卡纳访华，中央军委副主席、国务委员兼国防部长曹刚川上将与其会谈，国务委员唐家璇会见。7月，布隆迪负责良政、国家总监察与地方管理事务的部长韦南·卡马纳访华。

11月14日，布隆迪新任驻华大使加布里埃尔·萨布希米克向国家主席胡锦涛递交国书。

两国经贸合作发展顺利。中国政府援建的布隆迪高等师范专科学校等项目年内开工。

柬埔寨

(Cambodia)

2006 年，中华人民共和国与柬埔寨王国关系全面深入发展，各领域合作不断深化。

两国领导人继续保持密切接触。1 月，国务院总理温家宝、国务委员唐家璇分别看望在北京的柬埔寨太皇诺罗敦·西哈努克和太后莫尼列，祝贺新春。4 月，国务院总理温家宝对柬埔寨进行正式访问，与西哈莫尼国王、参议院主席谢辛、国会主席韩桑林和政府首相洪森会见，会谈。双方发表《中华人民共和国政府与柬埔寨王国政府联合公报》，宣布建立全面合作伙伴关系。双方还签署了多项经贸合作协议。

12 月，柬埔寨国王诺罗敦·西哈莫尼赴安徽省访问。西哈莫尼国王在京期间，全国政协主席贾庆林、国务委员唐家璇分别会见。

10 月，柬埔寨首相洪森率团赴南宁出席中国—东盟建立对话关系 15 周年纪念峰会暨第三届中国—东盟博览会和商务与投资峰会，温家宝总理同洪森首相举行会晤。

7 月，柬埔寨副首相兼外交大臣贺南洪正式访华，温家宝总理、唐家璇国务委员分别会见，外交部长李肇星举行会谈，双方签署了《中柬互免持外交、公务护照签证协定》、《两国外交部合作议定书》。

两国经贸合作取得积极成果，贸易额稳步增长。财政部长金人庆、中国审计署审计长李金华、中国国家开发银行行长陈元访柬。中国成为柬埔寨第四大贸易伙伴。中国援助的柬埔寨七号公路、柬埔寨政府办公大楼等项目进展顺利。截至 2006 年 8 月，中国企业在柬埔寨累计签订承包工程合同额达 8.7 亿美元，完成营业额 4.4 亿美元。

中国共产党与柬埔寨人民党和奉辛比克党按照双方商定的计划派团组互访。中共中央委员、中共广西壮族自治区党委书记、区人大常委会主任曹伯纯，中共中央政策研究室副主任何毅亭，中共中央党史研究室副主任李忠杰分别率中共友好代表团访问柬埔寨。柬埔寨奉辛比克党秘书长涅本才、柬埔寨人民党中央常委邵金索等分别率团访华。

两国在军队、议会、新闻、红十字等领域继续保持密切交往与合作。中央军事委员会委员、总参谋长梁光烈上将，全国人大财经委员会副主任闻世震，全国政协副主席、中国国际交流协会会长李贵鲜，新华社社长田聪明，中国红十字会会长彭珮云等分别率团访问柬埔寨。柬埔寨国会外事委员会副主席翁能，国防部国务秘书宁帕中将等访华。

喀麦隆

(Cameroon)

2006年是中华人民共和国与喀麦隆共和国建交35周年。两国在各领域的友好交往与合作得到新的发展。

两国政治友好进一步加强，高层交往不断。11月2～7日，喀麦隆总统保罗·比亚率团出席中非合作论坛北京峰会，国家主席胡锦涛会见。两国领导人就双边关系、中非合作论坛及共同关心的国际和地区问题交换了意见。胡锦涛主席高度评价中喀传统友谊，表示中方愿同喀方一道努力，加强两国政府和民间人员往来，深化经贸合作，支持企业开展形式多样的互利合作。比亚总统对中喀关系表示满意，称赞中国是喀麦隆真诚的朋友，希望双方扩大在电信、资源开发和农业技术等领域的合作。

喀麦隆新闻部长穆卡卡·姆邦若·皮埃尔、公共卫生部长奥朗格纳·阿沃诺·于尔班、副总理兼司法掌玺部长阿马杜·阿里、领土管理和权力下放国务部长马拉法·哈米杜·亚雅和总统府负责最高检查事务的部长级代表埃塔姆·马索马·达维德·西格弗里德先后访华。

两国经贸合作继续稳步发展。中国援建的雅温得体育馆项目进展顺利，布埃亚医院传染病房维修等一批新的合作项目开工，双边贸易快速增长。

两国在文化等领域积极开展友好交流与合作。11月，喀麦隆成为中国公民自费组团出境旅游目的地国。第三届“汉语桥”中文大赛在喀麦隆首都雅温得成功举行。

加拿大

(Canada)

2006年，中华人民共和国与加拿大各领域的交流与合作继续扩大，在重大国际和地区问题上保持了沟通与协调。

中国和加拿大高层保持接触。7月和11月，中国国家主席胡锦涛在出席圣彼得堡八国集团与发展中国家领导人对话会及河内亚太经合组织领导人非正式会议期间与加拿大总理斯蒂芬·哈珀进行简短交谈。中国外交部长李肇星和加外交部长彼得·麦凯分别在7月东盟地区论坛外长会、9月联合国大会和11月亚太经合组织部长级会议期间会面，并于2月和10月两次通电话。

双方先后举行了首次中加战略问题对话、中加环境合作联委会第五次会议、中加首次反恐磋商、中加经贸联委会第19次会议、第二次中加矿产资源合作对话、第十次中加气象科技合作联合工作组会议、第13次中加外交部官员政治与安全磋商和第二次中加外交部政策规划磋商。

双方各级别官员保持往来。山西省省委书记张宝顺、云南省省长徐荣凯、内蒙古自治区政府主席杨晶、国家体育总局局长刘鹏、湖北省省长罗清泉、青海省省长宋秀岩、劳动和社会保障部部长田成平、国务院新闻办公室主任蔡武分别率团访问加拿大，建设部部长汪光焘赴加出席第三届世界城市论坛。访加的中国副省、部级以上团组全年约160个。加联邦最高法院首席大法官麦克拉克琳、公务员委员会主席芭拉多斯、加中议会协会两主席参议员戴伊、众议员沃佩尔和名誉主席参议员奥斯汀、农业及农业食品部长斯特拉、自然资源部长伦恩以及不列颠哥伦比亚省省长坎贝尔先后访华。

中国和加拿大经贸关系稳步发展，中国是加第二大贸易伙伴，加是中国第十大贸易伙伴。截至2006年10月，加在华实际投资累计53.27亿美元；截至2006年9月，中国在加直接投资（非金融类）1.22亿美元。两国经贸关系已由单一的货物贸易发展为全方位、跨领域、多元化的经贸和技术合作。商品、服务、人员和资本的流动日益频繁，两国经济联系不断加深，经贸合作仍有较大潜力。

中国和加拿大在科技、文化、教育、卫生等领域开展了广泛合作。1月，中央电视台在加举行“同一首歌”大型晚会。5月，中国残疾人艺术团在温哥华举行大型演出“我的梦”。7月，中加两国联合举办了“来自中国的和平使者”郑和下西洋纪念展。中国在加新建三所孔子学院。中国教育部分别与加不列颠哥伦比亚、新不伦瑞克、爱德华王子岛和萨斯喀彻温四省签署了高等教育学历学位互认协议。截至2006年底，中国已与加10省中的6省签署了此类协议。

两军关系进一步发展。8月，加拿大太平洋舰队司令唐纳森准将率加海军“里贾纳”号护卫舰访问上海、青岛。9月，由“青岛”号导弹驱逐舰和“洪泽湖”号综合补给舰组成的中国海军舰艇编队访问加维多利亚港。

中加在人权等问题上仍存在分歧。加方在台湾、“法轮功”、达赖、“东突”等问题上有错误言行，中方多次就此提出严正交涉，阐明严正立场。

佛得角

(Cape Verde)

2006 年是中华人民共和国与佛得角共和国建交 30 周年，两国高层往来频繁，双边关系得到进一步巩固和发展。

4 月 25 日，国家主席胡锦涛和外交部长李肇星分别与佛得角总统佩德罗·维罗纳·罗德里格斯·皮雷斯和外交、合作和侨务部长维克托·曼努埃尔·巴尔博萨·博尔热斯互致电函，庆祝两国建交 30 周年。

11 月 3～7 日，佛得角总理若泽·马里亚·佩雷拉·内韦斯来华出席中非合作论坛北京峰会。国务院总理温家宝与其举行双边会晤。温家宝总理积极评价中佛关系，赞赏佛政府坚持一个中国政策，表示中方愿与佛方加强政治交往，深化经贸合作，推动双边关系全面发展。内韦斯总理赞同温家宝总理对两国关系的评价，感谢中方长期以来向佛提供的支持和援助，希望双方进一步加强在基础设施建设和能源等领域的合作。

1 月 11～12 日，中国外交部长李肇星对佛得角进行正式访问，会见了佛代总统、议长阿里斯蒂德斯·雷蒙多·利马和总理内韦斯，与外长博尔热斯举行会谈。双方签署了《中华人民共和国政府和佛得角共和国政府经济技术合作协定》。

4 月，佛国民议会第一副议长马里奥·马托斯访华并出席了中佛建交 30 周年庆祝活动。

11 月 3 日，李肇星外长会见了来华出席中非合作论坛第三届部长级会议的佛外长博尔热斯。

两国经贸合作成效显著。中国援建的佛得角泡衣崂水坝竣工并正式移交佛方。12 月 28 日，中国驻佛得角大使孙荣茂与佛外长博尔热斯代表各自政府签署了《中华人民共和国政府和佛得角共和国政府经济技术合作协定》。

两国政党、军事、文化交流续有发展。7 月，中共中央对外联络部副部长马文普访问佛得角。9 月，佛军队总参谋长安特罗·马托斯上校访华。4 月，佛现代舞团来华参加中佛建交 30 周年庆祝活动和“相约北京”艺术节。

中　非

(Central African Republic)

2006年，中华人民共和国与中非共和国友好合作关系得到进一步巩固和加强。

两国高层保持交往。9月6日，外交部长李肇星致电中非外交、地区一体化和法语国家事务部长科姆·祖马拉，祝贺其就职。11月，祖马拉外长率团出席中非合作论坛北京峰会暨第三届部长级会议，全国政协主席贾庆林会见。贾庆林主席积极评价两国友好合作关系，表示中国政府重视发展与中非的友好关系，愿与中非共同努力，加强政治交往和民间交流，扩大农业、卫生、文化、教育等领域合作，推动两国关系全面发展。祖马拉外长表示，中非重视与中国在经贸等领域的合作，视中国为新的希望和楷模，将借鉴中国经验，结合自身特点，实现发展。

两国在经贸等领域的合作稳步发展并取得新成果。中国政府援建的班吉波冈达体育场正式建成并移交中非方面。班吉友谊医院维修和部分设备更新项目正式启动。中非政府先后向中方体育场项目技术人员和援中非第11届医疗队员授勋，以表彰他们为两国合作所做贡献。

乍 得

(Chad)

2006 年是中华人民共和国与乍得共和国关系史上具有重要意义的一年。8 月 6 日，两国恢复外交关系，双边关系翻开新的一页。复交后，两国各领域友好交往与合作得到迅速恢复和发展。

8 月 6 日，外交部长李肇星与乍得外交、非洲一体化和国际合作部长艾哈迈德·阿拉米分别代表各自政府在北京签署《中华人民共和国和乍得共和国关于恢复外交关系的联合公报》。公报内容为：中华人民共和国和乍得共和国，根据两国人民的利益和愿望，决定自 2006 年 8 月 6 日起恢复大使级外交关系。中华人民共和国和乍得共和国同意恢复互派大使，并在对等的基础上为对方大使馆的建立和履行职务提供方便。中华人民共和国政府支持乍得共和国政府为维护国家主权和发展经济所作的努力。乍得共和国政府承认世界上只有一个中国，中华人民共和国政府是代表全中国的唯一合法政府，台湾是中国领土不可分割的一部分。中华人民共和国政府对乍得共和国政府的这一立场表示赞赏。8 月 7 日，国务委员唐家璇会见阿拉米外长。

8 月 8 日，中国政府特使、外交部部长助理翟隽出席乍得总统伊德里斯·代比·伊特诺就职仪式，并转交国家主席胡锦涛致代比总统的亲笔信。8 月 15 日，乍得成立新政府，国务院总理温家宝和外交部长李肇星分别向乍得总理帕斯卡尔·约阿迪姆纳吉和阿拉米外长发去就职贺电。9 月 2 日，中国驻乍得使馆复馆小组抵达乍得首都恩贾梅纳。10 月 19 ~ 22 日，乍得基础设施国务部长阿杜姆·尤努西米率外交部长、国防部长和财政部长等人访华。国家副主席曾庆红，中央军委副主席、国务委员兼国防部长曹刚川上将和外交部长李肇星分别会见。11 月 2 ~ 7 日，阿拉米外长率团出席中非合作论坛北京峰会暨第三届部长级会议，全国政协主席贾庆林会见。12 月 16 日，中国驻乍得大使王英武到任。

智　利
(Chile)

2006年，中华人民共和国与智利共和国关系保持良好发展势头。

两国保持高层交往，政治互信进一步增强。11月17日，国家主席胡锦涛在出席越南河内举行的第14次亚太经合组织领导人非正式会议期间，会见了智利总统米歇尔·巴切莱特·赫里亚，这是3月巴切莱特领导的智利新政府上台以来中智两国元首首次会晤。11月14日，胡锦涛主席在人民大会堂接受智利新任驻华大使费尔南多·雷耶斯·马塔递交国书。9月5~7日，全国人大常委会委员长吴邦国对智利进行正式友好访问，会见了总统巴切莱特，并共同宣布中智自由贸易协定自10月1日起实施和启动服务贸易与投资谈判，分别与智利参议长爱德华多·弗雷·鲁伊斯—塔格莱和众议长安东尼奥·莱亚尔·拉夫林举行会谈，先后出席参、众两院全会，接受参、众两院授勋，并出席中智经贸合作论坛开幕式，作了题为《推动中智经贸合作迈上新台阶》的演讲。访问期间，双方还举行了中国全国人大与智利议会政治对话委员会第一次会议。9月23~29日，智利参议长弗雷访华，江泽民同志、全国人大常委会委员长吴邦国、副委员长成思危、外交部长李肇星分别会见。9月22日，李肇星外长在纽约出席联大期间会见了智利外交部长亚历杭德罗·福克斯莱·里奥塞科。3月，中国政府特使、农业部长杜青林赴智利参加智总统权力交接仪式，分别会见了卸任总统里卡多·拉戈斯·埃斯科瓦尔和新任总统巴切莱特。此外，2006年，双方副部级以上互访团组超过60个。两国在议会、政党、地方政府、文化、教育、科技、军事等领域交往密切。

两国在联合国、亚太经合组织、美洲国家组织等多边机构中保持密切协调与合作。智利政府坚持一个中国政策，在涉台问题上给予中方坚定支持。

两国经贸关系继续保持快速发展，双边贸易大幅增长。中国五矿集团与智利国家铜公司联合在智开发铜资源项目顺利启动。

哥伦比亚

(Colombia)

2006 年，中华人民共和国与哥伦比亚共和国各领域交流与合作继续发展。

双方保持高层接触。11 月 23 ~ 26 日，全国人大常委会副委员长顾秀莲访哥，分别会见了哥内政司法部长卡洛斯·奥尔金·萨尔迪、众议院第二副议长豪尔赫·奥梅罗·希拉尔多和总统夫人丽娜·莫雷诺，哥参议长迪利亚安·弗朗西斯卡·托罗·托雷斯和第二副众议长奥梅罗分别授予顾秀莲副委员长哥国会大十字金质勋章和西蒙·玻利瓦尔大十字特别金质勋章。11 月 19 ~ 26 日，哥副总统弗朗西斯科·桑托斯·卡尔德龙对中国进行正式访问，国务院总理温家宝、国家副主席曾庆红分别与其举行会见和会谈，双方就进一步加强中哥关系和扩大双边互利合作达成广泛共识，并签署了“中哥政府间经济技术合作协定”。6 月 10 ~ 15 日，全国政协副主席、中华全国供销合作总社理事会主任白立忱访哥。8 月 6 ~ 9 日，中国政府特使、信息产业部部长王旭东出席阿尔瓦罗·乌里韦·贝莱斯总统就职仪式，会见了乌里韦总统。3 月 27 ~ 30 日，全国人大财经委员会主任委员傅志寰访哥。

两国政党、军事、司法、教育等领域的交流与合作扩大。中共中央对外联络部副部长陈凤翔、兰州军区司令员李乾元上将等分别访哥。哥激进变革党全国领导委员会成员、国会主席兼参议长克劳迪娅·布卢姆·德巴尔贝利，内政司法部长萨瓦斯·普雷特尔特·德拉维加，总检察长马里奥·赫尔曼·伊瓜兰·伊萨萨·阿拉纳等先后访华。2 月，首批 21 名中国学生赴哥留学。

科摩罗

(Comoros)

2006年，中华人民共和国与科摩罗联盟间相互信任、平等互利的友好合作关系取得新进展。

两国保持高层交往。10月31日至11月7日，科摩罗总统艾哈迈德·阿卜杜拉·穆罕默德·桑比来华出席中非合作论坛北京峰会。国家主席胡锦涛会见，双方就两国关系和共同关心的问题交换了意见。胡锦涛主席表示，经过30年的发展，中科关系已成为大小国家平等相待、团结合作的典范。中方将继续加强同科摩罗的互利合作。桑比总统感谢中方多年来的无私援助，表示中国是科摩罗的真诚朋友和伙伴，科摩罗将继续奉行一个中国政策。桑比总统一行还访问了浙江省杭州市和义乌市。

2006年4月，科摩罗顺利举行总统选举。国家主席胡锦涛、外交部长李肇星分别向科摩罗新任总统桑比和外交部长艾哈迈德·本·赛义德·贾法尔致电祝贺。

两国在文教、卫生、新闻等领域的交流与合作取得新进展。6月22~29日，科摩罗文化教育、青年体育部长赛义德·巴卡尔率团访华并参加在北京和南京举行的阿拉伯文化节。7月31日至8月2日，文化部副部长赵维绥率中国政府文化代表团访问科摩罗，桑比总统会见，双方签署了《中华人民共和国政府和科摩罗联盟政府文化合作协定》。

5月，中国援建的科摩罗国家电视台正式开播。6月，科摩罗官员来华参加非洲高级外交官考察访问团。8月，中国政府向科摩罗联盟政府赠送一批抗疟疾药品。

刚果共和国

(Congo)

2006 年，中华人民共和国与刚果共和国［简称刚果（布）］关系呈现良好发展势头，两国建立战略伙伴关系，经贸合作取得实质性进展，其他领域合作与交流不断扩大。

两国的高层交往有力推动了中刚关系发展。6 月 19 ~ 20 日，国务院总理温家宝应刚果（布）总统德尼·萨苏—恩格索邀请对刚果（布）进行正式访问。与萨苏总统举行会谈并共同会见记者，总理伊西多尔·姆武巴会见。双方就进一步发展友好合作关系以及其他共同关心的国际和地区问题交换了意见，达成了广泛共识。双方高度评价中刚传统友好关系，并一致同意建立战略伙伴关系，深化两国在各领域的合作，两国政府发表联合公报，并签署了经济技术合作协定，以及广播、抗疟、教育、农业等领域的合作文件。7 月 16 ~ 17 日，国家主席胡锦涛在俄罗斯圣彼得堡出席“八国集团同发展中国家领导人对话会议”期间会见担任非盟轮值主席的萨苏总统，就双边关系、非洲形势和共同关心的重大国际问题交换看法。10 月 31 日至 11 月 6 日，萨苏总统率团来华出席中非合作论坛北京峰会并访问上海。胡锦涛主席和温家宝总理分别会见。萨苏总统在峰会开幕式上以非盟主席身份发言。9 月 22 日，外交部长李肇星在联合国大会期间会见刚外交部长鲁道夫·阿达达。

双边经贸往来日益加强。3 月和 6 月，中国进出口银行副行长赵晓宇和行长李若谷先后访刚，萨苏总统会见。4 ~ 6 月，中国援助的莫萨卡供水、议会大厦维修和黑角医院专家住房等项目竣工交接。7 月，刚果（布）购买中国生产的两架新舟 60 飞机。

环保、通信等领域合作不断扩大，交往增多。5 月 24 ~ 25 日，中国国家环境保护总局副局长祝光耀出席在刚果（布）举行的第八届非洲国家环境部长会议并访刚，代表中国政府为在刚建立环境和自然灾害管理预防中心捐款。12 月 4 ~ 8 日，刚果（布）邮电和负责通讯新技术部长菲利普·姆武奥出席由国际电信联盟在香港举办的 2006 年世界电信展，并在深圳参观中兴通讯公司。

库克群岛

(Cook Islands)

中华人民共和国政府重视与库克群岛关系。2006年，中国与库克群岛的友好合作关系进一步发展。

2006年4月，国务院总理温家宝在斐济出席“中国—太平洋岛国经济发展合作论坛”会议期间会见库克群岛总理马鲁莱。6月，外交部部长助理何亚非访问库克群岛。7月，外交部长李肇星访问库克群岛。10月，库教育部秘书长赫尔曼来京出席亚洲教育北京论坛2006年会，并参加了首届“中国—太平洋岛国论坛”发展中国家教育部长圆桌会议。11月，库代理旅游部长瓦维亚出席在上海举行的第八届中国国际旅游交易会。

库政府多次重申坚持一个中国政策，反对“台独”，不与台湾进行官方往来。

科特迪瓦
(Côte d'Ivoire)

2006 年，中华人民共和国与科特迪瓦共和国友好合作关系健康、稳定发展。

11 月 3～7 日，科特迪瓦经社理事会主席洛朗·多纳—福洛戈作为科总统洛朗·巴博代表来华出席中非合作论坛北京峰会。全国政协主席贾庆林予以会见。贾庆林主席赞赏科政府坚持奉行一个中国政策，表示中国坚定支持科特迪瓦和平进程，愿扩大与科在经贸等领域的合作。福洛戈主席感谢中国支持科维护国家主权和发展经济，表示希加强与中国在各领域的互利合作。

3 月 15 日，科特迪瓦新任驻华大使科菲·阿兰·尼凯斯向国家主席胡锦涛递交国书。

两国经贸合作保持良好发展势头。9 月，科特迪瓦总理府负责经济和财政事务部长级代表迪比·科菲·夏尔访华。5 月，中国援建的“议员之家”项目正式移交科方。12 月，中国驻科大使马志学和科外交部长巴卡约科·优素福代表各自政府签署了《中华人民共和国政府和科特迪瓦共和国政府经济技术合作协定》。

克罗地亚

(Croatia)

2006年，中华人民共和国与克罗地亚共和国（Republic of Croatia）全面合作伙伴关系顺利发展，各领域合作富有成果。

两国政治关系继续保持良好发展势头。4月，克罗地亚总理伊沃·萨纳戴尔致函国务院总理温家宝，确认克将参加2010年上海世博会。9月，国务委员唐家璇对克罗地亚进行正式访问，克总统斯捷潘·梅西奇、总理伊沃·萨纳戴尔、副总理达米尔·波兰切茨分别会见会谈。双方高度评价近年来两国关系发展取得的积极成就，表示愿加强各领域互利合作，不断充实中克全面合作关系。克重申将坚定奉行一个中国原则。双方签署《中华人民共和国和克罗地亚共和国农业合作协议》。12月，全国人大外事委员会副主任委员王英凡访克。克总统特别外事顾问布迪米尔·隆查尔访华。

两国外交部保持密切交往。4月，克外交和欧洲一体化部部长助理伊维察·托米奇来华进行两国外交部政治磋商。

两国在经贸、文化、农业等领域的交流与合作续有发展。中国国家民族事务委员会主任李德洙、农业部副部长危朝安访克，漳州木偶剧团和中国广播艺术团民乐小组先后赴克演出。克农林、水利部长佩塔尔·乔班科维奇来京出席禽流感防控国际筹资大会。

两国地方和民间交往活跃。浙江省省长吕祖善、上海市人大常委会副主任朱晓明、辽宁省人大副主任杨新华、全国对外友协副会长刘志明等分别访克。浙江省和伊斯特拉省、大连市和里耶卡市结成友好城市。萨格勒布市市长米兰·班迪奇访华。

古　巴

(Cuba)

2006 年，中华人民共和国与古巴共和国友好合作关系继续保持良好发展势头，各领域平等互利合作交流不断扩大。

8 月 1 日，国家主席胡锦涛致电古巴国务委员会主席兼部长会议主席菲德尔·卡斯特罗·鲁斯，对其因病住院表示慰问。

2 月 10 ~ 13 日，国务委员陈至立访问古巴。会见了古巴国务委员会主席兼部长会议主席菲德尔·卡斯特罗、国务委员会副主席兼部长会议执行秘书卡洛斯·拉赫·达维拉、政府部长里卡多·卡布里萨斯·鲁伊斯等古政府高级官员。9 月 15 ~ 16 日，外交部副部长杨洁篪率团出席在古巴哈瓦那举行的不结盟运动第 14 次首脑会议，探望了正在康复的菲德尔·卡斯特罗主席，并会见了古巴国务委员会第一副主席兼部长会议第一副主席劳尔·卡斯特罗·鲁斯。

古巴卡斯特罗主席特使、国务委员会副主席兼部长会议执行秘书拉赫、国务委员会副主席埃斯特万·拉索·埃尔南德斯、政府部长卡布里萨斯分别率团访华。11 月，外交部副部长杨洁篪和古巴副外长马尔科斯·罗德里格斯·科斯塔在北京举行了政治磋商。

中古在国际事务中相互支持、密切配合。中国在第 61 届联大再次投票支持古巴提出的要求美国取消封锁的议案。古巴积极支持中国在台湾、人权等问题上的原则立场。

中古经贸合作发展良好，双边贸易额实现大幅增长，在通信、交通、家电等领域的合作保持良好发展势头。5 月，中国进出口银行行长李若谷率团访问古巴。3 月，古巴交通部长卡洛斯·曼努埃尔·帕索·托拉多率团访华。

两国在新闻、军事、卫生、教育和科技等领域的交流与合作不断扩大。中共中央宣传部副部长、国家广播电影电视总局局长王太华，国防大学政委赵可铭上将分别于 8 月和 12 月率团访问古巴。古巴卫生部长何塞·拉蒙·巴拉格尔·卡夫雷拉，审计和监察部长琳达·奥琳达·佩德罗萨·罗德里格斯分别率团访华。中古双方将每年互派留学生的奖学金名额由 30 名增至 100 名。中古合资的第一家眼科医院在青海省西宁市建成并投入使用。中古生物技术联合工作组第二次会议在哈瓦那举行。

塞浦路斯

(Cyprus)

2006年是中华人民共和国与塞浦路斯共和国建交35周年。两国关系取得新的积极进展，各领域合作不断深化。

两国高层互访频繁。12月，塞总统帕帕佐普洛斯对中国进行国事访问，国家主席胡锦涛同帕会谈，全国人大常委会委员长吴邦国、国务院总理温家宝分别会见。双方就进一步发展中塞友好合作关系和共同关心的国际及地区问题深入交换意见，达成广泛共识。胡锦涛主席表示，发展中塞长期稳定的友好合作关系是中方一贯政策，中方愿与塞方共同努力，将两国关系推上更高水平。帕帕佐普洛斯总统说，塞坚持一个中国原则，愿为促进双边关系全面发展不懈努力。6月，全国人大常委会副委员长王兆国访塞，会见了塞总统帕帕佐普洛斯和议长赫里斯托菲亚斯。4月，塞外交部常务秘书扎基奥斯访华，与外交部副部长张业遂磋商，外交部副部长戴秉国会见。双方在联合国等国际组织中保持了良好的协作与配合。2月，台湾当局决定终止"国统会"运作和"国统纲领"适用后，塞外交部发表声明表示反对，重申坚定支持中国的主权、领土完整和统一。在7月黎以冲突期间，塞为中国从黎巴嫩撤侨提供了便利。

两国经贸合作不断扩大，贸易额大幅增长。8月，商务部部长助理陈健访塞，与塞财政部长萨利斯共同主持召开中塞经贸科技联委会第五次会议，并签署了《中塞经济合作协定》。

中塞两国在其他领域的合作日益密切。6月，塞劳动人民进步党政治局委员兼经济书记扎奈多斯访华。9月，中华全国总工会书记处书记陈荣书、内蒙古自治区党委书记储波与中国奥委会名誉主席何振良先后访塞。11月，新华社社长田聪明访塞。12月，两国文化部签署了2006~2010年文化合作执行计划，两国卫生部签署了卫生和医学科学合作2006~2009年度合作计划。

捷　克

(Czech)

2006 年，中华人民共和国与捷克共和国关系发展顺利。

两国高层交往继续发展。2 月，捷克众议院主席鲁博米尔·扎奥拉莱克访华。4 月，国务院副总理回良玉访捷。9 月 27～29 日，捷总统瓦茨拉夫·克劳斯过境访问西安。捷外交部第一副部长亚罗斯拉夫·巴什塔来华磋商。

中捷两国贸易额保持快速增长势头，互利合作取得进展。中捷政府间经济和贸易联合委员会第六次例会在北京召开。商务部副部长高虎城访捷。

两国在军事、地方等领域的交往活跃，合作良好。中央军委委员、总参谋长梁光烈上将、江西省委书记、省人大常委会主任孟建柱、上海市人大常委会主任龚学平、云南省政协主席杨崇汇、山东省政协主席孙淑义、河北省政协主席赵金铎等先后访捷。捷总检察长列纳塔·韦塞斯卡、科学院院长瓦茨拉夫·帕切斯、兹林州州长利博尔·卢卡什先后访华。

丹麦

(Denmark)

2006年，中华人民共和国与丹麦王国的关系继续稳步发展。

两国高层交往密切，政治互信加深。9月11日，国务院总理温家宝与丹麦首相安诺斯·福格·拉斯穆森在亚欧首脑会议期间举行会晤，就进一步发展双边关系达成重要共识。9月23～26日，国务委员陈至立访丹，分别会见丹首相拉斯穆森和科技大臣黑尔厄·桑德，与教育大臣贝特尔·霍德举行会谈，并出席了《中华人民共和国教育部与丹麦王国教育部、科技创新部关于互认高等教育学历学位证书的谅解备忘录》签字仪式。丹麦女王丈夫亨里克亲王、二王子约阿希姆等因私访华。

两国立法机构间交流加强。全国人大常委会副委员长李铁映、全国政协副主席刘延东、黄孟复等先后访丹。丹麦议会能源政策委员会及食品、农业和渔业政策委员会代表团等分别访华。

两国外交部间保持密切沟通与协调。5月8～14日，丹麦外交大臣佩尔·斯蒂·默勒访华。11月，丹麦外交部常务国务秘书乌里克·菲德斯皮尔来华与外交部部长助理孔泉举行磋商。

双边经贸合作向纵深发展，两国贸易额屡创新高，中国已成为丹麦第八大贸易伙伴，也是其在亚洲地区的最大贸易国。5月，两国签署《中华人民共和国商务部与丹麦外交部关于加强中丹两国企业间合作的谅解备忘录》，为中丹经贸合作注入新的活力。

两国在科技、文化、环保、司法、军事等领域的交流与合作活跃。丹麦家庭与消费者事务大臣拉尔斯·巴弗兹、环境大臣康妮·赫泽高、总检察长汉宁·福德等先后访华。11月，中丹第15届科技合作联委会会议在北京举行，丹麦议会第一副议长斯文·奥肯来京出席第三届中国环境与发展国际合作委员会第五次会议。10月，中国故宫博物院与丹麦王室展览基金会联合举办“中国之梦”文物展。5月，中央军委委员、总参谋长梁光烈上将访丹。

吉布提

(Djibouti)

2006年，中华人民共和国与吉布提共和国友好合作关系进一步向前发展。

两国高层保持交往。11月3~5日，吉布提总统伊斯梅尔·奥马尔·盖莱来华出席中非合作论坛北京峰会。国家主席胡锦涛与其会谈，双方就双边关系和共同关心的问题交换了意见。胡锦涛主席表示，近年来，中吉关系呈现良好发展势头，中方愿与吉方共同努力推动两国务实合作取得新进展。盖莱总统表示，世界上只有一个中国，吉布提支持中国早日完成统一大业。

5月30日，吉布提外交和国际合作部长马哈穆德·阿里·尤素福来华出席中阿合作论坛第二届部长级会议，外交部长李肇星会见。9月15日，外交部副部长杨洁篪在古巴哈瓦那参加第14届不结盟运动首脑会议期间会见了盖莱总统。

双方经贸合作加强。中国政府向吉布提政府举办东南非共同市场第11届首脑会议赠送会议用车；派遣5名专业人员赴吉布提贝尔蒂医院进行肾透析设备技术指导。

多米尼克
(Dominica)

2006年，中华人民共和国与多米尼克国关系发展顺利，两国在政治、经贸、教育、青年等领域的交流与合作进一步深化，在国际和地区事务中相互支持、密切配合。

3月，多总统尼古拉斯·利物浦对华进行非正式访问。6月，外交部副部长杨洁篪访多，分别会见了多总统、总理和其他内阁部长，双方签署了两国经济技术合作协议。7月，多外交部常务秘书法罗来华参加中国与加勒比建交国外交部间第三次磋商。9月，多教育、人力资源开发、体育和青年事务部长文斯·亨德森率青年代表团访华，就中多教育和青年领域合作与教育部长周济和共青团中央第一书记周强进行商谈。10月，多议长艾利克丝·奈茨夫人以友好人士身份访华，全国人大常委会副委员长、全国妇联主席顾秀莲会见。

中国援建的温莎公园体育场项目进展顺利。中国援多农业项目初见成效，得到较高评价。

多政府坚持一个中国政策，在联合国、世卫组织等多边领域涉台问题上给予中国支持。多总理、外交部均公开谴责陈水扁“终止国统”行径，反对“台独”分裂活动。

朝鲜民主主义人民共和国

(DPRK)

2006年，中华人民共和国与朝鲜民主主义人民共和国继续保持睦邻友好关系。

1月10~18日，朝鲜劳动党总书记、国防委员会委员长金正日对中国进行非正式访问，中共中央总书记、国家主席胡锦涛、全国人大常委会委员长吴邦国、国务院总理温家宝等国家领导人分别会谈、会见。双方积极评价两国关系发展，并就进一步推动中朝友好合作交换了意见，一致同意继续坚持通过对话和平解决朝鲜半岛核问题的立场，继续推进六方会谈进程。

7月10~15日，为纪念《中朝友好合作互助条约》签订45周年，中共中央政治局委员、国务院副总理回良玉和朝鲜最高人民会议常任委员会副委员长杨亨燮分别率友好代表团进行互访。朝鲜最高人民会议常任委员会委员长金永南、国防委员会第一副委员长赵明禄、内阁总理朴凤柱会见回良玉副总理一行。中共中央总书记、国家主席胡锦涛，全国人大常委会委员长吴邦国分别会见杨亨燮一行。4月18~22日，全国人大常委会副委员长、全国妇联主席顾秀莲访朝。4月4~6日，中共中央政治局委员、中央军委副主席、国务委员兼国防部长曹刚川上将访朝。朝鲜最高人民会议常任委员会委员长金永南、国防委员会第一副委员长兼人民军总政治局长赵明禄次帅会见。

5月30日至6月6日，朝鲜外务相白南舜对中国进行正式访问。国务院总理温家宝、国务委员唐家璇分别会见，外交部长李肇星与白举行会谈。双方就双边关系和共同关心的国际与地区问题交换了意见。10月18~19日，中共中央总书记、国家主席胡锦涛特别代表国务委员唐家璇访问朝鲜。朝鲜劳动党总书记、国防委员会委员长金正日会见。唐家璇国务委员向金正日总书记转达了胡锦涛主席的口信，并就中朝关系、朝鲜半岛局势等共同关心的问题同金正日总书记深入交换了意见。

两国在政党、卫生、教育、文化等领域合作平稳。3月18~27日，朝鲜劳动党中央群众团体及首都建设部第一副部长张成泽率朝鲜劳动党考察团访华。10月16~18日，卫生部部长高强访朝，双方签署了两国卫生部2006~2008年卫生合作执行计划。两国每年均互派一定数量的公费留学生。每年中方都派团参加朝方举行的“四月之春”大型文艺演出活动。

两国经贸等领域关系平稳发展。中国是朝鲜最大贸易伙伴国。中国还向朝鲜提供粮食、柴油等人道主义援助。

刚果民主共和国

(D.R.Congo)

2006年，中华人民共和国与刚果民主共和国［简称刚果（金）］保持友好交往，经贸、文教、卫生等各领域合作取得新进展，在国际事务中相互支持和配合。

双方保持政治往来。11月3~5日，刚果（金）过渡期副总统阿卜杜拉耶·耶罗迪亚率团出席中非合作论坛北京峰会，国家副主席曾庆红会见。曾庆红副主席表示，多年来，中刚两国在众多领域开展了真诚友好的合作。中方将继续支持刚政府和人民为维护国家主权和领土完整、推进和平进程和重建经济所作的不懈努力。耶罗迪亚副总统盛赞刚中传统友谊，并表示，刚果（金）百废待兴，希中方积极参与刚经济重建，加强两国在基础设施建设、农业和电信领域的合作。

12月6日，中国政府特使崔永乾大使应邀出席刚果（金）总统约瑟夫·卡比拉就职典礼。在拜会卡比拉总统时，崔永乾大使转达了胡锦涛主席的口信，代表中国政府对卡赢得大选表示祝贺，强调中方将与刚方共同努力推动两国关系达到新水平。卡比拉总统祝贺中非合作论坛北京峰会取得圆满成功，并表示，刚中友谊牢不可破，刚重视与中国发展关系，视中国为可信赖的朋友。

中国继续支持刚果（金）和平进程深入进展，支持国际社会及有关各方为实现刚果（金）以及大湖地区的和平、稳定所作的努力。8月，中国轮换第六批参加联合国刚果（金）特派团（联刚团）维和行动的维和部队。

厄瓜多尔

(Ecuador)

2006 年，中华人民共和国与厄瓜多尔共和国友好合作关系有新的发展。

双方交往密切，合作领域不断扩大。5 月，厄瓜多尔外长弗朗西斯科·卡里翁·梅纳对中国进行正式访问，国家副主席曾庆红会见，外交部长李肇星主持会谈。中方宣布厄为中国公民旅游目的地国。双方签署了《中华人民共和国政府和厄瓜多尔共和国政府经济技术合作协定》。

两国其他重要互访有：厄国防部长奥斯瓦尔多·哈林、议会外委会主席阿尔弗雷多·塞拉诺、总监察长何塞·玛丽亚·博尔哈和国家警察总部参谋长卡洛斯·加拉奥拉诺中将先后访华。审计署、国防部和中国国际贸易促进委员会分别派团访厄。

两国在联合国等国际和地区组织中保持良好合作。厄始终坚持一个中国的立场。

两国经贸关系稳步发展。第九届经贸混委会在基多成功举行。中资公司业务和投资项目进展顺利。厄已成为中国在拉美地区最大的投资对象国之一。

埃 及

(Egypt)

2006年是中华人民共和国与阿拉伯埃及共和国建交50周年，两国在各领域交流与合作取得新的进展，战略合作关系得到进一步深化。

双方政治关系密切，高层交往频繁。5月，国家主席胡锦涛、国务院总理温家宝和外交部长李肇星分别同埃及总统穆罕默德·胡斯尼·穆巴拉克、总理艾哈迈德·纳齐夫和外交部长艾哈迈德·阿布·盖特互致贺电，庆祝中埃建交50周年。6月，温家宝总理访问埃及，同纳齐夫总理签署《中埃关于深化战略合作关系的实施纲要》，确定了今后一段时期两国战略合作关系发展的规划和方向。9月，李肇星外长在出席第61届联大会议期间会见盖特外长，就双边关系和共同关心的国际和地区问题交换意见。11月，穆巴拉克总统出席中非合作论坛北京峰会并对中国进行国事访问，胡锦涛主席同穆巴拉克总统会谈，全国人大常委会委员长吴邦国和国务院总理温家宝分别会见。双方发表了关于两国建交50周年的联合新闻公报，强调双方将继续共同努力，深化两国战略合作关系，为双边合作开辟更加广阔的领域。

双方主要互访还有：中方国务委员华建敏、国防科工委主任张云川、进出口银行行长李若谷和国家质量监督检验检疫总局局长李长江等；埃方贸易和工业部长拉希德·侯赛因、交通部长穆罕默德·曼苏尔、石油部长阿明·法赫米、通讯和信息部长塔里克·马哈茂德等。此外，埃及外交部阿拉伯和非洲事务部长助理哈尼·哈拉夫和亚洲事务部长助理阿里·希夫尼来华出席中国—阿拉伯国家合作论坛第二届部长级会议。

两国就国际和地区问题密切磋商，在人权、联合国改革等重大问题上保持协调，共同维护发展中国家利益。埃及支持中国陈冯富珍女士竞选世界卫生组织总干事。中国中东问题特使两次访埃，与埃方就地区形势和中东和平进程等交换看法。两国外交部建立了战略对话机制。

两国经贸合作快速增长。两国政府积极推动双方企业扩大经贸合作，双边贸易额继续保持增长态势。中国在埃投资增长较快。截至2005年底，在埃注册的合资、独资企业已达186家，投资额2.2亿美元。截至2006年6月，中国公司在埃及签订承包工程项目累计合同金额13.7亿美元，完成营业额8.2亿美元。中国政府将援建苏伊士湾西北经济区投资服务大楼和一所农村小学校，并利用中国政府优惠贷款进行开罗国际会议中心五星级酒店和聚酯生产线改造项目。埃及宣布承认中国完全市场经济地位。

中埃新闻、文教、科技等领域互访频繁，合作密切。胡锦涛主席接受埃及《金字塔报》、中东通讯社等主流媒体联合书面采访。穆巴拉克总统接受新华社、《人民日报》和中央电视台等媒体联合采访。两国艺术家在开罗金字塔下举行庆祝中埃建交 50 周年“手拉手”大型文艺演出，双方还互派演出团体举行图片展和汉语大赛等活动。第五届中埃科技联合委员会在开罗举行，双方签署 2006 ~ 2009 年双边科技合作议定书。埃及已有四所大学开设中文专业。

赤道几内亚

(Equatorial Guinea)

2006年，中华人民共和国与赤道几内亚共和国友好合作关系继续保持较快发展的良好势头。

两国高层交往不断，政治互信不断增强。11月1~5日，赤几总统奥比昂·恩圭马·姆巴索戈来华出席中非合作论坛北京峰会。在华期间，国家主席胡锦涛会见奥比昂总统，双方就两国关系及共同关心的地区和国际问题达成广泛共识。双方一致认为，两国应密切配合，尽快落实关于加强对非务实合作的八项举措，不断扩大两国在经贸、能源、基础设施建设等重点领域的合作，推动中赤几友好合作关系迈上新台阶。

2月，赤几财政和预算部长马塞利诺·奥沃诺·埃杜和国家安全部长曼努埃尔·恩圭马·姆巴分别访华。7月，赤几外交、国际合作和法语国家事务部长帕斯托尔·米恰与财政和预算部长马塞利诺·奥沃诺·埃杜过境北京，外交部长李肇星会见。

双边经贸合作成果显著。中国政府援建的马拉博电视中心项目顺利竣工，奥比昂总统对工程质量予以高度评价。吉博劳水电站项目已经启动。两国贸易额再创历史新高，赤道几内亚已成为中国在撒哈拉以南非洲第五大贸易伙伴。

两国在文化、卫生等领域的交流与合作顺利发展。8月，四川省民族艺术团访问赤几。7月6日，赤几国家安全部长曼努埃尔·恩圭马·姆巴代表奥比昂总统为第22批中国援赤几医疗队授勋，表彰他们为赤几卫生事业作出的杰出贡献。

厄立特里亚

(Eritrea)

2006 年，中华人民共和国与厄立特里亚国关系继续发展。厄立特里亚坚持一个中国政策，在涉华国际事务中给予中国坚定支持，愿与中国开展各领域合作。中国政府重视发展中厄关系，支持厄立特里亚国家建设，努力推动和拓展两国间相互尊重、平等信任的友好合作关系。

两国保持高层交往。11 月 4～6 日，厄立特里亚总统伊萨亚斯·阿费沃基来华出席中非合作论坛北京峰会，国家主席胡锦涛会见。胡锦涛主席表示，双方在加强两国政府、政党、立法机构、民间交往的同时，应该重点拓展经贸领域合作，努力实现两国政治关系和经贸合作齐头并进。伊萨亚斯总统感谢中国长期以来对厄立特里亚的支持和援助，高度评价北京峰会的成功召开，表示厄方愿与中方展开全面合作，实现共赢。

厄立特里亚国防部长塞伯哈特·埃弗利姆、国家发展部长乌代·福图、司法部长法齐娅·哈希姆等分别访华。

两国在经贸、军事、文化、教育等领域的交流与合作不断加强。双方在工程承包、电信、基础设施等领域积极开展互利合作。中国民族艺术团赴厄立特里亚演出受到热烈欢迎。厄立特里亚多名官员来华参加中国政府举办的培训班。

爱沙尼亚

(Estonia)

2006年，中华人民共和国与爱沙尼亚共和国关系稳步发展，各领域交往增多，友好合作进一步加强。

两国高层保持接触，政治互信增强。10月28~30日，全国政协主席贾庆林对爱沙尼亚进行正式友好访问，分别与爱议长托马斯·瓦列克、总统托马斯·亨德里克·伊尔维斯和总理安德鲁斯·安西普会谈、会见，双方就发展双边关系、加强议会合作等问题深入交换意见，达成广泛共识。爱沙尼亚议会爱中议员小组代表团和议会外交关系委员会代表团先后访华。两国为纪念建交15周年举行了一系列庆祝活动。

两国经贸合作深入发展，双边贸易额和爱对华出口增长迅猛，爱跃居中国在波罗的海三国中最大贸易伙伴。9月，中国国际贸易促进委员会会长万季飞访爱。

两国在军事、文化、新闻等领域人员往来增多。6月和9月，国防部外办副主任钱利华少将、中国人民对外友好协会代表团先后访爱。11月，爱国防部长尤尔根·利基等访华。

埃塞俄比亚

(Ethiopia)

2006 年，中华人民共和国与埃塞俄比亚联邦民主共和国关系保持健康稳定的发展势头，两国全面合作伙伴关系内涵不断丰富。

两国高层交往密切。8 月 9 日，国务院总理温家宝就埃塞俄比亚遭受洪涝灾害向埃塞俄比亚总理梅莱斯·泽纳维致电慰问。11 月 3～5 日，梅莱斯总理作为中非合作论坛共同主席国领导人来华出席论坛北京峰会，国家主席胡锦涛和国务院总理温家宝分别会见。两国领导人积极评价中埃关系，对近年来双方在经贸等领域及论坛事务中进行的真诚有效合作感到满意，表示愿共同努力将中埃全面合作伙伴关系提升至更高水平。

此外，全国人大常委会副委员长、中国人民争取和平与裁军协会会长何鲁丽，全国人大外事委员会副主任委员吉佩定，外交部部长助理翟隽等访埃。

6 月 10 日，埃塞俄比亚新任驻华大使海尔基洛斯·格塞塞向国家主席胡锦涛递交国书。

两国政党、政府部门交往增多。甘肃省委副书记王宪魁作为中国共产党代表出席埃塞俄比亚人民革命民主阵线第六次全国代表大会。埃革阵干部考察团访华。埃最高法院院长凯马尔·白德里及能力建设部、教育部、农业和农村发展部、工程和城市发展部多位国务部长访华。新闻部长伯翰·海鲁来华参加第三届非洲政府新闻官员培训班。

双边经贸合作保持快速发展势头。国家审计署署长李金华、商务部部长助理王超访埃。埃财政和经济发展部长苏菲安·阿赫迈德访华。两国贸易规模不断扩大，特别是埃塞俄比亚对华出口大幅增加。双方在工程承包领域的合作进展顺利。两国就开展信贷、工程一揽子合作达成协议，为深化中埃经贸合作带来新的机遇。

地方和民间往来频繁。宁夏回族自治区人民政府主席马启智、北京市副市长张茅、湖北省人大常委会副主任韩忠学、中非友好协会会长杨福昌等访埃。中方派出第二批 50 名青年志愿者赴埃塞俄比亚开展志愿服务工作。北京与亚的斯亚贝巴市结为友好城市。

斐 济

(Fiji)

2006年，中华人民共和国与斐济群岛共和国建立重要合作伙伴关系，双边关系取得新进展。

双方高层和各级别交往频繁。4月，国务院总理温家宝访问斐济，会见斐总统伊洛伊洛并与总理恩加拉塞举行会谈。两国领导人就进一步深化中斐合作达成广泛共识，决定建立中斐重要合作伙伴关系。最高人民检察院检察长贾春旺、外交部长李肇星、商务部副部长廖晓淇、农业部副部长牛盾、卫生部副部长蒋作君等先后访斐。10月，斐大酋长委员会主席博基尼率团访华，斐教育部长凯帕访华并出席“中国—太平洋岛国论坛发展中国家教育部长圆桌会议”。

中斐经贸、文化、教育、卫生等领域合作不断扩大。两国政府签署了《中斐经济技术合作协定》等合作文件，并决定建立经济贸易合作委员会。中央电视台第四套和第九套节目在斐落地。中方向9名斐学生提供来华留学奖学金。

两国政党交往活跃，斐团结的斐济党主席洛基、工党主席乔杜里分别率团访华。

芬　兰

(Finland)

2006 年，中华人民共和国与芬兰共和国关系发展良好，各领域合作成果显著。

两国高层互访频繁。4 月 25～28 日，芬兰总理马蒂·万哈宁正式访华，全国人大常委会委员长吴邦国、国务院总理温家宝分别会见、会谈。9 月 9～12 日，温家宝总理赴赫尔辛基出席第九次中欧领导人会晤和第六届亚欧首脑会议并正式访芬，分别同芬兰总统塔里娅·哈洛宁和总理万哈宁会见、会谈。温家宝总理表示，近年来，中芬关系保持了良好的发展势头，两国在政治、经贸等领域的合作不断取得新的成果，中方对中芬关系的前景充满信心。双方就进一步发展双边关系，加强中芬在科技创新、环保、节能等领域合作达成广泛共识，并签署了《中华人民共和国商务部和芬兰贸工部关于在中芬经济、工业和技术合作联合委员会项下建立联合投资促进分委会的谅解备忘录》等多项合作协议。两国总理年内实现互访，标志着中芬关系更加成熟稳健。5 月，芬兰副总理兼财政部长、社民党主席埃罗·海奈卢奥马访华，中共中央政治局常委、中央纪律检查委员会书记吴官正等分别会见。

中国全国人大和政协与芬兰议会往来密切。5 月 31 日至 6 月 4 日，全国人大常委会副委员长王兆国应邀出席芬兰议会百年庆典并访芬，分别会见总统哈洛宁、议长帕沃·利波宁和总理万哈宁。9 月，全国政协副主席李蒙访芬。芬兰议会大委员会主席亚里·维伦、社会卫生委员会主席瓦尔托·高斯基等分别率团访华。

两国外交部保持密切沟通与协调。4 月 5～7 日，芬兰外交部副国务秘书马尔库斯·吕拉访华，与外交部副部长张业遂举行政治磋商。9 月 11 日，陪同温家宝总理出席亚欧首脑会议期间，外交部长李肇星、部长助理崔天凯分别会见芬兰外交部长埃尔基·图奥米奥亚和副国务秘书玛丽亚塔·拉希。

两国经贸关系持续深化，芬兰保持中国在北欧最大贸易伙伴地位。4 月，财政部长金人庆访芬。5 月，中芬经贸联委会第 17 次会议在赫尔辛基举行。8 月 28 日，温家宝总理会见芬兰诺基亚集团董事长约玛·奥利拉。11 月，《中芬投资保护协定》正式生效。

两国文教、科技、环境、职业安全、军事等领域务实合作不断扩大。文化交流形式多样。根据中国古典戏剧改编的芬兰语话剧《假新娘》在芬成功演出。芬兰举行首届全国性武术比赛，在华举办多项艺术展并积极参加北京艺术节和上海旅游节。中芬首次合拍电影《玉战士》。教育合作取得新突破。9月，中芬签署《中华人民共和国教育部与芬兰共和国教育、科学和文化部关于互认高等教育学位证书的谅解备忘录》以及《中国国家汉语国际推广领导小组办公室和芬兰赫尔辛基大学关于建设孔子学院的合作议定书》。科技合作稳步推进。4月，中芬节能技术研讨会在京举行。5月，芬兰贸工部常务国务秘书埃尔基·维尔塔宁访华，与科技部副部长尚勇共同主持召开中芬第12届科技联委会会议。此外，芬兰环境部国务秘书斯特凡·瓦林访华，国家工商行政管理总局局长王众孚、国家质量监督检验检疫总局局长李长江等访芬，双方签署《中华人民共和国与芬兰共和国在职业安全与健康领域开展合作的谅解备忘录》。两军交往活跃。5月，芬兰国防大学校长佩尔蒂·萨尔米宁准将访华。8月，中央军委委员、总政治部主任李继耐上将访芬。

地方交往取得新成果。北京市市长王岐山、河南省委书记徐光春、河北省委书记白克明、江苏省长梁保华、广东省长黄华华等先后访问芬兰。芬兰赫尔辛基大市长尤西·帕尤宁率团访华。黑龙江省哈尔滨市与罗瓦涅米市、北京市与赫尔辛基市、海南省三亚市与奥鲁省库萨莫市分别建立友城关系。

法　国

(France)

继 1997 年中华人民共和国与法兰西共和国建立全面伙伴关系，并于 2004 年将两国关系提升为全面战略伙伴关系后，2006 年中法关系继续保持快速发展势头，并在广泛领域取得新的成果。

两国高层往来密切。7 月，国家主席胡锦涛和法国总统雅克·希拉克在出席圣彼得堡八国集团与发展中国家领导人对话会期间举行会晤，就双边关系和共同关心的国际问题深入交换意见，并达成广泛共识。10 月，法国总统希拉克对华进行其任内第四次国事访问，两国元首签署了新的联合声明，继续发展长期稳定的双边关系，共同建设一个更加安全、繁荣、和谐与团结的世界。此外，全国人大常委会副委员长王兆国、国务院副总理回良玉、国务委员周永康、中央军委副主席郭伯雄上将、外交部长李肇星等也对法国进行了访问。上述访问和会晤，推动了双边关系全面、深入发展，特别是为两国经贸、科技、教育、文化、农业、议会、执法、军事等领域合作注入了新的动力，进一步拓展和丰富了中法全面战略伙伴关系的内涵。

政治互信增强。在台湾问题上，法国坚持一个中国原则，反对“台独”，支持“一国两制”政策。在新的联合声明中，法方明确表示反对加剧台海紧张和导致“台湾独立”的任何举动。法国积极主张欧盟尽快解除对华军售禁令、承认中国完全市场经济地位，重申将继续为推动欧中关系发展发挥带头作用。在伊朗核、朝核、中东等重大国际和地区问题上，两国保持了密切的沟通与合作。外交部长李肇星和法国外长菲利普·杜斯特—布拉齐多次就共同关心的问题通话。

经贸合作继续取得新的突破。4 月，中法双方签署关于农业合作的联合声明和《中华人民共和国农业部和法兰西共和国农渔部关于建立小麦生产加工和品种改良示范中心合作议定书》，确立了中法肉牛、小麦、葡萄三大示范合作项目。10 月，希拉克总统访华期间，两国领导人就进一步深化经贸合作达成重要共识。双方签署了包括《A320 飞机中国总装线项目框架协议》《中国航空器材进出口集团公司与空中客车公司关于购买 150 架 A320 系列飞机框架协议》《中国铁道部与法国阿尔斯通公司关于六轴货运电力机车采购项目协议书》等 14 项重大合作协议，涉及航空、航天、铁路、生物科学、能源、化工等众多领域，协议金额约 100 亿欧元。

司法、安全、执法合作富有成果。7 月，国务委员周永康访法期间，与法国领导人就深化两国执法、司法合作达成重要共识，并签署了《中国公安部与法国内政部联合声明》。根据声明精神，中法警察负责人于2006年12月在巴黎举行首次年度会晤，就打击非法移民和有组织犯罪、反恐、奥运安保、警察培训等议题广泛、深入交换意见。目前，“中法警务合作协议”业已生效，双边引渡条约谈判进展顺利。

人文交流日益深入。继中法成功互办文化年活动后，双方又启动了中法青年交流活动。2006年，400名法国青年成功访华，加深了两国青年的相互了解和友谊。此外，作为文化年后续行动的“中法交流之春”也在华成功举行。

两国地方、领事合作续有发展。截至2006年底，两国间已有友好城市和省区51对。10月，第三届中法市长圆桌会议在法国斯特拉斯堡举行。9月，中法双方就中国在里昂设立总领事馆达成协议。10月，中法双方决定尽快实现中国在留尼汪和法国在沈阳设领。

法国总统希拉克访华

应国家主席胡锦涛邀请，法国总统希拉克于2006年10月26~28日对中国进行国事访问。访问期间，胡锦涛主席与希拉克总统举行了会谈，就双边关系和共同关心的问题深入交换意见，达成广泛共识。双方签署了联合声明和航空、航天、能源等14个合作协议。两国元首还共同会见了中法青年科技工作者。全国人大常委会委员长吴邦国和国务院总理温家宝也分别会见了希拉克总统。

两国元首在会谈中高度评价双边关系，一致认为中法全面战略伙伴关系的建立和发展为新世纪的中法关系开辟了更加广阔的前景，展示了更加美好的未来。双方一致表示愿遵循双方共同确定的原则和方向，不断深化两国各领域互利合作，推动中法全面战略伙伴关系深入发展。

胡锦涛主席表示，近年来，中法各领域交流与合作全面展开。双方战略对话卓有成效，政治互信日益增强，经贸合作快速发展，科技合作成果斐然，人文交流空前活跃。中法互办文化年、青年交流等活动极大地增进了两国人民的相互了解和友好感情，谱写了中法友好的新篇章。中方赞赏法方坚持一个中国原则，反对任何形式的“台独”，支持中国和平统一大业。今天的中法关系已成为不同历史背景、文化传统和发展水平国家间友好合作的典范。中方愿同法方保持两国高层领导人和各级别的经常会晤与交往，深化两国经贸合作，大力开展文化、教育、司法交流，密切两国在国际事务中的协调与合作，推动建立持久和平、普遍繁荣的和谐世界。

希拉克总统完全赞同胡锦涛主席对两国关系的评价和建议。他表示，法中关系近年来发展很快、很好。双方进行深入的战略对话，合作领域不断扩大，富有成效，人文、青年交流日益丰富多彩，在国际事务中密切协调。今天的两国关系比以往任何时期都更加紧密和充满信任。法国坚定地奉行一个中国政策，反对“台独”，将继续推动欧盟早日解除对华军售禁令，并支持欧盟承认中国完全市场经济地位。法国高度重视全面加强同中国的友好合作，希望与中国发展具有典范意义的伙伴关系。为此，法方愿与中方保持各级别交往与磋商，加强双方在核电、航空、铁路、电信、金融、农业、环保等领域的合作，加强两国文化、司法及青年交往，在北京奥运会和上海世博会等方面寻求合作，在国际事务上保持协调与合作，共同致力于世界的和平与稳定。

加 蓬

(Gabon)

2006年，中华人民共和国与加蓬共和国的友好合作关系继续保持良好的发展势头。

两国保持高层交往，政治互信进一步加强。11月1日，国家主席胡锦涛在北京会见来华出席中非合作论坛北京峰会的加蓬总统哈吉·奥马尔·邦戈·翁丁巴。胡锦涛主席积极评价中加两国近年来在经贸等领域合作所取得的成果，表示中方高度重视中加传统友谊，愿同加方一道，保持两国高层友好交往，深化经贸领域的互利合作，密切双方在国际和地区事务中的协调和配合，推动中加友好合作关系达到更高水平。邦戈总统表示，中国是加蓬的真诚朋友，两国人民友谊深厚。加方愿为加强两国人民传统友谊和深化两国友好合作做出更大努力。

9月6~8日，中共中央政治局常委、中央纪律检查委员会书记吴官正率中国共产党代表团访问加蓬，会见了邦戈总统，与加蓬民主党总书记森普利斯·格代·芒泽拉举行会谈，双方就两党、两国关系等问题深入交换了意见。5月，全国人大常委会副委员长成思危访问加蓬，会见了加蓬总理让·埃耶格·恩东、副总统迪乔布·迪文吉·迪·恩丁格和国民议会议长居伊·恩祖巴·恩达马等加等领导人。

9月，加蓬国务部长兼国防部长阿里·邦戈访华，中央军委副主席、国务委员兼国防部长曹刚川上将与之会谈，中共中央政治局常委、中央纪律检查委员会书记吴官正会见。7月，加蓬新闻、邮电和信息新技术部长兼政府发言人勒内·恩德梅佐·奥比昂访华。

加蓬坚定支持中国统一大业。3月8日，加蓬外交、合作、法语国家事务和地区一体化部发表公报，谴责台湾当局终止“国家统一委员会”运作和终止“国家统一纲领”适用。

两国经贸、文化等领域合作不断扩大和深化。8月，中加经贸合作混合委员会第三次会议在北京举行。9月，中国机械设备进出口总公司与加方签署贝林加铁矿开发及配套设施建设项目框架合作协议。四川省民族艺术团赴加蓬进行访问演出。加蓬艺术团访华并参加中非合作论坛北京峰会文艺晚会。11月，加蓬成为中国公民组团出境旅游目的地国。

格鲁吉亚

(Georgia)

2006 年，中华人民共和国与格鲁吉亚友好合作关系稳步发展，各领域继续开展交往与合作。

双方保持高层交往，政治互信进一步加强。4 月，格总统米哈伊尔·萨卡什维利来华进行国事访问。国家主席胡锦涛、全国人大常委会委员长吴邦国、国务院总理温家宝分别与萨卡什维利总统举行会谈、会见，双方达成广泛共识。双方积极评价两国关系发展取得的成果，表示将继续努力，深化双边各领域互利合作，推动中格关系向前发展。格方重申奉行一个中国政策，反对包括“法理台独”在内的任何形式的“台湾独立”。双方签署《中华人民共和国和格鲁吉亚关于进一步发展友谊与合作的联合声明》及涉及经贸、信息通信、文化合作的 6 个文件。访问期间还举行了中格商务论坛。

3 月，格鲁吉亚外交部就台湾当局终止“国统会”和“国统纲领”发表声明，认为台湾是中国不可分割的一部分，格方将继续支持中国的和平统一大业。

双边经贸合作进一步加强，贸易额不断增长，合作企业逐渐增多。12 月，“第二届中格商务论坛”在北京举行，格经济发展部长乔治·阿尔维拉泽出席。

双方文化、体育、地方交往等领域的交流开展良好。3 月，上海市人大代表团访格。9 月，湖北省人大常委会副主任贾天增访格。11 月，国家体育总局副局长于再清访格。

德　国

(Germany)

2006年，中华人民共和国与德意志联邦共和国的关系保持良好发展势头，两国在政治、经贸、教育、科技、文化、军事等领域的合作不断深化和扩大。

两国高层交往频繁，政治互信增加。两国总理年内实现互访。5月，德国总理默克尔首次正式访华，国家主席胡锦涛会见，国务院总理温家宝与默克尔总理举行会谈。默克尔总理表示，德国新政府将保持对华政策连续性，继续奉行一个中国政策。两国总理共同出席第四届中德高技术对话论坛并致辞。访问期间，双方签署涉及财政、文化、体育、交通、通讯、可再生能源等领域的21项合作协议及经济合同。除北京外，默克尔总理还访问了上海。7月，胡锦涛主席在圣彼得堡出席八国集团“8+6”对话会期间与默克尔总理简短交谈。9月，温家宝总理对德国进行工作访问，分别与德总统克勒、总理默克尔就双边关系和共同关心的国际问题交换意见。访问期间，双方签署了涉及知识产权、青年交流、医药经济和生物技术、教育等领域的8个协议，温家宝总理邀请400名德国青年访华。除柏林外，温家宝总理还访问了汉堡，出席中欧论坛第二次会议开幕式并发表主旨演讲。3月、6月和12月，温家宝总理应约与默克尔总理通话，就中德关系和伊朗核问题等交换看法。

两国议会、政党和地方交往十分密切。中方赴德国访问的重要团组有：全国人大常委会副委员长李铁映，全国人大常委会副委员长、欧美同学会会长韩启德，全国人大常委会副委员长、中国科学院院长路甬祥，全国政协副主席张思卿，全国政协副主席、全国工商联主席黄孟复，全国政协副主席、中国国际交流协会副会长周铁农，全国政协副主席、中国工业经济联合会会长徐匡迪，安徽省省长王金山、北京市市长王岐山、山西省省长于幼军、浙江省省长吕祖善等。德方访华重要团组有：联邦议院联盟党议会党团副主席朔肯霍夫、社民党议会党团副主席科尔博、联邦议院外委会主席波伦茨、绿党主席布迪科弗尔、左翼党—民社党主席毕斯基、图林根州州长阿尔特豪斯、黑森州州长科赫、石荷州州长卡斯滕森、不来梅市市长伯恩森、萨尔州州长米勒、巴伐利亚州副州长兼内政部长贝克斯泰因等。此外，德国前总理施罗德、前总理科尔、前总统魏茨泽克等前政要分别访华。

两国外交部保持密切接触。2月，德国外长施泰因迈尔访华，胡锦涛主席、温家宝总理分别会见，外交部长李肇星与施泰因迈尔外长举行会谈。3 月，外交部副部长戴秉国赴柏林出席伊朗核问题六国外长会议。8 月，外交部部长助理崔天凯在柏林与德国外交部国务秘书西尔伯贝格就伊朗核问题交换意见。9 月，李肇星外长赴纽约出席第 61 届联大会议期间会见了施泰因迈尔外长。11 月，外交部副部长张业遂在北京与德国外交部国务秘书西尔伯贝格举行两国首轮副外长级战略对话。同月，中德第六次军控磋商在北京举行。

双边经贸合作保持快速增长势头。全年双边贸易额突破 700 亿美元，再创历史新高。德国是欧洲对华技术转让最多的国家，截至 2006 年 11 月，中国从德国引进技术合同累计 10072 个，合同金额 363.4 亿美元。4 月，中德科技合作联委会第 19 次会议在柏林举行。9 月，第 14 次中德经济政策磋商会议在柏林举行。同月，德国联邦交通、建筑与城市发展部长蒂芬泽访华。

两国在文化、教育、环保、法律、军事等领域的交流与合作继续发展。“中国西藏文物展”在德国埃森市举行。截至 2006 年 12 月，中德合作在德建立了八所孔子学院，其中三所已经正式运作。1 月，中德在青岛共同举办第二届中德环境论坛，主题为“可持续能源与循环经济”。12 月，德国联邦环境、自然与核反应堆安全部长加布里尔访华。3 月，应德国联邦宪法法院院长帕皮尔邀请，最高人民法院院长、首席大法官肖扬率团对德进行工作访问。5 月，中德第七届法律研讨会在西安举行。8 月，德国联邦刑警总局局长齐尔克访华。10 月，司法部长吴爱英访德期间，双方签署了两国司法部交流与合作协议。同月，中德第六轮人权对话和第八届人权研讨会分别在柏林举行。9 月，“中德对话论坛”第二次会议在北京举行。8 月，副总参谋长许其亮中将访问德国。10 月，德国联邦国防军总监施耐德汗上将访华。

目前，两国已建立 51 对友好省州（市）关系。

加　纳

(Ghana)

2006年，中华人民共和国与加纳共和国的关系顺利发展，政治、经济、文化等领域的交流与合作继续扩大。

高层交往促进了两国关系的进一步发展。6月18~19日，国务院总理温家宝对加纳进行正式访问。访问期间，温家宝总理与加纳总统库福尔举行会谈，双方就加强中加合作交换了意见。温家宝总理表示，中方十分重视发展中加关系，愿与加方共同致力于建立平等互信、互利共赢的全面合作关系。库福尔总统表示，加方视中方为重要合作伙伴，希望与中国在农业、渔业、交通运输、信息通讯、电力等领域进行合作。双方签署了《中华人民共和国政府和加纳共和国政府经济技术合作协定》等12个合作文件。双方还发表了《中华人民共和国和加纳共和国联合公报》。

11月2~5日，加纳总统库福尔来华出席中非合作论坛北京峰会。国家主席胡锦涛、国务院总理温家宝分别会见。胡锦涛主席表示，希望双方保持高层交往，增强政治互信，推进务实合作，重点加强基础设施建设、电信、人力资源等领域的合作，深化在国际事务中的合作。温家宝总理表示，相信在双方的共同努力下，双边关系会不断得到巩固和发展。库福尔总统表示，加纳感谢中国长期以来提供的支持和援助，相信建立在深厚友谊基础上的中加关系必将拥有更美好的未来。

10月，加纳阿散蒂王奥塞·图图二世率团访华，全国政协副主席阿不来提·阿不都热西提会见。

两国外交部之间保持良好交流与合作。6月6~8日，加纳外交部长阿库福—阿多正式访华，国务院总理温家宝会见，外交部长李肇星与之会谈。双方签署了《中华人民共和国外交部和加纳共和国外交部关于建立磋商机制的协议》。

两国经贸领域合作进一步加强。加纳渔业部长格拉迪丝·阿斯马、财政部长巴阿·维雷杜分别于6月和9月访华。双边贸易额稳步增长。中国援建的公路改扩建项目竣工，国家剧场维修项目进展顺利，库马西青年中心等项目将启动。

希　腊

(Greece)

2006 年，中华人民共和国与希腊共和国建立全面战略伙伴关系，各领域互利合作呈现积极发展势头。

双方高层互访频繁，政治互信加深。1 月，应国务院总理温家宝邀请，希腊总理卡拉曼利斯正式访华。国家主席胡锦涛、全国人大常委会委员长吴邦国和全国政协主席贾庆林分别会见，温家宝总理主持会谈。双方签署了《中华人民共和国和希腊共和国关于建立全面战略伙伴关系的联合声明》、《关于在华举办“希腊文化年”的谅解备忘录》等双边合作文件，两国关系提升到新的高度。5 月，吴邦国委员长对希进行正式访问，会见了希总统帕普利亚斯、总理卡拉曼利斯、外交部长芭戈雅妮，并与议长贝纳基举行会谈，就丰富和充实全面战略伙伴关系深入交换了意见，为双边关系发展提供了新的动力。

双方理解和支持彼此重大关切，在联合国等国际组织中的磋商与协调加强，两国外交部间合作与配合密切。2 月，希政府发表声明反对台湾当局“台独”言论。7 月，两国外长就朝核问题两次通电话。11 月，两国外交部首次举行东南欧事务司局级磋商。

两国议会、政党及军队间交流活跃。希第一副议长哈齐哈基斯、希共产党总书记帕帕莉卡、以议会党团书记瑞帕斯为团长的泛希社运议员团相继访华。中共中央对外联络部副部长张志军率团出席了在雅典举行的社会党国际理事会议，双方就进一步加强两国议会及党团间交流与合作达成共识。中央军委委员、总政治部主任李继耐上将应邀访希，希陆军后勤部、联合参谋学院与国防大学分别组团访华，就两军关系以及国际局势进行经验交流。

双方各层次人员往来密切。中方副部级以上访希团组逾 100 起，希方 14 位内阁成员相继访华，有力地推动了相关领域的交流与合作。5 月，希腊内政、公共管理和权力下放部部长巴夫洛浦洛斯访华，与中方签署了《中华人民共和国监察部与希腊共和国内政、公共管理和权力下放部合作备忘录》。

两国经贸、旅游合作进一步扩大。双方在雅典、北京和上海等地先后举办了三次大型经贸合作论坛和企业家洽谈会活动，并召开了中小企业工作组第一次会议。6 月，希旅游部长佩特拉里亚访华，与中方签署了《中华人民共和国政府与希腊共和国政府旅游合作协定》。

海运合作取得重要进展。中国成为希第一大修船地。4月，中国远洋运输集团公司开通与希集装箱船直达航线。5月，希政府正式授权中国船级社为希腊旗船舶进行法定检验和发证。7月，“中远希腊”号集装箱船在比雷埃夫斯举行命名仪式。

格林纳达

(Grenada)

中华人民共和国与格林纳达自 2005 年 1 月恢复外交关系以来，双边关系发展迅速。格政府坚持一个中国原则，在多边领域理解并支持中方立场。2006 年，两国在政治、经济、教育、文化、旅游等领域的交流与合作不断深入。

6 月，外交部副部长杨洁篪访问格林纳达，会见了格总督威廉斯，并与格米切尔总理举行了会谈。7 月，格体育、社区和合作社部长博拉来华出席中国和加勒比建交国外交部间第三次磋商。9 月，格林纳达副总理兼农业部长鲍恩访华，国务院总理温家宝、副总理回良玉分别会见。12 月，格参议长拉尔辛、众议长约瑟夫访华，全国人大常委会委员长吴邦国、副委员长顾秀莲分别会见。

两国经济技术合作进展顺利。中方援建的格林纳达国家体育场整修扩建项目于 2006 年底竣工。

文化、教育等领域合作得到加强。2 月，中国人民解放军军乐团到格访问演出。5 月，两国签署《中华人民共和国政府和格林纳达政府文化合作协定》，格中友好协会代表团访华。截至 2006 年底，有 10 名格留学生在华学习。

几内亚

(Guinea)

2006年，中华人民共和国与几内亚共和国传统友谊和友好合作关系稳步发展。

两国高层交往不断。8月23～28日，几内亚外交和国际合作国务部长马马迪·贡代访华。国务院总理温家宝会见，外交部长李肇星与其会谈。中方赞赏几内亚政府长期奉行一个中国政策，表示愿与几方共同推动中几友好合作关系全面、深入发展。贡代外长感谢中国对几内亚的无私帮助，表示愿进一步加强双方在各领域的友好合作。双方签署了两个《中华人民共和国政府和几内亚共和国政府经济技术合作协定》。

11月4～5日，几内亚外交和国际合作国务部长贡代作为几总统孔戴代表出席中非合作论坛北京峰会。国家副主席曾庆红会见，表示愿在新形势下继续深化中几传统友谊。贡代外长重申几内亚政府坚持一个中国政策，表示将坚定不移地与中国发展友好关系。

两国经贸合作继续发展，合作项目进展顺利，双边贸易保持快速增长。5月，几内亚合作部长哈吉·蒂埃诺·哈比卜·迪亚洛访华。10月，中国进出口银行行长李若谷访几。12月，中国驻几大使火正德和几经济发展国务部长兼经济和财政部长马迪·卡巴·卡马拉、几国际合作部长西迪贝·法图玛塔·卡巴代表各自政府签署了向几政务网项目提供优惠贷款的政府间框架协议。

几内亚比绍

(Guinea-Bissau)

2006 年，中华人民共和国与几内亚比绍共和国双边友好合作关系发展顺利。

10 月 29 日至 11 月 2 日，几比总统若奥·贝尔纳多·维埃拉对中国进行国事访问。国家主席胡锦涛主持会谈，人大常委会委员长吴邦国和国务院总理温家宝分别会见。中国领导人积极评价中、几比关系，赞赏几比政府奉行一个中国政策。胡锦涛主席就进一步发展双边关系提出五点建议：一、保持高层交往势头，扩大两国政府、议会、政党以及其他领域的交流和对话，不断增进相互理解和信任。二、坚持互利互惠、共同发展。三、加强在中非合作论坛框架下的合作。四、扩大在文教、卫生等领域的合作。五、加强在国际事务中的磋商和合作，共同维护发展中国家的合法权益。维埃拉总统赞同胡锦涛主席上述建议，感谢中国向几比提供的各种援助，重申几比政府将坚定奉行一个中国政策，并希望深化同中国在渔业、农业、能源等领域的合作。双方签署了《中华人民共和国政府和几内亚比绍共和国政府经济技术合作协定》等经贸合作文件。维埃拉总统在访问结束后出席了中非合作论坛北京峰会。

7 月 25 日，几比全国人民议会通过几比坚持一个中国政策的决议。

两国经贸、技术合作进展顺利。1 月，中国驻几比大使田广凤与几比国际合作国务秘书吉布纳·桑巴·纳瓦纳分别代表各自政府签署了《中华人民共和国政府和几内亚比绍共和国政府经济技术合作协定》。6 月，中国水产总公司和几比政府续签渔业合作议定书。几比渔业和海洋经济部长阿卜杜·马内访华。9 月，几比商业、工业与手工业部长帕斯库亚尔·多明戈斯·巴蒂卡来华出席在湖南长沙召开的首届中国中部贸易投资博览会。

两国交通、军事和司法等领域的交流持续发展。几比运输和通讯部长阿德米罗·内尔松·贝洛、军队总参谋长巴蒂斯塔·塔格梅·纳·瓦伊少将先后访华。10 月，几比总检察长费尔南多·若热·里贝罗来华出席在北京举行的国际反贪局联合会首届年会和会员代表大会。

圭亚那

(Guyana)

2006年，中华人民共和国与圭亚那合作共和国政治关系和经贸、文化等领域合作取得很大进展。

5月，国家主席胡锦涛、外交部长李肇星分别致电圭亚那总统贾格迪奥、外长英萨纳利，祝贺圭亚那合作共和国独立40周年。圭总统、总理、议长、大法官以及各政党领袖均重申坚持一个中国政策，主张对华友好，发展全面合作。

2月，商务部部长助理傅自应率中国政府经贸代表团访圭，并与圭对外贸易和国际合作部长罗西共同主持第九届中圭经贸混委会会议，双方决定成立中圭商贸发展联合会。中国承诺免除2004年底以前圭欠中方全部债务。中国援建的圭国际会议中心项目顺利完工。6月，卫生部副部长蒋作君、最高人民法院副院长曹建明分别率团访圭。7月，圭亚那外交部总司长哈珀女士来华参加中国与加勒比建交国外交部间第三次磋商。

2月，中国人民解放军军乐团赴圭访问演出。中国向圭派有青年志愿者、医疗队，积极促进了中圭交流与友好。5月，福建省福州市与圭亚那首都乔治敦市正式建立友好城市关系。

匈牙利

(Hungary)

2006年，中华人民共和国和匈牙利共和国友好合作伙伴关系深入发展。

两国高层互访频繁，政治互信不断增强。2月27～28日，应全国人大常委会委员长吴邦国邀请，匈牙利国会主席西里·卡塔琳访华。9月19～21日，国务院副总理曾培炎访问匈牙利，匈总统寿尤姆·拉斯洛和总理久尔查尼·费兰茨分别会见。1月11日，外交部长李肇星过境匈牙利并会见匈外长寿莫吉。国务院台湾事务办公室副主任王富卿、中共中央宣传部副部长高俊良、中央国家机关工委副书记臧献甫等先后访匈。

两国经贸合作稳步发展。8月，中匈政府间科技合作委员会第三届例会在匈牙利召开。9月，由商务部主办的“中国高新技术产品展览会”在布达佩斯举行。12月，中匈政府间经济联委会第14次例会在北京召开。商务部副部长马秀红访匈。

两国在军事、文教、科技、司法、环保、卫生等领域的交流与合作持续发展。9月7～10日，中央军委副主席、国务委员兼国防部长曹刚川上将对匈牙利进行正式友好访问。劳动部副部长华福周、卫生部副部长黄洁夫、科技部副部长尚勇、建设部副部长刘志峰、水利部副部长胡四一、全国政协民族和宗教委员会副主任委员江家福、国家质检总局副局长支树平、社科院副院长高全立、全国人大外事委员会副主任委员吕聪敏、中国科学院副院长李静海等访匈。匈牙利最高法院院长罗姆尼茨·佐尔但、环境保护和水利部长拜尔沙尼·米克洛什、教育和文化部长希莱尔·伊什特万、匈中关系事务政府专员胡斯蒂·安德拉什等访华。

12月，布达佩斯罗兰大学设立孔子学院。布达佩斯匈中双语小学扩大至六个年级。

两国地方间交往活跃，双方结好省州、城市增至13对。

冰　岛

(Iceland)

2006年是中华人民共和国与冰岛共和国建交35周年。两国关系继续保持良好发展势头，各领域交流与合作不断取得新成果。

两国政治交往日益密切。9月21～23日，国务委员陈至立访冰，分别与冰岛总理盖尔·希尔马·哈尔德及教育、科技和文化部长拉尔杰尔迪·卡特琳·贡纳尔斯多蒂尔会见、会谈。双方积极评价双边关系，表示将进一步拓展文教、科技等领域合作。全国人大常委会副委员长成思危，全国政协副主席黄孟复、张梅颖等访冰。12月2～5日，冰岛外交和外贸部长瓦尔杰尔德·斯韦里斯多蒂尔对中国进行非正式访问。6月，冰岛外交和外贸部常务国务秘书贡纳尔·斯诺里·贡纳尔松来华与外交部副部长张业遂举行政治磋商。

中冰经贸关系再上新台阶。3月和7月，双方先后在北京和雷克雅未克举行两轮中冰自贸区可行性研究。12月，双方签署“关于启动中冰自由贸易协定谈判的议定书”，决定于2007年第一季度启动正式谈判。

两国文教、卫生、行政管理等领域合作不断发展。9月，冰岛教育、科技和文化部长贡纳尔斯多蒂尔访华，双方签署《中华人民共和国政府与冰岛共和国政府2007～2010年文化交流计划》。此外，冰岛卫生和社会保障部长西芙·弗里德莱夫斯多蒂尔及常务国务秘书大卫·贡纳尔松、审计长西古德·索尔达尔松等分别访华。国家工商行政管理总局局长王众孚、国家质量监督检验检疫总局局长李长江、中国残疾人联合会主席邓朴方等访问冰岛。

印　度

(India)

2006 年，中华人民共和国与印度共和国的关系保持全面发展的良好势头，各领域友好交流与合作进一步扩大，两国面向和平与繁荣的战略合作伙伴关系取得新的进展。

两国高层接触频繁，政治互信不断加深。11 月 20 ~ 23 日，国家主席胡锦涛对印度进行国事访问。这是中国国家元首 10 年来首次访问印度，也是中印建立战略合作伙伴关系后的一次重要访问。访问期间，胡锦涛主席与印度总统阿卜杜尔·卡拉姆、总理曼莫汉·辛格等领导人举行会谈、会见。双方发表了《联合宣言》，制定了深化战略合作伙伴关系的十项战略，并签署了涵盖政治、经贸、文化、教育、质检、农业、林业等领域的 13 份合作文件。胡锦涛主席在科学宫发表了题为《携手拓展合作，共创美好未来》的政策演讲，出席了“中印友好年”庆祝活动和中印经贸投资合作峰会暨首席执行官论坛，并会见了中印青年代表。

胡锦涛主席指出，中印关系已远远超出双边范畴，具有全球性意义，强调中国欢迎印度发展，印度的发展对中国不是威胁，而是机遇。印度领导人表示，印度以互利合作的眼光而不是相互竞争的态度来看待和处理印中关系。印中加强友好合作将对世界形势产生积极影响，印度高度重视印中关系，同中国发展牢固、友好关系是印度各党派的共识。印方认为任何力量都不会阻碍印中关系深化和发展。中印双方领导人同意共同努力，推动中印战略合作伙伴关系不断向前发展。

1 月，中印第二次战略对话在北京举行。双方就双边关系重大问题和共同关心的国际、地区问题深入交换了意见。6 月，国家主席胡锦涛在上海会见前来出席上海合作组织峰会的印度政府代表、石油和天然气部长穆尔里·迪奥拉。7 月，印度人民院议长索姆纳特·查特吉访华。胡锦涛主席在出席八国集团同发展中国家领导人对话会议期间同印度总理曼莫汉·辛格、俄罗斯总统普京举行中国、印度、俄罗斯三国领导人会晤，并同辛格总理简短交谈。

中印边界谈判继续向前推进，边境地区保持和平与安宁。3 月和 6 月，中印边界问题特别代表在新德里和北京分别举行第七次和第八次会晤，继续探讨解决边界问题的框架。

中印经贸合作进一步拓展。2006 年，中印双边贸易额 248.6 亿美元，提前实现两国总理提出的双边贸易额在 2008 年达到 200 亿美元的目标。

中国是印度第二大贸易伙伴，印度是中国第十大贸易伙伴和最重要的海外工程承包市场之一。2006 年 11 月，胡锦涛主席访问印度期间，两国政府签署了《关于促进和保护投资的协定》，同意 2007 年 10 月前完成中印区域贸易安排的可行性研究，制定了双边贸易额到 2010 年达到 400 亿美元的目标。4 月，两国在新德里召开首次财金对话。7 月，两国开通西藏仁青岗—锡金邦昌古边贸市场。

两国在军事、能源、科技、农业等领域的交流与合作进一步发展。1 月，印度石油和天然气部长马尼·尚卡尔·艾亚尔访华期间，与国家发展和改革委员会主任马凯签署《石油、天然气领域合作谅解备忘录》。3 月，农业部长杜青林访问印度，同印方签署《农业合作谅解备忘录》。5 月，印度国防部长普拉纳布·慕克吉访华。双方签署《中印国防部防务领域交流与合作谅解备忘录》。9 月，印度科技部长卡皮尔·希巴尔访华。两国科技部签署《科技合作谅解备忘录》，成立部长级中印科技合作指导委员会。12 月，印度石油和天然气部长迪奥拉来华出席中、印、日、韩、美五国能源部长会议。

两国人文领域的交流与合作不断扩大。中国文化、媒体、体育、卫生等领域多个代表团访问印度。印度文化与旅游部长安碧卡·索妮、印度奥林匹克委员会主席苏雷什·卡尔马迪等访华。两国青年代表团实现互访。中国—印度名人论坛第五次会议在印度举行。中国航空集团公司开通北京—新德里客运航线。

两国在国际和地区事务中保持良好的协调和配合。8 月，第 27 届南盟部长理事会决定邀请中国作为观察员出席第 14 届南盟峰会。

中印友好年

2006 年是“中印友好年”。两国举办了一系列庆祝活动。

1 月 1 日，国家主席胡锦涛、国务院总理温家宝分别同印度总统阿布杜尔·卡拉姆和印度总理曼莫汉·辛格互致贺电，揭开“友好年”序幕。双方在政治、经贸、军事、文化、旅游、教育、科技等领域开展了丰富多彩的活动，包括两国青年代表团互访、中方出版《中印双边关系重要文献汇编》、中方在印举办“陕西文化周”、中央电视台主办“玄奘之路”大型文化考察活动；印方来华举办“印度制造展”、“古代印度瑰宝展”等。

印度尼西亚

(Indonesia)

2006 年，中华人民共和国与印度尼西亚共和国战略伙伴关系发展良好。两国在经贸、文教、安全等领域的合作不断扩大，在联合国改革、区域合作等重大国际和地区事务中进行了有效的沟通与协调。

两国高层互访和政治交往频繁。10 月，印尼总统苏希洛来华出席中国—东盟纪念峰会并顺访，国务院总理温家宝、副总理黄菊分别会见。苏希洛总统对两国建立战略伙伴关系以来在投资领域取得的进展感到满意，表示愿与中方加强在能源、旅游、国际和地区合作等各领域的友好合作关系。温家宝总理对此表示赞同。双方一致同意着手制定两国战略伙伴关系行动计划。3 月，全国政协主席贾庆林对印尼进行正式友好访问，会见了印尼总统苏希洛·班邦·尤多约诺、副总统尤素夫·卡拉和地方理事会主席吉南加尔，同印尼人民协商会议主席希达亚特·努尔·瓦希德举行了会谈。4 月，印尼副总统尤素夫非正式访华并出席博鳌亚洲论坛年会，国家副主席曾庆红会见。9 月，印尼政治法律安全统筹部长维多多访华，与国务委员唐家璇共同举行两国副总理级对话机制首次会议。11 月，全国人大副委员长司马义·艾买提访问印尼。6 月，印尼外长哈桑·维拉尤达来华工作访问。国务委员唐家璇会见，外交部长李肇星主持会谈。

两国经贸合作继续呈现良好态势。3 月，农业部长杜青林访问印尼，会见了印尼农业部长安东、海洋和渔业部长弗勒迪。7 月，贸易部长冯慧兰访华，商务部长薄熙来会见。8 月，商务部长薄熙来访问印尼，与印尼贸易部长冯慧兰在印尼巴厘岛召开两国经贸联委会第八次会议和首次投资促进委员会会议，并开通了中印尼经贸合作网站。同月，人民银行行长周小川和印尼央行行长巴哈努丁签署了新的双边货币互换协议，将互换规模由 20 亿美元提高到 40 亿美元。由中方优惠出口买方信贷支持的马都拉大桥和风港电站项目进展良好，其他项目正在筹备启动。

两国能源合作发展迅速。6 月，矿能部长布尔诺默·尤斯吉安多罗访华，考察中国电力企业。10 月，中印尼能源论坛第二次会议在上海召开，黄菊副总理和苏希洛总统出席开幕式；印尼在上海举办第三届印尼商品展和“印尼之夜”大型晚宴，苏希洛总统出席。12 月，发展与改革委副主任张国宝访问印尼，会见印尼矿能部长布尔诺莫。

两国在军事、司法、海上合作、防灾减灾等领域的交流更趋活跃。5 月，总参谋长助理章沁生少将访问印尼，与印尼举行首次防务安全磋商。

7月，印尼陆军参谋长约戈·桑托索上将访华。4月，司法部副部长范方平访问印尼，与印尼司法部秘书长举行会谈，会见了印尼司法部长哈密德·阿瓦鲁丁、最高法院院长巴吉尔·马南、总检察长阿卜都拉赫曼·萨莱，并签署了中印尼司法合作谅解备忘录。11月，最高人民法院副院长姜兴长访问印尼。12月，两国举行海上合作技术委员会首次会议。5月，印尼日惹发生里氏6.2级地震，中国政府向印尼政府提供200万美元现汇和价值1000万元人民币的物资，并派遣中国国际救援队赴印尼协助救灾。10月，中国政府向印尼政府提供2000万元人民币禽流感防控专项援助。12月，中国在亚齐灾区援建的活动板房项目竣工，移交印尼方使用。

伊　朗

(Iran)

2006 年，中华人民共和国与伊朗伊斯兰共和国在政治、经济、文化等领域的友好合作关系持续发展。

1 月 26 日，国务委员唐家璇会见来访的伊朗最高国家安全委员会秘书、核问题首席谈判代表阿里·拉里贾尼。6 月 16 日，国家主席胡锦涛在上海会见出席上海合作组织峰会的伊朗总统马哈茂德·艾哈迈迪内贾德。胡锦涛主席积极评价中伊友谊及双边关系现状，提出未来发展两国关系的三点建议：(一) 加强政治磋商，巩固传统友谊，在各层次上继续保持形式多样的沟通与接触；(二)深化经济合作，实现互利双赢，努力保持两国贸易快速发展的良好势头，积极培育双方经济合作的新增长点；(三) 推动文明对话，密切人文交流，继续致力于不同文明相互尊重、相互借鉴、共同发展，鼓励两国人民加强友好交往。内贾德总统完全赞同胡锦涛主席的建议，表示愿在能源、交通、通信、电力、造船等领域深化同中国的合作，同时加强文化、体育交流，开展文明对话，增进两国人民的相互了解。关于伊朗核问题，胡锦涛主席表示，中方主张通过谈判解决伊朗核问题，希望伊方认真研究欧盟提出的解决伊朗核问题新方案，以尽快恢复与欧盟三国的谈判。内贾德总统表示，伊方愿通过谈判与协商解决伊朗核问题，并将认真研究欧盟新方案。9 月 15 日，国务院总理温家宝在杜尚别会见出席上海合作组织总理会议的伊朗副总统阿里·萨伊德鲁。温家宝总理表示，中方主张通过外交谈判和平解决伊核问题，希望伊方在铀浓缩问题上显示灵活，为早日复谈创造条件。萨伊德鲁副总统表示伊方愿与有关方面进行谈判。11 月 12～14 日，全国人大常委会副委员长司马义·艾买提出席在德黑兰举行的亚洲议会和平协会第七届年会。11 月 14 日，国家主席胡锦涛接受伊朗新任驻华大使贾瓦德·曼苏里递交国书。

外交部长李肇星多次与伊朗最高国家安全委员会秘书阿里·拉里贾尼和外交部长马努切赫尔·穆塔基就伊朗核问题会面和通电话。此外，外交部副部长吕国增、外交部部长助理崔天凯、世界卫生组织总干事候选人陈冯富珍等先后访伊。伊朗特使、司法总监顾问贾瓦德·拉里贾尼、主管亚洲和太平洋事务副外长迈赫迪·萨法里、主管法律和国际事务副外长阿巴斯·阿拉格齐、主管教培和研究事务副外长马摩齐尔·莫哈马迪等率团访华。

中伊经贸合作发展良好。2006 年，双边贸易额继续保持快速增长势头，工程项目承包合作取得新进展。中国开发银行副行长高坚、国家地震局等代表团访伊。伊海关总署署长穆罕默德·哈希姆·拉赫巴里、财经部副部长兼吸引外国投资和经济技术组织主席穆罕默德·哈扎伊率团访华。

中伊文化、旅游、新闻等领域的合作成果丰硕。2月26日至3月1日，中国文联副主席胡珍率团访伊，双方签署《中国文学艺术界联合会与伊朗艺术研究院文化艺术合作谅解备忘录》。9月10日，中国南方航空公司新疆分公司北京—乌鲁木齐—德黑兰直飞航班投入运营。12月27日，中国国家旅游局与伊朗伊斯兰文化遗产、手工艺和旅游组织签署《关于中国旅游团队赴伊朗旅游实施方案的谅解备忘录》。3月30日，伊朗政府代表团参加上海国际旅游博览会。

此外，文化部副部长兼故宫博物院院长郑欣淼、国家文物局局长单霁翔、全国政协常委、前文化部长王蒙以及中国国际广播电台和中国钱币博物馆代表团等先后访伊。这些访问增进了两国人民之间的了解与友谊，拓宽了双边交流与合作的渠道，促进了双边关系的发展。

两国地方往来持续发展。中共中央政治局委员、新疆维吾尔自治区党委书记王乐泉、重庆市人大常委会副主任唐情林等率团访伊。

伊拉克

(Iraq)

2006 年，中华人民共和国与伊拉克共和国友好合作关系持续稳步发展。

中伊双边政治关系继续发展。4 月 24 日，国家主席胡锦涛和全国人大常委会委员长吴邦国分别致电祝贺伊总统贾拉勒·塔拉巴尼和国民议会议长马哈茂德·迈什哈达尼就任伊拉克总统和国民议会议长。5 月 20 日，伊拉克政府正式成立。5 月 22 日，国务院总理温家宝致电伊总理努里·马利基、外交部长李肇星致电伊外长霍希亚尔·兹巴里和伊外交国务部长拉菲阿·伊萨维，对他们担任政府职务表示祝贺。9 月 18 日，李肇星外长在纽约出席第 61 届联合国大会期间参加了伊拉克问题外长级会议，并在大会上发言，表示中国希望看到一个民族和解、和平稳定、尊重人权、经济发展的伊拉克。9 月 22 日，李肇星外长会见伊拉克外长兹巴里，双方就共同关心的问题举行了会谈，李肇星外长表示中方愿继续为伊拉克重建提供力所能及的帮助。

两国在文化、政党等领域保持交往。6 月 22 ~ 30 日，伊拉克文化部长艾斯阿德·哈希米访华并参加“阿拉伯艺术节”活动。6 月 26 日至 7 月 4 日，伊拉克共产党中央委员会总书记哈米德·马吉德·穆萨访华。10 月 24 ~ 28 日，伊拉克石油部长侯赛因·沙哈斯坦尼访华，国家发展和改革委员会主任马凯、副主任张国宝与沙举行会谈，外交部长李肇星会见。11 月 11 ~ 14 日，中共中央对外联络部副部长马文普率代表团访问伊拉克北部库尔德地区。

爱尔兰

(Ireland)

2006年，中华人民共和国与爱尔兰关系继续深入发展。

两国高层往来增强，政治互信加深。9月，国务院副总理曾培炎访爱，分别与爱总统麦卡利斯、总理埃亨会见，与副总理兼司法部长麦克道尔会谈。双方同意保持各级别交往势头，扩大贸易投资合作，加强在软件、生物工程、教育、科技、农业等重点领域的合作。访问期间，双方签署了《中华人民共和国农业部与爱尔兰农业和食品部农业合作谅解备忘录》《中国国家外国专家局与爱尔兰高等教育局合作备忘录》《中国国家汉语国际推广领导小组办公室与爱尔兰都柏林大学关于合作建立孔子学院协议备忘录》《中国国际人才交流基金会与爱尔兰都柏林理工学院合作备忘录》。3月，爱外交部国务部长康纳·勒尼汉来华出席爱驻华使领馆举行的爱国庆活动，并与外交部副部长张业遂就中爱关系交换意见。5月，爱外交部长德莫特·埃亨应外交部长李肇星邀请访华，国务院总理温家宝会见，李肇星外长主持会谈。双方就推动中爱友好合作关系达成广泛共识。

中爱经贸合作稳步发展。6月，爱企业、贸易和就业部部长迈克·马丁访华；中爱经贸科技联委会第九次会议在北京召开。10月，爱企业、贸易和就业部国务部长迈克尔·埃亨访华。

两国在教育、科技、文化和民间等领域的交流与合作成果显著。2月，爱教育部长玛丽·哈纳芬访华。两国教育部签署《中爱高等教育学位学历互认协议》。4月，甘肃省与爱尔兰斯莱果郡建立友好省郡关系。6月，爱旅游局在上海设立办事处。9月，爱确认将参加2010年上海世博会。

以色列

(Israel)

2006 年，中华人民共和国与以色列国关系保持平稳发展。

两国高层交往不断。1 月 5 日，国务院总理温家宝、国务委员唐家璇分别致电以色列看守内阁总理阿里埃勒·沙龙，对其因病入院表示慰问。6 月，以色列大拉比什洛姆·阿马尔访华，国家宗教局局长叶小文会见。7 月，外交部长李肇星在北京会见了以色列议会外交与国防委员会主席查黑·哈内戈比，并于 9 月与以色列第一副总理兼外长齐皮·利夫尼在联大期间会面，主要就双边关系和中东局势交换看法。10 月，以色列议会财政委员会主席雅考夫·利兹曼率团访华。11 月 21 ~ 24 日，中共中央政治局委员、北京市委书记刘淇访问以色列，分别会见了以总理埃胡德·奥尔默特、第一副总理西蒙·佩雷斯、第一副总理兼外长利夫尼、副总理兼国防部长阿米尔·佩雷茨以及副总理兼工贸部长埃利·伊沙伊。双方主要就加强双边合作交换了看法。12 月 6 ~ 8 日，外交部部长助理翟隽访问以色列。

两国经贸合作保持快速发展，在工程承包、相互投资等领域的合作日益密切。2006 年，双边贸易额达 38.76 亿美元。

双方在科技、文化等领域的交流与合作成果显著。11 月，黑龙江省副省长刘海生访问以色列，出席第七届以色列电信展。以色列高等教育委员会副主席叶切斯克尔·塔勒和科技、文化、体育部长奥菲尔·平内斯—帕兹分别于 7 月和 10 月访华。

地方交往平稳发展。5 月，江苏省省委书记李源潮率江苏省友好经济代表团访问以色列。北京与特拉维夫建立友城关系。

意大利

(Italy)

2006年，中华人民共和国与意大利共和国双边关系继续稳步发展。两国各领域的交流与合作不断深入，双方在联合国等国际组织中开展了良好的磋商与协调。

2006年，中意继续保持高层互访势头，政治互信不断加深。7月，国家主席胡锦涛在圣彼得堡出席八国集团与发展中国家对话会期间会见意大利总理普罗迪。胡锦涛主席表示，中意关系近年来发展良好，两国建立了全面战略伙伴关系，中方愿进一步加强两国政治互信，密切双方企业交流，特别是扩大两国中小企业间合作，进一步开展文化、旅游领域的交流。普表示意新政府愿与中方共同努力，推动双方互利合作迈上新台阶。普访华期间，双方签署了空间、卫生、疾病控制等协议。

9月，意大利总理普罗迪对中国进行了正式访问。国家主席胡锦涛、国务院总理温家宝与普罗迪总理进行了会见、会谈。两国总理共同出席双边协议签字仪式、会见中外记者，并共同出席了在中国美术馆举行的“意大利年”活动系列展览。国务院副总理曾培炎、中共中央对外联络部部长王家瑞及中央有关部委和有关省市负责人分别会见普罗迪总理。中方表示，当前，两国政治关系日益巩固，战略对话不断加强，双方在重大国际问题上保持着密切合作。中方对发展中意关系提出以下建议：政治上深化战略共识；经济上扩大合作领域；文化上扩大交流互鉴；加强环保、科技合作。意方表示，双方在上述领域开展合作有着广泛共识，要努力付诸行动，积极开展经验交流，使合作更加富有成效。

两国外交部保持了密切磋商与对话，并积极促进双方在各领域的交流与合作。1月，外交部副部长张业遂与来华出席“意大利年”活动的意副外长曼迪卡举行磋商。9月，外交部部长助理孔泉与随同意大利总理普罗迪访华的副外长韦尔内蒂举行会谈。11月，意大利副总理兼外长达莱马正式访华，国务院总理温家宝、国务委员唐家璇分别予以会见，外交部长李肇星与达莱马副总理兼外长举行会谈，中共中央对外联络部部长王家瑞会见。访问期间，召开了中意政府委员会第二次联席会议，两国外长出席了会议闭幕式，签署了会议政治文件，并共同会见中外记者。

两国议会和政党交流活跃。5月，应意大利左民党邀请，中共中央对外联络部部长王家瑞访问意大利，分别会见了意政府、议会及有关政党领导人。8月，全国人大常委会副委员长成思危访问意大利，出席了安博思世界经济论坛并发表演讲。

意大利是中国在欧盟重要贸易伙伴和直接投资来源国。2006 年，双边贸易增长迅速，经济合作领域不断拓宽。9 月，普罗迪总理访华期间，举办了第三届中国国际中小企业博览会暨中意中小企业博览会、中意中小企业高峰论坛、中国江苏—意大利经贸论坛等活动，促进了双方的贸易往来与双向投资，拓宽了双方合作的领域和空间。6 月，中国国家工商行政管理总局副局长李东生访问意大利。9 月，商务部副部长高虎城访问意大利。10 月，意大利经济财政部副部长托诺尼访华。

中意两军关系发展顺利，友好合作进一步加强。4 月，意大利国防秘书长兼装备部部长博通迪中将访华。9 月，中国武警参谋长霍毅中将访问意大利。

中意在文化、教育、科技、环境等领域的交流与合作更为密切。1 月，意大利文化部长布蒂廖内访华并出席“2006 意大利年”活动开幕式。意方在中国北京、上海、广州等多个城市举办了众多丰富多彩的活动，促进了两国人民的相互了解和友谊。9 月，中国国家馆首次亮相威尼斯第 10 届国际建筑双年展，中国文物精品展在意大利总统府博物馆举办。

4 月，双方就“关于意大利接受中国学生赴意大利留学政策”进行了换文。9 月，中意高等学校联合办学项目——中意学院正式开学。10 月，孔子学院在意大利罗马大学挂牌成立。7 月，意大利环境与领土部部长斯卡尼奥访华，并举办中意环境周活动。11 月，意大利农业、食品及林业政策部长德卡斯特罗访华。

北京奥组委与都灵冬奥会组委会开展了良好合作。2 月，国务委员陈至立过境都灵观摩第 20 届都灵冬季奥运会，中央政治局委员、北京市委书记、北京奥组委主席刘淇出席冬奥会开幕式。6 月，国家体育总局副局长王钧访问意大利，与意大利奥委会、都灵冬奥会组委会进行交流。

牙买加

(Jamaica)

2006年，中华人民共和国与牙买加“共同发展的友好伙伴关系”发展势头良好。在政治、经济、文化等领域积极进行交流与合作，互信和友谊不断加深，在国际事务中相互支持与配合。

中牙双边交往增进了相互了解，推动了互利合作。8月，最高人民检察院副检察长王振川和国防部外事办公室主任张邦栋访牙。10月，国家质检总局副局长葛志荣访牙。牙派代表出席7月在北京举行的中国和加勒比建交国外交部间第三次磋商。

牙坚持一个中国政策，在国际场合明确支持中国在台湾问题上的原则立场，反对台加入联合国和世界卫生组织等机构。两国在多边领域密切配合。牙支持中国竞选联合国人权理事会理事，两国就竞选联合国国际法委员会委员事相互支持。牙支持中国候选人陈冯富珍竞选世界卫生组织总干事。

两国经贸关系稳步发展。牙继续保持中国在英语加勒比国家中第一大贸易伙伴地位。2006年双边贸易额较2005年有大幅增长。中国在牙最大援助项目“绿野”体育场即将竣工交付使用，社区体育场项目也进展顺利。中牙双方已签署协议由中方提供优惠贷款援建牙蒙特哥贝会议中心。5月，中国进出口银行行长李若谷访牙。

中牙新闻、地方、文教、体育等领域的交流日益活跃。4月，国家广播电影电视总局副局长田进、上海市市长韩正访牙。5月，浙江省副省长钟山、河南省省长李成玉访牙。7月上旬，国家体育总局副局长段世杰率团访牙。7月下旬，牙知名歌舞团来华参加“激情牙买加”活动。12月中旬，西印度大学牙买加分校19名师生访华。

日　本

(Japan)

日本国是中华人民共和国的重要近邻，中国政府高度重视中日关系，坚持奉行对日友好政策，愿根据《中日联合声明》等三个政治文件的原则，本着“以史为鉴、面向未来”的精神，致力于两国和平共处、世代友好、互利合作、共同发展。

日本首相小泉纯一郎执政期间，中日关系因其顽固坚持参拜供奉有二战甲级战犯的靖国神社而陷入政治僵局。2006 年 10 月，新任首相安倍晋三成功访华，中日关系实现转圜，开始走上正常发展轨道。

中方为改善两国关系不懈努力

小泉首相 2001 年上台后，不顾中方严正立场，连续参拜靖国神社，成为影响两国关系发展的症结。2006 年 8 月 15 日，小泉首相第六次参拜靖国神社。小泉首相在靖国神社问题上的错误行径，导致中日关系陷入政治僵局，两国高层互访中断，国民感情明显下滑，中日关系面临邦交正常化以来最为困难的局面。中方为改善两国关系作出了不懈努力。

3 月 14 日，国务院总理温家宝在回答中外记者有关中日关系的提问时提出三点意见：第一，继续进行政府之间的战略对话，以消除影响中日关系的障碍。第二，加强民间交往，增进相互了解和信任。第三，稳定和发展两国经贸关系，扩大互利双赢合作。

3 月 31 日，国家主席胡锦涛会见来华访问的日本日中友好七团体负责人，并发表重要讲话，全面阐述中国政府重视和改善中日关系的原则立场，指明了改善两国关系的方向以及解决两国关系面临问题的出路和前景，强调只要日本领导人明确作出不再参拜供奉有甲级战犯的靖国神社的决断，愿就改善和发展中日关系与日本领导人进行会晤和对话。

6 月 24 日，国务委员唐家璇出席葫芦岛百万日侨大遣返 60 周年纪念活动并发表讲话，希望日本领导人以对历史、对人民、对未来高度负责的态度，作出正确决断，消除两国关系的政治障碍，使中日关系回到正常发展的轨道。

5 月和 7 月，外交部长李肇星分别在多哈出席亚洲合作对话第五次外长会议和在马来西亚吉隆坡出席东盟地区论坛外长会期间与日本外相麻生太郎举行会晤。

2 月、5 月和 9 月，外交部副部长戴秉国与日本外务省事务次官谷内正太郎先后举行第四、五、六轮中日战略对话。7 月，外交部副部长武大伟和日本外务审议官西田恒夫举行第十次中日安全对话。3月、5月和7月，外交部亚洲司司长胡正跃和日本外务省亚大局局长佐佐江贤一郎先后举行三次东海问题磋商。

2月，中日执政党交流机制举行第一次会议。3月，新一届中日友好21世纪委员会召开第四次会议。5月，首届中日节能环保综合论坛在东京举行。7月，中国全国人大和日本国会众议院合作委员会举行第二次会议。

中日关系打破政治僵局

9月26日，安倍晋三当选日本新首相。安倍首相多次表示重视中日关系，愿为发展两国关系而努力。中日双方经过多次协商，就克服影响两国关系的政治障碍和促进两国友好合作关系的健康发展达成一致。鉴此，应国务院总理温家宝邀请，安倍首相于10月8～9日对中国进行正式访问。

访问期间，国家主席胡锦涛、全国人大常委会委员长吴邦国、国务院总理温家宝分别与安倍首相举行会见和会谈。双方同意继续遵循中日三个政治文件的各项原则，正视历史、面向未来，妥善处理影响两国关系发展的问题，让政治和经济两个轮子强力运转，把中日关系推向更高层次，努力构筑基于战略利益的互惠关系，实现两国和平共处、世代友好、互利合作、共同发展。双方还就加强各领域务实合作达成一系列重要共识，并发表联合新闻公报。这次访问打开了中日关系政治僵局，两国关系开始走上正常轨道。

中日关系呈现良好发展局面

安倍首相访华后，两国高层保持密切接触。11月18日，国家主席胡锦涛在越南河内出席APEC会议期间与安倍首相举行会晤，就中日关系深入交换意见，取得积极成果。会晤进一步推动了各领域交流与合作，巩固了两国关系改善和发展的良好势头。外交部长李肇星也在会议期间会晤了日本外相麻生太郎，双方就中日共同历史研究实施框架达成一致。12月，李肇星外长在菲律宾宿务出席10+3外长会期间与麻生外相再度会晤。

10月15～17日，应全国人大常委会委员长吴邦国邀请，日本参议院议长扇千景访华。国家主席胡锦涛、全国政协主席贾庆林、国家副主席曾庆红分别会见，吴邦国委员长与扇千景举行会谈，并签署了《中国全国人大与日本国会参议院建立定期交流机制的谅解备忘录》。12月25～27日，日本众议院议长、日本国际贸易促进协会会长河野洋平访华，胡锦涛主席、吴邦国委员长、曾庆红副主席、唐家璇国务委员分别会见。日本国土交通大臣、环境大臣、经济产业大臣、金融大臣等政要相继访华。

10月，中日执政党交流机制举行第二次会议。11月，中国人民解放军总参谋长助理章沁生中将与日本防卫厅事务次官守屋武昌举行了第七次防卫磋商。新一届中日友好21世纪委员会召开第五次会议。11月初，中国文化节在日本隆重开幕，引起热烈反响。12月，中日共同历史研究在北京启动并召开首次会议。两国高中生交流互访计划实施顺利。

日本首相安倍晋三正式访华

应国务院总理温家宝邀请，日本首相安倍于10月8~9日对中国进行正式访问。国家主席胡锦涛、全国人大常委会委员长吴邦国、国务院总理温家宝分别与安倍首相举行会见和会谈。

胡锦涛主席在会见安倍首相时指出，实现中日关系长期健康稳定发展，首先，要加强政治互信。要恪守《中日联合声明》等三个政治文件的原则。本着“以史为鉴、面向未来”的精神，正确认识和对待历史问题。不再发生伤害战争受害国人民感情的事。坚持一个中国原则，妥善处理台湾问题。不断巩固和加强两国关系的政治基础。第二，要深化互利合作。采取切实措施，扩大双方在贸易、投资、科技等领域的合作，尤其要加强能源、环保、信息通信技术、金融等领域的合作，实现互利互惠、共同发展。第三，要扩大人员交往。进一步加强两国政府、议会、政党、团体、文教、青年等方面的往来与合作，不断增进两国人民的了解和友好感情。第四，要加强两国在地区和国际事务中的沟通与协调，共同构筑全方位、宽领域、多层次的中日友好和互利合作的新格局。

安倍首相表示，日方高度重视胡锦涛主席就发展日中关系提出的十六字方针，愿按照日中之间三个政治文件的精神和原则，从战略高度为日中关系改善和发展作出贡献。日本历史上曾经给亚洲人民造成了巨大的损害和痛苦。在深刻反省历史的基础上，坚持走和平发展道路是日本的既定政策，不会改变。日方和我本人将按照两国就克服影响两国关系的政治困难、促进两国关系健康稳定发展的共识妥善处理历史问题。希望双方加强各层次的接触，增进互信，扩大在经济、文化、教育和人员等领域交流以及在地区和国际事务中的沟通与合作，推动日中关系向更高层次发展。安倍重申日本将按照日中联合声明坚持一个中国政策，不搞“两个中国”、“一中一台”，不支持“台独”，反对单方面改变台海现状。

吴邦国委员长在会见时表示，必须从长远角度，用战略眼光来审视中日关系，坚持“以史为鉴、面向未来”精神，遵循中日三个政治文件的原则，正确处理和把握两国关系的发展方向，妥善处理历史和台湾问题。今后，中日双方更应大力推进民间、文化和青少年等各领域交流，不断增进两国人民之间的友好感情。中国全国人大已经与日本国会众议院建立了定期交流机制，为在新形势下加强议会各层次、各领域的接触和沟通提供了有效途径。中方愿与日方共同用好这一渠道，为发展中日睦邻友好合作关系作出贡献。

安倍首相表示，加强日中人民之间的了解与信赖，增进相互友好感情是两国关系发展的基础。日方高兴地看到两国议会交往频繁。日方希望利用日中邦交正常化35周年等契机，推动日中各方面交往，增进人民之间的了解，推动两国关系向更高层次发展。

温家宝总理在与安倍首相举行会谈时强调，保持中日关系长期稳定健康发展，必须按照两国达成的共识，妥善处理靖国神社问题，消除影响两国关系的政治障碍。“言必信，行必果”，这是推动中日关系向前发展的重要保障。温家宝总理就未来中日关系的发展提出五点意见：第一，实现和保持两国领导人的互访，密切各层次的沟通与交流，增进政治互信；第二，继续进行战略对话，照顾彼此关切，深入研究改善和发展双边关系的重大问题；第三，完善经济技术合作机制，制定各领域的中长期合作规划，力争双边经贸关系有更大的发展；第四，大力开展文化、教育交流，扩大民间交往，加深两国人民的友谊；第五，加强对地区问题的磋商，推进东亚区域合作，为亚洲的和平与发展做出贡献。

安倍首相表示，日中关系是日本最重要的双边关系之一。日本将继续遵循日中三个政治文件的原则和精神发展两国关系。现在日中关系正处于一个关键时期。把日中关系推向更高层次，为亚洲和世界的和平稳定繁荣做出建设性贡献是双方承担的时代使命和责任，为此要争取将日中关系建成一个基于共同战略利益的互惠关系。日本曾经给亚洲各国人民带来了巨大损害和痛苦，留下了种种伤痕，他对此深表反省，这一立场今后也不会改变。在此基础上，日本60多年来选择了和平发展。今后也将坚持这一方向。日方绝不赞美军国主义，也不美化甲级战犯。他将按照双方关于克服影响两国关系的政治困难、促进日中关系健康稳定发展的共识来妥善处理历史的问题。日中两国经济发展上相互依存，给双方都带来了重要利益，值得珍惜。他主张要使政治经济两个轮子都强有力地运转起来，从而推动两国关系迈上更高的层次，并为亚洲和世界的发展作出贡献。安倍表示，日方将继续按日中联合声明处理台湾问题，这一立场没有改变，日方坚持一个中国政策，不搞“两个中国”、“一中一台”，不支持“台独”。

双方就有关地区和国际问题交换了意见。双方还发表了联合新闻公报。

胡锦涛主席会见日中友好七团体负责人

2006年3月31日，国家主席胡锦涛在人民大会堂会见了应中日友好协会邀请来华出席中日民间友好团体负责人会议的日本日中友好七团体负责人桥本龙太郎、高村正彦、平山郁夫、辻井乔、千速晃、野田毅、林义郎。宾主就加强中日民间交流，促进中日关系的改善和发展等进行了友好交谈。

胡锦涛主席首先欢迎日中友好七团体负责人联袂访华，并高度评价日中友好七团体长期以来为实现中日邦交正常化、发展中日睦邻友好合作关系所做的大量有益的工作和突出贡献。胡锦涛主席说，在当前中日关系面临困难的情况下，你们联袂访华，与中国相关友好团体负责人进行对话交流，体现了中日两国人民改善和发展中日关系的殷切期望。我相信，你们的来访将增进两国人民的了解和友谊，为中日关系的改善和发展发挥积极作用。

胡锦涛主席回顾了中日友好的历史以及战后中日关系恢复和发展的历程后指出，事实证明，中日和则两利，斗则俱损。发展中日睦邻友好合作关系符合两国人民的根本利益，也为亚洲及世界的和平、稳定与发展作出了重要贡献。

胡锦涛主席说，近年来，中日关系出现困难局面。两国人民担忧，国际社会关注。这是中方不愿看到的。之所以如此，责任不在中国方面，也不在日本人民，症结在于日本个别领导人坚持参拜供奉有甲级战犯的靖国神社，伤害了中国人民的感情，损害了中日关系的政治基础。中国政府一贯重视中日关系，认为中日关系是当今世界重要的双边关系之一，并为改善和发展两国关系作出了不懈努力。我曾多次强调要本着对历史、对人民、对未来高度负责的态度妥善处理中日关系中出现的问题。对历史负责，就是要尊重历史事实，汲取历史教训，防止历史悲剧重演；对人民负责，就是要始终把增进两国人民的友谊，为两国人民谋取实实在在的利益，作为发展中日关系的出发点和落脚点；对未来负责，就是要坚持和平共处、世代友好，共同开创两国睦邻友好与互利合作的美好未来。

胡锦涛主席强调，中国政府在对日关系上的立场是明确的、一贯的、坚定不移的。中国政府将始终从战略高度和长远角度看待中日关系，致力于两国和平共处、世代友好、互利合作、共同发展；中国政府将坚持《中日联合声明》等三个政治文件的原则，继续本着“以史为鉴、面向未来”的精神，通过平等协商，妥善处理两国间存在的问题，维护中日友好的大局；中国政府将坚定奉行“与邻为善、以邻为伴”的周边外交方针，积极推进双方在广泛领域的交流与合作，增进两国人民之间的友好感情。只要日本领导人明确作出不再参拜供奉有甲级战犯的靖国神社的决断，我愿就改善和发展中日关系与日本领导人进行会晤和对话。

胡锦涛主席还指出，中国坚定不移地走和平发展道路，既争取一个和平的国际环境发展自己，又通过自身的发展促进世界和平。中国愿同包括日本在内的世界各国共同建设持久和平、共同繁荣的和谐世界。中国实行独立自主的全方位和平外交政策，无意威胁和挑战任何国家，希望同世界各国平等相待、友好相处、共同发展。中国奉行的是防御性国防政策，中国的国防建设只是为了增强防御能力，维护国家主权和领土完整。中国过去、现在和将来都不谋求霸权。认为“中国的发展是威胁”的说法毫无事实根据，是完全站不住脚的。

胡锦涛主席最后说，开创中日关系的美好未来，离不开两国人民的广泛支持和积极参与，离不开两国友好团体朋友们的艰辛努力。希望两国民间友好团体坚定信念，继往开来，大力开展丰富多彩的交流活动，广泛播撒友好的种子，增进两国人民特别是青少年间的相互了解与友谊，为巩固中日友好的社会基础、发展长期稳定的中日睦邻友好合作关系作出新的贡献。

桥本龙太郎等日中友好七团体负责人表示，日中关系对双方都极为重要，作为民间友好团体，将坚持日中友好，继续为推进双方在各领域的交流与合作发挥积极作用。

约　旦

(Jordan)

2006 年，中华人民共和国与约旦哈希姆王国关系继续平稳发展。

两国政治关系更加密切。5 月，约旦公共部门发展大臣萨利姆·哈扎阿拉来华参加中阿合作论坛第二届部长级会议。12 月，约旦外交大臣阿卜杜勒·伊拉·哈提卜访华。外交部长李肇星与之会谈，就双边关系和共同关心的国际及地区问题交换了看法。双方共同签署了《中华人民共和国政府和约旦哈希姆王国政府关于建立中国—约旦战略对话小组的谅解备忘录》。战略对话小组的成立将为促进中约关系全面、深入发展搭建一个重要平台。

双边经贸合作进一步加强。4 月，中国政府援建的马安工业城项目竣工，约旦首相马鲁夫·巴希特出席竣工仪式。约旦海尔家电装配厂彩电二期工程项目建成投产。中国在约旦工程承包呈现良好发展势头，劳务合作稳步增长。

双方其他领域交流和合作不断加强。3 月，中国人民解放军总装备部副部长张建启中将出席约旦特种作战装备展。6 月，约旦文化大臣阿迪勒·图维斯率政府文化代表团、约旦国家民间艺术团参加在北京举办的阿拉伯艺术节。8 月，文化部副部长郑欣淼访约。9 月，约旦公安总局局长穆罕默德·伊坦中将访华。9～12 月，中国为 15 名约旦学员举办人道主义扫雷技术培训班。2006/2007 学年，中国政府增加了向约旦提供的单方全额奖学金名额。

哈萨克斯坦
(Kazakhstan)

2006年，中华人民共和国与哈萨克斯坦共和国战略伙伴关系取得新进展。

两国高层交往密切，政治互信加深。6月15日，哈总统努尔苏丹·纳扎尔巴耶夫来华出席上海合作组织峰会期间，与国家主席胡锦涛举行双边会见。6月17日，胡锦涛主席出席在阿拉木图举行的"亚信"论坛第二届峰会。12月19～22日，哈总统纳扎尔巴耶夫对中国进行国事访问。胡锦涛主席、全国人大常委会委员长吴邦国、国务院总理温家宝分别与纳会谈、会见。双方就两国关系和其他共同关心的重大问题深入交换了意见，达成广泛共识。双方表示，不断巩固和深化中哈战略伙伴关系是两国对外政策的优先方向，不仅符合两国的根本利益，也有利于促进地区的稳定与发展。双方还签署了《中华人民共和国和哈萨克斯坦共和国21世纪合作战略》、《中华人民共和国和哈萨克斯坦共和国经济合作发展构想》等双边合作文件。

5月30日，吴邦国委员长在莫斯科出席上海合作组织首次议长会议期间，与哈上院议长阿贝卡耶夫举行双边会见。

9月15日，温家宝总理在杜尚别出席上海合作组织成员国总理第五次会议期间，与哈总理阿赫梅托夫举行双边会见。

1月9～12日，国家副主席曾庆红应邀赴哈参加纳扎尔巴耶夫总统就职仪式并访哈。曾庆红副主席同纳扎尔巴耶夫总统举行会谈，并分别会见哈总理达尼阿尔·阿赫梅托夫、议会上院议长努尔泰·阿贝卡耶夫、下院议长乌拉尔·穆罕默德扎诺夫。双方发表了联合公报。

4月21～23日，哈前总理、博鳌亚洲论坛理事捷列先科来华出席博鳌亚洲论坛年会。11月17日，中国和哈萨克斯坦合作委员会第三次会议在北京举行，委员会双方主席国务院副总理吴仪和哈副总理卡里姆·马西莫夫共同主持会议。

4月11～13日，哈外长卡瑟姆若马尔特·托卡耶夫访华。5月15日，哈外长托卡耶夫来华出席上海合作组织成员国外长会议期间，外交部长李肇星会见。

两国经贸合作稳步发展。铁道部副部长胡亚东、商务部部长助理傅自应、国家开发银行行长陈元曾访哈。哈交通通讯部长马明、工贸部长什科尔尼克、能源和矿产资源部副部长阿克楚拉科夫、运输通信部副部长卡西姆别克、能源和矿产资源部地质与矿产委员会主席乌日科诺夫、财政部海关监管委员会副主席阿布吉舍夫分别访华。

两国在议会、党派、军事、科技、文化、地方等领域的友好交往进一步扩大。1月19~21日，中国全国人大常委会委员、中哈议员友好小组成员滕勇率团出席哈议会成立10周年庆典活动。10月11~14日，全国人大外事委员会主任委员姜恩柱率团访哈。12月26~29日，哈议会上院外事、国防和安全委员会主席比让诺夫率团访华。

4月30日至5月3日，青海省副省长骆惠宁率团访哈。11月11~15日，中共中央政治局委员、新疆维吾尔自治区党委书记王乐泉访哈。11月16~19日，中共中央政治局委员、北京市委书记刘淇访哈。4月23~25日，哈阿斯塔纳市长舒克耶夫访华。

8月24~26日，中哈执法安全部门举行上海合作组织框架内联合反恐演习。10月24~31日，哈国家安全委员会主席沙布达尔巴耶夫访华。

中国文化部和上海市在哈分别成功举办中国文化节、上海文化周，哈在新疆举办“阿拉木图”文化周。9月11~13日，中国佛教协会副会长嘉木样·洛桑久美·图丹却吉尼玛率中国宗教代表团出席在哈阿斯塔纳举行的第二届“世界和传统宗教领袖大会”。此外，文化部副部长孟晓驷、水利部副部长翟浩辉访哈。哈教育科学部副部长阿布德莫姆诺夫访华。

肯尼亚

(Kenya)

2006年，中华人民共和国与肯尼亚共和国在双边和国际事务中进一步加强协调与配合，友好合作关系取得新进展。

两国高层交往密切。4月27～29日，国家主席胡锦涛对肯尼亚进行国事访问。胡锦涛主席与肯尼亚总统姆瓦伊·齐贝吉举行会谈。胡锦涛主席表示，中国政府高度重视中肯关系，视肯尼亚为在非洲的重要合作伙伴，愿与肯尼亚政府增强政治互信、加强经贸合作、拓展人文交流、密切多边配合，共同致力于发展中肯长期稳定、互利互惠的友好合作关系。齐贝吉总统表示，双方对加强两国合作有着广泛共识，肯尼亚感谢长期以来中国所给予的无私帮助，将继续坚定奉行一个中国政策，推动中肯间业已存在的良好合作关系进一步向前发展。访问期间，双方签署了《中华人民共和国政府和肯尼亚共和国政府经济技术合作协定》等10项合作文件。双方还发表了《中华人民共和国和肯尼亚共和国联合公报》。

11月2～6日，肯尼亚总统齐贝吉来华出席中非合作论坛北京峰会。国家主席胡锦涛会见。胡锦涛主席积极评价两国各领域友好合作，表示中方愿与肯方加强高层政治磋商，深化经贸合作，密切在国际事务中的协调和配合，进一步推动中肯友好合作关系向前发展。齐贝吉总统表示，肯尼亚重视发展对华关系，愿学习中国发展经验，拓展双方在基础设施建设、卫生等领域的合作。

两国议会、政党、军事和地方交往持续发展。全国人大常委会副委员长成思危访肯，肯尼亚国民议会议长弗朗西斯·奥利·卡帕罗访华。中共中央统战部副部长胡德平、中国人民对外友好协会副会长王运泽等访肯。肯国防部长恩坚加·卡鲁梅、总参谋长杰里迈亚·基安加上将等访华。河南省委副书记李清林、安徽省副省长田唯谦、上海市副市长杨雄等访肯。

10月11日，中国新任驻肯尼亚大使张明向齐贝吉总统递交国书。

两国在经贸、文教、新闻、航空等领域的交流与合作进一步扩大。两国企业积极探讨在通讯、电力、交通等基础设施领域的合作并取得进展。建设部长汪光焘、财政部副部长李勇、交通部副部长翁孟勇等先后访肯，肯合作发展与营销部长彼得·恩杜维加访华。中国首次在肯尼亚举办中国高等教育展。文化部副部长赵维绥访肯。中国首家海外广播电台——中国国际广播电台内罗毕调频台正式开播。肯教育、科技、卫生等部门官员来华参加了中国政府举办的各类培训班。

科威特

(Kuwait)

2006年，中华人民共和国与科威特国友好合作关系继续稳步发展，双方在许多地区和国际问题上相互理解、相互支持。

中科政治交往频繁，双边合作不断深化。1月，国家主席胡锦涛向科新任埃米尔萨巴赫·艾哈迈德·贾比尔·萨巴赫致贺电。2月，国务院总理温家宝、国家副主席曾庆红、外交部长李肇星分别向科新任首相纳赛尔·穆罕默德·艾哈迈德·萨巴赫、王储努瓦夫·艾哈迈德·贾比尔·萨巴赫、副首相兼外交大臣穆罕默德·萨巴赫·萨利姆·萨巴赫致贺电。3月，外交部长李肇星与科副首相兼外交大臣穆罕默德就中科建交35周年互致贺电。5月，外交部长李肇星访科，会见了科埃米尔萨巴赫、首相纳赛尔，并与副首相兼外交大臣穆罕默德举行会谈，双方就双边关系和共同关心的地区和国际问题交换了意见。7月，全国人大常委会委员长吴邦国、国务院总理温家宝和外交部长李肇星分别向科国民议会议长贾西姆·穆罕默德·胡拉菲、首相纳赛尔和副首相兼外交大臣穆罕默德致电，祝贺他们连任。5月31日至6月1日，科副首相兼外交大臣穆罕默德来华出席中阿合作论坛第二届部长级会议，外交部长李肇星会见。8月，科埃米尔办公厅顾问穆罕默德·哈立德·萨巴赫作为科首相纳赛尔的特使访华，转交了科首相纳赛尔关于科候选人竞选世界卫生组织总干事事致温家宝总理的信函。

两国在国际事务中相互支持与配合。科在联合国人权理事会、联合国会费委员会等国际组织竞选中支持中国。

中科经贸等领域合作发展良好。双边贸易额持续、稳定增长。11月，科公共工程与住房事务大臣巴德尔·纳赛尔·阿勒霍梅迪访华。

双方在司法领域的合作也取得重要进展，中科民事与商事司法协助协定谈判7月在科举行，双方就协定文本基本达成一致。

吉尔吉斯斯坦
(Kyrgyzstan)

2006年，中华人民共和国与吉尔吉斯共和国睦邻友好合作关系继续发展。

两国高层交往密切。6月9～10日，吉总统库尔曼别克·巴基耶夫来华进行国事访问。国家主席胡锦涛、全国人大常委会委员长吴邦国、国务院总理温家宝分别与巴基耶夫总统举行会谈、会见。双方高度评价建交以来双边关系发展成果，表示将不断巩固两国政治互信，在彼此关切的重大问题上相互支持，继续扩大各领域务实合作，造福两国人民。双方还签署了《中吉联合声明》等一系列合作文件。6月14～15日，吉总统巴基耶夫来华出席上海合作组织峰会。5月31日，全国人大常委会委员长吴邦国在莫斯科出席上海合作组织成员国首次议长会议期间同吉议长马拉特·苏尔丹诺夫举行双边会见，双方均表示将进一步扩大两国议会交流与合作，为促进中吉关系发展贡献力量。9月15日，温家宝总理在杜尚别出席上海合作组织成员国总理第五次会议期间，同吉总理菲利克斯·库洛夫举行双边会见，双方就进一步扩大两国各领域务实合作深入交换了意见。

1月11日，国家副主席曾庆红在阿斯塔纳出席哈萨克斯坦总统纳扎尔巴耶夫就职仪式期间会见吉总统巴基耶夫。5月13～16日，吉外长阿利克别克·杰克申库洛夫来华出席上海合作组织成员国外长会议期间与外交部长李肇星举行双边会见。

两国经贸关系发展顺利。司法、军事等领域合作取得新进展。4月12～19日，吉宪法法院院长乔尔蓬·巴耶科娃率团访华，全国人大常委会副委员长王兆国会见。4月25～27日，吉国防部长伊布拉依姆·伊萨科夫来华出席上海合作组织国防部长会议。

老挝

(Laos)

2006 年，中华人民共和国与老挝人民民主共和国长期稳定、睦邻友好、彼此信赖的全面合作关系进一步深化。

双方最高领导人实现互访，政治互信增强。11 月，中共中央总书记、国家主席胡锦涛应邀对老挝进行国事访问，同老挝人民革命党中央委员会总书记、老挝国家主席朱马里·赛雅颂会谈，分别会见老挝国会主席通邢·塔马冯、政府总理波松·布帕万，探望了老挝党和国家前主席坎代·西潘敦。双方领导人就双边关系和共同关心的问题深入交换意见，达成重要共识。双方发表《联合声明》，决定加强高层接触，深化治国理政经验交流，扩大在经贸、公安、司法、教育、卫生、文化、体育、旅游等领域的务实合作，更多开展青少年友好交往，加强多边框架下的协调与配合，使两国永做好邻居、好朋友、好同志、好伙伴。双方还签署了《中老经济技术合作协定》等 11 份合作文件。6 月，老挝人民革命党总书记、国家主席朱马里对中国进行国事访问，中共中央总书记、国家主席胡锦涛主持会谈，全国人大常委会委员长吴邦国、国务院总理温家宝、国家副主席曾庆红分别会见。10 月，老挝总理波松率团出席在南宁举行的中国—东盟建立对话伙伴关系 15 周年纪念峰会、第三届中国—东盟博览会及第三届中国—东盟商务与投资峰会并顺访云南省，温家宝总理会见。

8 月，老挝建国阵线中央主席西沙瓦·乔本潘应邀访华，全国政协主席贾庆林、中共中央政治局常委李长春、全国政协副主席王忠禹分别会见。4 月，全国人大常委会副委员长、全国妇联主席顾秀莲率中国妇女代表团访问老挝，老挝国会主席沙曼·维亚吉、政府总理本扬·沃拉吉分别会见。10 月，中央军委委员、总参谋长梁光烈上将率团访老，老挝政府总理波松、副总理兼国防部长隆再·皮吉分别会见。中老两国还隆重举行了一系列庆祝建交 45 周年活动。

中老经贸关系稳步发展，双边贸易保持增长势头。中国对老挝的投资和劳务工程承包继续增加，中国政府继续向老挝政府提供力所能及的经济技术援助。昆明—曼谷公路老挝段中方援建的 1/3 路段、老挝北部地质调查、老挝国家电力规划等合作项目完工，老挝国家电视台第三频道改造、北部综合开发总体规划、中国援助老挝农业机械等项目进展顺利。

中老在公安、卫生、青年交流等领域合作取得新的进展。两国政府签署禁毒合作协议，两国卫生部签署卫生合作谅解备忘录。中国继续向老挝派遣青年志愿者。

老挝政府始终坚持一个中国政策，支持中国和平统一事业。

备注：老挝人民革命党于2006年3月选举产生第八届中央委员会，老挝国会和政府于2006年6月换届。

拉脱维亚

(Latvia)

2006年，中华人民共和国和拉脱维亚共和国关系呈现良好发展势头，各领域合作不断深化。

两国高层往来增多，政治互信加深。8月，拉脱维亚议长英格丽达·乌德烈访华，全国人大常委会委员长吴邦国、副委员长顾秀莲和外交部长李肇星分别会见，双方就双边关系等问题深入交换意见。9月，国务院总理温家宝在出席赫尔辛基第六届亚欧首脑会议期间会晤拉脱维亚总统瓦伊拉·维凯—弗赖贝加。

两国外交部保持密切合作。3月，拉脱维亚外交部国务秘书诺尔曼斯·彭凯来华进行两国副外长级磋商，外交部长李肇星、副部长张业遂分别会见、会谈。两国为纪念建交15周年举行了一系列庆祝活动。

2006年，中拉经贸合作发展较快，双边贸易额创历史最高。9月，中国国际贸易促进委员会会长万季飞访拉。两国在文教、卫生、新闻、军事等领域合作顺利。文化部副部长孟晓驷、国防部外办副主任钱利华少将、国务院新闻办副主任王国庆等先后访拉。拉卫生部长贡达尔斯·别尔津什、拉国防部国务秘书爱得加尔斯·林科维奇斯等访华。

两国地方交往活跃。拉脱维亚里加市、道加瓦皮斯市、叶尔加瓦市等地方领导人访华，中国湖北省、浙江省及苏州市代表团相继访拉。

黎巴嫩

(Lebanon)

2006年，中华人民共和国与黎巴嫩共和国关系继续发展。

政治关系良好。3月，中共中央对外联络部部长王家瑞访问黎巴嫩，黎巴嫩总统埃米勒·拉胡德、总理福阿德·西尼乌拉分别会见。4月，黎巴嫩共产党总书记哈立德·哈达德访华，中国和平统一促进会名誉会长万国权、中共中央对外联络部副部长陈凤翔分别会见、会谈。6月，黎巴嫩外交与侨民事务部长法齐·萨鲁赫来华出席中国—阿拉伯国家合作论坛第二届部长级会议，外交部长李肇星同其进行两国外交部政治磋商。7月，黎巴嫩议会多数党“未来阵线”领导人萨阿德丁·哈里里访华，中共中央对外联络部部长王家瑞、中国中东问题特使孙必干分别会谈、会见。在7~8月黎以冲突期间，黎巴嫩总统拉胡德、总理西尼乌拉就中国维和人员在以色列轰炸黎巴嫩南部中遇难事分别向国家主席胡锦涛和国务院总理温家宝致慰问电。李肇星外长分别与西尼乌拉总理和“未来阵线”领导人哈里里通电话，就黎以冲突形势交换意见。9月，李肇星外长在纽约出席第61届联大期间，会见黎巴嫩外交与侨民事务部长萨鲁赫。

12月，中国新任驻黎巴嫩大使刘志明向拉胡德总统递交国书。

两国经贸合作续有发展。中国继续保持黎巴嫩第三大进口货源国地位。7月，中国向黎巴嫩提供2000万元人民币紧急人道主义物资援助。8月，中国在瑞典斯德哥尔摩援助黎巴嫩国际会议上承诺再提供2000万元人民币人道主义援助。

两国军事合作取得新进展。3月，中国在联合国框架内向黎巴嫩派遣182人的维和工兵营。9月，中国为25名黎巴嫩军官举行扫雷培训。

两国文化交流进一步加强。2月，《文汇报》新闻代表团访问黎巴嫩。6月，黎巴嫩阿卜杜拉艺术团赴华参加“阿拉伯艺术节”。11月，中国驻黎巴嫩大使馆与黎巴嫩圣约瑟夫大学签署在该校设立孔子学院的协议。

莱索托

(Lesotho)

2006 年，中华人民共和国与莱索托王国关系保持健康、稳定发展势头，各领域合作富有成效。

两国高层交往密切。11 月 3～9 日，莱索托首相帕卡利塔·莫西西利来华出席中非合作论坛北京峰会，国务院总理温家宝会见。温家宝总理表示，中方愿积极加强与莱在各领域的合作和提供力所能及的帮助，将继续鼓励中国公司赴莱投资办厂，在纺织、轻工、家电、农产品加工、养殖和建筑等领域与莱方开展合作，也希望莱充分利用北京峰会确定的对非优惠政策，扩大对华出口。中方愿与莱方共同努力，建立面向未来、长期稳定、平等互利的友好合作关系。莫西西利首相表示，中国奉行大小国家一律平等的政策，对莱真诚相待，为莱基础设施建设、人才培养和医疗卫生事业提供了宝贵的支持和帮助，莱人民对此深表钦佩和感谢。莱珍视莱中友谊，愿与中国发展更为紧密的伙伴关系，加强交流与合作，莱方欢迎中国企业投资莱索托纺织、通信等产业。会后，莫西西利首相一行赴青岛、深圳参访。莱索托外交大臣蒙亚尼·莫莱莱基、贸易、工业、合作社与市场大臣姆波·马迪埃、财政与发展计划大臣蒂莫西·塔哈尼随行来华出席中非合作论坛第三届部长级会议。外交大臣莫莱莱基会后访问了宁波。

此外，莱索托王后玛塞纳蒂·塞索、农业大臣丹尼尔·帕洛洛、卫生大臣莫特洛西洛阿·帕科、司法大臣费洛伊·马塞曼尼等先后访华或来华出席国际会议。中国国家林业局局长贾治邦访莱。

两国在经贸、教育、文化、卫生、人力资源培训等领域合作富有成果。全年莱共有 100 余名专业人员来华接受培训。7 名莱学生在华留学。2 月，中国福建省艺术团赴莱访问演出。

利比里亚

(Liberia)

2006年，中华人民共和国与利比里亚共和国政治、经贸等领域的合作进展顺利，在国际事务中相互支持和配合。

10月28日至11月6日，利比里亚总统埃伦·约翰逊·瑟利夫对中国进行国事访问并出席中非合作论坛北京峰会。国家主席胡锦涛主持会谈，全国人大常委会委员长吴邦国和国务院总理温家宝分别会见。中国领导人积极评价复交以来中利关系的发展，赞赏利政府坚持一个中国原则。胡锦涛主席就进一步发展两国关系提出五点建议：一、保持高层交往，增强政治互信，推动各领域各层次人员交流，加深相互了解和友谊；二、深化经贸合作，加强对两国经贸合作的规划、指导、协调，扩大双边贸易；三、加强在中非合作论坛框架下的合作；四、扩大教育、卫生等领域的合作；五、加强多边合作，保持沟通，协调立场，共同推动建设持久和平、共同繁荣的和谐世界。瑟利夫总统赞同胡锦涛主席上述建议，感谢中方对利和平进程和经济重建的支持，重申利政府将继续奉行一个中国政策。双方签署了《中华人民共和国政府和利比里亚共和国政府经济技术合作协定》等文件。

1月15～16日，外交部长李肇星对利比里亚进行正式访问并作为胡锦涛主席特使出席了利总统瑟利夫的就职仪式。其间，李肇星外长会见了利总统瑟利夫、全国过渡政府主席查尔斯·久德·布赖恩特、全国过渡政府外交部长托马斯·亚雅·尼梅利和众议院议长埃德温·斯诺，与副总统约瑟夫·博阿凯举行会谈。双方签署了《中华人民共和国政府和利比里亚共和国政府经济技术合作协定》。

此外，利比里亚团结党主席查尔斯·克拉克、妇女与发展部长瓦巴·盖孚劳、国防部长布朗尼·萨穆凯、参议院临时参议长艾萨克·韦希·尼纳博等先后访华，司法部长弗朗希斯·莫里斯来华出席世界反贪局联合会第一届年会。

中共中央对外联络部副部长马文普、商务部副部长魏建国等访利。

利比亚

(Libya)

2006 年，中华人民共和国与大阿拉伯利比亚人民社会主义民众国继续保持友好交往。

1 月，外交部长李肇星访问利比亚，会见利比亚领导人穆阿迈尔·卡扎菲、利总人民委员会秘书舒克里·穆罕默德·加尼姆，与利比亚总人民委员会对外联络与国际合作秘书阿卜杜—拉赫曼·穆罕默德·沙勒格姆举行会谈，双方就双边关系及共同关心的国际与地区问题交换了意见。5 月，利比亚总人民委员会对外联络与国际合作亚洲事务秘书穆罕默德·欧麦尔·巴拉尼率团出席中阿合作论坛第二届部长级会议，外交部长李肇星、部长助理何亚非会见。11 月，利比亚对外联络与国际合作总人民委员会亚洲事务秘书（副外长）穆罕默德·欧麦尔·巴拉尼率团出席中非合作论坛北京峰会暨第三届部长级会议，外交部长李肇星会见。9 月，出席乍得总统就职仪式的外交部部长助理翟隽会见利比亚领导人穆阿迈尔·卡扎菲，卡强调利坚持一个中国的政策不会改变。

中利经贸合作关系发展迅速，双边贸易额大幅度增长。

列支敦士登

(Liechtenstein)

2006年，中华人民共和国与列支敦士登公国保持友好合作关系。双方就双边关系和联合国等国际组织中的合作保持沟通。8月，国家主席胡锦涛致电列王储阿洛伊斯（2004年8月15日起摄政），祝贺列国庆。阿复函表示感谢，并希望进一步发展中列两国友好关系。10月，列方照会中方，确认支持中国竞选连任国际电联理事国。

立陶宛

(Lithuania)

2006 年，中华人民共和国与立陶宛共和国关系稳步发展，各领域交往与合作进一步加深。

两国政治关系良好。9 月 24～28 日，立陶宛总统瓦尔达斯·阿达姆库斯对中国进行国事访问，国家主席胡锦涛、全国人大常委会委员长吴邦国和国务院总理温家宝分别会谈、会见。中方高度评价双边关系，表示愿与立方共同努力，从政治、经贸、人文、多边事务等方面继续深化和发展中立友好合作关系。阿表示立方重视发展对华关系，希进一步加强两国经贸、科技、文教、体育等领域合作。

10 月 26～28 日，全国政协主席贾庆林对立陶宛进行正式友好访问，与立陶宛议长维克托拉斯·穆恩蒂阿纳斯举行会谈，并分别会见立总统瓦尔达斯·阿达姆库斯、总理盖迪米纳斯·基尔基拉斯和第一副议长、立中议员友好小组主席契斯洛瓦斯·尤尔舍纳斯，双方就发展双边关系、加强议会合作等问题深入交换意见，达成广泛共识。

两国外交部合作密切。4 月，立陶宛外长安塔纳斯·瓦利奥尼斯访华，国家副主席曾庆红和外交部长李肇星分别会见、会谈。两国为纪念建交 15 周年举行了一系列庆祝活动。

两国在经贸、科技、文教等领域合作良好。双边经贸额继续保持增长势头。中国国防部、教育部、农业部、中国人民对外友好协会等代表团先后访问立陶宛。立陶宛体育局及奥委会代表团访华，与中方签署合作协议。

卢森堡

(Luxembourg)

2006年，中华人民共和国与卢森堡大公国的关系保持良好发展势头。

双方在政治、外交领域的交往较为频繁。9月，卢森堡大公亨利成功访华，此系卢大公27年来首次对华进行国事访问，国家主席胡锦涛、国务院总理温家宝分别会见。访问期间，中卢双方共签署3项合作协议，涉及经贸、金融、教育等领域。1月，卢副首相兼外交和移民问题大臣阿瑟伯恩访华，国务院总理温家宝予以会见，外交部长李肇星与阿会谈。7月，卢外交部秘书长桑特来华与外交部部长助理孔泉举行磋商。

两国经贸合作领域进一步扩大，全年双边贸易额保持平稳增长。

9月，卢森堡驻上海总领馆开馆。

马其顿

(Macedonia)

2006年，中华人民共和国与马其顿共和国关系顺利发展，各领域合作不断深化。

两国高层保持接触。8月28～29日，应马其顿政府邀请，国务委员唐家璇对马其顿进行正式访问，马总统布兰科·茨尔文科夫斯基、总理尼科拉·格鲁埃夫斯基分别会见、会谈。双方表示愿共同努力，增进政治互信，扩大互利合作，推动两国友好合作关系全面发展。马重申坚定奉行一个中国政策，坚决反对“台独”分裂活动。

两国外交部合作良好。4月，马其顿外交部国务秘书埃米尔·基里亚斯来华进行两国外交部副外长级磋商。

两国经贸、文化、卫生等领域交往增多。4月，中马政府经贸混合委员会第五次会议在京召开。马卫生部长弗拉迪米尔·迪莫夫访华。6月，中国国家中医药管理局副局长吴刚访马。7月，全国妇联书记处书记王乃坤访马。8月，中国广播艺术团民乐小组参加“奥赫里德之夏”艺术节。12月，马不管部部长格利戈尔·塔什科维奇、马新闻代表团分别访华。

马达加斯加
(Madagascar)

2006年，中华人民共和国与马达加斯加共和国友好关系继续稳步发展，各领域合作进一步加强。

双方高层互访频繁。11月3~5日，马总统拉瓦卢马纳纳来华出席中非合作论坛北京峰会，国家主席胡锦涛与其会谈，双方就巩固和深化两国关系达成广泛共识。胡锦涛主席希望两国政府部门建立畅通有效的沟通协调机制，就发展双边关系及时交流情况、共商办法。拉瓦卢马纳纳总统表示，马达加斯加正在实施新的国家发展规划，马方期待同中方在基础设施建设、农业、人力资源培训、卫生保健、环保等领域开展合作，欢迎中国企业进入马方市场。4月19~21日，拉瓦卢马纳纳总统到香港、深圳考察资本市场运作并学习中国建立经济特区的经验。

6月29日至7月6日，马参议长拉库图马哈鲁对中国进行正式访问，全国人大常委会委员长吴邦国、全国政协主席贾庆林分别会见。

8月30日至9月1日，中共中央政治局常委、中央纪律检查委员会书记吴官正对马达加斯加进行正式访问，分别会见了马达加斯加总统马克·拉瓦卢马纳纳、参议长居伊·拉杰米松·拉库图马哈鲁、国民议会议长萨米埃尔·马阿法利齐·拉扎卡尼依纳、总理雅克·西拉，与执政党“我爱马达加斯加党”主席拉祖利米哈贾·索罗福南特奈纳举行会谈，就发展两党和两国关系深入交换了意见。双方签署了《中华人民共和国政府和马达加斯加共和国政府经济技术合作协定》。

两国在经贸、人力资源等领域合作取得新成果。中国成为马达加斯加第二大贸易伙伴。9月，中国援建的国际会议中心举行开工仪式。10月，商务部部长助理陈健访马，马方农牧渔业部长阿里松·埃德蒙·兰德里亚里马纳纳访华。11月，中国政府向马达加斯加政府无偿提供一批小学生校服。中方为马方培训各类人才达百余人。

两国司法、旅游、体育和地方合作进展顺利。江苏省高级人民检察院检察长周振华、中国警察协会会长田期玉等分别访问马达加斯加。马达加斯加司法、掌玺部长拉拉·昂丽埃特·拉扎芬德拉博多·拉齐哈胡瓦拉出席在北京举行的国际反贪局联合会第一次年会暨会员代表大会。10月，两国签署《关于中国公民组团赴马达加斯旅游实施方案的谅解备忘录》。马青年和体育部长通博·拉芒丹比苏阿等访华。湖北省政协副主席翁行德、吉林省政协副主席孙耀庭等分别访马。

马来西亚

(Malaysia)

2006年，中华人民共和国与马来西亚关系继续保持全面发展的良好势头，战略性合作稳步发展。

两国高层往来密切。10月，马来西亚总理巴达维来南宁出席中国—东盟纪念峰会，国务院总理温家宝与其会晤，双方就双边关系和共同关心的国际和地区问题交换了意见。温家宝总理对中马关系给予积极评价，并就进一步发展两国关系提出几点建议：保持两国高层交往，推进战略合作。深化能源合作，密切经济伙伴关系。加强打击跨国犯罪领域的合作和领事问题合作。3月，全国政协主席贾庆林对马来西亚进行正式友好访问，与马上议院议长阿卜杜尔·哈密德·帕万泰举行会谈，并会见马最高元首赛义德·西拉杰丁、总理阿卜杜拉·艾哈迈德·巴达维、下议院议长拉姆利。

两国经贸合作逐步深化。上海液化天然气公司与马国家石油公司签署液化天然气购销合同，两国能源合作迈出重要一步。

两国在军事、文教、新闻等领域的合作加强。4月，中央军委副主席、国务委员兼国防部长曹刚川上将访马。5月，中国人民解放军总参谋长助理章沁生少将访马，双方举行了两国首次防务磋商。

两国文艺团组互访频繁，中国电影节在马各城市举行。中国成功在马举办“汉语桥”世界大学生中文比赛。马国家新闻社在北京设立分社。

马尔代夫

（Maldives）

2006年，中华人民共和国与马尔代夫共和国关系继续向前发展。

各层次互访巩固了双边关系的政治基础。9月11~13日，马尔代夫总统穆蒙·阿卜杜勒·加尧姆时隔22年再次对中国进行国事访问。国家主席胡锦涛主持会谈，全国人大常委会委员长吴邦国、全国政协主席贾庆林分别会见。双方全面回顾了两国各领域友好往来，并提出今后发展双边关系的建议：政治上，两国领导人将保持经常联系，及时就共同关心的重大问题交换意见；经济上，双方将充分发挥互补优势，积极探讨扩大合作的新途径、新方式，推动经贸合作深入发展；双方将进一步加强旅游、文教、青年等各领域的交流与合作；在重大问题上，双方愿继续保持沟通，加强配合，相互支持。双方还签署了《中华人民共和国政府和马尔代夫共和国政府经济技术合作协定》与《中华人民共和国外交部和马尔代夫共和国外交部合作协议》。此外，中国地方政府代表团先后访马，马政府多位官员来华访问或出席活动。

中国政府继续在力所能及的范围内向马尔代夫提供经济援助，中国援建的马尔代夫国家博物馆、民用住宅等项目取得积极进展。4月，商务部部长助理黄海访马，与马方就中国给予马尔代夫部分对华出口商品零关税待遇签署换文。11月，中国进出口银行行长李若谷访马，推动落实两国政府间签署的优惠贷款框架协议。

两国在党际、传媒、旅游和人员交流等领域的合作不断深化。4月中旬，中共中央书记处书记、中央纪律检查委员会副书记何勇对马尔代夫进行友好访问。7月，中国国家广电总局副局长田进访马，推动两国广播电视领域的合作。11月，马尔代夫旅游和民航部长马哈穆德·绍吉博士来华出席第八届中国国际旅游交易会。马尔代夫政府正式任命杨桂生为马尔代夫驻上海名誉领事。

马 里

(Mali)

2006 年，中华人民共和国与马里共和国保持密切交往，友好合作关系继续加强。

11 月 2～6 日，马里总统阿马杜·图马尼·杜尔来华出席中非合作论坛北京峰会。国家主席胡锦涛与其举行双边会晤。胡锦涛主席积极评价两国关系，赞赏马政府坚持一个中国原则。杜尔总统感谢中国长期以来提供的无私帮助，重申马坚定奉行一个中国政策，表示希加强与中方在基础设施建设、经贸和卫生等领域的合作。

1 月 13～15 日，李肇星外长对马里进行正式访问，会见了马总统杜尔、总理奥斯曼·优素菲·马伊加，与马外交和国际合作部长莫克塔尔·瓦内举行会谈。双方签署了《中华人民共和国政府和马里共和国政府经济技术合作协定》。

10 月，马里最高法院检察长齐克纳·德泰巴·卡米索科来华出席国际反贪局联合会第一届年会暨会员代表大会。

11 月 14 日，马里新任驻华大使恩齐·拉伊科·特拉奥雷向胡锦涛主席递交国书。

两国经贸合作稳步发展，合作项目进展顺利。9 月，马里投资和中小企业促进部长奥斯曼·蒂亚姆来华出席厦门第十届中国国际投资贸易洽谈会。11 月，中国给予马里“中国公民组团出境旅游目的地”地位；马里承认中国完全市场经济地位。12 月，中国驻马大使魏文华和马外交和国际合作部长莫克塔尔·瓦内代表各自政府签署了《中华人民共和国政府和马里共和国政府经济技术合作协定》。

马耳他
(Malta)

2006年，中华人民共和国与马耳他共和国的传统友谊继续发展，各领域合作进一步深化。

两国继续保持高层交往。1月，马耳他政府派代表出席在北京举办的禽/人流感防控国际筹资大会。3月，马工党领袖、前总理阿尔弗雷德·桑特率团访华，中共中央政治局常委、中央纪律检查委员会书记吴官正会见。6月，马新任驻华大使雪瑞布向国家主席胡锦涛递交国书。10月，马国民党副领袖、政府副总理兼司法内政部长托尼奥·博奇访华，中共中央政治局常委、中纪委书记吴官正，国务委员兼公安部长周永康以及外交部长李肇星分别会见，中共中央对外联络部部长王家瑞主持会谈。双方盛赞中马两国及两党关系，表示愿共同努力推动中马关系进一步发展。

中马经贸关系持续发展。4月，商务部副部长于广洲访马，与马外长迈克尔·弗南多共同主持中马政府经贸混合委员会第六次会议。双方决定将信息、通讯、高科技、基础设施和旅游文化确立为重点合作领域。

两国在文化、民政等领域交流活跃。马耳他中国文化中心通过举办展览、讲座等各种形式宣传中国文化。马总统爱德华·芬内克·阿达米应邀参观中心，并高度评价中心在增进中马友谊与交流方面所发挥的作用。中马两国负责老龄事务的部门派团互访。截至2006年底，在马各类学校就读的中国留学生人数约300人。

毛里塔尼亚

(Mauritania)

2006 年，中华人民共和国与毛里塔尼亚伊斯兰共和国友好关系继续顺利发展。

两国高层交往不断。5 月，外交部长李肇星在出访拉美、海湾等国途中过境毛里塔尼亚，会见了毛里塔尼亚“争取公正与民主军事委员会”主席、国家元首埃利·乌尔德·穆罕默德·瓦尔，与毛外交与合作部长艾哈迈德·乌尔德·西德·艾哈迈德举行会谈并签署两国经济技术合作协定。同月，毛里塔尼亚外交合作部长艾哈迈德来华参加中阿合作论坛第二届部长级会议。6 月，毛里塔尼亚“争取公正与民主军事委员会”主席、国家元首瓦尔致函国家主席胡锦涛，感谢中国支持在八国集团倡导的减免多边债务框架内取消毛里塔尼亚欠国际金融机构的债务。11 月，毛里塔尼亚“争取公正与民主军事委员会”主席、国家元首瓦尔来华参加中非合作论坛北京峰会。其间，胡锦涛主席与瓦尔举行双边会见，双方就进一步发展两国友好合作关系交换了看法。

2006 年，两国经贸合作继续发展。中国进出口银行行长李若谷、商务部部长助理王超等先后访问毛里塔尼亚。

毛里求斯

(Mauritius)

2006年，中华人民共和国与毛里求斯共和国友好合作关系继续发展。

两国保持高层交往。11月3～7日，毛里求斯总理纳文·拉姆古兰来华出席中非合作论坛北京峰会，国务院总理温家宝与其会谈，全国人大常委会委员长吴邦国会见。两国领导人表示，双方都有深化务实合作、谋求共同发展的强烈愿望，希望加强在经贸、航空、海运、旅游等领域的合作。

7月9～16日，毛里求斯外交、国际贸易和合作部长马丹·穆利达尔·杜卢访华。国家副主席曾庆红会见，外交部长李肇星主持会谈。中方表示，中国政府愿与毛里求斯政府携手推动两国关系在现有基础上进一步发展。杜卢感谢中国长期以来为毛里求斯经济发展所提供的支持，表示毛里求斯政府坚定支持一个中国政策。9月19日，外交部长李肇星在联合国总部会见毛里求斯总理纳文，双方同意进一步加强在联合国等多边领域的合作，维护发展中国家的共同利益。

3月10日，中国新任驻毛里求斯大使高玉琛向毛里求斯总统阿内罗德·贾格纳特递交国书。3月15日，毛里求斯新任驻中国大使钟律芳向国家主席胡锦涛递交国书。

两国经贸合作稳步发展。4月，中国华为技术有限公司在毛里求斯建立撒哈拉以南非洲地区财务中心。8月，中国江苏国际经济技术合作公司在毛里求斯承建的电子城二号楼项目竣工并交付使用。10月，两国签署了第15期《中华人民共和国政府和毛里求斯共和国政府农业技术合作项目协议》。

两国在文化和体育领域保持交流与合作，航空合作取得新成果。毛里求斯艺术和文化部长马·高雷索、青年和体育部长邓学昇等分别访华。3月20日，两国航空部门代表在北京签署了《中国和毛里求斯关于航空运输合作的谅解备忘录》。

地方、政党交往持续发展。山西省副省长宋北杉、上海市政协副主席黄关、吉林省政协副主席孙耀庭、河北省政协副主席刘德忠，中华全国归国华侨联合会副主席林淑娘、中华全国妇女联合会副主席陈秀榕分别访问毛里求斯。毛里求斯工党主席、国民议会副议长让·弗朗索瓦·肖米埃尔访华。

墨西哥

(Mexico)

2006 年，中华人民共和国与墨西哥合众国战略伙伴关系不断深化和充实。

两国高层往来频繁，政治互信增强。9 月 6 日，国家主席胡锦涛致电祝贺费利佩·德赫苏斯·卡尔德龙·伊诺霍萨当选墨新任总统。

2 月 14～17 日，国务委员陈至立访墨并出席在蒙特雷市举行的联合国教科文组织第六届九个发展中人口大国全民教育大会。访问期间，陈至立国务委员分别会见了墨总统福克斯、教育部长雷耶斯·塔梅斯·格拉等，出席了墨西哥城华夏中文学校孔子学院授牌仪式。双方签署了两国政府《关于在墨建立孔子学院的谅解备忘录》。

5 月 17～19 日，外交部长李肇星对墨进行正式访问。其间，李肇星外长会见了墨总统比森特·福克斯·克萨达，并与墨外交部长路易斯·埃内斯托·德尔贝斯·包蒂斯塔共同主持中墨政府间两国常设委员会第二次会议和政治分委会会议。墨外长德尔贝斯、副外长莫尼卡·鲁伊斯·韦尔塔等先后访华。

11 月 28 日至 12 月 2 日，中国政府特使、交通部长李盛霖赴墨出席墨总统权力交接仪式，并会见了墨新任总统卡尔德龙、卸任外长德尔贝斯、新任外长帕特里西亚·埃斯皮诺萨·坎特利亚诺及新任交通部长路易斯·特列斯·库恩兹勒尔。

国家发展和改革委员会、科技部、交通部、农业部、文化部、商务部、国务院扶贫办公室和国家旅游局等部门领导分别率团赴墨参加会议。双方签署了中墨政府间两国常设委员会“二〇〇六至二〇一〇年共同行动计划”，以及能源、信息与通讯、交通运输及相关基础设施、学历学位互认等合作文件。

两国议会、政党及政府其他部门友好交往持续发展。全国政协副主席、中华全国供销合作总社理事会主任白立忱，全国人大法律委员会主任委员杨景宇，中共中央对外联络部部长王家瑞，水利部部长汪恕诚，国家体育总局局长刘鹏，国务院台湾事务办公室主任陈云林等访墨。墨卫生部长胡里奥·弗伦克·莫拉访华。

中墨在多边领域继续开展密切合作。墨政府坚持一个中国原则，在联合国和世界卫生组织涉台问题上支持中方立场。

两国经贸往来日益扩大。墨西哥是中国在拉美的主要贸易伙伴和重要投资对象国之一。中国商务部和墨西哥经济部高层工作组第三次会议于10月底至11月初在北京举行，墨经济部副部长安赫尔·比亚洛沃斯·罗德里格斯率团参会。双方就发展两国经贸关系的新途径、实现双边贸易和相互投资便利化等问题交换了看法。

两国教育、文化、地方等领域交往与合作取得新进展。截至2006年底，中国国家汉语教学办公室已同墨西哥国立自治大学等五所高等院校签订建立孔子学院的协议。墨国家文化艺术委员会主任萨莉·贝穆德斯访华。墨作为主宾国参加“相约北京”和“中国上海国际艺术节”活动，并在华举办《墨西哥古文明展》、《二十世纪墨西哥艺术展》等。上海市市长韩正等访墨。墨伊达尔戈州州长米盖尔·奥索利奥·钟、米却肯州州长拉萨罗·卡德纳斯·巴特尔、联邦区行政长官马塞洛·埃夫拉尔德·卡绍冯等访华。

密克罗尼西亚联邦

(Micronesia, F.S.)

2006 年，中华人民共和国与密克罗尼西亚联邦的关系继续稳定发展。

两国高层交往频繁。2 月，密外长阿内法尔访华。4 月，国务院总理温家宝在斐济出席“中国—太平洋岛国经济发展合作论坛”首届部长级会议开幕式期间会见密总统乌鲁塞马尔。同月，密总统乌鲁塞马尔对中国进行非正式访问并出席博鳌亚洲论坛年会。5 月，全国人大常委会外事委员会副主任委员吉佩定访密。7 月，外交部长李肇星对密进行正式访问，会见密总统乌鲁塞马尔，并与密外长阿内法尔举行会谈。同月，密副总统基利昂访华。密联邦国会外事委员会主席阿利克和国会副议长菲利普分别于 10 月和 11 月访华。

两国在经贸、农业、教育和通讯等领域的合作富有成效。中国援建的密领导人官邸项目于 7 月竣工。中国援密示范农场项目成果显著，中方技术人员克服不利的自然条件，在密成功试种 20 多个蔬菜水果品种，并为密培训农业人才，受到密领导人和人民的积极评价。10 月，中国华为公司与密电讯公司就合作改造密移动通讯网络签署框架协议。中国政府向五名密学生提供来华留学奖学金。

密领导人多次重申坚持一个中国原则。密方在许多国际和地区事务上支持中方立场。

摩尔多瓦

（Moldova）

2006年，中华人民共和国同摩尔多瓦共和国友好合作关系继续稳步发展，两国互信水平进一步提高，各领域合作续有发展。

两国高层交往密切。4月，摩尔多瓦总统弗拉迪米尔·沃罗宁访问云南。5月，全国人大常务委员会委员长吴邦国访问摩尔多瓦，与摩尔多瓦总统沃罗宁、总理瓦西里·塔尔列夫、议长马里安·卢普分别举行会见和会谈，双方就双边关系和共同关心的问题广泛交换了意见，达成重要共识。10月，摩尔多瓦副总理兼外交和融入欧洲部部长安德烈·斯特拉坦访华，国务院总理温家宝、外交部长李肇星分别会见和会谈。

两国在国际事务中相互支持，密切合作。摩尔多瓦在台湾、西藏、人权、“法轮功”等问题上支持中国政府的立场。3月，摩尔多瓦外交部就台湾当局宣称废除“国统纲领”适用及“国统会”运作发表声明，重申一个中国原则立场，支持中国统一大业。

两国经贸、科技、教育、文化，以及地方和民间交流与合作继续扩大。6月，摩尔多瓦葡萄酒企业来华参加云南昆明进出口商品交易会。12月，中摩经贸合作委员会第三次例会在北京召开，摩尔多瓦经济贸易部长伊戈尔·多顿来华参加经贸混委会第三次例会。其间，还举办了“摩尔多瓦葡萄酒推介会”。

摩纳哥

（Monaco）

2006 年，中华人民共和国与摩纳哥公国友好关系的发展进入新阶段。

两国高层交往密切。2 月，外交部长李肇星访问摩纳哥，分别与国家元首阿尔贝二世亲王和国务大臣普鲁斯特举行了亲切友好和富有成果的会谈。6 月，出席蒙塔纳论坛年会的全国政协副主席张梅颖会见摩国务大臣普鲁斯特。7 月和 9 月，全国人大常委会副委员长王兆国、全国人大财政经济委员会主任傅志寰等先后访问摩纳哥并会见外交大臣费索尔，有力地推动了中摩关系的发展。

中摩关系升格。2 月 6 日，中摩关系升格为大使级外交关系。9 月，中国驻摩纳哥大使赵进军（兼任）向阿尔贝二世亲王递交国书。阿尔贝二世亲王出席中国国庆招待会。中摩友好关系迈上了一个新的台阶。

两国在经贸、文化、旅游等领域的交流与合作取得可喜进展。2006 年双边年贸易额有较大幅度增长。中方还派团参加摩纳哥蒙特卡罗国际杂技节、电视节、礼花节以及世界顶级奢侈品展览等活动，增进了双方的了解和友谊。摩纳哥年内正式成为中国公民旅游目的地国。

蒙　古

(Mongolia)

2006年，中华人民共和国和蒙古国睦邻互信伙伴关系稳步发展。

双方保持高层交往势头。6月16日，国家主席胡锦涛在上海合作组织上海峰会期间会见蒙古总统那木巴尔·恩赫巴亚尔。双方表示愿共同努力，坚持睦邻互信伙伴关系的大方向，推动双方在经贸等各领域的友好交流与合作，实现共同发展与繁荣。7月10～13日，胡锦涛主席特使、全国政协副主席徐匡迪赴蒙古出席“大蒙古国”建立800周年纪念活动。蒙古总统恩赫巴亚尔、国家大呼拉尔主席曾德·尼亚木道尔吉分别会见。11月22～27日，蒙古总理米耶贡布·恩赫包勒德对中国进行正式访问。国务院总理温家宝同恩赫包勒德会谈，全国人大常委会委员长吴邦国、全国政协主席贾庆林分别会见。访问期间，双方签署了两国政府经济技术合作协定等八个文件。

两国经贸合作发展迅速，中国继续保持蒙古最大贸易伙伴和投资国地位。

两国科技、文化、教育、司法等其他领域保持良好交流与合作，双方地方省份之间的往来与合作日益活跃。2月22～25日，乌兰巴托市市长朝格特·巴特巴亚尔访问北京。4月5～7日，最高人民法院院长肖扬访蒙。12月22～24日，建设部部长汪光焘访蒙。4月20～27日，蒙古人民革命党总书记桑加·巴雅尔访华。12月14～23日，蒙古民主党主席查黑亚·额勒贝格道尔吉访华。

黑 山

(Montenegro)

2006 年，中华人民共和国与黑山共和国建立大使级外交关系。双方表示愿在相互尊重主权和领土完整、互不侵犯、互不干涉内政、平等互利、和平共处原则基础上，发展两国之间的友好合作关系。

6 月 4 日，黑山外交部长米奥德拉格·弗拉霍维奇致信外交部长李肇星，希望中方尽早承认黑山并与之建交。6 月 14 日，李肇星外长复信弗拉霍维奇外长，表示中国政府决定自即日起承认黑山共和国。7 月 6 日，李肇星外长同弗拉霍维奇外长分别代表各自政府在北京签署《中华人民共和国和黑山共和国建立外交关系公报》。《建交公报》指出，中华人民共和国尊重黑山共和国的独立、主权和领土完整。黑山共和国承认世界上只有一个中国，中华人民共和国政府是代表全中国的唯一合法政府，台湾是中国领土不可分割的一部分，反对任何形式的“台湾独立”，反对台湾加入任何必须由主权国家参加的国际和地区组织。黑山共和国承诺不与台湾建立任何形式的官方关系或进行官方往来。7 日，中国驻黑山大使馆正式开馆。8 月，国务委员唐家璇访问黑山，与黑山总统菲利普·武亚诺维奇、总理米洛·久卡诺维奇、副总理布拉尼米尔·格沃兹戴诺维奇分别会见、会谈。两国领导人表示愿继续加强政治互信，积极开展互利合作，推动中黑关系不断发展。其间，双方签署《中华人民共和国政府和黑山共和国政府经济贸易协定》。10 月，黑山总理久卡诺维奇致函国务院总理温家宝，确认黑山将参加 2010 年上海世博会。

两国在经贸、旅游、新闻等领域合作良好。8 月，中国宣布黑山为中国公民旅游目的地国。11 月，黑山旅游部部长助理佐兰·杜莱蒂奇应邀出席 2006 年中国国际旅游交易会。12 月，黑山新闻代表团访华。

摩洛哥

(Morocco)

2006年，中华人民共和国与摩洛哥王国的传统友谊进一步加强，各领域的友好合作成果显著。

两国高层往来频繁，政治互信不断加深。4月24～26日，国家主席胡锦涛对摩洛哥进行国事访问，与摩洛哥国王穆罕默德六世举行了会谈，并分别会见了首相德里斯·杰图、众议长阿卜杜勒·瓦赫德·拉迪和参议长穆斯塔法·奥卡沙。双方就进一步发展两国关系深入交换意见，达成了许多重要共识。两国有关部门签署了关于加强双方在经贸、医疗、文化、旅游等领域合作的7项协定。

6月，穆罕默德六世国王夫人拉拉·萨尔玛公主访华。11月，摩洛哥首相杰图率团出席中非合作论坛北京峰会，国务院总理温家宝会见。12月，全国政协副主席阿不来提·阿不都热西提访摩。

两国外交部间的磋商密切。10月，外交部部长助理翟隽访摩。4月，摩洛哥外交与合作部大臣级代表塔伊布·法西·费赫里作为穆罕默德六世国王的特使访华。5月，摩洛哥外交与合作大臣本·伊萨来华出席中阿合作论坛第二届部长级会议。10月，摩洛哥领土整治、水资源与环境大臣穆罕默德·亚兹吉作为穆罕默德六世国王的特使访华。11月，摩洛哥外交与合作大臣本·伊萨和工业、贸易与经济改革大臣萨拉赫丁·迈祖阿尔来华出席中非合作论坛第三届部长级会议。

此外，两国政府其他部门及政党交往保持良好的发展势头。水利部副部长周英、国务院发展研究中心副主任李剑阁、中国人民对外友好协会会长陈昊苏等先后访摩。摩洛哥负责水资源事务的国务秘书阿卜杜勒—卡比尔·扎布德、独立党参议院议会党团主席阿卜杜拉·哈格·塔兹、参议院第一副参议长艾哈迈德·卡迪、社会进步党总书记伊斯梅尔·阿拉维、独立党执行委员会成员穆罕默德·安萨里等先后访华。

摩洛哥坚持一个中国政策，在联合国总务委员会上就“台湾参与案”发言，给予中方有力支持。

中国与摩洛哥经贸合作成果显著，双边贸易额继续快速增长，双方在渔业、通讯、旅游、工程承包等领域的互利合作成果丰硕。

两国文化、地方、军事交流与合作开展顺利。文化部副部长郑欣淼，宁夏回族自治区政协主席任启兴，浙江省省委书记、省人大常委会主任习近平，海军副司令赵兴发中将等访摩。7月，福建艺术团参加马拉喀什艺术节。

莫桑比克

(Mozambique)

2006 年，中华人民共和国与莫桑比克共和国友好合作关系顺利发展。

两国高层交往频繁。11 月 3～5 日，莫桑比克总统阿曼多·埃米利奥·格布扎来华出席中非合作论坛北京峰会，国家主席胡锦涛会见。胡锦涛主席表示，中莫关系保持良好发展势头，各领域合作稳步发展。中国政府将继续在力所能及的范围内向莫方提供援助，鼓励有实力的中国企业到莫桑比克投资兴业，重点在基础设施、农业等领域开展互利合作。为发展两国旅游合作，中方决定将莫桑比克列为中国公民出境旅游目的地国。格布扎总统表示，莫方对莫中关系发展感到满意，感谢在莫中国专家、医生和企业家对莫经济社会发展发挥的积极作用，期待同中方扩大在基础设施建设、人力资源培训等莫重点发展领域的合作。8 月 15～19 日，莫桑比克外交与合作部部长阿尔辛达·阿布雷乌对中国进行正式访问。国家副主席曾庆红会见，外交部长李肇星与其举行会谈。曾庆红副主席表示，中莫友谊源远流长。莫桑比克新一届政府重视发展对华关系，两国在各领域的合作不断取得新进展，在国际事务中保持密切磋商与合作。中国政府珍视中莫传统友谊，愿与莫桑比克政府共同努力，推动两国业已存在的友好合作关系迈上新台阶。

莫外交与合作部长阿布雷乌、能源部长萨尔瓦多·南布莱特、工业和贸易部长安东尼奥·费尔南多来华出席中非合作论坛第三届部长级会议。

两国政府其他部门及议会、政党交流频繁。商务部副部长魏建国、全国人大农业与农村委员会副主任委员万宝瑞、中国人口学会会长彭珮云、中国进出口银行行长李若谷、中国—葡语国家经贸合作论坛（澳门）秘书长王成安、中共中央对外联络部副部长陈凤翔等先后访莫或出席会议。莫桑比克公共工程和住房部长费利西奥·扎卡里亚斯、检察长若阿金·路易斯·马德拉、交通和通讯部副部长埃内斯托·奥古斯托、莫桑比克解放阵线党政治局委员哈马·泰和议会国际关系委员会主席莱奥波尔多·埃内斯托等先后访华或来华出席国际会议。

两国教育、文化、卫生合作持续发展。2006 年，文化部副部长赵维绥访莫。莫教育和文化部长艾雷斯·阿里、科学与技术部长维南西奥·马辛格等访华。双方签署了“两国政府文化合作协定 2007～2009 年执行计划”。中国援助莫桑比克第 16 期医疗队抵莫并开展工作。33 名莫桑比克官员来华参加研修班和技术培训。

缅　甸
(Myanmar)

2006年，中华人民共和国与缅甸联邦友好关系继续稳步发展。

两国领导人保持经常性接触。2月，应国务院总理温家宝的邀请，缅甸联邦总理梭温上将来华正式访问，这是梭温就任缅甸总理后首次正式访华。温家宝总理与梭温总理举行会谈，国家主席胡锦涛、全国人大常委会委员长吴邦国分别会见。双方就进一步深化两国在各领域合作广泛交换意见并达成了重要共识，签署了经贸、民航、通讯、交通等领域的8个合作文件。10月，梭温总理应邀出席在广西南宁举行的中国—东盟建立对话关系15周年纪念峰会、第三届中国—东盟博览会暨商务与投资峰会，与温家宝总理举行双边会晤。会后，梭温总理顺访了广西桂林、湖北武汉。

10月22~25日，中央军委委员、总参谋长梁光烈上将应邀对缅甸进行正式友好访问，缅甸联邦国家和平与发展委员会主席、国防军总司令丹瑞大将会见，国家和平与发展委员会副主席、国防军副总司令兼陆军司令貌埃副大将与梁光烈总参谋长举行会谈。

外交部长李肇星和缅甸外交部长吴年温在东盟地区论坛外长会等场合多次会晤，双方就积极落实两国领导人关于双边合作达成的重要共识，推动两国关系和两国外交部的交往与合作达成一致意见。

两国在禁毒领域合作取得积极进展。中国国家禁毒委员会代表团和缅甸内政部代表团互访，双方签署了《中华人民共和国政府和缅甸联邦政府关于禁止非法贩运和滥用麻醉药品和精神药物的合作协议》。为缓解缅甸北部在罂粟禁种过程中出现的粮食紧缺困难，中国政府向缅甸政府提供了1万吨大米紧急粮食援助。

中缅两国政府两次举行林业矿业合作磋商，就妥善解决中缅两国边境地区合作中存在的问题，进一步规范和扩大两国边境经贸合作达成广泛一致。两国边界、边境管理和领事部门分别举行磋商。云南省政府举行中缅边民联欢大会50周年纪念活动。

两国其他领域的友好交流与互利合作不断深化。缅甸国防工业、交通、商务、农业、电力、畜牧水产等部部长和外交部副部长、仰光市长分别访华。中国公安、商务、信息产业、文化等部及云南、广西、山东等省代表团访问缅甸。中国政府向缅甸政府赠送价值100万元人民币的青蒿素类抗疟疾药品。

纳米比亚

(Namibia)

2006年，中华人民共和国与纳米比亚共和国友好合作关系得到进一步巩固和发展，在政治、经贸、司法等领域的合作取得新成果。

两国高层交往不断，政治互信进一步增强。11月3～7日，纳米比亚总统希菲凯普涅·波汉巴来华出席中非合作论坛北京峰会，国家主席胡锦涛会见。胡锦涛主席表示，中纳友好合作关系稳步发展，双边贸易继续增长，越来越多中国企业赴纳米比亚投资兴业。波汉巴总统表示，纳米比亚是中非合作的受益者，纳方希望同中方加强在工业、人力资源、基础设施建设等领域的合作，使两国经贸合作不断迈上新台阶。波汉巴总统会后还访问了深圳。纳米比亚外交部长马尔科·豪西库和贸易与工业部长伊曼纽尔·纳吉泽科随行来华出席中非合作论坛第三届部长级会议。

3月6日，纳米比亚外交部发表声明，谴责台湾当局领导人陈水扁宣布终止"国统会"和"国统纲领"，重申纳米比亚坚持一个中国原则。

5月16～26日，纳米比亚前总统、执政的西南非洲人民组织（简称人组党）主席萨姆·努乔马率人组党代表团访华。中共中央总书记、国家主席胡锦涛，中共中央政治局常委李长春，中共中央对外联络部部长王家瑞分别会见努乔马。除北京外，努乔马还访问了天津、江西、上海和深圳等地。

两国司法合作取得重要成果。纳米比亚司法部长兼总检察长彭杜克妮·伊武拉—伊塔纳访华，双方签署了《中华人民共和国和纳米比亚共和国关于刑事司法协助的条约》。纳国民议会宪法与法律委员会代表团等访华。中共友好代表团、中国红十字会代表团等访纳。

尼泊尔

(Nepal)

中华人民共和国致力于在和平共处五项原则基础上与尼泊尔* 发展世代友好的睦邻伙伴关系。2006年，尼泊尔局势发生重大变化，中国本着不干涉尼泊尔内政的原则，继续奉行对尼泊尔友好政策，两国关系保持良好的发展势头。

政治上，双方继续保持密切的高层互访。5月16日，全国人大常委会委员长吴邦国致电祝贺苏巴斯·内姆旺就任尼泊尔议会议长。4月30日，国务院总理温家宝致电祝贺吉里贾·普拉萨德·柯伊拉腊就任尼泊尔政府首相。8月26日至9月2日，尼泊尔副首相兼外交大臣夏尔玛·奥利来华正式访问，国务院总理温家宝和全国政协主席贾庆林会见。双方全面回顾了中尼关系发展，重申为巩固中尼友好继续作出努力。

3月16～17日，国务委员唐家璇访问尼泊尔，拜会尼泊尔国王贾南德拉·比尔·比克拉姆·沙阿·德瓦，与尼泊尔政府和政党领导人广泛接触，并向各界友好人士发表演讲。双方就中尼关系及共同关心的国际地区问题深入交换意见，进一步巩固了中尼友好关系。5月2日，外交部长李肇星致电祝贺奥利就任尼泊尔政府外交大臣。6月，外交部副部长杨洁篪在日内瓦出席首届联合国人权理事会会议期间会见尼泊尔副首相兼外交大臣奥利。7月，外交部副部长武大伟访问尼泊尔，会见了柯伊拉腊首相、奥利及尼泊尔各主要政党领导人。

在经济领域，中国继续向尼泊尔提供力所能及的帮助。3月，两国签署了《中华人民共和国政府和尼泊尔国王陛下政府** 经济技术合作协定》。7月，武大伟副外长与尼泊尔财政部秘书波杰·拉杰·吉米里分别代表各自政府签署《中华人民共和国政府与尼泊尔政府间经济和技术合作协定》。为发展两国友好关系，帮助尼泊尔政府和人民解决目前的经济困难，中国政府还承诺向尼泊尔提供2亿美元优惠贷款。

两国政党、电信、地方交往不断发展。11月，中国共产党友好代表团访尼。尼泊尔信息通讯国务大臣迪兰德拉·普拉萨德·巴杜来华参加2006年世界电信展。中国西藏自治区与尼泊尔传统友好关系继续得到加

---

* 2006年8月，尼泊尔外交部照会各驻尼使团，表示其国名已由“尼泊尔王国”改为“尼泊尔”。

** 2006年5月18日，尼泊尔议会通过“议会2006年宣言”，宣布从即日起“尼泊尔国王陛下政府”改称“尼泊尔政府”。

强。奥利副首相兼外交大臣访华期间赴西藏访问，会见西藏自治区主席向巴平措。尼泊尔主要政党领导人来华出席首届“中国西藏文化论坛”，并赴西藏考察。中尼边界第三次联检顺利进行。

尼泊尔在西藏、台湾等问题上给予中方坚定支持。尼泊尔政府领导人重申，决不允许任何人利用尼泊尔领土从事反华活动。中方坚定支持尼泊尔人民为实现政治和解、社会稳定和经济发展所做的努力。两国在国际事务中一如既往地保持密切沟通与配合。

荷 兰

(Netherlands)

2006年，中华人民共和国与荷兰王国关系发展取得积极进展，各领域合作富有成果。

两国政治交往继续保持良好态势。8月，荷兰外交部发表“中国政策备忘录（2006~2010年荷中双边合作关系文件）”（以下简称“对华政策文件”）。这是荷政府发表的首份对华政策文件，也是荷今后五年发展对华关系的纲领性文件。在该文件中，荷强调一个中国政策是发展两国关系的基石，认为中国的发展是机遇，而不是威胁，表示荷今后将着重在政治、贸易、可持续发展和社会四大领域开展对华合作。

9月，国务院总理温家宝在出席赫尔辛基中欧领导人第九次会晤期间会见了荷首相鲍肯内德，双方就深化两国在政治、经贸、农业、金融、环保等领域的合作达成广泛共识。12月，两国外交部在北京举行第五次人权磋商。这些会晤、访问进一步增进了两国间的政治互信，深化和拓展了双方在各领域的互利合作，推动中荷双边关系不断迈上新台阶。

中荷贸易继续保持快速发展势头。荷连续第四年成为中国在欧盟的第二大贸易伙伴，双边贸易额首次突破300亿美元。荷外贸大臣范赫尼普访华。

两国在教育、文化、农业、水利、司法、科技等领域的交流合作不断深化，加深了两国人民之间的了解和友谊。6月，两国政府签订的相互承认高等教育学位证书及入学的协议生效。10月，教育部副部长袁贵仁访荷并出席海牙孔子学院揭牌仪式。10月，荷在华设立武官处并派驻首任武官。荷卫生、福利及体育国务秘书洛丝，荷交通、公共工程及水利国务秘书范哈亨先后率团访华。

新西兰

(New Zealand)

2006年，中华人民共和国与新西兰关系保持全面发展的良好势头。两国领导人就发展中新21世纪互利共赢的全面合作关系达成共识，双方各领域交流与合作不断深化。

双方高层接触与互访频繁。1月，国务委员兼国务院秘书长华建敏访新。4月，国务院总理温家宝对新进行正式访问，会见了新总督卡特赖特，与新总理克拉克举行会谈。双方在文化、教育、质检、司法等领域签署了合作协议。8月，国家主席胡锦涛向新任总督萨特亚南德发去就任贺电。7月，外交部长李肇星在吉隆坡出席东盟地区论坛外长会期间会见新外长彼得斯。

其他重要交往有：2月，科技部部长徐冠华访新。4月，新国务部长兼协理贸易谈判部长萨顿出席博鳌亚洲论坛年会。同月，新反对党国家党领袖布拉什访华。6月，外交部部长助理何亚非赴新与新外交贸易部副秘书长威廉姆斯举行首轮中新南太政策磋商。8月，中共中央对外联络部副部长张志军、国家旅游局局长邵琪伟分别访新。10月，新反对党国家党副领袖布朗利访华。11月，全国政协秘书长郑万通访新。同月，新贸易部长兼国防部长戈夫访华。12月，新警察部长兼食品安全部长安妮特·金访华。

中新经贸合作不断扩大和深化。中国是新第四大贸易伙伴、出口市场和第三大进口来源地。10月，《中新贸易与经济合作框架》下的中新部长级委员会第二次会议在新举行。中新自由贸易协定谈判已举行9轮。

两军保持密切交往。8月，新国防军助理司令佩珀雷尔准将访华。9月，中央书记处书记、中央军委副主席徐才厚上将访新。10月，新国防军司令迈特帕里中将访华。

两国在教育、科技、旅游等领域的交流与合作进展顺利。新是中国公民出国留学第五大目的地国，中国是新最大的留学生来源国，截至2005年底，在新学习的中国学生人数约为4万人。9月，首届中新科技合作联委会在京举行。

新西兰政府重视发展对华关系，多次重申坚持一个中国政策，反对“台独”。

尼日尔

(Niger)

2006年，中华人民共和国与尼日尔共和国友好合作关系继续稳步发展，各领域合作不断扩大和深化。

高层交往促进了两国关系的发展。11月，尼日尔总统马马杜·坦贾来华出席中非合作论坛北京峰会，并在中非领导人与工商界代表对话会上发言。国家主席胡锦涛会见，双方就两国关系和共同关心的问题深入交换意见，达成广泛共识。坦贾总统热烈祝贺中国成功举办峰会，高度评价中非合作论坛北京峰会取得的丰硕成果，表示愿与中国一道，积极落实峰会成果，进一步加强两国友好合作关系。7月，尼日尔执政党全国社会发展运动总书记、工商和发展私有部门部长哈比·穆罕默杜·萨利苏代表团访华。中共中央对外联络部部长王家瑞会见，双方就两党两国合作深入交换了意见。

双边经贸合作成果显著，电信合作进展顺利。7月，尼日尔外长艾莎图·明达乌杜率团来京出席两国经贸混委会第三次会议，双方签署了《中华人民共和国政府和尼日尔共和国政府经济技术合作协定》。12月，中国政府经贸代表团访问尼日尔，双方签署了尼日尔承认中国完全市场经济地位问题协议。

尼日利亚

(Nigeria)

2006年，中华人民共和国与尼日利亚联邦共和国友好合作关系稳步发展。

高层交往密切，促进了两国关系的发展。4月26～27日，国家主席胡锦涛对尼日利亚进行国事访问。胡锦涛主席同尼日利亚联邦共和国总统奥卢塞贡·奥巴桑乔举行了会谈，双方就发展中尼战略伙伴关系及共同关心的国际和地区问题深入交换意见，表示愿在总结经验基础上，共同谋划两国关系发展战略规划，推动中尼战略伙伴关系不断深入发展。胡锦涛主席还会见了尼参议长克内楚库·纳马尼和众议长阿米努·马萨里，并在尼日利亚国民议会发表了题为《为发展中非新型战略伙伴关系而共同努力》的重要演讲。双方发表了《中华人民共和国和尼日利亚联邦共和国联合公报》，签署了《中华人民共和国政府和尼日利亚联邦共和国政府经济技术合作协定》等七个合作文件。

11月3～6日，尼日利亚总统奥巴桑乔来华出席中非合作论坛北京峰会。胡锦涛主席会见了奥巴桑乔总统。双方表示将进一步加强双方政治互信和战略合作，扩大经贸等各领域合作。奥巴桑乔总统认为尼中合作前景广阔，期待两国加强重点领域合作，实现互利共赢、共同发展。

3月28日至4月3日，尼日利亚国民议会众议长阿米努·马萨里访华。全国人大常委会委员长吴邦国和副委员长顾秀莲分别会见。

1月16日，外交部长李肇星访问尼日利亚，与尼外长奥卢耶米·阿德尼吉会谈。双方签署了《中华人民共和国与尼日利亚联邦共和国关于建立战略伙伴关系的谅解备忘录》。

中尼经贸合作发展顺利，双方在基础设施建设、电信、高科技、农业、医药卫生等领域的合作不断加深。1月8～12日，尼日利亚财政部长恩戈齐·奥孔乔—伊瓦拉率团访华。中尼正在实施的奥贡州和翁多州燃机电站、埃努古州供水、约贝州公路、农村电话网一期、通信卫星等项目进展顺利。中国公司承建的尼日利亚拉各斯—卡诺铁路项目顺利开工。中国与联合国粮农组织、尼日利亚政府签署的“粮食安全特别计划三方协议”执行工作接近完成。2006年初，尼日利亚发生禽流感疫情后，中国向其提供了物资援助。2006年12月30日，两国实现直航。

挪　威

(Norway)

2006年，中华人民共和国与挪威王国友好合作关系全面深入发展。

两国高层互访频繁，政治互信增强。6月15～19日，中共中央政治局常委李长春访挪，会见挪威首相延斯·斯托尔滕贝格、外交大臣约纳斯·斯特勒等内阁成员及代议长卡尔·哈根，双方就双边关系、两国议会和政党交往以及共同关心的国际和地区问题交换意见，达成广泛共识。9月26～28日，国务院副总理曾培炎访挪，分别同挪威首相斯托尔滕贝格、财政大臣克里斯廷·哈尔沃森、工业和贸易大臣奥德·埃里克森举行会见、会谈，双方签署《关于加强节能和可再生能源领域合作的谅解备忘录》。9月，挪威议会外事委员会代表团访华。

两国外交部继续保持密切沟通与协调。2月5～6日，外交部长李肇星访挪，分别会见挪威首相斯托尔滕贝格及议会外委会主要成员，并与外交大臣斯特勒举行会谈。6月，挪威外交部国务秘书雷蒙·约翰森率团来京，出席中挪第九次人权与司法圆桌会议暨双边政治磋商。9月，挪威外交部外援大臣埃里克·索尔海姆访华。

中挪经贸合作发展迅速。中国继续保持挪威在亚洲最大贸易伙伴地位。商务部长薄熙来等率团访挪。两国签署了《中挪经贸联委会下设联合投资分委会协议》、《中国外派海员协调机构和挪威船东协会关于进一步加强海员劳务合作的备忘录》、《证券期货监管合作谅解备忘录》、《关于中国环境与发展国际合作委员会合作意向书》等多项协议，进一步深化在劳务、金融、环保等领域的合作。中挪工商界交往增多，挪威企业界掀起“中国热”，于3月自发成立“挪中商会”。

两国教育、科技、文化、卫生、军事等领域交流日益频繁，合作成果喜人。挪威环保大臣海伦·比约恩内于、石油能源部国务秘书阿尼塔·乌特塞斯等先后访华。教育合作不断拓展，两国签署《中挪关于教育领域合作的意向书》。智库交流走向深入，中国科学技术促进发展研究中心与挪威应用国际研究所共同承担的“中国西部省份社会与经济发展监测研究”课题取得阶段性成果。文化交流积极活跃，双方共同举行“易卜生年”纪念活动，中国文艺团组在挪威演出易卜生剧目取得成功。卫生合作取得进展，双方续签《2006～2009年卫生合作执行计划》。两军交流活跃，中央军委委员、总参谋长梁光烈上将与挪威国防参谋长阿尔奈·达尔豪格中将互访，总装备部副部长张健启中将访挪。

两国地方合作增强。海南省省长卫留成、浙江省副省长茅临生、辽宁省副省长滕卫平、宁夏自治区副主席刘仲、山东省副省长张昭福、河北省副省长龙庄伟等访挪；挪威泰勒马克郡郡长古恩·赫尔格森等访华。湖北省与泰勒马克郡建立友好省州关系。

阿　曼

(Oman)

2006年，中华人民共和国与阿曼苏丹国友好合作关系平稳发展。

两国各层次互访频繁。2月，外交部副部长吕国增访阿，分别会见阿外交事务主管大臣阿拉维、工商大臣马格布勒，并与阿外交次大臣巴德尔举行两国外交部首轮战略磋商。5月，阿外交次大臣巴德尔出席在北京举行的中阿合作论坛第二届部长级会议。6月，中共中央政治局委员、广东省委书记张德江访阿，分别会见阿内阁事务副首相法赫德、工商大臣马格布勒和国民经济兼管财政大臣马基。

两国在国际事务中相互支持与配合。阿曼在联合国有关委员会、国际电信联盟竞选等事务中支持中国。

两国在旅游、青年和教育领域交往日益增多。4月，阿曼旅游大臣拉吉哈访华，与中国国家旅游局签署《关于中国旅游团队赴阿曼旅游实施方案的谅解备忘录》。6月，阿文化与遗产部次大臣苏尔坦率团来华参加阿拉伯艺术节，阿奥委会青年代表团访华。11月，阿卡布斯大学校长纳赛尔访华。

巴基斯坦

(Pakistan)

中华人民共和国与巴基斯坦伊斯兰共和国是亲密友好邻邦。2006 年是中巴建交 55 周年，中巴战略合作伙伴关系继续深入发展。

两国领导人频繁互访和接触，政治互信进一步加深。2 月，巴基斯坦总统佩尔韦兹·穆沙拉夫来华进行国事访问，国家主席胡锦涛主持会谈，全国人大常委会委员长吴邦国、国务院总理温家宝、全国政协主席贾庆林分别会见。两国元首就新形势下进一步拓展中巴战略合作达成广泛共识，双方签署了经贸、国防、能源、交通、农业、卫生、人口、地震和气象等领域共 13 份合作文件。6 月，胡锦涛主席会见了来华出席上海合作组织峰会的穆沙拉夫总统。9 月，温家宝总理在阿斯塔纳上海合作组织总理会议期间会见了巴总理肖卡特·阿齐兹。11 月 23 ~ 26 日，胡锦涛主席对巴进行国事访问，与穆沙拉夫总统举行会谈，分别会见阿齐兹总理、参议院主席穆罕默德·米安·苏姆罗和国民议会议长乔杜里·阿米尔·侯赛因。这是中国国家主席 10 年来首次访巴。两国领导人重申，将继续高度重视中巴关系，珍视中巴传统友谊，共同努力推动两国全方位合作，不断丰富充实中巴战略合作伙伴关系的内涵。双方发表了联合声明并签署了经贸、文化、金融、能源资源、基础设施、通信等领域共 18 个合作文件。胡锦涛主席还宣布，从 2007 年起五年内邀请 500 名巴基斯坦青年代表来华交流。两国领导人保持频繁接触，有利于深化中巴传统友谊，扩大各领域互利合作。这符合两国和两国人民的根本利益，也有助于维护本地区的和平、稳定与发展。

围绕中巴建交 55 周年，双方举行了一系列庆祝活动。6 月，双方在京举行“中巴关系 55 周年——友谊与伙伴”庆祝活动，全国政协主席贾庆林出席。

两国外交部保持密切交流。外交部长李肇星在出席阿富汗问题伦敦会议、多哈 ACD 外长会、东盟地区论坛外长会、联大会议及胡锦涛主席访巴期间五次会见巴外长米安·胡尔希德·迈赫穆德·卡苏里。6 月，外交部部长助理崔天凯率团赴巴举行第三次中巴反恐磋商。10 月，巴基斯坦外交秘书里亚兹·穆罕默德·汗来华与崔天凯部长助理举行中巴第二轮战略对话。

中巴经贸合作不断深化。双边贸易额继续增长，瓜达尔港、山达克铜金矿等一批重点项目进展顺利。胡锦涛主席访巴期间，两国签署《中巴自由贸易协定》和《中巴经贸合作五年发展规划》。双方同意2011年将双边贸易额提升到150亿美元以上，规划了两国在农业、制造业、基础设施和公共事业、矿业、能源、信息通信技术、服务业、教育和技术合作等领域合作的具体项目。胡锦涛主席访巴期间出席了巴基斯坦海尔—鲁巴经济区揭牌仪式。

中巴两军继续保持友好合作与往来。2月，双方签署《中华人民共和国国防部和巴基斯坦伊斯兰共和国国防部合作框架协议》。5月，巴基斯坦海军参谋长穆罕默德·阿夫扎尔·塔希尔上将访华，中央军委副主席、国务委员兼国防部长曹刚川上将会见。8月，中国人民解放军总参谋长助理章沁生中将赴巴举行第四轮中巴防务磋商。10月，中央军委委员、空军司令员乔清晨上将应邀访巴。12月，中巴两军在巴举行了代号为“友谊—2006”的联合反恐演习。

中巴两国在地区和国际事务中继续保持密切协作。双方积极支持对方参与亚洲跨区域、区域和次区域合作。巴在台湾、西藏、人权、打击“东突”恐怖势力等问题上始终坚定支持中方立场。

巴勒斯坦

(Palestine)

2006 年，中华人民共和国与巴勒斯坦国友好合作关系稳步推进。

两国保持密切的政治交往。1 月 20 ~ 26 日，中国前驻埃及大使安惠侯率中国观察团赴巴观察立法委员会选举，巴勒斯坦民族权力机构主席马哈茂德·阿巴斯会见安大使一行。5 月 31 日至 6 月 1 日，巴民族权力机构外交部长马哈茂德·扎哈尔在北京出席中阿合作论坛第二届部长级会议，外交部长李肇星会见。12 月 7 日，外交部部长助理翟隽访巴，拜会了阿巴斯主席，与巴方签署了中巴经济技术合作协定。中国中东问题特使孙必干于 7 月、8 月两度访巴，与巴领导人就巴以问题、地区局势等深入交换意见，9 月赴瑞典斯德哥尔摩出席援助巴勒斯坦国际会议。

两国经贸合作呈良好发展势头。中方继续在力所能及的方面向巴方提供援助。

两国保持文化、教育交流。6 月初，巴文化部长阿塔拉·阿布·萨巴赫率政府文化代表团出席在北京举办的阿拉伯艺术节，巴民间艺术团参加了艺术节演出活动。中方向巴方提供的政府全额奖学金名额有所增加。

巴布亚新几内亚
(Papua New Guinea)

2006 年是中华人民共和国与巴布亚新几内亚独立国建交 30 周年。两国关系继续稳步发展，各领域合作顺利进行。

两国高层交往和接触频繁。4 月，国务院总理温家宝在斐济出席“中国—太平洋岛国经济发展合作论坛”首届部长级会议开幕式期间会见巴新总理迈克尔·索马雷。8 月，外交部长李肇星对巴新进行正式访问，与巴新国库部长兼外交部长拉比·纳马柳举行会谈。10 月，巴新总督保莱阿斯·马塔内访华并出席两国建交 30 周年庆祝活动。国家主席胡锦涛、全国政协主席贾庆林分别会见。11 月，胡锦涛主席在河内举行的亚太经合组织领导人非正式会议期间与巴新总理索马雷简短交谈。

两国其他领域的重要交往有：9 月，巴新农畜部长萨萨·泽贝和国企、通讯和信息部长阿瑟·索马雷分别访华。9 月底 10 月初，东新不列颠省省长里奥·迪恩访问海南，两省正式建立友好省际关系。10 月，巴新司法部长比雷·基米索帕来京出席国际反贪局联合会第一次年会暨会员代表大会。11 月，巴新文化与旅游部长大卫·巴苏阿赴上海出席第八届中国国际旅游交易会。此外，中国国家质量监督检验检疫总局副局长葛志荣（3 月）、中国进出口银行副行长朱鸿杰（4 月）、中国大洋洲友好协会副会长陈明德（7 月）、湖南省副省长贺同新（12 月）等先后访问巴新。

两国在经贸、旅游、航空等领域的交流与合作取得新进展。4 月，中方批准巴新为中国公民出境旅游目的地国。10 月，巴新航空公司正式开通直飞香港的航线。11 月，中国冶金集团与巴新方合作开发的拉姆镍矿项目举行奠基仪式。

4 月，所罗门群岛发生骚乱时，巴新为中方撤侨工作提供积极协助。

秘　鲁

(Peru)

2006 年是中华人民共和国与秘鲁共和国建交 35 周年，双边关系保持良好发展势头。

双方保持高层交往，政治互信进一步增强。7 月 26～30 日，中国政府特使、文化部长孙家正出席秘鲁总统权力交接仪式，秘新任总统加西亚、卸任总统托莱多和新任外长加西亚分别会见。9 月 17～19 日，外交部副部长杨洁篪访秘，分别会见加西亚总统和加西亚外长，并与副外长古铁雷斯共同主持两国外交部间第七次政治磋商。双方签署了《中华人民共和国政府和秘鲁共和国政府经济技术合作协定》。11 月 17～20 日，全国人大常委会副委员长顾秀莲对秘鲁进行正式友好访问，分别会见秘国会主席卡瓦尼利亚斯、第二副总统门多萨和国会第一副主席贝加等，双方就双边关系和两国议会交流深入交换了意见，就进一步加强两国全面合作伙伴关系达成广泛共识。两国还举行了一系列活动庆祝建交 35 周年。

两国在国际和地区事务中保持密切磋商。9 月和 11 月，外交部长李肇星分别在第 61 届联大和亚太经合组织领导人非正式会议期间会见秘鲁外长加西亚，双方就联合国改革、朝核问题、伊核问题等交换了看法。

两国经贸关系继续加强。秘鲁新政府重申承认中国的完全市场经济地位。中国已成为秘鲁第三大贸易伙伴和第二大出口市场，秘鲁是中国在拉美地区的重要贸易伙伴和主要投资对象国之一。

两国文化交流活跃，取得新的进展。4～9 月，秘鲁“失落的经典——印加人及其祖先”文物展在中国国家博物馆成功举办，秘鲁总统夫人卡尔普出席开幕式。

菲律宾

(Philippines)

2006年，中华人民共和国和菲律宾共和国面向和平与发展的战略性合作关系得到进一步拓展和深化。两国高层保持交往势头，各领域合作全面发展。中菲越三方南海共同开发合作继续推进，顺利完成第一阶段联合海洋地震工作。

两国高层互访和政治交往密切。10月，菲律宾总统阿罗约赴南宁出席中国—东盟建立对话关系15周年纪念峰会，并顺访福建和江西。国务院总理温家宝与阿罗约总统在南宁举行了双边会晤。双方同意不断充实中菲战略性合作关系的内涵，深化在政治、经济、文化、防务等领域的合作，推动中菲越南海共同开发顺利进行。4月，菲律宾参议长弗兰克林·德里隆率菲参议院代表团访华，全国人大常委会委员长吴邦国和全国政协主席贾庆林分别会见。6月，菲律宾众议长何塞·德贝内西亚访华，全国人大常委会委员长吴邦国、中央纪律检查委员会书记吴官正、中共中央宣传部部长刘云山分别会见。同月，菲律宾副总统诺利·德卡斯特罗访华，国务院总理温家宝会见，国家副主席曾庆红主持会谈。9月，中宣部部长刘云山访菲，菲律宾总统格罗丽亚·马卡帕加尔·阿罗约和参议长曼努埃尔·维拉分别会见，刘云山部长与众议长德贝内西亚举行了会谈。

两国经贸、地方、卫生合作发展迅速。6月，商务部长薄熙来访菲并出席中菲经贸合作论坛，双方就基础设施建设、资源开发、农渔业、投资和旅游等重点领域合作达成多项共识。中方就菲律宾遭受泥石流、油轮事故、台风等灾害多次提供援助和救灾合作。3月至6月，农业部长杜青林、广西壮族自治区主席陆兵、内蒙古自治区党委书记储波、福建省委书记卢展工分别访菲。10月、11月，菲卫生部长弗朗西斯科·杜克、农业部长黄严辉等分别访华。

两国军事、司法、议会、警务、媒体等合作取得新进展。10月，中国海军北海舰队副司令员王福山少将率中国人民解放军海军舰艇编队访菲。双方举行首次非传统安全领域联合演习。5月，菲律宾武装部队总参谋长捷尼罗索·森加上将访华。10月，菲国防部副部长拉菲尔·安东尼奥·桑托斯访华，双方举行中菲第二次防务安全磋商。8月，最高人民检查院检察长贾春旺访菲。6月、10月、11月，菲律宾众议院外事委员会主席安东尼奥·丘恩戈、国家警察总监奥斯卡·卡尔德隆、新闻部长兼总统发言人伊格纳西奥·布涅等分别访华。

波　兰
(Poland)

2006 年，中华人民共和国与波兰共和国的友好合作伙伴关系继续平稳发展，各领域交流与合作不断深化。

两国领导人保持接触，政府、议会各部门间往来密切，政治互信增强。1 月，波兰自卫党主席、副众议长安杰依·莱佩尔访华。3 月，波兰外交部长斯泰凡·梅勒访华，国务院总理温家宝、全国人大常委会副委员长顾秀莲和外交部长李肇星分别会见、会谈。4 月，国务院副总理回良玉正式访问波兰，与波总统莱赫·卡钦斯基、总理卡齐米日·马尔钦凯维奇和副总理泽塔·基洛夫斯卡分别会见、会谈。9 月，国务院总理温家宝在出席赫尔辛基第六届亚欧首脑会议期间会晤波兰总理雅罗斯瓦夫·卡钦斯基。外交部长李肇星在纽约出席联合国大会期间会见波兰外交部长安娜·福蒂加。国务委员陈至立正式访问波兰，与波副总理兼教育部长罗曼·盖尔蒂赫会谈，并会见总统卡钦斯基。11 月，波兰副总理兼农业部长安杰依·莱佩尔访华，国务院副总理回良玉、农业部长杜青林分别会见、会谈。此外，国家环境保护总局、科技部、建设部、农业部、中共中央宣传部、中共中央对外联络部、全国政协民族和宗教委员会、中国科学院等部门分别派团访问波兰。波兰最高监察院、经济部、运输部、科学和高等教育部以及波兰众议院体育运动委员会等代表团分别访华。

经贸合作快速发展。商务部副部长于广洲出席在华沙举行的中波经济联合委员会第 12 次例会，商务部部长助理傅自应访问波兰。双边贸易额再创新高，波兰连续两年保持中国在中东欧地区最大贸易伙伴地位。两国企业界互访频繁，相互投资增加。

文化、教育合作成果丰硕，地方交往日趋活跃。两国 20 年来最大规模的官方文化交流活动“中国文化节”在波兰举行，文化部副部长孟晓驷出席开幕式。克拉科夫市孔子学院成立。中国在波兰公派汉语教师增至 6 名。两国 9 对友好省市交往频繁，合作内容不断充实。

葡萄牙

(Portugal)

2006年，中华人民共和国与葡萄牙共和国积极致力于巩固和深化两国全面战略伙伴关系，各领域交流与合作成果显著。

双方高层交往频繁，政治互信不断加深。3月，信息产业部部长王旭东作为国家主席胡锦涛特使出席葡新总统席尔瓦就职仪式。6月，全国人大常委会副委员长王兆国率团访葡，分别会见了葡总统席尔瓦、总理索克拉特斯和议长伽马，并同副议长菲利佩举行会谈。8月，全国人大常委会委员长吴邦国在出访拉美途中过境波尔图，会见了波尔图市长里约。9月，国务院总理温家宝在出席亚欧首脑会议期间会晤索克拉特斯总理。温家宝总理高度评价中葡关系，表示中方愿与葡方共同努力，积极推动中葡友好关系向前发展。4月，针对陈水扁“终止国统”决定，葡政府发表声明，重申坚持一个中国的原则立场。

两国外交部保持密切磋商与协调。9月，葡外交部葡侨事务国务秘书布拉加访华并出席葡驻沪总领馆的开馆仪式。外交部长李肇星、全国人大外事委员会主任委员姜恩柱分别会见布拉加，外交部部长助理孔泉与其举行会谈。11月，李肇星外长与葡外长阿马多通电话，双方就共同关心的问题交换意见。

中葡军事、政党、地方交流与合作日益密切。1月，葡国防部长阿马多率团访华，双方签署《中葡国防部合作协议》。5月，中共中央组织部部务委员张纪南率领中共年轻干部代表团访葡。同月，葡社会党国际书记雷洛率团访华。11月，中央党校常务副校长苏荣出席葡社会党第15次全国代表大会。12月，中共中央对外联络部副部长张志军率团赴波尔图出席欧洲社会党第七次代表大会。6月，澳门特别行政区长官何厚铧访葡，分别会见席尔瓦总统、索克拉特斯总理、伽马议长和多阿马拉尔外长。

两国经贸合作保持良好发展势头。4月，“中国—葡语国家企业经贸合作洽谈会”在里斯本举行。9月，“中国—葡语国家经贸合作论坛”第二届部长级会议在澳门举行，葡公共工程部长里诺率团出席。

双方在文化、教育、旅游等领域的合作进展顺利。中国在葡成功举办《郑和下西洋600周年》图片展等。孔子学院在米尼奥大学开学。10月，葡总检察长蒙特罗来华参加国际反贪局联合会第一次年会暨会员代表大会。中葡双方于5月在葡成功组织召开“第一届亚欧会议旅游论坛”，葡政府代表团出席在中国举办的“亚欧会议旅游合作发展论坛暨展览会”。

卡塔尔
（Qatar）

2006年，中华人民共和国与卡塔尔国友好合作关系进一步巩固和发展。

两国高层往来不断，政治互信增强。1月，卡助理外交大臣穆罕默德·阿卜杜拉·穆提卜·鲁梅黑访华。5月，外交部长李肇星访卡并出席亚洲合作对话第五次外长会议，会见了卡王储塔米姆·本·哈马德·本·哈利法·阿勒萨尼、首相阿卜杜拉·本·哈利法·阿勒萨尼和第一副首相兼外交大臣哈马德·本·贾西姆·本·贾布尔·阿勒萨尼。同月，卡外交事务国务大臣艾哈迈德·阿卜杜拉·马哈茂德率团出席在北京举行的中阿合作论坛第二届部长级会议，外交部长李肇星会见。11月，中共中央政治局委员、北京市委书记刘淇访卡，会见了卡王储塔米姆、协商会议主席穆罕默德·本·穆巴拉克·胡莱菲和外交事务国务大臣马哈茂德，双方就促进双边关系及共同关心的国际和地区问题交换了意见。

中卡体育、文化、航空等领域的交往日益密切。12月，国务委员陈至立率团出席了在多哈举行的第15届亚运会，由928人组成的中国体育代表团参加了37个大项、362个小项的比赛。6月，卡国家文化艺术遗产委员会主席穆罕默德·卡夫德率团参加了在北京举行的“阿拉伯艺术节”，中国在卡举办了“中国文化周”活动。卡塔尔航空公司于3月开通到香港的直航航线。

此外，卡塔尔是2006～2007年度安理会非常任理事国，中卡在安理会事务中进行了良好合作。

大韩民国
(ROK)

2006年，中华人民共和国与大韩民国全面合作伙伴关系继续深化和发展。

双方高层互访和会晤频繁。10月13日，韩国总统卢武铉对中国进行工作访问，国家主席胡锦涛与其举行会谈。双方就两国关系和共同关心的地区、国际问题交换了意见，达成了重要共识。两国元首一致同意，不断深化中韩全面合作伙伴关系，为维护和促进半岛及东北亚和平、稳定与发展而共同努力。全国人大常委会委员长吴邦国、国务院总理温家宝分别会见。

1月9~10日，韩国国会议长金元基访华，国家主席胡锦涛、全国政协主席贾庆林分别会见，吴邦国委员长与其举行会谈。双方签署了《中国全国人大与韩国国会合作协议》。

4月，中央军委副主席、国务委员兼国防部长曹刚川上将对韩国进行正式友好访问。9月，国务院总理温家宝在赫尔辛基出席第六届亚欧首脑会议期间会见韩国总统卢武铉；全国人大常委会副委员长乌云其木格访问韩国，正式启动两国议会定期交流机制。11月，国家主席胡锦涛在河内出席亚太经济合作组织第14次领导人非正式会议期间会见韩国总统卢武铉。

两国外交部门继续保持密切沟通与协调。6月26~27日，韩国外交通商部长官潘基文对中国进行工作访问，国务委员唐家璇会见，外交部长李肇星与其举行会谈。5月23日，外交部副部长武大伟与来访的韩国外交通商部第一次官柳明桓举行了磋商。7月，双方举行了第二次外交安全对话。

双方在朝鲜半岛问题、区域合作、联合国等地区和国际事务中继续保持密切沟通与协调。

两国经贸关系密切。中国是韩国最大贸易伙伴和最大海外投资对象国，韩国是中国第三大贸易对象国和第四大外资来源地。截至2006年底，中国实际使用韩国企业对华直接投资350亿美元。

两国在文化、科技、教育等领域的友好合作深入发展，地方交往活跃。9月21~30日，“感知中国·韩国行”活动在韩国的首尔和釜山成功举行。

双方人员往来进一步扩大，2006年逾500万人次。截至2006年底，双方97对省市缔结了友好关系。

罗马尼亚
(Romania)

2006 年，中华人民共和国与罗马尼亚关系保持良好的发展势头。

两国政治互信进一步增强。5 月 17～20 日，全国人大常委会委员长吴邦国对罗进行了正式友好访问。吴邦国委员长分别会见了罗总统特拉扬·伯塞斯库、参议长尼古拉·沃克罗尤、众议长波格丹·奥尔泰亚努和总理克林·波佩斯库·特里恰努，在罗议会发表了题为《深化传统友好，促进共同发展》的演讲，还与奥尔泰亚努众议长共同出席了中罗经贸研讨会开幕式并致辞。3 月 27～29 日，罗总统伯塞斯库对中国进行国事访问。国家主席胡锦涛、全国人大常委会委员长吴邦国、国务院总理温家宝与伯塞斯库总统会谈和会见。胡锦涛主席在会谈中提出四点建议：保持高层交往，加强政治磋商；扩大经贸合作，推动共同发展；促进人文交流，增进相互了解；加强多边合作，维护共同利益。此外，江西省委书记孟建柱、全国人大外事委员会副主任委员吕聪敏、外交部副部长张业遂等先后访罗。罗国家自由党副主席、参议院副议长特奥多尔·维奥雷尔·梅列什卡努、众议院副议长维克多·蓬塔、民主党主席埃米尔·博克访华。

中罗经贸合作不断发展，贸易额大幅增长。中罗两国政府间经济和贸易合作委员会第 18 次例会在布加勒斯特举行，签署了《中华人民共和国政府和罗马尼亚政府经济合作协定》。中罗科技合作委员会第 38 届例会在北京召开。商务部副部长高虎城、廖晓淇等先后访罗。罗贸易特派部长尤柳·温克勒尔访华。

双方在各领域的交往与合作富有成果。中央军委副主席、国务委员兼国防部长曹刚川上将、海南省长卫留成、河北省政协主席赵金铎、浙江省政协主席李金明、北京军区司令朱启上将、中国人民对外友好协会会长陈昊苏等先后访罗。罗布加勒斯特市长阿德里安·维代亚努访华。

双方还签署了《中华人民共和国海关总署与罗马尼亚财政部税务署海关局关于海关事务的合作与行政互助谅解备忘录》。

俄罗斯

(Russia)

2006年是中华人民共和国与俄罗斯联邦建立战略协作伙伴关系10周年，签署《中俄睦邻友好合作条约》5周年。两国以在中国举办“俄罗斯年”为契机，推动中俄战略协作伙伴关系全面迈上新台阶。

高层交往密切，政治互信加深。国家主席胡锦涛与俄罗斯总统普京五次会晤，就双边关系及共同关心的重大国际和地区问题深入交换意见，达成广泛共识，并对双边关系下一步发展作出总体规划。全国人大常委会委员长吴邦国访俄，出席中国全国人大与俄联邦委员会、国家杜马合作委员会第一次会议，标志着中俄议会合作实现机制化。中俄立法机构圆桌会议在哈尔滨举行，吴邦国委员长和俄联邦委员会主席米罗诺夫出席，双方就双边关系、两国立法机构合作等问题交换意见。俄总理弗拉德科夫访华，国务院总理温家宝在北京与其共同主持中俄总理第11次定期会晤，共同出席“俄罗斯年”闭幕式和“俄罗斯国家展”开幕式。双方就进一步加强两国各领域合作达成新的共识。为准备两国总理定期会晤，国务院副总理吴仪与俄副总理茹科夫在上海举行了中俄总理定期会晤委员会第十次会议，国务委员陈至立与俄副总理茹科夫在北京举行中俄教文卫体合作委员会第七次会议。此外，国务委员兼公安部长周永康、国务委员唐家璇、国务委员兼国务院秘书长华建敏、全国政协副主席刘延东分别访俄。俄第一副总理、中俄“国家年”俄方组委会主席梅德维杰夫、总统办公厅主任索比亚宁先后访华。外交部长李肇星和俄外长拉夫罗夫多次会面、通话并互致函电，就双边关系及国际和地区热点问题交换意见。

在涉及国家独立、主权和领土完整等重大问题上继续相互支持。俄方坚定支持一个中国政策。针对陈水扁1月29日发表春节讲话和2月27日宣布终止“国统会”运作和“国统纲领”适用，俄外交部分别于2月6日和3月1日发表声明，指出台湾当局的言论具有挑衅性，不仅无助于维护该地区的和平与稳定，而且可能给整个亚太地区带来极其严重的后果，再次重申俄在台湾问题上的原则立场。俄方支持中国在西藏问题上的原则立场，拒绝邀请达赖出席在莫斯科举行的世界宗教领袖大会。中方支持俄方在车臣问题上的立场。5月，中方安排俄方在别斯兰事件中受伤的10名儿童到海南省三亚市进行康复治疗。10月，邀请俄联邦车臣共和国总统阿尔汉诺夫访问浙江省，双方签署《中国浙江省与俄罗斯联邦车臣共和国建立友好关系意向书》。

各领域合作成果显著。中俄双边贸易额继续快速增长，全年达到333.87亿美元，同比增长14.7%，再创新高。能源合作取得新进展。双方启动建设俄远东原油管道到中国支线的相关投资论证工作，在俄境内建立了上游开发的合资公司。投资合作稳步推进。11月，中俄投资促进周暨第三届中俄投资促进会议在北京举行，签约金额约8亿美元。科技、军事、人文合作不断扩大和深化。民间和地方的交流与合作更加活跃。中俄友好、和平与发展委员会框架内举办的各项活动多达49项。俄地方州、区积极参加“哈尔滨经贸洽谈会”、“中国广东—俄罗斯经贸合作洽谈会”等活动，并取得积极成果。

“俄罗斯年”活动取得圆满成功。根据两国元首2005年达成的协议，2006年在中国举办“俄罗斯年”。一年来，双方齐心协力，密切配合，共成功举办300多项活动，内容涵盖两国政治、经济、文化、科技、教育、军事、地方等双边合作领域，在两国及国际社会产生广泛影响，增进了两国政治互信，加深了两国人民的相互了解和友谊，巩固了中俄关系的社会基础。

在国际事务中的协作不断加强。共同推动上海合作组织的发展，在联合国改革、朝核、伊朗核等重大国际和地区问题上密切沟通和配合，推动了多极化发展，维护了世界和地区的和平与稳定。

普京总统对中国进行国事访问

应国家主席胡锦涛的邀请，俄罗斯总统普京于3月21~22日对中国进行国事访问。访问期间，胡锦涛主席与普京总统举行了会谈，发表了《中俄联合声明》，共同出席了“俄罗斯年”开幕式和中俄经济工商界高峰论坛开幕式。双方签署了《中华人民共和国政府和俄罗斯联邦政府关于预防和消除紧急情况合作协议》、《中华人民共和国商务部与俄罗斯联邦经济特区管理署关于经济特区合作的备忘录》、《中华人民共和国财政部和俄罗斯联邦财政部关于启动中俄财长对话机制的谅解备忘录》等21个双边文件。全国人大常委会委员长吴邦国、国务院总理温家宝分别会见普京。

两国元首全面回顾了中俄建立平等信任的战略协作伙伴关系10年来的发展历程，高度评价两国各领域合作取得的重要成果，一致同意进一步加强和深化两国战略协作和务实合作，把中俄战略协作伙伴关系推向更高水平。

胡锦涛主席表示，中俄建立战略协作伙伴关系10年来，两国关系全面、深入、快速发展，取得一系列重要成果。双方签署了《中俄睦邻友好合作条约》，确立了“世代友好、永不为敌”的和平思想，为两国关系的发展奠定了坚实的法律基础。双方彻底解决了历史遗留的边界问题，扫除了两国关系发展的障碍。双方还建立起一系列高层定期会晤机制，在各个层面保持密切磋商与协调。双方在国际事务中的战略协作不断深化。围绕联合国改革、朝核、伊朗核、中东等重大国际和地区问题，中俄密切沟通和配合，维护了双方的共同利益，为推动国际秩序朝着更加公正合理的方向发展发挥了积极作用。

胡锦涛主席表示，在新的一年里，中方愿与俄方一道，着力从以下四个方面，推动中俄战略协作伙伴关系不断向前发展。第一，把增进政治互信作为两国关系发展的长期任务，进一步加强双方在涉及对方核心利益问题上的相互支持。中方高度评价俄方在台湾问题上给予的坚定支持，重申尊重俄罗斯人民选择的符合本国国情的发展道路，支持俄罗斯为维护国家稳定安全所做的努力。第二，把深化务实合作作为中心环节，不断提高两国经贸合作的整体水平。双方要努力改善贸易结构，推动大项目合作，增加相互投资，加强环保合作。第三，把协调两国经济发展战略作为双方深化合作的努力方向，优势互补，共同发展。两国地方和企业要从对方的经济和区域发展战略中寻找新的合作机会，拓展新的合作空间，提升合作水平。第四，把扩大人文交流与合作作为中俄世代友好的重要基础，持之以恒，常抓不懈。双方要继续密切配合，精心组织，精心实施，使两国互办“国家年”活动圆满成功，并以此为契机，扩大两国人文领域的交流与合作，为中俄世代友好奠定广泛的社会基础。

普京总统赞同胡锦涛主席对两国关系的评价并指出，规模宏大、前所未有的“俄罗斯年”活动在中国拉开序幕，充分表明俄中战略协作的高水平，将为两国关系的发展奠定坚实基础。

普京总统表示，中国已成为俄罗斯第四大贸易伙伴，俄方对双边经贸关系非常满意。两国经贸合作具有巨大潜力，到2010年实现年贸易额600亿~800亿美元的目标完全可以实现。俄方希望进一步扩大机电产品对华出口，加强双方在交通运输和银行领域的合作，继续在航天、移动通讯领域扩大合作。俄方已有50多个地区与中国地方积极开展往来，俄罗斯政府将继续支持两国开展地方合作。

普京总统重申俄方在台湾问题上坚定不移地支持中国政府立场，中国政府有实现国家统一的权利。

两国元首就朝核、伊朗核、“八国集团”峰会、巴以局势等问题交换了意见，达成广泛共识。

卢旺达
(Rwanda)

2006年是中华人民共和国与卢旺达共和国建交35周年，两国在政治、经济等领域的友好合作关系得到全面发展。

双方高层交往密切。11月，卢旺达总统保罗·卡加梅率团出席中非合作论坛北京峰会。国家主席胡锦涛在会见卡加梅总统时高度评价两国关系，表示中方愿与卢方共同努力，推动中卢友好合作关系更快更好地发展。卡加梅总统对卢中关系顺利发展表示满意，希望同中方拓展双边合作，进一步加强在农业、人力资源开发、贸易、投资等领域合作。8月28~30日，中共中央政治局常委、中央纪律检查委员会书记吴官正率中国共产党代表团访问卢旺达，会见了卡加梅总统，与卢旺达爱国阵线总书记弗朗索瓦·恩加兰贝会谈。双方就进一步发展两党、两国关系深入交换了意见。6月4~10日，卢旺达参议院议长文森特·比鲁塔率参众两院联合代表团访华，全国人大常委会委员长吴邦国、副委员长顾秀莲分别会见。

卢旺达坚定奉行一个中国政策。3月8日，卢旺达政府发表新闻公报，谴责台湾当局终止“国统会”运作和“国统纲领”适用。

两国经贸合作进一步加强。8月，中卢经济、技术、贸易合作混合委员会第五次会议在基加利举行，会议回顾了两国经贸领域合作成果和现状，并确定了今后合作的优先领域。

两国军事、人文等领域交流继续发展。3月26日至4月2日，卢旺达国防部长马塞尔·加钦齐访华，中央军委副主席、国务委员兼国防部长曹刚川上将与之会谈，全国人大常委会副委员长路甬祥会见。7月，卢旺达性别和家庭发展部长瓦莱丽·尼拉哈比纳扎率卢旺达妇女代表团访华。

圣卢西亚

(Saint Lucia)

2006 年，中华人民共和国与圣卢西亚关系继续发展，两国在政治、经济、文化、国际事务等领域的合作有序开展。

双边交往方面。9月，外交部长李肇星访圣，会见了圣卢西亚总督皮尔莱特·路易茜和副总理兼商业部长菲利普·皮埃尔，并与圣总理肯尼·安东尼举行会谈。7月，圣外交部常秘科斯莫斯·理查森来华参加了中国与加勒比建交国外交部间第三次磋商。6月，圣驻华大使（非常驻）朱利安·亨特来华递交国书。

圣政府在联合国、世界卫生组织等机构涉台问题上对中方立场给予了坚定支持。中圣经济技术合作进展顺利。中方援建的圣精神病院项目于4月开工。两国在文化、教育、人力资源培训等领域的交流也续有进展。2月，中国人民解放军军乐团对圣进行友好访演。8月，中国中学生代表团访圣。

12月11日，圣举行全国大选，与台湾关系密切的反对党统一工人党上台执政。2007年4月30日，圣卢西亚与台湾当局签署了所谓的“复交”公报，中国政府于北京时间5月5日宣布中止与圣的外交关系，两国政府间协议均中止执行。

萨摩亚

(Samoa)

2006年，中华人民共和国与萨摩亚独立国的友好关系进一步发展。

双方保持高层接触。4月，国务院总理温家宝在斐济出席“中国—太平洋岛国经济发展合作论坛”首届部长级会议开幕式期间会见萨工商劳工部长汉斯·乔基姆·基尔。7月，外交部长李肇星对萨进行正式访问，与萨总理兼外长图伊拉埃帕·萨伊莱莱·马利埃莱额奥伊举行会谈。此外，国家旅游局副局长张希钦（4月）、外交部部长助理何亚非（6月）、中共中央对外联络部副部长张志军（8月）相继访问萨摩亚；萨卫生部长加托洛艾法阿娜·阿马塔加·阿莱萨娜·吉德洛（10月）、萨副总理米萨·特莱福尼·雷茨拉夫（11月）等来华出席国际会议。

双方在经贸、旅游、体育等领域合作进展顺利。4月，中国开放萨摩亚为中国公民出境旅游目的地国。7月，萨海关税收部长图乌乌·阿纳西·莱奥塔率萨执政党人权保护党代表团访华。中国援建的阿皮亚体育公园设施维修与扩建项目于2006年底完成施工任务。中方派遣的援萨医疗组、体育教练组、援萨游泳馆技术合作组等在萨发挥了积极作用。

萨政府坚持一个中国政策，不与台湾发生任何形式的官方往来，在涉台问题上支持中方正义立场。中萨在联合国、世界卫生组织、太平洋岛国论坛等国际和地区组织中互相支持、合作良好。

圣马力诺

(San Marino)

2006年，中华人民共和国与圣马力诺共和国的关系发展良好。

4月，中国地方友好代表团访问圣马力诺，并出席了执政官詹弗兰科·泰伦齐和洛里斯·弗兰奇尼就职典礼。

9月，中央军委副主席、国务委员兼国防部长曹刚川上将过境圣马力诺，会见了执政官泰伦齐。

中国与圣马力诺两国元首在两国建交35周年之际以及国庆时互致贺电。

沙特阿拉伯

(Saudi Arabia)

2006年，中华人民共和国与沙特阿拉伯王国友好合作关系进入一个新的发展阶段，两国元首成功实现互访，有力推动了双边关系的发展。

中沙高层交往保持良好势头，政治互信进一步加深。1月22～24日，沙特国王阿卜杜拉·本·阿卜杜勒—阿齐兹·阿勒沙特访华，国家主席胡锦涛与其会谈，全国人大常委会委员长吴邦国、国务院总理温家宝分别会见。双方就建立中沙战略性友好合作关系、深化两国在各领域互利合作达成广泛共识。访问期间，双方签署了两国关于石油、天然气和矿产领域开展合作的议定书、第三届中沙经济、贸易、投资和技术合作混合委员会会议纪要以及中沙职业技术合作计划等文件。4月22～24日，胡锦涛主席访沙，与阿卜杜拉国王就推动两国战略性友好合作关系不断向前发展和共同关心的国际和地区问题深入交换意见，会见了沙特王储苏尔坦·本·阿卜杜勒—阿齐兹、协商会议主席萨利赫·阿卜杜拉·哈米德、东部地区埃米尔穆罕默德·本·法赫德·本·阿卜杜勒—阿齐兹·阿勒沙特、王国控股公司董事长瓦利德·本·塔拉勒·本·阿卜杜勒—阿齐兹·阿勒沙特和海湾合作委员会秘书长阿卜杜·拉赫曼·本·哈马德·阿蒂亚等，并在沙协商会议发表了题为《促进中东和平，建设和谐世界》的演讲。访问期间，双方还签署了有关合作协议。

此外，全国人大常委会副委员长司马义·艾买提，中共中央对外联络部部长王家瑞，江苏省委书记、江苏省人大常委会主任李源潮，中共中央政治局委员、广东省委书记张德江，中国中东问题特使孙必干等先后访沙。沙国家安全委员会秘书长班达尔·本·苏尔坦·本·阿卜杜勒—阿齐兹·阿勒沙特亲王于3月和7月两度访华，外交国务大臣尼扎尔·本·欧拜德·迈达尼于5月出席在北京举办的“中阿合作论坛”第二届部长级会议。

在经贸和能源领域，中沙互利合作深入发展，双边贸易额持续增长，沙是中国在西亚非洲地区最大的贸易伙伴和最大的原油进口国之一。

双方在文化、教育、卫生、民航、农业、青年等领域交流增多。3月，卫生部副部长陈啸宏访沙；7月，中国民航总局副局长杨国庆访沙，双方草签了中沙政府间民用航空运输协定，签署了关于航空运输安排的谅解备忘录；8月，文化部副部长、故宫博物院院长郑欣淼访沙。5月，沙文化代表团来华参加“阿拉伯艺术节”，6月，沙国王顾问阿卜杜勒·拉赫曼·赛义德访华。

塞内加尔

(Senegal)

2006年，中华人民共和国和塞内加尔共和国友好关系快速发展，双方合作全面展开。

高层往来密切，促进了两国关系的发展。6月21～26日，塞内加尔总统阿卜杜拉耶·瓦德对中国进行国事访问。国家主席胡锦涛主持会谈，全国人大常委会委员长吴邦国和全国政协主席贾庆林分别会见。中国领导人积极评价复交以来中塞关系的发展，赞赏塞政府坚持一个中国政策。胡锦涛主席就进一步发展两国关系提出四点建议：一、坚持真诚相待，深化政治互信。二、坚持互利共赢，谋求共同发展。三、坚持全面友好，扩大人文交流。四、坚持多边合作，维护共同利益。瓦德总统赞赏胡锦涛主席的上述建议，并重申塞政府将继续坚持一个中国政策。双方签署了《中华人民共和国政府和塞内加尔共和国政府经济技术合作协定》等文件。

11月3～6日，瓦德总统来华出席中非合作论坛北京峰会。4月23日至5月1日，塞内加尔总理麦基·萨勒以塞内加尔民主党副总书记身份访华。国务院总理温家宝和中共中央政治局常委、中央纪律检查委员会书记吴官正分别会见，中共中央对外联络部部长王家瑞与其会谈。双方签署了两党合作协议，两党正式建立友好合作关系。

6月2～5日，全国政协副主席、中国经济社会理事会主席王忠禹访问塞内加尔并出席经济社会理事会和类似组织国际协会举办的国际研讨会，会见了塞总统瓦德，双方签署了两国经济社会理事会合作议定书。

1月12～13日，外交部长李肇星对塞内加尔进行正式访问，会见了塞总理萨勒，与塞外交国务部长谢赫·蒂迪亚内·加迪奥会谈。双方签署了《中华人民共和国政府和塞内加尔共和国政府经济技术合作协定》。塞争取民主和社会主义党总书记、总统府国务部长兰丁·萨瓦内等访华。

1月13日，中国驻塞内加尔使馆正式开馆。1月31日，中国新任驻塞大使卢沙野向瓦德总统递交国书。6月28日，塞内加尔新任驻华大使帕帕·哈利卢·法勒向胡锦涛主席递交国书。

两国在经贸、军事、卫生、农业、文化等领域的合作取得积极进展。7月，塞内加尔经济和财政国务部长阿卜杜拉耶·迪奥普访华。10月，商务部部长助理陈健访问塞内加尔。2月，塞内加尔军队总参谋长帕帕·哈利卢·法勒中将访华。3月，塞5名舞蹈家应邀参加在上海举办的国际舞蹈展演活动。11月，中方在塞首都达喀尔举办疟疾防治技术培训班。

塞尔维亚

(Serbia)

中华人民共和国与塞尔维亚共和国有深厚的传统友谊，各领域合作基础坚实。2006 年 6 月 5 日，塞尔维亚外交部照会中国外交部，宣布自即日起塞尔维亚继承塞尔维亚和黑山的国际法主体地位。6 月 14 日，中国外交部复照塞尔维亚外交部，通知塞方自即日起，中国驻塞黑大使转任中国驻塞尔维亚大使，中国驻塞黑大使馆随之更名。

两国高层接触不断，政治互信加深。6 月，全国政协副主席王忠禹访塞。8 月，国务委员唐家璇对塞尔维亚进行正式访问，塞尔维亚总统博里斯·塔迪奇、总理沃伊斯拉夫·科什图尼察、副总理伊瓦纳·杜利奇—马尔科维奇分别会见、会谈。双方表示愿继续本着相互尊重、平等互利、互不干涉内政等原则，积极推进中塞关系和各领域合作。塞方重申将继续坚定不移地奉行一个中国政策，支持中国的统一大业。11 月，塞尔维亚总统顾问莱奥恩·科延、总理顾问斯洛博丹·萨马尔吉奇访华。

两国经贸、旅游、文教、体育、司法等领域合作持续发展。2006 年，中塞经贸合作发展较好，双边贸易额保持快速增长势头。中国宣布塞尔维亚为中国公民旅游目的地国。塞尔维亚文化部长德拉甘·科亚蒂诺维奇、奥委会主席伊万·丘尔科维奇访华。塞司法部长佐兰·斯托伊科维奇、内务部长德拉甘·约契奇应邀来京参加国际反贪局联合会第一届年会。贝尔格莱德孔子学院正式挂牌。中国青铜器展在塞尔维亚举行。

两国地方交往活跃。吉林省政协副主席修福金、广东省政协副主席许德立、辽宁省副省长闫丰等访塞。贝尔格莱德市长奈纳德·博格达诺维奇访华。

塞舌尔

(Seychelles)

2006年是中华人民共和国与塞舌尔共和国建交30周年，两国举行了一系列庆祝活动，中塞真诚、平等、信任的友好合作关系进一步发展。

两国高层交往密切。11月1~8日，塞舌尔总统詹姆斯·阿里克斯·米歇尔来华进行国事访问并出席中非合作论坛北京峰会。国家主席胡锦涛与其会谈，全国人大常委会委员长吴邦国、国务院总理温家宝分别会见。两国领导人对双边关系发展表示满意，就扩大和深化两国务实合作达成重要共识。胡锦涛主席表示，中塞关系堪称大小国家平等相待、团结互助的典范。米歇尔总统表示，塞舌尔愿同中国建立新型伙伴关系，保持各层次交往，加强各领域合作。双方签署了《中华人民共和国政府和塞舌尔共和国政府经济技术合作协定》。米歇尔一行还访问了湖南省长沙市和海南省海口市。

1月16~19日，全国人大常委会副委员长司马义·艾买提对塞舌尔进行友好访问，分别会见了米歇尔总统和塞舌尔国民议会议长弗朗西斯·麦克格雷戈尔。

6月30日，国家主席胡锦涛与米歇尔总统互致贺电庆祝中塞建交30周年。7月，塞舌尔顺利举行总统选举。国家主席胡锦涛、国家副主席曾庆红分别向胜选连任的塞舌尔总统米歇尔和副总统约瑟夫·贝尔蒙致电祝贺。

1月10日，中国新任驻塞舌尔大使耿文兵向塞舌尔总统米歇尔递交国书。

两国经贸和渔业合作取得新进展。5月11日，中国渔业协会远洋渔业分会代表团访问塞舌尔，同塞方签署了《中国渔业协会远洋渔业分会同塞舌尔渔业公司关于中国渔船在塞舌尔海域捕鱼的协议》。

两国文化、地方交往继续发展。10月27日，中国文化部在塞舌尔举办了“中国民间艺术品展”。湖北省委常委、统战部部长苏晓云，海南省委常委、常务副省长吴昌元等分别率团访塞。

塞拉利昂

(Sierra Leone)

2006 年是中华人民共和国与塞拉利昂共和国建交 35 周年，双边友好合作关系进一步发展。

11 月 2～9 日，塞拉利昂总统艾哈迈德·泰詹·卡巴来华出席中非合作论坛北京峰会。国家主席胡锦涛与其举行双边会晤。胡锦涛主席高度评价中塞传统友谊，赞赏塞政府长期奉行一个中国政策，表示中方愿同塞方一道努力，不断拓展双边友好合作关系。卡巴总统感谢中国长期以来向塞提供的支持和帮助，重申塞政府将继续坚定奉行一个中国政策。

4 月 23～27 日，塞副总统所罗门·埃库马·贝雷瓦对中国进行正式访问。国务院总理温家宝会见，国家副主席曾庆红主持会谈。中国领导人积极评价中塞关系。曾庆红副主席就进一步发展两国关系提出四点建议：一、保持两国高层以及各种形式的密切交往，加强政府各部门、两国议会、双方政党之间的交流与合作，增进相互了解和信任，夯实两国友好的政治基础；二、发挥优势互补，拓展经贸合作，谋求共同发展；三、进一步密切双方在联合国以及国际和地区事务中的磋商与合作；四、推动两国在人力资源开发和能力建设领域的合作。贝雷瓦副总统赞同曾庆红副主席上述建议，希望加强两国在农业、矿业和基础设施建设等领域的合作。双方签署了《中华人民共和国政府和塞拉利昂共和国政府经济技术合作协定》。

此外，塞议会多数党领袖穆罕默德·萨姆巴·福法纳、塞人民党主席哈吉贾赫等先后访华。中共中央对外联络部副部长马文普访塞。

7 月 29 日，外交部长李肇星同塞拉利昂外交和国际合作部长莫莫杜·科罗马互致电函，庆祝中塞建交 35 周年。

两国经贸合作继续发展，合作项目进展顺利。4 月，塞土地和国土规划部长阿尔弗雷德·鲍勃森·塞萨伊访华。9 月，塞财政部长约翰·本杰明非正式访华。12 月 21 日，中国驻塞拉利昂大使程文举和塞财政部长本杰明代表各自政府签署了向塞农村电信网项目提供优惠贷款的政府间框架协议。同月 28 日，程文举大使和塞外长科罗马代表各自政府签署了《中华人民共和国政府和塞拉利昂共和国政府经济技术合作协定》。

新加坡
(Singapore)

2006年，中华人民共和国与新加坡共和国友好互利合作关系保持良好发展势头，各领域合作成果显著。

双方高层交往频繁，政治互信增强。新加坡国务资政吴作栋（4月）、内阁资政李光耀（5月）访华。10月，新总理李显龙来华出席中国—东盟建立对话关系15周年纪念峰会并顺访，与国务院总理温家宝在南宁与其举行双边会晤。两国领导人一致认为中新建交以来，在两国政府和人民的共同努力下，双方关系发展顺利。建立在共同利益和坚实基础上的中新关系正步入一个新的阶段。双方将继续努力把两国互利合作的友好关系推向新的战略高度。

两国经贸合作进展顺利。新加坡已成为中国第七大贸易伙伴和外资来源地。中国是新加坡第四大贸易伙伴。8月，国务院副总理吴仪与新副总理黄根成在北京共同主持中新双边合作联委会第三次会议和苏州工业园区中新联合协调理事会第八次会议，就两国在高科技、西部大开发及振兴东北等老工业基地、中国企业“走出去”等重点领域合作达成诸多共识，深入探讨了如何拓宽与深化未来合作。

双方在军事、文化、教育、卫生、安全等方面的交流与合作取得积极成果。4月，中央军委副主席、国务委员兼国防部长曹刚川上将访问新加坡。7月，李岚清同志赴新接受国立大学名誉博士学位并顺访。双方签署了《中新文化合作协定》，两国教育部续签《教育交流与合作备忘录》。新加坡卫生部长许文远两次访华，环境和水源部部长雅国博士、交通部长林双吉分别访华。

斯洛伐克

(Slovakia)

2006 年，中华人民共和国与斯洛伐克共和国关系稳步发展。

两国保持高层接触。国务院总理温家宝与斯洛伐克总理罗贝尔特·菲佐在芬兰赫尔辛基亚欧首脑会议期间举行会晤。外交部长李肇星与斯外交部长扬·库比什在第 61 届联合国大会期间举行会晤，并两次通电话就朝鲜试射导弹问题交换看法。斯方向党主席罗贝尔特·菲佐、外交部长库比什等先后访华。斯外交部多次派团来华进行对口磋商。

两国贸易额大幅增长。中斯政府间经济和贸易联合委员会第八次例会在北京召开。

双方各领域合作良好。兰州军区政委喻林祥中将、中国科学技术协会名誉主席周光召、农业部副部长张宝文访斯。斯总检察长多布罗斯拉夫·特尔恩卡、斯军总参谋长柳博米尔·布利克中将访华。

两国签署了《中华人民共和国卫生部和斯洛伐克共和国卫生部卫生领域 2006～2009 年度合作执行计划》。

斯洛文尼亚

(Slovenia)

2006年，中华人民共和国与斯洛文尼亚共和国双边友好关系顺利发展，各领域互利合作加强。

两国高层接触频繁，政治交往密切。4月，斯洛文尼亚总统雅奈兹·德尔诺夫舍克应邀出席博鳌亚洲论坛2006年年会。8月，应斯洛文尼亚政府邀请，国务委员唐家璇访斯，分别会见斯总统德尔诺夫舍克、总理雅奈兹·扬沙、外长迪米特里伊·鲁佩尔。双方表示愿继续加强各领域合作，推动两国关系全面、深入发展。双方签署《中华人民共和国政府和斯洛文尼亚共和国政府经济合作协定》。9月，温家宝总理在出席赫尔辛基第六届亚欧首脑会议期间会见斯总理扬沙。11月，斯议会外事委员会主席约热夫·耶罗夫舍克访华。

两国经贸、卫生、海关、政党、新闻等领域合作良好。两国经贸合作继续扩大，双边贸易额稳中有升。卫生部副部长李熙、海关总署副署长刘文杰、新华社副社长马胜荣访斯。斯农业部国务秘书弗兰茨·布特来京出席禽流感防控国际筹资大会。

两国地方和民间交往日趋活跃。浙江省政协主席李金明、上海市政协副主席俞云波、河南省人大常委会副主任夏清成分别访斯。斯退休者民主党总书记帕韦尔·布尔格莱兹访华。

索马里

(Somalia)

2006年，中华人民共和国与索马里联邦共和国关系继续向前发展。

两国高层保持交往。11月2~7日，索马里过渡联邦政府总统阿卜杜拉希·优素福·艾哈迈德来华出席中非合作论坛北京峰会，国家主席胡锦涛会见。胡锦涛主席积极评价两国关系，赞赏索奉行一个中国政策，表示中方将继续支持索和平进程，并愿与国际社会一道，为推动解决索问题作出不懈努力。优素福总统感谢中国政府和人民长期以来向索提供的支持和援助，表示索希望扩大同中国的友好合作，期待中国在政治、经济、社会方面继续支持索，帮助索人民实现和平与重建。

1月，外交部副部长吕国增在苏丹首都喀土穆出席非洲联盟首脑会议期间会见索马里过渡联邦政府总统优素福和外交部长阿卜杜拉希·谢赫·伊斯梅尔，就中索关系、索战后重建等问题交换看法。5月，索马里过渡联邦政府外交部长伊斯梅尔来华出席中阿合作论坛第二届部长级会议，外交部长李肇星会见。

两国在各自关切的问题上相互支持。3月，索马里过渡联邦政府照会中方表示，台湾当局领导人废除“国统会”和“国统纲领”，引发两岸关系紧张，严重威胁台湾海峡及亚太地区的和平与稳定；索马里过渡联邦政府坚定奉行一个中国政策，坚决反对任何形式的“台独”或企图将台湾从中国分裂出去的活动。

中国继续支持索马里和平进程，并作为联合国安理会索马里问题协调员，为推动解决索马里问题发挥着建设性作用。

南　非

(South Africa)

2006年，中华人民共和国与南非共和国高层交往频繁，合作富有成果，双边关系全面深入发展。

6月21~22日，国务院总理温家宝正式访问南非，与南非总统姆贝基举行会谈，并会见了副总统努卡、全国省级事务委员会主席马赫兰古。温家宝总理与姆贝基总统共同签署了《中华人民共和国和南非共和国关于深化战略伙伴关系的合作纲要》等13个合作文件。温家宝总理还出席了首届中南商务合作论坛并发表题为“增进传统友谊、促进共同发展，推动中非友好合作迈上新台阶”的演讲。

7月16日，国家主席胡锦涛在俄罗斯圣彼得堡出席八国集团同发展中国家领导人对话会议期间会见姆贝基总统，表示中国愿在中非合作论坛框架下，加强与非洲的合作。姆贝基总统感谢中国关注非洲，表示愿与中国共同努力，应对挑战。

9月22~30日，南非国民议会议长芭莱卡·姆贝特访华。全国人大常委会委员长吴邦国主持会谈并与其共同签署《中华人民共和国全国人民代表大会与南非共和国国民议会建立定期交流机制的谅解备忘录》。国务院总理温家宝，全国人大常委会副委员长司马义·艾买提，全国人大常委会副委员长、全国妇联主席顾秀莲分别会见了代表团。

11月3~6日，南非总统姆贝基来华出席中非合作论坛北京峰会并对中国进行国事访问。胡锦涛主席与姆贝基总统举行会谈，全国人大常委会委员长吴邦国、国务院总理温家宝分别会见姆。中南领导人就加强两国长期稳定的战略伙伴关系达成广泛共识。

两国议会专门委员会及两国政党之间的交流也十分活跃。全国人大环境与资源保护委员会、预算工作委员会、农业和农村委员会及外事委员会代表团分别访问南非；南非议会秘书长津吉莱·艾尔弗雷德·丁加尼率团访华。南非执政党非洲人国民大会、南非共产党分别派干部团来华学习交流；南非共产党总书记布莱德·恩齐曼迪来华考察；中共中央对外联络部副部长陈凤翔访问南非。中华全国总工会首次应邀出席南非工会大会全国代表大会。

此外，中共中央政治局常委、中央纪律检查委员会书记吴官正，全国人大常委会副委员长何鲁丽分别过境南非。

两国政府部门往来频繁。国家林业局局长贾治邦、海关总署署长牟新生、国务院新闻办公室主任蔡武等访南。南非外交部副部长阿齐兹·帕哈德、公共工程部副部长恩托普利·卡尼亚戈、国家总检察长武松齐·帕特里克·皮科利等访华。

两国经贸关系良性发展，合作不断深化。8 月，中南签署《关于促进两国贸易和经济技术合作的谅解备忘录》，妥善解决两国纺织品服装贸易摩擦问题。中方承诺向南非提供专项援助，用于纺织服装产业相关培训。双方同意自 2007 年至 2008 年对中国输南纺织服装产品实行出口数量管理。两国签署“中南关于海关事务的互助协定”。

两国在文化、教育、军事等领域合作续有进展。“感知中国·南非行”大型文化交流活动在南非成功举行。南非斯泰伦布什大学与北京大学签署联合建设孔子学院的协议，中国在南非留学生超过 4000 名。中南防务委员会第三次会议在南非召开。南国防军司令戈弗雷·恩克尼亚上将访华。

两国地方交往态势良好。吉林省委书记王云坤、四川省省长张中伟、山东省省长韩寓群等访南。

西班牙

(Spain)

2006年，中华人民共和国与西班牙王国以建立“全面战略伙伴关系”为契机，不断充实和深化合作内涵，双边关系健康、平稳、快速发展。

双方高层交往不断，政治互信进一步深化。9月11日，国务院总理温家宝在出席亚欧首脑会议期间会见了西班牙首相萨帕特罗。两国领导人均高度评价中西关系发展，强调双边关系在各自对外关系中的重要地位，表示愿共同努力，进一步推动各领域的交流与合作。

7月12~14日，西班牙王储费利佩对中国进行了正式访问。温家宝总理会见，国家副主席曾庆红同其会谈。

两国外交部间各级别交流频繁，在重大国际和地区事务中进行了良好的合作。3月，西班牙外交大臣莫拉蒂诺斯访华，外交部长李肇星与其会谈，就双边关系和共同关心的国际问题交换了意见。7月，西班牙王储访华期间，两国外长再度会晤。两国外交部政策研究司举行了首次磋商，拉美司同西方进行了对口磋商。中西拉合作工作小组首次会议于北京成功举行。

西班牙政府坚持一个中国原则。3月1日，西外交部就陈水扁终止“国统会”运作和“国统纲领”发表公报，认为这是不利于台海地区稳定与和平发展的单方面行动，重申西一贯并将继续维护一个中国原则。

两国政党、议会间交往密切。全国政协副主席、中国经社理事会主席王忠禹赴马德里出席国际协会管委会会议。中共中央对外联络部部长王家瑞、全国人大教科文卫主任委员朱丽兰、中国侨联主席林兆枢等应邀访西。西班牙众议院第二副议长、西中友好小组主席比拉华纳、人民党国际书记莫拉加斯等应邀访华。

双方经贸合作保持良好势头，合作领域向投资、产业和经济技术合作延伸。中国人民银行行长周小川、中国民用航空总局局长杨元元等访西。西班牙第二副首相兼经济财政大臣索尔韦斯、发展大臣阿尔瓦雷斯等应邀访华。双边贸易增长势头明显，并趋向平衡，中国自西进口大幅增长，增幅在欧盟中名列前茅。

中西在军事、教育、文化、民间等领域的交流与合作富有成果。西文化大臣卡尔沃、空军参谋长德拉维卡上将等应邀访华。塞万提斯学院在亚洲最大的分院——北京分院正式建立，有利于促进国内西语教学和文化交流。中西论坛第三次会议在上海成功举行。杭州市同西班牙奥维耶多市建立友城关系。中国国际航空公司开通北京至马德里直航。

斯里兰卡

(Sri Lanka)

2006 年，中华人民共和国与斯里兰卡民主社会主义共和国传统友好关系继续全面、深入发展。

高层互访促进政治关系全面提升。6 月 25 ~ 30 日，斯里兰卡议长罗库班达拉访华，全国人大常委会委员长吴邦国和副委员长许嘉璐分别会见。双方就两国政治关系、议会交往等问题进行了广泛深入的讨论。4 月 21 ~ 23 日，斯里兰卡总理拉特纳西里·维克拉马纳亚克来华出席博鳌亚洲论坛 2006 年年会，国家副主席曾庆红会见。双方就双边政治、经贸、文化等领域合作及共同关心的其他问题交换意见，并达成广泛共识。3 月 14 ~ 15 日，国务委员唐家璇访斯，分别会见总统马欣达·拉贾帕克萨、反对党统一国民党副领袖卡鲁·贾亚苏里亚等领导人。双方签署《中华人民共和国政府和斯里兰卡民主社会主义共和国政府经济技术合作协定》和中方向斯援助物资举办南亚运动会的换文。

7 月 12 ~ 16 日，斯里兰卡外长曼格拉·萨马拉维拉访华，国务院总理温家宝会见，外交部长李肇星同其会谈，交通部、商务部、国家旅游局等部委负责人分别会见。萨还在中国国际问题研究所就“中国政治经济发展背景下的中斯关系未来走向”发表了专题演讲。访问结束时，双方发表《联合新闻公报》。

政党代表团互访进一步促进了两国党际交流。4 月 12 ~ 15 日，中共中央书记处书记、中央纪律检查委员会副书记何勇率中共代表团访问斯里兰卡。6 月 11 ~ 18 日，斯里兰卡反对党统一国民党副领袖卡鲁·贾亚苏里亚访华。10 月 20 ~ 28 日，斯里兰卡自由党副主席、政府大众传媒和信息部部长阿·普·亚帕访华。此外，中国地方人大、政府代表团相继赴斯考察访问，斯多位内阁和非内阁部长先后访华。

两国经贸合作进展顺利。中国政府继续在力所能及的范围内向斯提供援助。中国援建的斯里兰卡国家表演艺术剧院、渔业码头修复等项目不断取得进展，中斯友谊村和红十字村先后落成并交付斯方使用。由中国政府提供贷款的斯里兰卡普特拉姆燃煤电站、铁路客车和动力车组等项目取得积极进展，两国企业已就该项目正式签署商务和技术合同。4 月下旬，中国商务部部长助理黄海访斯，双方签署中国立交桥、道路信号系统和公路改造项目立项换文。5 月，中国国际贸易促进会副会长张舟访斯。

斯里兰卡政府在台湾、西藏等问题上继续坚定支持中方立场，中方一如既往地支持斯里兰卡政府推进和平进程、实现民族和解的努力。两国在重大国际和地区问题上相互支持。

宗教、新闻、农业、文化等领域的交流与合作进一步深化。中斯佛教代表团成功互访。7月，中国国家广电总局副局长田进访斯，推动两国广播电视领域的合作。10月，中国农业科学院院长翟虎渠访斯，探讨两国农业领域交流与合作。11月，中国国家汉语国际推广领导小组办公室和斯里兰卡凯拉尼亚大学就在斯合作建设孔子学院事签署协议。

苏　丹

(Sudan)

2006 年，中华人民共和国与苏丹共和国友好合作关系继续深入发展。

两国高层保持接触，政治交往频繁。1 月，中国政府特使、外交部副部长吕国增出席在苏丹喀土穆举行的第六届非盟首脑会议，苏丹总统巴希尔、第一副总统基尔会见。吕一行还应邀访问了北达尔富尔州。5 月，苏丹外长拉姆·阿库勒·阿贾维尼来华出席中阿合作论坛第二届部长级会议并访华。5 月和 9 月，苏丹总统助理纳菲阿·阿里·纳菲阿两度访华，全国人大常委会委员长吴邦国、国家副主席曾庆红、中共中央政治局常委李长春和外交部长李肇星等分别会见。11 月，苏丹总统奥马尔·哈桑·艾哈迈德·巴希尔来京出席中非合作论坛北京峰会，国家主席胡锦涛和国务院总理温家宝分别会见，双方就进一步巩固和扩大两国友好互利合作达成共识。

两国经贸合作关系稳步发展。10 月，中国进出口银行行长李若谷访苏，巴希尔总统会见。7 月，苏丹财政和国民经济部长祖贝尔·艾哈迈德·哈桑访华。

双方继续保持在军事、文化、农业等领域的交往。3～4 月，苏丹国防部长阿卜杜·拉希姆·侯赛因访华。6 月，苏丹文化和青年体育部长穆罕默德·尤素福·阿卜杜拉率团来华参加阿拉伯艺术节，并与中国文化部长孙家正签署“2006～2008 年文化合作执行协定”。11 月，苏丹内政部长祖贝尔·巴希尔·塔哈和苏丹农业和林业部长穆罕默德·阿明·卡巴什分别访华。

苏里南

(Suriname)

2006年，中华人民共和国与苏里南共和国关系继续发展。苏政府坚持一个中国政策。两国在政治、经济等领域及国际事务中合作良好。

5月，为庆祝两国建交30周年，两国举办了一系列庆祝活动。国家主席胡锦涛和苏里南总统费内希恩、外交部长李肇星和苏外长克拉赫分别互致贺电。7月，苏里南外交部常务秘书伯克斯塔夫来华出席中国和加勒比建交国外交部间第三次磋商。8月，中国卫生部副部长陈啸宏访苏。

中国政府积极开展与苏里南的经济技术合作，并提供力所能及的援助。6月，中国援建的苏外交部大楼竣工移交。

瑞 典

(Sweden)

2006年，中华人民共和国与瑞典王国关系发展顺利，各领域友好交往与合作取得新进展。

两国保持高层交往。7月17~22日，瑞典国王卡尔十六世·古斯塔夫对中国进行国事访问，国家主席胡锦涛会见。双方积极评价中瑞关系，表示愿进一步加强各领域交流与合作。访问期间，国王夫妇还参加了“哥德堡”号仿古船驶抵广州的欢迎仪式等活动。

两国立法机构间交流与合作加强。1月，全国人大常委会副委员长李铁映访瑞，考察国有资产立法和监管情况。5月，瑞议会宪法委员会代表团访华。10月，全国人大常委会法制工作委员会代表团访瑞。

两国外交部保持密切沟通与协调。4月10日，外交部副部长张业遂会见瑞典外交部移民及避难政策大臣巴布罗·霍尔姆贝里。7月，外交部长李肇星与陪同国王访华的瑞典外交大臣扬·埃里亚松举行会谈，就双边关系及国际和地区问题交换意见。11月，外交部人权事务特别代表沈永祥与瑞典外交部人权大使扬·诺德兰德就人权问题举行磋商。

中瑞经贸合作继续发展。中国继续保持瑞典在亚洲最大贸易伙伴地位。4月，财政部长金人庆访瑞。7月，中瑞经贸联合委员会第16次会议在北京举行，双方就进一步加强经贸合作取得广泛一致，商务部外贸发展局与瑞典私营企业联合会签署《关于加强中瑞两国中小企业合作的谅解备忘录》。9月，商务部长薄熙来访问瑞典，两国签署《中瑞经济、工业和技术合作协定》，为经贸合作注入新活力。

两国在教育、科技、文化等领域的交流活跃。中瑞签订《关于高等教育合作的框架协议》及《2006~2008年度文化合作意向书》。瑞典诺贝尔奖评审委员会代表团首次访华。中国在斯德哥尔摩成功举办“中国文化日”、“湖北文化周”等活动。瑞典“哥德堡”号仿古船复航中国并举办丰富多彩文化活动。8月，瑞典王储维多利亚公主、卡尔·菲利普王子赴上海出席“哥德堡”号仿古船抵沪庆祝活动。11月，瑞典空军监察长扬·安德尔松少将访华。

两国地方交往密切。安徽省省委书记郭金龙、河南省省委书记徐光春、云南省省长徐荣凯等先后访瑞。瑞典斯德哥尔摩省省长马茨·海尔斯特罗姆、乌普萨拉省省长安德士·比约克、西哥特兰省省长约特·本哈德松等先后访华。

瑞士

(Switzerland)

2006年，中华人民共和国与瑞士联邦关系发展顺利，两国在政治、经贸、教育、科技、文化、旅游和人员培训等领域的交流与合作得到加强。

两国高层交往密切。6月，应瑞士联邦政府邀请，中共中央政治局常委李长春访瑞，分别会见瑞联邦主席洛伊恩贝格、联邦副主席兼外长卡尔米—雷伊、联邦委员兼内政部长库什潘。1月，国务院副总理曾培炎赴瑞士达沃斯出席世界经济论坛2006年年会，并会见瑞联邦主席洛伊恩贝格。

两国外长实现互访。2月，外交部长李肇星对瑞士进行正式访问，会见瑞联邦主席洛伊恩贝格，与瑞联邦副主席兼外长卡尔米—雷伊进行会谈。10月，瑞联邦副主席兼外长卡尔米—雷伊正式访华，全国人大常委会委员长吴邦国、中共中央政治局常委李长春分别会见，两国外长举行会谈，卡尔米—雷伊还出席了瑞士驻广州总领馆开馆仪式。另外，瑞外交部国秘阿姆布尔于5月访华，与外交部副部长张业遂举行了政治磋商。

双方在经贸、教育、科技、文化、军事等领域的合作富有成果。1月，中瑞联合举办首届“中国春节民族音乐会”。2月，瑞联邦委员兼国防部长施密德访华，国家主席胡锦涛会见。3月，瑞政府正式做出参加2010年上海世博会的决定。4月，铁道部部长刘志军访瑞。7月，全国人大常委会副委员长、欧美同学会会长韩启德访瑞，同月，瑞士军队司令凯卡斯中将正式访华，中央军委副主席、国务委员兼国防部长曹刚川上将会见。8月，国务院总理温家宝会见瑞士信贷集团首席执行官郭儒博。10月，“今日瑞士设计展”在广州举行，双方签署了《中瑞2006~2008高等教育合作备忘录》；中瑞双边材料科学研讨会在瑞士举行，这是迄今两国举办的规模最大的专家会议。

叙利亚

(Syria)

2006 年，中华人民共和国与阿拉伯叙利亚共和国双边关系稳步发展。两国高层互访不断，在政治、经贸、旅游等各领域的合作顺利，在联合国等国际场合保持协调。

双边政治交往不断。5 月，叙利亚外长瓦立德·穆阿利姆在出席中阿合作论坛第二届部长级会议前对中国进行正式访问，国务院总理温家宝会见，外交部长李肇星与其会谈。双方就双边关系及共同关心的地区和国际问题交换了看法。8 月，国家主席胡锦涛、国务院总理温家宝、外交部长李肇星分别与叙利亚总统巴沙尔·阿萨德、总理穆罕默德·纳吉·奥特里、外长穆阿利姆互致贺电，热烈庆祝两国建交 50 周年。9 月，李肇星外长在纽约出席第 61 届联大期间，会见了叙利亚外长穆阿利姆。

中方访叙的还有：中共中央政治局委员、新疆维吾尔自治区党委书记王乐泉，内蒙古自治区党委书记储波，全国政协副主席阿不来提，中国人民解放军总政治部副主任孙忠同中将，外交部部长助理翟隽，中国中东问题特使孙必干等。叙方访华的有：叙利亚阿拉伯复兴社会党地区领导副书记穆罕默德·赛义德·布希坦等。

两国经贸合作稳步发展，贸易额明显增长。中国公司承建叙利亚通讯、纺织等领域的多个项目进展顺利，其中大马士革校园网、海关集装箱检测设备交付使用，德尔祖尔棉纺厂改造取得成效。中方在华为叙利亚举行两期经济管理官员研修班。7 月，中方向叙利亚提供援助，用于帮助叙方应对禽流感。

两国文化交流日趋活跃。1 月，国家文物局长单霁翔访问叙利亚。6 月，叙利亚文化部长里亚德·伊阿博士率叙政府文化代表团访华并出席阿拉伯艺术节。

塔吉克斯坦

(Tajikistan)

2006年，中华人民共和国与塔吉克斯坦共和国睦邻友好合作关系发展顺利。

两国高层交往频繁。6月14日，塔总统埃莫马利·拉赫莫诺夫来华出席上海合作组织峰会期间，与国家主席胡锦涛举行双边会见。11月7日，胡锦涛主席致电拉赫莫诺夫，祝贺他再次当选塔总统。5月30日，全国人大常委会委员长吴邦国在莫斯科出席上海合作组织首次议长会议期间，与塔议会上院议长马赫马德萨伊德·乌拜杜洛耶夫举行双边会见。9月15～16日，国务院总理温家宝对塔进行正式访问，与塔总统拉赫莫诺夫、总理阿基尔·阿基洛夫分别会见、会谈。双方均表示将进一步扩大两国在经贸、交通、农业、人文等领域务实合作，共同推动中塔关系深入发展。两国总理签署了《中塔政府联合公报》。5月11～18日，塔外长塔尔巴克·纳扎罗夫访华。国家副主席曾庆红、外交部长李肇星分别与纳会见、会谈。

两国经贸合作取得新进展。利用中国政府援、贷款实施的塔乌公路、500千伏南北输变电线、沙尔—沙尔隧道、220千伏输变电线等项目进展顺利。

两国党际、军际和各部门的友好交往进一步扩大。4月，塔国防部长海鲁洛耶夫来华出席上海合作组织国防部长会议，中央军委副主席、国务委员兼国防部长曹刚川上将会见。6月，塔议会下院塔中友好议员小组代表团访华。7月，国家体育总局副局长、中国奥委会副主席于再清访塔。8月，最高人民检察院副检察长胡克惠访塔，并出席在杜尚别举行的上海合作组织成员国总检察长第五次会议。

坦桑尼亚

(Tanzania)

2006 年，中华人民共和国与坦桑尼亚联合共和国关系顺利发展，各领域合作不断取得新进展。

高层交往进一步密切。6 月 22 ~ 23 日，国务院总理温家宝对坦桑尼亚进行正式访问。访问期间，温家宝总理分别与坦桑尼亚总统加卡亚·姆里绍·基奎特、总理爱德华·洛瓦萨会谈、会见。温家宝总理表示，中方重视中坦传统友谊，将继续致力于扩大两国在新形势下的合作。坦方领导人对两国在各领域进行的务实有效合作表示满意，感谢中国长期以来提供的无私援助，重申将继续坚持一个中国政策。双方签署了《中华人民共和国政府和坦桑尼亚联合共和国政府经济技术合作协定》和《中华人民共和国政府和坦桑尼亚联合共和国桑给巴尔革命政府经济技术合作协定》等合作文件。

11 月 3 ~ 6 日，基奎特总统来华出席中非合作论坛北京峰会，国家主席胡锦涛、国务院总理温家宝分别会见。中国领导人表示，中方珍视中坦传统友谊，赞赏坦方为论坛发展所做贡献，愿在论坛框架内推动中坦、中非关系不断发展。基奎特总统对出席峰会表示高兴，高度评价坦中关系及论坛成立六年来取得的成果。

7 月和 8 月，基奎特总统就中国南方部分省份遭受热带风暴“碧利斯”袭击及东部地区遭受台风“桑美”袭击分别向国家主席胡锦涛致电慰问。

1 月 23 日，外交部副部长吕国增在出席非洲联盟喀土穆首脑会议期间会见坦外交与国际合作部长阿莎·罗斯·米吉罗。11 月 3 ~ 6 日，米吉罗部长来华出席中非合作论坛北京峰会暨第三届部长级会议，外交部长李肇星会见。

11 月 14 日，坦桑尼亚新任驻华大使奥马尔·拉马丹·马普里向国家主席胡锦涛递交国书。

两国经贸等领域合作成果显著。双边贸易和相互投资规模持续扩大，中国公司在坦桑尼亚工程承包额创新高。双方合作建设的坦桑尼亚国家体育场进展顺利。双方在移民、航空等新领域的合作已经启动。

两国在其他领域友好交流不断扩大。国家审计署署长李金华、监察部副部长屈万祥、济南军区政委刘冬冬上将等访坦。坦桑尼亚总统府良政国务部长菲利普·马莫、总统府负责公共服务管理的国务部长哈瓦·加西亚等访华。

泰国
(Thailand)

2006年，中华人民共和国与泰王国关系稳步发展。

两国继续保持高层往来。10月，泰国总理素拉育·朱拉暖赴南宁出席中国—东盟建立对话关系15周年纪念峰会，国务院总理温家宝与素拉育总理进行会晤，双方对当前中泰关系发展的良好势头表示满意，并就深化中泰战略性合作关系交换了意见。素拉育总理祝贺中国成功主办纪念峰会，认为此次峰会将进一步加强东盟与中国的友好关系。

2月，全国人大常委会副委员长、红十字会会长彭珮云，10月，中央军委委员、总参谋长梁光烈上将，11月，全国政协副主席白立忱等先后访泰。2月，泰副总理素瓦·利达潘洛、国会上院第一副议长尼蓬，7月，副总理颂奇·乍都西披塔，10月，枢密院大臣西提·沙卫西拉等先后访华。

此外，1月，泰国朱拉蓬公主，4月，诗琳通公主，10月，乌汶叻公主等先后访华。前总理差瓦利·永猜裕分别于1月、11月两次访华。

11月，泰国副外长雄威倪·孔诗礼来华进行外交磋商并主持泰驻西安领事办公室开馆仪式。

两国军事、科技、文化、卫生等领域的合作进一步深化。总参谋长助理章沁生中将赴泰举行中泰国防部第五次防务与安全磋商。7月，泰国空军司令差力特·普巴素上将访华。2月，中泰科技合作联委会第18次会议在曼谷举行。9月，钱其琛同志赴泰出席《外交十记》泰文版首发式。两国联合举办了“中国春节文化周”。9月，泰国卫生部长披尼·乍鲁颂巴访华。

两国经贸合作保持增长趋势。2006年中泰双边贸易额277.3亿美元，同比增长27.1%。截至2006年，泰来华投资实际投入29.7亿美元，中国公司在泰承包工程共完成营业额25.8亿美元。

东帝汶

(Timor - Leste)

2006 年，中华人民共和国与东帝汶民主共和国的关系保持良好发展。两国经贸、军事、卫生等领域合作不断扩大。

2 月，东帝汶国防部长罗克·费利克斯·德·热苏斯·罗德里格斯访华，中央军委副主席、国务委员兼国防部长曹刚川上将会见。9 月，东发展部长阿尔坎若·达·希尔瓦赴澳门出席“中国与葡语国家经贸合作论坛”第二届部长级会议，商务部部长薄熙来会见。

双边贸易额增势迅猛，2006 年，两国贸易额达 1675.8 万美元，同比增长 1215.9%。双方签署经济技术合作协定；中方向东帝汶提供了大米、药品等援助。两国再次签署关于派遣中国医疗队赴东帝汶工作的议定书，中国医疗队继续在当地提供医疗服务。

5 月底，东帝汶骚乱升级，中国派专机从东帝汶撤离 200 多名侨民。

中国积极支持联合国在东帝汶的工作，准备向东帝汶增派民事警察和官员。

多　哥

(Togo)

2006年，中华人民共和国与多哥共和国友好合作关系稳步、健康发展。多哥政府坚持一个中国立场，支持中国统一大业。

两国高层交往密切，有力推动了中多关系的发展。2月，多哥总统福雷·埃索齐姆纳·纳辛贝访华。国家主席胡锦涛与之会谈，全国人大常委会委员长吴邦国和国务院总理温家宝分别会见。两国领导人就双边关系和共同关心的问题深入交换了意见。双方高度评价两国老一辈领导人共同开创的中多友好事业，一致同意继承和弘扬中多传统友谊，不断把新世纪中多友好合作关系提高到新的水平。双方签署了《中华人民共和国政府和多哥共和国政府经济技术合作协定》等合作文件。11月，福雷总统率团来华出席中非合作论坛北京峰会，胡锦涛主席会见。福雷总统高度赞扬峰会取得的成果，希望中方新出台的对非务实合作八项政策措施能切实得到落实，进一步推动中多、中非关系的发展。

经贸等各领域合作进一步发展。双边贸易额增长迅速，多哥已成为中国在西非重要的贸易伙伴。2月，多哥装备、交通和邮政电信部长科库维·多贝访华。双方农业合作启动，中方农业专家组赴多。中国援建的洛美医院项目进展顺利。

汤　加

(Tonga)

2006年，中华人民共和国与汤加王国关系继续稳步发展。

两国高层保持密切交往和接触，各级别交流频繁。1月，汤加王储图普托阿非正式访华。4月，国务院总理温家宝在斐济出席“中国—太平洋岛国经济发展合作论坛”首届部长级会议开幕式期间会见汤首相塞韦莱。6月，汤财政大臣乌托伊卡马努访华。8月，外交部长李肇星对汤进行正式访问，汤国防军司令乌塔阿图访华。9月，国家主席胡锦涛特使、商务部副部长廖晓淇赴汤出席图普四世国王葬礼。黑龙江省省长张左己、国家旅游局副局长张希钦分别于3月和4月访汤。

中汤经贸合作不断扩大，在文教、旅游、卫生和国际事务等领域的交流与合作也取得积极成果。中方向16名汤加学生提供来华留学奖学金。中央电视台第九套节目在汤落地。

特立尼达和多巴哥
(Trinidad and Tobago)

2006年，中华人民共和国与特立尼达和多巴哥共和国“互利发展的友好合作关系”不断巩固和发展，在政治、经贸、文化等领域进行了良好的合作，在国际事务中相互支持与配合。

中特双边交往频繁。2月，中共中央对外联络部副部长马文普访问特多。4月，国家广播电影电视总局副局长田进率广播电视代表团访问特多。5月，中国进出口银行行长李若谷访问特多。10月，国务院侨务办公室副主任赵阳访问特多，出席华人抵特多200周年系列庆祝活动。7月，特多派代表出席在北京举行的中国和加勒比建交国外交部间第三次磋商。9月，特多民运党政治副领袖伦敦率团访华。10月，特多总理曼宁委托能源部长塞斯访华，同中方签署两国互免持外交/公务（官员）护照人员签证协定。11月，特多旅游部长钦·李出席在上海举行的中国国际旅游交易会。

特多坚持一个中国政策，在国际场合明确支持中方在台湾问题上的原则立场。两国在国际场合相互支持与合作。特多支持中国竞选联合国人权理事会理事。

双边经贸关系继续发展。2006年，中特双边贸易额较2005年大幅增长。5月，两国签署中国政府向特多提供优惠贷款建设特多国家表演艺术中心项目的框架协议。

中特人文交流渐趋活跃。2月，中国人民解放军军乐团赴特多访问演出。

突尼斯

(Tunisia)

2006 年，中华人民共和国与突尼斯共和国友好关系平稳发展。

中突政治关系进一步加强。5 月，突外长阿卜杜勒—瓦哈卜·阿卜杜拉访华，国家副主席曾庆红、北京市市长王岐山等分别会见，外交部长李肇星与其举行了会谈，双方主要就进一步发展双边关系和共同关心的国际和地区问题交换了意见，签署了有关领事、通信和医疗三项协议。6 月，突宪盟第一副总书记萨迪克·法亚拉访华，中共中央政治局委员、中央书记处书记刘云山，中共中央对外联络部部长王家瑞等分别会见。11 月，突尼斯发展和国际合作部长穆罕默德·努里·儒伊尼出席了中非合作论坛北京峰会暨第三届部长级会议，曾庆红副主席会见。11 月，中共重庆市委常委、市委秘书长范照兵作为中国共产党代表出席突执政党宪政民主联盟举办的“21 世纪国际关系中的文明因素”第 18 届国际研讨会并顺访突，会见了宪盟总书记哈迪·穆赫尼等人，就进一步加强中突党际交流等问题交换了意见。12 月，全国政协副主席阿不来提访突，会见了突总理穆罕默德·格努希、众议院议长福阿德·迈巴扎、参议院议长阿卜杜拉·卡拉勒，与参议院第一副议长马基·阿拉维举行会谈。

中突经贸合作稳步发展，双边贸易额持续增加。上半年，中国进出口银行行长李若谷和中国人民银行行长周小川先后访突。3 月，突发展与国际合作部长儒伊尼访华，商务部长薄熙来、中国进出口银行行长李若谷等人分别会见。10 月，突通讯技术部长瓦伊利访华，出席中国国际高新技术成果交易会。

中突在军事、旅游、文教、卫生、新闻等领域的交流与合作取得积极进展。3 月，突文化和遗产保护部长穆罕默德·阿齐兹·本·阿舒尔访华，双方签署了“中突两国政府文化合作协定 2006 ~ 2008 年执行计划”。中国人民解放军副总参谋长张黎上将、对外友协会长陈昊苏等 20 多个团组访突。

土耳其

(Turkey)

2006年，中华人民共和国与土耳其共和国在政治、经济、文化、军事等领域的友好合作关系继续稳步发展。

政治互信不断增强。4月20～22日，国务委员兼国务院秘书长华建敏访土，与土副总理兼国务部长麦赫迈特·阿里·沙辛就深化两国人事与行政领域的交流与合作交换了意见。6月8～12日，中共中央政治局委员、广东省省委书记张德江率中共代表团访土，会见了土总理塔伊普·埃尔多安、副总理兼外长阿卜杜拉·居尔，与正义与发展党副主席麦赫迈特·伏拉特举行了会谈。此外，国务院台湾事务办公室副主任王富卿、民政部副部长姜力、公安部部长助理陈智敏等先后访土。土内政部长阿卜杜卡迪尔·阿克苏、劳动与社会保障部长穆拉特·巴什埃斯基奥卢先后访华，土外交部副次长阿赫迈特·于祖姆居来华磋商。这些访问加深了两国政府间的相互了解与友谊，推动了双边友好合作关系的发展。

3月3日，土外交部发言人纳默克·坦就陈水扁终止“国统会”运作和“国统纲领”适用发表谈话表示，土对台湾领导人陈水扁终止“国统会”运作和“国统纲领”适用的决定感到担忧。土认为这一决定无助于亚太地区的和平与稳定，主张通过和平的途径解决分歧。

经贸合作富有成果。2006年7月，中国铁道建筑总公司、中国机械进出口集团总公司与土耳其成吉斯建筑公司、伊茨塔斯建筑公司组成的联合体与土方签署安卡拉至伊斯坦布尔高速铁路项目第二标段合同，金额6.1亿美元；11月，联合体与土方签署项目第一标段合同，合同金额6.59亿美元。此外，商务部副部长高虎城、商务部部长助理陈健等先后访土，土主管外贸事务的国务部长库尔夏特·图兹曼、公共工程与社会安置部长法鲁克·厄扎克等相继访华。

两国政党交流继续推进。5月，正义与发展党青年代表团应邀访华。11月，贵州省省委副书记、省纪委书记曹洪兴作为中国共产党代表出席了正义与发展党第二次全国代表大会。

两军关系继续发展。中央军委委员、空军司令员乔清晨上将、国防大学政治委员赵可铭上将和武警部队参谋长霍毅中将分别访土。土联合军事学院院长阿伊多安·巴巴奥卢上将访华。国防科工委与土国防部签署了《中土国防工业合作备忘录》。

两国友好省市交往进一步加强。4月，安卡拉市长麦利赫·戈克切克访华。7 月，浙江省政协副主席王培民访土。10 月，陕西省副省长罗振江访土。12 月，广东省副省长雷于蓝访土。

中土教育和卫生领域交流密切。土教育部部长侯赛因·切利克来华参加亚洲教育北京论坛 2006 年年会。世界卫生组织总干事候选人陈冯富珍访土。土农业与农村事务部部长麦赫迈特·麦赫迪·艾凯尔来华出席禽/人流感防控国际筹资大会。

土库曼斯坦

(Turkmenistan)

2006年，中华人民共和国与土库曼斯坦友好合作关系发展顺利。

两国高层交往密切。4月2~7日，土总统萨帕尔穆拉特·尼亚佐夫对中国进行国事访问。国家主席胡锦涛、全国人大常委会委员长吴邦国分别与尼举行会谈、会见。双方表示，中土友好符合两国和两国人民的共同利益。双方愿共同努力，扩大在政治、经贸、安全、人文等领域的互利合作，推动中土关系不断向前发展。双方还签署了《中土联合声明》、《关于实施中土天然气管道项目和土向中国出售天然气的总协议》和《中土打击“三股势力”合作协定》等双边文件。10月15~18日，全国人大常委会副委员长许嘉璐访土，分别与土总统尼亚佐夫、国民议会主席奥维兹格尔德·阿塔耶夫举行会谈、会见。

12月21日，胡锦涛主席就尼亚佐夫总统逝世致电土代总统库尔班古力·别尔德穆哈梅多夫表示哀悼。

12月23~24日，胡锦涛主席特别代表、国务委员唐家璇率团赴土出席尼亚佐夫总统葬礼活动，土代总统别尔德穆哈梅多夫会见。

中土经贸合作发展迅速。1月18~20日，国家发展和改革委员会副主任张国宝访土，土总统尼亚佐夫会见。8月，商务部副部长于广洲率团访土，双方签署《中土政府间经济技术合作协定》等文件。8月，山西省副省长宋北杉访土，土副总理兼电力工业部长达乌多夫会见。

乌干达

(Uganda)

2006 年，中华人民共和国与乌干达共和国继续致力于发展相互信任、平等互利的友好合作关系。

两国保持高层互访势头。6 月 23～24 日，应乌干达总统约韦里·卡古塔·穆塞韦尼邀请，国务院总理温家宝对乌干达进行正式访问，与穆塞韦尼总统举行会谈，并会见乌干达总理阿波罗·罗宾·恩西班比。温家宝总理积极评价中乌友好关系，对发展两国关系提出四点建议：（一）密切高层交往，增进政治互信；（二）拓展经贸互利合作，谋求共同发展；（三）加强人文交流；（四）加强国际合作，巩固相互支持。穆塞韦尼总统感谢中国多年来对乌干达的无私援助，重申一个中国立场，希望进一步加强与中国在贸易、投资、基础设施建设和农产品加工等领域的合作。访问期间，双方签署了《中华人民共和国政府和乌干达共和国政府经济技术合作协定》等合作文件。

11 月 2～6 日，穆塞韦尼总统来华出席中非合作论坛北京峰会，国家主席胡锦涛、国务院总理温家宝分别会见。双方同意保持密切联系，推动两国各部门加强友好交流，挖掘双边经贸合作潜力，同时密切在国际事务中的协调和配合，把两国友好合作关系提高到新的水平。双方一致认为，举办中非合作论坛北京峰会是中非关系史上的一次创举，对深化中非传统友谊、促进中非各领域务实合作具有重要意义。

2 月，乌干达顺利举行总统选举。国家主席胡锦涛、全国人大常委会委员长吴邦国、国务院总理温家宝、国家副主席曾庆红分别向胜选连任的乌干达总统穆塞韦尼、国民议会议长爱德华·塞坎迪以及再次就任的乌干达总理恩西班比、副总统吉尔伯特·巴里巴塞卡·布坎尼亚致电祝贺。中国政府特使、外交学会会长杨文昌率团参加穆塞韦尼总统就职典礼。

两国经贸合作密切，军事、司法等领域保持友好交往。2006 年，双边贸易额为 1.5558 亿美元，同比增长 56.6%。中国人民解放军总政治部副主任刘永治上将、监察部副部长屈万祥等率团访乌。乌干达全国抵抗运动组织副秘书长、不管部长多萝茜·海乌哈等访华。

乌克兰

(Ukraine)

2006 年，中华人民共和国同乌克兰关系健康稳定发展，中乌长期稳定、高度信任、相互协作的全面友好合作关系进一步充实。

两国政治交往加强，互信基础进一步巩固。1 月 11 日，国家副主席曾庆红在出席哈萨克斯坦总统努尔苏丹·阿比舍维奇·纳扎尔巴耶夫就职仪式期间同乌克兰总统维克多·安德烈耶维奇·尤先科进行友好交谈。10 月 31 日至 11 月 4 日，全国政协主席贾庆林对乌克兰进行正式友好访问，与乌克兰总统维克多·安德烈耶维奇·尤先科、最高苏维埃主席亚历山大·亚历山德罗维奇·莫罗兹、总理维克多·费奥多罗维奇·亚努科维奇、外交部长鲍里斯·伊万诺维奇·塔拉修克分别举行会谈和会见。12 月，乌克兰总统顾问亚历山大·阿列克谢耶维奇·津琴科访华，国务委员唐家璇、外交部副部长戴秉国等分别与津琴科会见。

两国外交部保持良好的交流与合作。3 月，乌克兰外交部副部长安德烈·伊万诺维奇·维谢洛夫斯基与外交部部长助理李辉在北京举行两国外交部磋商。5 月，中国驻乌克兰敖德萨总领事馆建馆小组开始办公。

乌克兰在台湾、西藏、人权、“法轮功”等问题上支持中国立场。2 月，乌克兰外交部就台湾当局宣称废除“国家统一纲领”适用及终止“国家统一委员会”运作以及谋求以台湾名义加入联合国发表声明表示，乌克兰对台湾当局的举动表示不安，并重申，乌克兰坚持一个中国原则。

中乌科技、经贸等领域合作不断扩大，成果显著。6 月，科技部副部长程津培赴乌克兰召开中乌科技合作委员会第六次例会。9 月，“中国与乌克兰贸易投资展览会”在基辅举行，60 多家中国企业参展。11 月，商务部副部长易小准与乌克兰副总理德米特里·弗拉基米罗维奇·塔巴奇尼克在基辅共同主持召开中乌经贸合作委员会第九次例会，双方签署了《中国与乌克兰政府间经贸合作委员会第九次会议备忘录》等文件。

两国人文、边防、海关等领域交流频繁，地方交往活跃。中国残联主席邓朴方、宋庆龄基金会副主席唐闻生、国家体育总局副局长冯建中、中国海关总署副署长刘文杰等先后访乌。乌克兰国家边防总局局长尼古拉·米哈伊洛维奇·利特文访华。中国浙江省、福建省、山东省等同乌克兰有关地方进行了良好的交流与合作。

阿拉伯联合酋长国

(United Arab Emirates)

2006年，中华人民共和国与阿拉伯联合酋长国友好合作关系继续发展。

两国各层次互访频繁。2月，外交部副部长吕国增访阿，分别会见阿布扎比王储穆罕默德、外长阿卜杜拉、迪拜副酋长哈姆丹。5月，外交部长李肇星访阿，会见阿布扎比王储穆罕默德，并与外长阿卜杜拉举行会谈。6月，阿外交事务国务部长穆罕默德出席在北京举行的中阿合作论坛第二届部长级会议。12月，外交部部长助理翟隽出席在迪拜举办的“阿拉伯战略论坛”会议，并会见阿副总统兼总理、迪拜酋长穆罕默德。

两国在国际事务中相互支持与配合，阿在联合国有关委员会、国际电信联盟竞选等事务中支持中国。

两国经贸往来频繁。4月，国家发展和改革委员会副主任张国宝访阿。10月，阿经济部长鲁卜娜来华出席第100届广交会庆典。

两国在文化、教育、军事等领域友好合作日益增多。6月，阿派团来华参加阿拉伯艺术节。9月，中阿合办的阿布扎比中文学校开学。10月，阿军方派团参加珠海航展。

英 国
(United Kingdom)

自2004年中华人民共和国与大不列颠及北爱尔兰联合王国建立全面战略伙伴关系以来，两国关系呈现良好发展势头。2006年，中英关系深入发展并取得丰硕成果。

高层互访与接触频繁，政治互信不断增强。

7月，国家主席胡锦涛应俄罗斯联邦总统普京邀请赴圣彼得堡出席八国集团与发展中国家领导人对话会期间，会见英国首相托尼·布莱尔。

9月，国务院总理温家宝应布莱尔首相邀请对英进行工作访问，落实两国总理年度会晤机制。温家宝总理与布举行会谈，并分别会见英副首相、对华关系小组组长约翰·普雷斯科特和财政大臣戈登·布朗。两国总理共同出席了《中华人民共和国国家发展和改革委员会和大不列颠及北爱尔兰联合王国贸易投资署就成立中英能源工作组的谅解备忘录》、《中华人民共和国国家发展和改革委员会和大不列颠及北爱尔兰联合王国环境、食品及乡村事务部关于成立中英气候变化工作组的谅解备忘录》、《中国国际航空股份有限公司与英国罗尔斯·罗伊斯公司关于购买遄达1000型飞机发动机装配15架波音787飞机的意向书》、《中国海洋石油总公司与英国天然气公司石油分成合同》、《昆明新机场航站楼设计合作谅解备忘录》等合作协议及商业合同的签字仪式。商务部长薄熙来和英外交部兼贸工部国务大臣伊恩·麦卡特尼共同出席《中国商品（英国）分拨中心项目合作协议》等合同的签字仪式。陪同访问的外交部长李肇星与英外交大臣玛格丽特·贝克特举行对口会谈，就双边关系和共同关心的国际和地区问题交换意见。

10月，全国政协主席贾庆林应英国政府邀请对英进行正式友好访问。贾庆林主席会见了布莱尔首相，集体会见了英议会上院议长海曼女男爵、下院议长迈克尔·马丁和议会中国小组主席本·查普曼，与英宪政事务大臣福尔克纳勋爵举行了会谈。贾庆林主席出席了由中国摄影家协会和英“亚洲之家”联合举办的“镜头中的西藏”摄影展开幕式、伦敦政治经济学院商务孔子学院揭牌仪式，在英中贸易协会欢迎午宴上发表题为《加强互利合作，共建和谐世界》的演讲，并与英议会上院领袖阿莫斯女男爵共同出席了两国六个商业合同及合作协议的签字仪式。此外，贾庆林主席还会见了英48家集团俱乐部主席斯蒂芬·佩里，并赴伯明翰市参观访问。

2月和10月，英副首相、对华关系小组组长普雷斯科特先后两次访华，与国务委员唐家璇就中英双边关系互动小组工作交换意见。

英宪政事务大臣福尔克纳勋爵及迈克尔亲王、约克公爵安德鲁王子等英政府要员和王室成员亦分别访华。

两国领导人还互致信函，就经贸、卫生、奥运会、世博会、气候变化、专业机构等领域合作交换意见。

两国外交部就双边关系和重大国际和地区问题保持密切沟通与协调。

5月，外交部长李肇星致信英国外交大臣贝克特，祝贺其就任该职。6月，李肇星外长致信英前外交大臣杰克·斯特劳，祝贺其就任英议会下院领袖。两国外长年内五次通电话，在伦敦阿富汗问题国际会议、纽约伊朗核问题六国外长会议及第61届联合国大会期间举行会晤，并通过信函等方式，就双边关系、朝导、朝核试、伊朗核、苏丹达尔富尔、联合国改革等问题保持密切沟通。

4月和7月，英外交部兼贸工部国务大臣伊恩·皮尔逊、伊恩·麦卡特尼分别访华，与外交部副部长张业遂举行磋商。11月，英外交部常务次官彼得·里基茨爵士访华，代表英政府出席2010年上海世博会第一次参展方会议，并与外交部部长助理孔泉举行磋商。

两国外交部就联合国改革、朝导、朝核、伊朗核、苏丹达尔富尔、中东、缅甸、阿富汗等热点问题及防扩散、气候变化、可持续发展、非洲减贫、促进自由贸易等全球性问题保持经常性磋商与对话。

双方重点领域合作富有成果。

两国在贸易投资、财政金融、科技、教育文化、能源、环保和可持续发展、卫生、奥运会等领域的合作富有成果。

中英双边贸易额稳步增长。英继续保持欧盟最大对华投资国和第三大贸易伙伴地位。11月，英贸工大臣阿里斯蒂尔·达林应商务部邀请访华。国务委员唐家璇予以会见，商务部长薄熙来与达林共同主持召开中英经贸联委会第六次会议。双方就知识产权、贸易救济措施、欧盟承认中国完全市场经济地位及多哈发展议程等议题交换看法，发表了《中英经贸联委会第六次会议联合公报》。5月，英贸工部常务次官布赖恩·本德访华。

5月，财政部副部长楼继伟率团访英，出席中英第五次财金对话会议，并会见了英财政大臣戈登·布朗。11月，英财政部首席经济学家尼古拉斯·斯特恩爵士访华。

2006年初，大伦敦市政府举办“中国季”活动，历时逾三个月。3月，英在华举办大英博物馆文物精品展。4月，教育部副部长赵沁平访英，出席伦敦政治经济学院商务孔子学院成立签字仪式。5月，“盛世华章”故宫文物展（1662～1795）在英圆满结束，共吸引观众约32万人次。9月，英文化、媒体和体育事务大臣苔莎·乔威尔访华，出席英方举办的

“文化连线”活动启动仪式。双方年内还启动了“中国大学生赴英实习计划”、“中英卓越奖学金计划”及“西南基础教育项目”。

4月，英贸工部负责科学与创新事务的政务次官塞恩斯伯理勋爵率团访华，参加中英科技联委会第四次会议。两国签署《中华人民共和国国家航天局与英国国家航天中心民用空间活动合作谅解备忘录》《中华人民共和国科学技术部与大不列颠及北爱尔兰联合王国环境、食品及乡村事务部、贸工部关于研发二氧化碳捕获和埋存技术以实现煤炭近零排放的第一阶段合作谅解备忘录》。10月和12月，中英可持续发展高级别对话机制首次部长级会议、气候变化工作组首次会议分别在北京举行。

8月，英政府正式确认参加2010年上海世博会。

两国议会、政党、地方交往活跃。

全国人大中英友好小组与英国议会中国小组启动年度互访机制。1月，英方小组主席查普曼率英国议会代表团访华。6月，全国人大外事委员会副主任委员、中英友好小组主席吉佩定率中国人大代表团访英。

7月，全国人大常委会委员长吴邦国、全国政协主席贾庆林分别向英议会上院议长海曼女男爵发去贺电，祝贺其当选。

3月，中共中央对外联络部副部长张志军访英。4月和9月，英共产党总书记格里菲斯、保守党影子内阁外交大臣威廉·黑格分别访华。

英国教领袖坎特伯雷大主教威廉姆斯及苏格兰首席部长杰克·麦康奈尔、威尔士首席部长罗德里·摩根、大伦敦市长肯·利文斯通、伦敦金融城市长白乐威等分别访华。截至2006年底，两国缔结友城（省、郡、区）总数已达38对。

两国军事交流与合作不断。

10月，英国海上部队司令尼尔·莫里塞蒂少将率皇家海军“威斯敏斯特”号护卫舰访问上海。

美　国

(United States of America)

2006 年，中华人民共和国与美利坚合众国的关系总体保持稳定并取得重要进展。

两国高层沟通与交往密切、顺畅。

4 月 18～21 日，国家主席胡锦涛应美国总统布什邀请对美国进行国事访问。两国元首就中美关系、台湾问题等重大问题深入交换意见，并就全面推进 21 世纪中美建设性合作关系达成新的重要共识，确定了中美既是利益攸关方又是建设性合作者的两国关系新定位。

中美两国元首还于 7 月在俄罗斯圣彼得堡出席八国集团同发展中国家领导人对话会议、11 月在越南河内出席亚太经合组织领导人非正式会议期间举行会晤，并多次通电话和互致信函，就中美关系、中美建立战略经济对话机制和共同关心的重大国际和地区问题保持沟通。

12 月 14～15 日，国务院副总理吴仪与美国财政部长鲍尔森分别作为胡锦涛主席和布什总统特别代表在北京共同主持首次中美战略经济对话。国家主席胡锦涛、国务院总理温家宝分别会见美方代表团主要成员。此前，鲍尔森作为美国总统特别代表于 9 月 19～22 日访华，与吴仪副总理共同宣布启动中美战略经济对话机制。

10 月 11～12 日，国务委员唐家璇作为胡锦涛主席特别代表访美，分别会见美国总统布什、国务卿赖斯和总统国家安全事务助理哈德利，就朝鲜核试验问题与美方交换意见。

9 月 18 日，外交部长李肇星与美国国务卿赖斯在纽约出席第 61 届联合国大会期间举行会晤。此外，两国外长还分别在 1 月伦敦阿富汗问题国际会议、7 月吉隆坡东盟地区论坛外长对话会和 11 月河内亚太经合组织部长级会议期间举行会晤，并 16 次通电话、多次通信，就中美关系和共同关心的国际和地区问题保持密切联系与沟通。

10 月 20～21 日，美国国务卿赖斯访华。国家主席胡锦涛、国务院总理温家宝、国务委员唐家璇分别会见，外交部长李肇星与赖斯举行会谈。

11 月 8 日，外交部副部长杨洁篪与美国负责政治事务的副国务卿伯恩斯在北京举行第三次中美战略对话。

中美两国议会交往继续保持良好势头。

1 月，全国人大常委会副委员长盛华仁访美，与美国国会参议院临时议长、参议院美中交流小组主席特德·史蒂文斯举行议会交流机制双方主席会晤，着重就进一步巩固交流机制以及2006年度具体安排进行讨论，并就中美关系和其他共同关心的问题交换意见。3月，中国全国人大代表团访美，参加中美（众议院）议会定期交流机制第八轮正式会晤。8月，美国国会参议院临时议长史蒂文斯率美国国会参议院代表团访华，并参加中美（参议院）议会定期交流机制第三轮正式会晤。国家主席胡锦涛会见史蒂文斯，全国人大常委会委员长吴邦国与史蒂文斯举行会谈。

中美在经贸、反恐、军事、执法等领域的交流与合作取得新进展。

双边贸易继续快速增长。美国现为中国第二大贸易伙伴，第一大出口市场和第六大进口来源地。根据中方统计，2006年中美贸易额2626.8亿美元，同比增长24.1%。其中，中国对美出口2034.7亿美元，同比增长24.9%；自美进口592.1亿美元，同比增长21.5%。2006年美对华投资项目3205个，同比下降14.33%，合同金额120.44亿美元，同比减少10.86%，实际投入28.65亿美元，同比减少6.41%。截至2006年底，美对华投资项目累计52211个，合同金额1241.64亿美元，实际投入539.55亿美元；中国在美企业1155家，直接投资达9.57亿美元。

4月3~14日，国务院副总理吴仪与美国商务部长古铁雷斯、贸易代表波特曼和农业部长约翰斯在华盛顿共同主持第17届中美商业贸易联合委员会（简称“商贸联委会”）会议，会议取得积极成果。吴仪副总理还会见了美国总统布什。第17届中美商贸联委会会议的成功举行，有效缓解了中美经贸摩擦，推动了两国经贸关系的发展。会议举行前后，访美的中方企业代表团与美方签署了价值162.1亿美元的采购合同，涉及大豆、棉花、禽肉等农产品以及飞机、软件、汽车等。此外，美商务部长古铁雷斯、贸易代表施瓦布多次访华。

中美加强了反恐磋商与合作。4月，两国代表在华盛顿签署了关于空警合作的谅解备忘录。中国支持美国和俄罗斯7月联合提出的“打击核恐怖主义全球倡议”的宗旨和目标，并于10月作为创始伙伴国派团出席倡议第一次伙伴国会议。中美就“特大型港口计划”合作举行了三轮技术磋商，以防止核及其他放射性物质的非法贩运。

中美两军关系进一步改善和发展。5月，美军太平洋总部司令法伦海军上将访华。6月，美国助理国防部长罗德曼来华举行中美第八次国防部副部长级防务磋商。同月，中国赴美军事演习观摩团观摩了美军在关岛附近举行的“英勇盾牌—06”联合军事演习。7月16~22日，中央军委副主席郭伯雄上将访美，分别会见美国总统布什和国务卿赖斯，并与国防部长拉姆斯菲尔德举行会谈。8月，中美海上军事安全磋商机制年度会晤在美国夏威夷举行，美军太平洋总部司令法伦海军上将再次访华。9月，中国海军舰艇编队分别访问了美国夏威夷珍珠港和加利福尼亚州圣迭戈港，中美海军首次成功举行第一阶段联合搜救演习。11 月，美军太平洋舰队司令拉夫黑德海军上将访华。中美海军成功举行第二阶段联合搜救演习。中美两军院校和专业交流领域进一步扩大。

两国执法、司法部门在禁毒、遣返逃犯、司法等方面的合作取得积极成果。3 月，美国国土安全部助理部长比尔兹沃思访华。同月，中美联合破获一起涉及亚、非、南美、北美四大洲、七个国家和地区的特大跨国走私毒品案件。4 月，美国国土安全部长切尔托夫访华。6 月，中美执法合作联合联络小组第五次会议在华盛顿举行。同月，中美首次成功实施包机遣返在美中国籍非法移民。同月，美国海岸警卫队太平洋区司令沃斯特中将率“急流”号执法船访问青岛。7 月 25 ~ 29 日，国务委员兼公安部长周永康访美，分别会见美国司法部长冈萨雷斯、国土安全部长切尔托夫、财政部长鲍尔森、总统国家安全事务助理哈德利等。中美双方还签署了六个执法合作文件。10 月，美国海岸警卫队司令艾伦上将访华并出席在海南三亚举行的北太平洋地区海岸警备执法机构论坛。

中美在教育、科技、文化、卫生、能源、环保、航天等领域的交流与合作继续加强，签署和续签了多项议定书及其他文件。9 月 16 ~ 20 日，国务委员陈至立应邀赴纽约出席“白宫全球扫盲会议”并顺访美国，分别会见美国总统布什、国会参议院临时议长史蒂文斯、教育部长斯佩林斯、白宫科技政策办公室主任马伯格等。4 月，美国环境保护署署长约翰逊访华，中美双方就开展危险和固体废弃物管理合作达成一致。同月，中国国家广播电影电视总局、中国驻美国使馆等联合在美国举办“2006 中国电影展”。同月，中国教育部部长周济访美，与美方续签《中美两国政府教育交流合作协定》。同月，中国科技部部长徐冠华访美，与美方签署《中美两国政府科学技术合作协定延期议定书》，并与美国卫生与公众服务部签署《卫生健康医药科学合作谅解备忘录》。6 月，美国总统布什在白宫会见共青团中央书记处第一书记周强率领的中国高级公务员培训考察团。8月，美国白宫环境质量委员会主席康诺顿访华。9 月，中国国家发展和改革委员会、美国能源部等联合在杭州举行第二届中美能源政策对话及第七届中美石油天然气工业论坛；中国劳动和社会保障部部长田成平访美，与美国劳工部签署《关于劳动合作的联合声明》；美国国家航空航天局局长格里芬访华。10 月，中美科技合作联委会第 12 次会议和首次中美科技政策论坛在北京举行。11 月，美国教育部长斯佩林斯访华，两国教育部签署《关于进一步扩大教育合作与交流的谅解备忘录》。12 月，美国卫生与公众服务部部长莱维特访华。同月，中、印、日、韩、美五国能源部长会议在北京举行，美能源部长博德曼出席。

双方在重大国际和地区问题上加强协调与合作。

中美关系的战略意义和全球影响进一步增强。在朝核问题上，中美双方及有关各方保持密切沟通，坚持主张实现半岛无核化，坚持通过对话协商和平解决该问题，坚持维护半岛和平与稳定，促成六方会谈在停滞13个月后重启。中方致力于以外交和谈判方式妥善解决伊朗核问题，与美方及其他有关各方就此保持着接触和沟通。中美就苏丹达尔富尔问题保持着有效磋商，推动各方以对话方式解决该问题。在联合国秘书长选举问题上，中方与包括美方在内的各方加强沟通和协调，共同推动联合国选举产生出有能力、有威望、为国际社会广泛接受的新秘书长。

中美关系中的台湾、经贸摩擦等问题仍较突出。

2月，针对陈水扁当局搞终止“国统会运作”和“国统纲领适用”，美方公开表示不满，要求陈水扁遵守相关承诺。5月，美方拒绝陈水扁赴哥斯达黎加参加该国总统就职典礼途中“过境”美国本土。美国政府先后发表声明，反对国会众议院通过的《2007财年国防授权法案》中含有要求“美台开展高级军事交流”条款，反对陈水扁有关“修宪”可以涉及“领土”、“国名”等“法理台独”言论。

但是，美国政府不顾中方坚决反对，继续推动向台湾出售潜艇、“爱国者—3”反导系统和“P—3C”反潜巡逻机等先进武器装备，继续与台湾当局进行变相官方往来并加强军事联系。美方还继续支持台湾以观察员身份参与世界卫生组织。美国国会多次提出亲台反华议案。美方的错误做法向“台独”分裂势力发出了错误信号，给中美关系和台海和平稳定造成了损害。

中国政府针对美方上述错误行径进行了严正交涉和坚决斗争，敦促美方恪守中美三个联合公报和向中方作出的有关承诺，妥善处理台湾问题。美国总统布什和美国政府多次表示美方坚持一个中国政策、遵守美中三个联合公报、反对“台独”，不希望看到台湾当局单方面改变台海现状的行动影响美中关系。美方对台湾当局的“台独”分裂活动进行了一些约束。

随着中美经贸合作快速发展，两国经贸摩擦也在增多。美国国内贸易保护主义势力不断就贸易不平衡、人民币汇率、知识产权保护、中国履行入世承诺等问题向中方施压。美国国会部分议员就涉华经贸问题提出了十几个议案，要求美国政府对华采取强硬贸易保护主义措施。美方继续限制对华高技术出口，对中国部分输美产品采取贸易保护主义措施。中方要求美方按照“发展、平等、互利”的原则，通过平等磋商和对话、通过扩大和深化中美经贸合作解决彼此关切，避免将经贸问题政治化。两国有关部门多次就双方在经贸问题上的关切进行磋商与对话。中方还主动采取积极措施缓解两国在一些经贸领域的摩擦，取得较好效果。

美方继续利用人权、宗教、达赖、香港等问题干涉中国内政。

3月和4月，美国国务院先后发表年度“国别人权报告”和“2005～2006年度支持人权民主——美国记录”，其中涉华部分无端诬蔑中国的人权状况。美国国际宗教自由委员会和美国国务院分别于5月和9月发表2006年度“国际宗教自由报告”，对中国宗教自由状况横加指责。美方不顾中方坚决反对，两次允许达赖喇嘛去美国活动。美国国会提出多项涉华提案、修正案和报告，大部分含有对华消极内容，在台湾、经贸、人权、宗教等问题上对中国无端指责。美国国会所谓“国会—行政部门中国委员会”和“美中经济与安全评估委员会”分别于9月和11月发表年度报告，在防扩散、人权、香港、达赖等问题上对中国进行污蔑。美国政府一些官员和国会议员在香港特区政制发展问题上说三道四。5月，美国国防部向国会提交《关于中华人民共和国军事力量的年度报告》，渲染中国的国防现代化和军事部署，散布“中国威胁论”。中方对美方的错误行径进行了严正交涉和批驳。

中美建交以来，两国关系虽历经曲折，但总的方向是向前发展。2006年中美关系的发展再次表明，中美两国作为联合国安理会常任理事国和具有世界影响的大国，在维护世界和平、促进共同发展方面拥有广泛的共同战略利益，肩负着重要的共同责任。双方合作领域更加广泛，共同利益不断扩大，合作基础日趋牢固，中美关系越来越具有全球意义。在新的国际形势下，中美关系保持健康稳定发展，符合两国和两国人民的根本利益，也有利于维护和促进亚太地区乃至世界的和平、稳定与繁荣。双方应坚持从战略高度看待和处理中美关系，积极落实两国领导人达成的重要共识，牢牢把握两国共同战略利益，加强对话，增进互信，深化合作，照顾彼此关切，妥善处理两国关系中的敏感问题，特别是台湾问题，在中美三个联合公报的基础上，推动中美建设性合作关系全面、深入向前发展。

胡锦涛主席对美国进行国事访问

2006年4月18～21日，国家主席胡锦涛应美国总统布什邀请，对美国进行国事访问。胡锦涛主席与布什总统举行会谈，双方就全面推进21世纪中美建设性合作关系达成新的重要共识。胡锦涛主席还与布什总统共同会见了记者。访问期间，胡锦涛主席同美国政府高级官员、国会议员、地方官员、工商、学术等各界人士及美国公众广泛接触，并在西雅图、华盛顿和耶鲁大学发表重要讲演。

胡锦涛主席积极评价中美关系的发展势头，指出中美关系已超出双边关系范畴，越来越具有全球影响和战略意义。中美在维护世界和平、促进共同发展方面拥有广泛而重要的共同战略利益，肩负着共同责任。两国不仅是利益攸关方，而且应该是建设性合作者。双方应共同努力，全面推进中美建设性合作关系。

布什总统赞同胡锦涛主席对中美关系的评价。他说，美国欢迎一个和平与繁荣的中国。美中合作领域不断拓宽。中国是一个伟大的国家，国际地位显著上升。中国是维护世界和平的关键伙伴，对世界和平发挥着日益重要的影响。

关于台湾问题，胡锦涛主席强调，中美在反对和遏制"台独"、维护台海和平稳定方面拥有共同战略利益。中方赞赏布什总统和美国政府多次重申坚持一个中国政策、遵守中美三个联合公报、反对"台独"，坚持在一个中国原则基础上维护台海和平稳定、促进两岸关系改善和发展，将以最大诚意、尽最大努力争取和平统一前景，但绝不容忍"台独"。

布什总统表示，美国政府在台湾问题上的立场没有变化。美方坚持一个中国政策，理解中方在台湾问题上的关切，不希望看到台湾当局单方面改变台海现状的行动损害美中关系。

胡锦涛主席与布什总统一致认为，在当前国际形势下，中美拥有广泛而重要的共同战略利益，互利合作前景广阔；良好的中美关系对维护和促进亚太地区和世界的和平、稳定、繁荣具有战略意义。胡锦涛主席还向布什总统介绍了中国坚定不移走和平发展道路的情况。

双方同意从战略高度和长远角度看待和处理两国关系，全面推进21世纪中美建设性合作关系，更好地造福两国人民和世界人民。

双方同意共同推进互利双赢的中美经贸关系，表示应从两国和两国人民的根本利益出发，通过平等协商妥善解决存在的一些分歧和摩擦。双方同意加强两国在军事、执法、科技、教育、文化、青年等领域的交流与合作，并就反恐、防扩散、禽流感防治、能源、环保、抗灾救灾以及维护亚太地区安全稳定等重大问题继续开展对话和合作。双方将继续推动朝鲜半岛核问题六方会谈进程，继续为和平解决伊朗核问题而努力。

胡锦涛主席此次访问美国，达到了加强对话、扩大共识、增进互信、深化合作、全面推进21世纪中美建设性合作关系的目的，对推动中美关系持续健康稳定发展，对中美共同促进亚太地区和世界的和平、稳定、繁荣，具有重要而深远的影响。

中美战略经济对话

建立中美战略经济对话机制，是国家主席胡锦涛和美国总统布什达成的重要共识。9月19～22日，布什总统特别代表、美国财政部长鲍尔森访华。国务院副总理吴仪与鲍尔森部长举行会谈，双方共同启动中美战略经济对话机制。中美战略经济对话着重讨论中美两国共同关心的全局性、战略性、长期性经济问题，不取代、重复或削弱中美经贸领域的现有机制。

12 月 14～15 日，首次中美战略经济对话在北京成功召开。国家主席胡锦涛、国务院总理温家宝分别会见了美国财政部长鲍尔森率领的美方代表团。吴仪副总理与鲍尔森部长共同主持了对话，双方围绕“中国的发展道路和中国经济发展战略”这一对话主题，就事关两国经济的全局性、战略性和长期性问题进行了深入和富有成效的讨论，达成重要共识。双方重申共同追求旨在促进两国经济均衡强劲增长和繁荣的宏观经济政策，例如中国汇率机制改革和提高美国国内储蓄率等。

双方一致同意在有效保护知识产权、加强法制和消除贸易与投资壁垒的基础上，建立开放、竞争性市场的重要性，加速发展和创造就业，刺激国内外贸易与投资，通过加强能源安全、环境保护和医疗推动可持续发展。双方承诺采取积极措施加强世界贸易组织，包括通过多哈回合的成功完成，并为此目的加强双边联系。

双方确定将几个战略领域作为未来六个月工作重点：就发展高效和创新性的服务业和改善医疗的途径进行讨论；启动双边投资对话，开展探索性讨论以考虑签署双边投资协定的可能性；加强在透明度问题上的合作；启动能源和环境的联合经济研究。

双方还承诺在中美商贸联委会框架下加强在高科技贸易、知识产权保护、市场经济地位/结构性问题方面正在进行的工作。双方同意利用现有其他机制，增加在更有效且环境可持续性的能源利用、促进个人旅游和商务活动以及发展援助和多边开发银行贷款等方面的双边合作。

对话在具体经贸问题上取得以下成果：双方同意在中国设立纽约证券交易所和纳斯达克代表处；中国加入美“未来发电计划”政府指导委员会；美方支持中国加入泛美开发银行；双方缔结促进美对华出口的融资便利协议；同意 2007 年 1 月重启双边航空服务谈判。

双方商定下次中美战略经济对话将于 2007 年 5 月在华盛顿举行。

乌拉圭

(Uruguay)

2006年，中华人民共和国与乌拉圭东岸共和国长期稳定、平等互利的友好合作关系稳步发展。

两国政治交往不断。9月3~5日，全国人大常委会委员长吴邦国访问乌拉圭，会见乌总统塔瓦雷·巴斯克斯，与众议长胡利奥·塞萨尔·卡多索进行了会谈，与副总统兼国会主席鲁道夫·尼恩·诺沃亚会谈并共同出席中乌羊毛、通讯等重要合作文件签字仪式，中方正式宣布乌为中国公民旅游目的地国。4月，最高人民检察院院长贾春旺访乌，会见乌副总统兼国会主席诺沃亚和执政党广泛阵线主席豪尔赫·普罗维托。5月，乌前总统、红党主席胡利奥·玛利亚·桑吉内蒂访华，全国政协主席贾庆林、外交部副部长李金章和外交学会会长杨文昌分别会见。9月，乌陆军司令阿雷豪·迪亚斯中将访华。

两国在联合国等国际组织中保持良好沟通与协调。

2006年，两国经贸合作进一步发展，双边贸易额增长迅速，中国是乌拉圭第五大贸易伙伴。10月，乌工业和能源部长豪尔赫·莱普拉访华。

乌兹别克斯坦

(Uzbekistan)

2006年，中华人民共和国与乌兹别克斯坦共和国友好合作伙伴关系进一步发展。

两国保持高层交往。6月15日，乌总统伊斯拉姆·卡里莫夫来华出席上海合作组织峰会期间与国家主席胡锦涛举行双边会见。双方对两国关系发展的良好势头感到满意，表示将进一步深化在政治、经贸、能源、人文等领域合作，推动中乌友好合作伙伴关系不断取得新成果。3月1日，全国人大常委会委员长吴邦国致电祝贺伊尔吉扎尔·萨比罗夫当选乌最高会议参议院主席。5月30日，吴邦国委员长在莫斯科出席上海合作组织首次议长会议期间，与乌最高会议立法院主席埃尔金·哈利洛夫举行双边会见。

5月15日，乌外长埃廖尔·加尼耶夫来华出席上海合作组织成员国外长会议期间，与外交部长李肇星举行双边会见。7月13日，李肇星外长致电祝贺弗拉基米尔·诺罗夫就任乌外长。9月13日，乌驻华使馆举行卡里莫夫总统新著《乌兹别克斯坦人民从来不依赖任何人》一书首发式，外交部副部长乔宗淮出席。11月26日，外交部部长助理李辉与乌副外长安瓦尔·萨利赫巴耶夫在塔什干举行两国外交部磋商。

两国立法机构和地方交往增多，人文交流不断扩大。全国人大外事委员会主任委员姜恩柱、商务部副部长于广洲、文化部副部长孟晓驷等访乌。乌经贸部、司法部、内务部等部门以及乌议会立法会议外委会负责人分别访华。6月，中国文化部在乌举办“中国电影周”。9月，中国商务部在乌举办“中国工程和技术展览会”。

瓦努阿图

(Vanuatu)

2006年，中华人民共和国与瓦努阿图共和国关系稳步发展。

两国高层保持接触。1月，瓦副总理兼外长萨托·基尔曼访华，并出席瓦驻华使馆开馆仪式，国务院总理温家宝、国务委员唐家璇分别会见。4月，温家宝总理在斐济出席“中国—太平洋岛国经济发展合作论坛”首届部长级会议开幕式期间会见瓦总理哈姆·利尼。8月，外交部长李肇星对瓦进行正式访问，会见瓦总统卡尔科特·马塔斯凯莱凯莱和总理利尼，并与副总理兼外长基尔曼会谈。

两国在经贸、农业、旅游、体育等领域的合作进展顺利。3月，瓦基础设施和公共事业部长兼瓦努阿图航空公司董事长爱德华·纳塔佩访华，中国新华航空服务有限公司与瓦努阿图航空公司签订合作协议。6月，瓦贸易和旅游部长詹姆斯·布莱出席澳门国际旅游会议，并赴广东参观访问。中国商务部副部长廖晓淇（4月）、农业部副部长牛盾（6月）、中国太平洋友好协会副会长陈明德（7月）、中国进出口银行副行长李郡（9月）、中国地震局副局长赵明（9月）、湖北省人大常委会副主任朱纯宣（11月）等先后访瓦。

瓦民族联合党和瓦努阿库党执政党联盟干部考察团6月访问北京和贵州省。

委内瑞拉

(Venezuela)

2006 年，中华人民共和国与委内瑞拉玻利瓦尔共和国各领域交流与合作继续扩大。

双方保持高层交往，政治互信进一步加强。8 月 22 ~ 27 日，委总统乌戈·拉斐尔·查韦斯·弗里亚斯对华进行第四次国事访问，委外交、旅游、农业土地、能源石油、计划发展、科技、通讯新闻等多位部长陪同。国家主席胡锦涛主持会谈，全国人大常委会委员长吴邦国、国务院总理温家宝和副总理曾培炎分别会见。胡锦涛主席在会谈中提出，希望双方以中委建立共同发展的战略伙伴关系五周年为契机，从以下四个方面共同为深化双边关系做出努力：（一）加强高层交往，扩大战略共识。（二）深化互利合作，加快共同发展。中方愿与委方继续强化中委政府间高级混合委员会协调职能和机制建设，抓紧落实已达成一致的合作项目，积极探讨双方在铁路建设、船舶制造、石油机械生产、高科技等方面的合作。（三）拓展人文交流，加深相互了解。（四）加强国际合作，尤其是在联合国、世界贸易组织、美洲国家组织等国际和地区组织中的协调与配合。查韦斯总统对此表示赞同。其间，中委政府间高级混合委员会举行了第五次会议。双方签署了涉及能源矿产、基础设施建设、电信、农业、旅游、新闻、教育等领域的多项合作文件。

两国司法、政党、文化及地方交流加强。最高人民检察院检察长贾春旺、中共中央对外联络部部长王家瑞、文化部长孙家正、山东省省长韩寓群访委。委全国代表大会主席尼古拉斯·马杜罗·莫罗斯、最高法院院长奥马尔·莫拉·迪亚斯、总检察长伊萨亚斯·罗德里格斯·迪亚斯、监察审计署长克洛多斯瓦尔多·鲁西安、护民官赫尔曼·蒙达拉因、文化部长弗朗西斯科·德阿西斯·塞斯托·诺瓦斯访华。

两国在国际和地区事务中保持密切协调与配合。双方在竞选联合国人权理事会成员国等问题上相互支持。

两国经贸合作成效显著。双边贸易额大幅增长。委是中国在拉美最大的投资对象国之一。

越 南

(Viet Nam)

中华人民共和国致力于与越南社会主义共和国发展长期稳定、面向未来的睦邻友好与全面合作关系。2006年中越关系继续向深度和广度发展。

两国高层领导人交往频繁。11月，国家主席胡锦涛应邀对越南进行国事访问，并出席在河内举行的亚太经合组织第14次领导人非正式会议，双方发表了《中越联合声明》。9月，国务院总理温家宝在出席第六届亚欧首脑会议期间与越南政府总理阮晋勇举行会晤。3月，全国政协主席贾庆林对越南进行正式友好访问。4月，中央军委副主席、国务委员兼国防部长曹刚川上将访越。11月，国务委员唐家璇赴河内与越南政府副总理兼外长范家谦举行中越双边合作指导委员会首次会议。8月，越共中央总书记农德孟应邀对中国进行正式友好访问，双方发表《中越联合新闻公报》。10月底至11月初，越南政府总理阮晋勇应邀出席在南宁举行的中国—东盟建立对话关系15周年纪念峰会和第三届中国—东盟博览会暨商务与投资峰会，温家宝总理与阮晋勇总理举行会晤。会后，阮晋勇总理访问了广西。11月，越南祖国阵线中央委员会主席范世阅访华。

在上述会晤中，双方相互通报了各自党和国家的情况，并就两党两国关系及共同关心的国际和地区问题深入交换了意见，取得了广泛共识。中国领导人积极评价两国关系的发展，指出中国党、政府和人民高度重视发展同越南的睦邻友好合作关系，表示愿同越南党、政府和人民一道，坚持长期稳定、面向未来、睦邻友好、全面合作的方针，把两党两国关系不断提高到新的水平。越南领导人表示，加强同中国的友好合作是越南党和政府长期奉行的基本政策，越方愿进一步密切同中方在各领域的合作，全面推进两国睦邻友好与全面合作关系向前发展。越方重申坚定奉行一个中国政策，支持中国统一大业，支持中国通过《反分裂国家法》，坚决反对任何形式的“台独”分裂活动。

两国领导人还就加快陆地边界勘界立碑工作进度、加强北部湾务实合作、稳步推进北部湾湾口外海域的划界谈判并商谈该海域的共同开发问题、努力保持南海局势稳定达成重要共识，有力地推动了两国间历史遗留问题的解决进程。双方还举行了边界谈判政府代表团团长会晤、陆地边界联合勘界委员会首席代表会晤和一轮海上问题专家小组会谈。此外，中国、越南和老挝三国在北京签署了《中华人民共和国、越南社会主义共和国和老挝人民民主共和国关于确定三国国界交界点的条约》。

两国经贸合作再上新台阶，双边贸易额大幅度增长。中国成为越南第一大贸易伙伴。双方确定了 2010 年双边贸易额达到 150 亿美元的新目标，并签署了《关于扩大和深化双边经济贸易合作的协定》等十几个经贸合作文件。

两国在其他领域的交流与合作不断深化，各部门团组互访频繁。5 月，中越边境地区合作打击犯罪和维护社会治安第二次会议在北京举行。11 月，两国国防部举行第二次中越防务安全磋商。12 月，两国海军在北部湾海域进行第二次联合巡逻。

3 月，中国新任驻越南大使胡乾文向越南国家主席陈德良递交了国书。

也　门

(Yemen)

2006年，中华人民共和国与也门共和国的传统友谊和友好合作关系进一步巩固和深化。

两国高层交往保持良好势头，双边政治关系稳步发展。3月，中共中央对外联络部部长王家瑞率中共代表团访也，与也执政党全国人民大会续签了两党合作议定书。4月，也门总统阿里·阿卜杜拉·萨利赫率团访华，国家主席胡锦涛、全国人大常委会委员长吴邦国分别与萨会谈、会见，就双边关系和共同关心的国际和地区问题交换看法。双方签署了涉及经贸、金融、电信及邮政等领域的多项合作协议。9月24日，两国元首、总理和外长分别互致贺电，庆祝两国建交50周年。26日，胡锦涛主席致电萨利赫总统，祝贺其当选连任。

中也双边贸易额不断扩大，经贸合作持续发展。1月，中也经贸混委会第七次会议在京召开，双方就经贸、能源、教育、卫生等领域的合作进行会谈，并签署会议纪要。中国对也经济援助项目执行顺利。中方在也执行的大项目有萨那机场改造、海关集装箱检测设备、水泥厂项目、纺织设备和石油区块开发勘探项目等。

此外，中也在文化、教育、军事等领域的交流与合作亦不断加强。9月，双方签署了中也两国2006～2008年教育合作协定。10月，也技术教育与职业培训部长阿里·曼苏尔·萨法率团访华，会见了中国教育部负责人，双方就加强两国在技术教育和职业培训领域的合作交换看法。11月，中国人民解放军副总参谋长张黎上将率中国人民解放军军事代表团访也。也总统萨利赫、国防部长穆罕默德·纳赛尔·艾哈迈德·阿里分别会见，总参谋长艾哈迈德·阿里·阿希瓦勒与张举行会谈。

赞比亚

(Zambia)

2006 年，中华人民共和国与赞比亚共和国的传统友谊和互利合作关系继续深入、健康发展。

政治互信进一步增强。11 月 2 ~ 13 日，赞比亚总统利维·姆瓦纳瓦萨来华出席中非合作论坛北京峰会，国家主席胡锦涛会见。胡锦涛主席赞扬中赞友谊是半个世纪以来中非友谊的缩影和见证，表示双方已就发展双边关系达成许多共识，愿同赞方一道努力，积极落实合作项目，不断提高中赞关系水平。姆瓦纳瓦萨总统表示，赞比亚人民不会忘记中国提供的无私援助。发展同中国的友谊和合作是赞比亚的坚定政策，希望双方在贸易、投资、基础设施等领域继续加强合作，造福两国人民。赞比亚外交部长蒙迪亚·西卡塔纳与商业、贸易和工业部长肯尼思·孔加随行来华出席中非合作论坛第三届部长级会议。外交部长李肇星与赞外长西卡塔纳会见。

赞比亚支持中国和平统一事业。赞比亚总统姆瓦纳瓦萨和新闻与广播服务部长兼政府发言人弗农·姆旺加多次发表公开讲话，重申坚持一个中国政策，表示赞政府和人民坚定支持中国政府和人民实现祖国统一的正义事业，坚决反对台湾当局搞分裂活动。6 月 6 日，赞比亚中国和平统一促进会在卢萨卡举行成立大会。

两国中央和地方政府部门交流频繁。商务部副部长魏建国、劳动和社会保障部副部长张小健、河南省副省长史济春等访赞。赞比亚司法部副部长兼副检察长桑边·恩孔德、总统夫人莫琳·姆瓦纳瓦萨等访华。

两国在经贸、投资、文教等领域的合作成效显著。两国贸易增长迅速，中国已成为赞比亚第三大投资国，投资涉及采矿、建筑、金融、通讯和农业等多个领域。中国艺术家代表团赴赞访演。年内共有 20 名赞比亚留学生来华学习，220 名赞方人员来华参加各类培训。

津巴布韦

(Zimbabwe)

2006年，中华人民共和国与津巴布韦共和国的关系保持良好发展势头，各领域合作不断扩大。

两国政治交往密切。11月3～6日，津巴布韦总统罗伯特·加布里埃尔·穆加贝来华出席中非合作论坛北京峰会，国家主席胡锦涛会见。胡锦涛主席表示，发展中津友好合作关系是中国政府坚定不移的方针，中方愿保持两国高层往来，牢牢把握两国关系的发展方向，积极探讨新的合作方式，加强两国农业、电信、交通、基础设施等领域的互利合作，增加两国人民特别是青年一代交往，增进相互了解和友谊。穆加贝表示，津巴布韦和中国传统友好关系基础深厚，长期以来，中国人民坚定支持津巴布韦人民，为津巴布韦民族解放和国家发展提供了宝贵帮助，津方高度重视津中关系，将同中方一道，发扬传统友谊，在新的形势下，不断推进两国友好合作关系。津巴布韦外交部长辛巴拉谢·蒙本盖圭和经济发展部长鲁加雷·贡博随行来华出席中非合作论坛第三届部长级会议。

此外，全国人大常委会副委员长、中国人民争取和平与裁军协会会长何鲁丽，中国人民对外友好协会副会长王运泽等访津。津巴布韦副总统、津巴布韦非洲民族联盟—爱国阵线副总裁乔伊丝·穆菊茹，众议院议长约翰·恩科莫等访华。

两国社会福利与经贸合作不断深入。津农村住房和社会和谐部长埃默森·姆南加古瓦、财政部长赫伯特·穆雷鲁瓦、工业和国际贸易部长奥伯特·姆波富、卫生和儿童福利部长戴维·帕里雷尼亚图瓦、储备银行行长格诺等访华。10月，中国、津巴布韦第七次经贸联委会在京举行。中国政府援助津巴布韦政府的一架“新舟60”飞机和一批粮食交付津方。

两国在文化、教育、人力资源培训和军事等方面的交流持续发展。中方在津巴布韦举办“郑和下西洋600周年展览”。双方商定中方在津巴布韦成立孔子学院。近150位津巴布韦官员以及高级技术和管理人员来华接受培训。津空军司令希里中将访华。

欧洲联盟

(European Union)

2006 年，中国与欧洲联盟全面战略伙伴关系稳定发展，双方全方位、宽领域和多层次合作继续拓展和深化。

保持高层密切往来，推动双方关系健康发展。

9 月，国务院总理温家宝与欧盟轮值主席国芬兰总理万哈宁、欧盟委员会主席巴罗佐在芬兰赫尔辛基举行第九次中欧领导人会晤。双方领导人就深化中欧关系和共同关心的国际和地区问题深入交换了意见，达到了扩大共识、增进互信、推进中欧各领域务实合作的目的。双方发表了《第九次中欧领导人会晤联合声明》，并宣布正式启动商签中欧伙伴合作协定的谈判。伙伴合作协定将涵盖双边关系的全部合作领域，有关谈判还将完善 1985 年中欧贸易和经济合作协定，并将以相对独立的方式执行。会晤后，双方领导人还共同出席了第三届中欧工商峰会开幕式。

7 月，欧洲议会议长博雷利访华，这是欧洲议会议长 13 年来首次访华。国家主席胡锦涛、全国人大常委会委员长吴邦国、副委员长热地、外交部长李肇星、中共中央对外联络部部长王家瑞等分别会见。双方表示愿继续加强议会交往，扩大共识，缩小分歧，推动中欧关系全面发展。

全国人大常委会委员长吴邦国、国务院总理温家宝、全国政协主席贾庆林等国家领导人访问希腊、芬兰、英国、德国、立陶宛、爱沙尼亚等欧盟国家。斯洛文尼亚、瑞典、立陶宛、卢森堡、法国、塞浦路斯、希腊、芬兰、德国、意大利等 10 个欧盟国家元首或政府首脑先后访华。欧盟委员会贸易委员曼德尔森，信息社会与传媒委员雷丁，健康委员基普里亚努，能源委员皮耶巴尔格斯，内部市场和服务委员麦克里维，地区政策委员希布内尔先后访华。

政治对话与磋商不断深入，在国际事务中合作加强。

2 月，外交部长李肇星与欧盟“三驾马车”外长在维也纳举行会晤。7 月和 9 月，在吉隆坡举行的第 13 届东盟地区论坛外长会及纽约第 61 届联合国大会期间，李肇星外长与欧盟理事会秘书长兼欧盟共同外交与安全政策高级代表索拉纳举行会晤。6 月，外交部副部长张业遂与以欧盟轮值主席国奥地利外交部国务秘书温克勒尔为首的欧盟“三驾马车”代表在北京举行第二轮中欧战略对话。双方从宏观和战略角度，就中欧关系、东亚安全、经济与能源等问题交换了意见。

5 月，国务院台湾事务办公室副主任王在希访问欧洲议会。5 月和 9

月，国务院台湾事务办公室主任陈云林两次访问欧盟总部。欧方表示十分重视中方在台湾问题上的关切和立场，重申恪守一个中国政策。

10月，欧盟委员会通过题为《欧盟—中国：更加紧密的伙伴、不断增强的责任》的对华政策新文件，并附题为《竞争和伙伴关系》的对华贸易政策文件。这是10年来欧盟发表的第六份对华政策文件。12月，欧盟外长理事会通过关于欧中全面战略伙伴关系的结论文件。两份文件的出台体现了欧盟对发展中欧全面战略伙伴关系的重视。

中欧政治总司长磋商、外交政策磋商、军控和防扩散磋商、亚洲司长磋商、打击非法移民高级别磋商以及人权对话和司法研讨会等各类定期磋商机制继续有序开展，成果显著。1月，中国政府与欧盟委员会、世界银行在北京共同举办禽/人流感防控国际筹资大会。

议会、政党间往来活跃。

欧洲议会七大党团中的四个党团相继访华，推进了中欧议会及党际交往。2月，社会党党团主席舒尔茨访华，全国人大常委会委员长吴邦国会见。4月，左翼联盟党团主席乌尔兹访华，中共中央政治局候补委员、中央书记处书记王刚会见。5月，人民党党团主席波特林访华，中共中央政治局常委李长春，全国人大常委会副委员长王兆国分别会见。中共中央对外联络部部长王家瑞也与上述三个党团主席分别会见。10月，民族欧洲联盟党团主席穆斯卡尔迪尼访华，全国人大常委会副委员长热地会见。

4月，欧洲议会对华关系代表团团长斯特克斯率团访华。10月，全国人大外事委员会副主任委员、全国人大—欧洲议会关系小组主席王英凡访问欧洲议会，分别会见了欧洲议会议长博雷利及各党团领导人。11月，欧洲议会对华关系代表团与全国人大—欧洲议会关系小组在北京举行第23轮工作会谈。

经贸、科技等各领域互利合作不断拓展和深化。

中欧贸易额继续快速增长。2006年贸易额达2723.02亿美元，同比增长25.3%。欧盟继续保持中国第一大贸易伙伴地位，同时也是中国累计第一大技术供应方和累计第四大实际投资方。截至2006年，中国累计从欧盟引进技术24108项，合同金额986.6亿美元；欧盟累计对华直接投资项目25418个，合同金额979.5亿美元，实际投入531.8亿美元。5月，中欧财金对话第二次会议在北京举行。6月和7月，中欧竞争政策对话、中欧贸易政策对话先后在布鲁塞尔举行。11月，中欧经贸混委会第21次会议在北京举行。同月，“2006中国—欧盟投资贸易合作洽谈会”在成都举行，这是中欧历年规模和影响最大的中小企业间经贸洽谈活动。

中欧伽利略计划合作项目自2005年正式实施以来已启动11个合作项目，合同金额约3300万欧元。1月，科技部长徐冠华与欧盟委员会信息社会与传媒委员雷丁在北京签署《关于中欧高速网络基础设施及其重大应用战略合作的联合声明》。2 月，第六次中欧能源合作大会在上海举行。10 月，“中欧科技年”启动仪式暨中欧科技政策论坛、中欧科技合作指导委员会第五次会议在布鲁塞尔举行。11 月，包括中国、欧盟在内的七方代表在法国签署国际热核聚变实验反应堆计划联合实施协定及相关文件。

3 月，首次中欧能源交通战略对话在布鲁塞尔举行。双方介绍了各自能源和交通领域的发展情况、战略及政策，并就今后重点合作领域达成共识。3 月和 10 月，首轮和第二轮中欧气候变化磋商先后在维也纳和北京举行，双方就气候变化政策及有关合作交换了意见，并就中欧气候变化伙伴关系滚动工作计划达成一致。4 月和 11 月，中国经济社会理事会和欧盟经济社会委员会实现互访，并在北京联合举行了“协调区域发展、构建和谐社会”研讨会。5 月，中欧区域经济发展研讨会在北京举行，国家发展与改革委员会与欧盟委员会签署区域政策合作谅解备忘录。6 月，第三届中欧政府管理高层论坛在北京举行。10 月，国家发改委代表团考察欧盟区域发展政策情况。

5 月，中欧生物多样性项目合作在北京启动。同月，中欧高等教育合作研讨会在北京举行。9 月，中欧工业品安全和 WTO/TBT 磋商合作机制第五次年会、中欧食品和消费品安全联合工作委员会第一次会议在欧盟总部举行。同月，中欧联合海关合作委员会第二次会议在布鲁塞尔举行，双方就《中欧海关协定》执行机制和中欧安全智能贸易航线试点计划交换了意见。11 月，中欧劳动力流动高层对话会、中欧农业与农村发展对话机制第一次会议先后在布鲁塞尔举行。

第四章

中国与国际和地区组织的关系

中国与联合国

1. 政治与安全领域

(1) 李肇星外长出席第61届联合国大会

第61届联合国大会于9月12日在纽约联合国总部开幕，共审议政治、经济、社会、裁军、财政和法律等领域的150余项议题。外交部长李肇星于9月17~23日率团与会。

9月22日，李肇星外长在一般性辩论中发表题为“加强对话合作，共谋和平发展”的讲话，重点就朝鲜核、伊朗核、中东、联合国改革、秘书长选举、联合国会费比额等问题阐述中方立场和主张，并介绍中非合作论坛北京峰会筹备情况。李肇星外长指出：(一) 联合国改革应朝着有利于维护《联合国宪章》宗旨和原则、有利于会员国团结合作、有利于会员国整体利益的方向发展，最大限度地满足会员国，尤其是广大发展中国家要求，坚持发扬民主，充分协商，努力寻求协商一致。对有分歧的重大问题，要采取谨慎态度，深入磋商。中国将向联合国建设和平基金捐款 300 万美元。（二）各国应为本国的发展承担首要责任，国际社会特别是发达国家应更多地支持发展中国家，尊重发展中国家在本国发展问题上的主导权，联合国应进一步发挥在发展领域的作用，建立公平、合理的千年发展目标进展评估框架。（三）中国坚定支持下届联合国秘书长来自亚洲，相信亚洲能够产生出一位有能力、有威望、为各方接受的秘书长。“支付能力”原则是确定联合国会费比额行之有效的基本原则，必须坚持和遵守。

李肇星外长在会议期间还进行了一系列多、双边活动，主要包括：（一）会晤联合国秘书长安南、第 61 届联大主席哈亚、海湾合作委员会成员外长、里约集团成员外长、欧盟“三驾马车”外长；（二）出席安理会五常任理事国外长与秘书长工作午餐、五常外长集体会晤，安理会“联合国与区域机构合作问题”外长会议、伊拉克问题外长级会议、中东问题外长特别会议，最不发达国家十年期行动纲领中期审评高级别会议、77 国集团外长会，中国、俄罗斯、印度、巴西四国外长会及中国、印度、巴西、南非、墨西哥五国外长早餐会；（三）会见刚果（金）、哥斯达黎加、科摩罗总统，毛里求斯总理及外长，保加利亚、以色列副总理兼外长，美国国务卿、英国外交大臣，法国、俄罗斯、伊朗、埃及、叙利亚、黎巴嫩、伊拉克、菲律宾、巴基斯坦、阿富汗、斐济、加拿大、斯洛伐克、波兰、墨西哥、秘鲁、智利、刚果（布）、索马里等国外长，印度国防部长、肯尼亚外交部常务秘书、非盟委员会主席、阿拉伯联盟秘书长等，并与德国外长共进早餐，与牙买加外长通电话。

（2）积极参与联合国维持和平行动

联合国维持和平行动在维护国际及地区和平与稳定方面发挥着越来越重要作用。截至 2006 年底，联合国共部署 61 项维和行动，耗资 410 多亿美元。正在实施的有 15 项维和行动，共有来自 110 个国家的 76726 多名军人和民警、13759 名文职人员正在执行维和任务。2006 年 7 月至 2007 年 7 月，联合国维和预算约为 48 亿美元。

第 60 届联合国维持和平行动特别委员会（维和特委会）于 2006 年 2 月 27 日至 3 月 17 日在纽约联合国总部举行。会议吸纳柬埔寨、中非、圭亚那、帕劳、卢旺达、东帝汶和坦桑尼亚为特委会新成员。会议听取了联合国主管维和事务的副秘书长格诺关于成立常设警察部队、处理维和人员行为不当及提出新一轮改革计划的报告，重点讨论了当前维和行动指导原则、维和行动改革、与地区组织加强合作及惩处维和人员行为不当等问题。

2006年，中国继续重视并支持开展符合《联合国宪章》精神的维和行动，并不断扩大参与领域，体现了爱和平、负责任的意愿和形象。

积极、务实地参与安理会、联大、维和特委会的有关审议和磋商。1988年，中国成为联合国维和行动特委会成员。在第60届维和特委会会议上，中国常驻联合国副代表张义山大使表示，维和行动应遵循《联合国宪章》宗旨和原则，尊重当事国意见，严守中立，注意发挥政治优势和综合功能。中方支持维和行动改革，有关措施应符合实际需要，充分发挥现有机制潜力。加强对维和行动的前瞻性研究、总结和创新，改进内部管理，加强监督协调，完善人事财务制度，强化人员培训。会员国应从战略高度出发，在政治、资金、人员上充分支持维和行动及其改革。中方愿继续扩大参与联合国维和行动，同各方一道为维护国际和平与安全做出贡献。

积极参与联合国维和行动。自1990年以来，中国已先后向中东、伊科、柬埔寨、西撒、莫桑比克、塞拉利昂、埃厄、刚（金）、利比里亚、苏丹等多项维和行动派出军事观察员、联络官、顾问和参谋军官近6000人次；向东帝汶、波黑、海地、利比里亚和苏丹等5项维和行动派出维和民警800多人次。2006年，中国向联合国驻黎巴嫩临时部队派遣约180名工兵部队。2006年7月黎以冲突爆发后，中国决定向联黎部队增派士兵至1000人。后经与联合国秘书处协商，决定将工兵分队增至275人，并增设一所二级医院（约60人）。

（3）积极参与国际反恐合作

2006年，中国继续积极参与国际反恐合作并发挥了建设性作用，受到各方重视。

中国多次阐明在反恐问题上的立场，坚决反对一切形式的恐怖主义，呼吁反恐应采取综合办法，力求标本兼治，必须坚持多边主义，以《联合国宪章》和其他公认的国际法准则为基础，坚持联合国和安理会的领导与协调作用，注意加强对发展中国家的反恐能力建设，避免双重标准。

中国积极参与“全球反恐战略”的有关磋商，发挥了建设性作用，认真参与安理会反恐委员会工作。

中国不断深化与其他国家的双边反恐合作，就中美“特大型港口计划”合作进行了三轮技术会谈。中国与巴基斯坦举行了中巴第三次反恐磋商，与加拿大、韩国等分别举行了首次反恐磋商。中国还积极参与上海合作组织地区反恐机构理事会等区域性组织的反恐交流活动。

（4）朝鲜试射导弹、核试验问题

2006年，安理会先后审议朝鲜试射导弹、核试验问题，通过第1695号、第1718号决议。中国坚持半岛无核化，坚持推动六方会谈进程，通过对话和谈判和平解决朝鲜核问题，维护朝鲜半岛和东北亚地区的和平与稳定。

7月16日，联合国安理会一致通过关于朝鲜试射导弹问题的第1695号决议，要求朝鲜暂停所有与弹道导弹计划有关的活动；提请所有联合国会员国按照各国国内法和国际法，防止向朝转让或采购导弹及相关物项、材料、货物和技术，以及向朝鲜转移与导弹或大规模杀伤性武器相关的金融资源；呼吁尽早恢复六方会谈，全面实施《共同声明》，以和平方式可核查地实现朝鲜半岛无核化。

中国常驻联合国代表王光亚大使表示，中方对半岛局势出现一些新的复杂因素表示严重关切，愿与有关各方共同努力，推动六方会谈进程，共同维护半岛及东北亚地区的和平稳定。中方反对任何导致半岛局势紧张的行动，敦促各方保持克制，继续致力于实现朝鲜半岛无核化目标、促进有关国家之间关系正常化的外交努力。

10月15日，安理会一致通过关于朝鲜核试问题的第1718号决议。决定在重型常规武器、大规模杀伤性武器及弹道导弹、奢侈品、金融、人员旅行等五个领域对朝实施制裁，并呼吁各国依据其国内法和国际法采取合作行动，包括在必要时合作检查进出朝的货物。同时，决议还强调有关各方继续通过外交努力寻求问题的解决，推动早日恢复六方会谈，以期迅速落实“9·19”《共同声明》；表示将视朝方遵守决议情况加强、修改、中止或解除对朝制裁措施。决议还决定成立由安理会成员组成的制裁委员会，讨论决定上述制裁中需进一步明确或细化的内容，如旅行限制和金融制裁对象名单、大规模杀伤性武器及导弹禁运具体物项清单等。各国应于决议通过后30天内向安理会报告执行情况。

中国常驻联合国代表王光亚大使发言表示，朝鲜核试验不利于东北亚地区和平与稳定，中方赞同安理会作出有力而适度的反应，既要表明国际社会的坚定立场，又应为最终通过对话和平解决朝核问题创造有利条件，维护半岛和东北亚和平稳定。中方愿同有关各方加强磋商，密切配合，冷静应对，推动六方会谈进程，为实现半岛无核化目标、维护半岛和东北亚和平稳定继续发挥建设性作用。

（5）联合国财政预算问题

第 61 届联合国大会第五委员会主要审议了 2007～2009 年联合国会费比额问题。经过艰苦磋商达成一致，决定维持现行计算办法，并通过了 2007～2009 年联合国会费比额方案决议。根据新的方案，中国会费比额为 2.667%。

中国积极参与关于会费比额问题的讨论，中国代表在发言中表示，根据“支付能力”原则确定联合国会费比额，是广大会员国的普遍共识，也被实践证明行之有效。任何违背“支付能力”原则的作法，都无法得到会员国的广泛支持。为常任国设下限及采用多重低人均收入宽减率都是具有政治性和歧视性的做法，中国不能接受。中国愿与各国通过广泛协商，以“支付能力”原则为基础，达成各方都能接受的公平、合理的会费比额计算办法。中国一直忠实履行联合国财政义务，及时、足额和无条件地缴纳会费。中国愿根据“支付能力”原则，继续为联合国财政作出贡献。

（6）安理会处理的相关工作

①黎以问题

7 月 12 日，黎巴嫩与以色列爆发严重冲突。冲突持续近一个月，造成数千无辜平民伤亡和百万人流离失所。安理会于 8 月 11 日通过第 1701 号决议，尊重主权、领土完整，欢迎黎决定向黎南部部署 1.5 万名士兵，呼吁向黎提供人道主义援助；呼吁全面停止敌对行动；呼吁敌对行动停止后，在黎南部部署黎军队和联合国驻黎临时部队（联黎部队），以色列同时撤军；呼吁黎以支持永久停火，并尽快达成长期解决方案，包括在黎以边境设立军事禁区、解除黎境内民兵武装等；尽快划定黎国际边界，包括解决谢巴农场问题，要求联合国秘书长在 30 天内提出建议；加强联黎部队至 1.5 万人，以监督停止敌对行动，并协助黎在黎南部部署军队等；授权联黎部队采取一切必要行动，确保任务区不被用作开展任何敌对行动，并采取有力手段阻止任何企图违反安理会授权的行为，保护联合国人员和黎平民安全；对黎实施武器禁运（黎政府除外）。

中国常驻联合国副代表刘振民大使发言表示，第 1701 号决议的通过仅仅迈出了第一步，有关各方还面临更加艰巨的任务。希望有关各方切实执行该决议，特别是在联合国秘书长安南协助下，尽快就全面、持久、公正的政治解决框架达成共识，早日恢复当地的和平与稳定。同时，国际社会应加大向黎提供紧急人道主义救援的力度，帮助黎巴嫩人民早日重建家园。

外交部长李肇星在 9 月 21 日安理会中东问题外长会上阐述了对黎以问题的立场：中国欢迎安理会通过第 1701 号决议。这个决议是平息黎以冲突的重要一步，必须全面执行。中国呼吁尽快完成联黎部队的扩编和部署，并愿向联黎部队增兵。中国已开始兑现对黎紧急人道援助承诺，敦促各方向黎人民施以援手。更为重要的是，国际社会应推动黎以达成长期政治解决方案，铸剑为犁，共享和平。

②伊朗核问题

2006 年，联合国安理会三次审议伊朗核问题，通过一个主席声明和两个决议。

3 月 29 日，安理会通过主席声明（S/PRST/2006/15），对国际原子能机构有关伊朗核问题一系列报告和决议以及伊决定恢复铀浓缩研发等相关活动表示严重关切；呼吁伊履行 2 月国际原子能机构特别理事会决议有关要求，全面和持续地恢复暂停包括研发在内的所有铀浓缩相关活动和后处理活动；大力支持国际原子能机构在伊朗核问题解决进程中发挥作用，指出伊朗履行上述要求有助于通过外交途径解决伊朗核问题，强调国际社会愿积极努力寻求这样一个解决办法；要求国际原子能机构总干事在 30 天内向国际原子能机构理事会及安理会提交伊朗履行国际原子能机构理事会决议情况和报告，供其审议。

7 月 31 日，安理会以 14 票赞成、1 票反对（卡塔尔）通过第 1696 号决议，决定根据《宪章》第七章第 40 条采取行动；要求伊必须在机构核查下暂停包括研发在内的一切铀浓缩和后处理活动；吁请各国警惕并防止向伊转让任何可能有助于伊朗铀浓缩和后处理相关活动及弹道导弹计划的物项、材料、货物和技术；如伊朗在上述时限内未执行本决议，安理会将有意根据《宪章》第七章第 41 条采取适当措施。中国常驻联合国副代表刘振民大使发言表示，伊朗核问题迟迟得不到妥善解决，关键在于主要当事方之间缺乏信任。对话和谈判是解决问题的唯一出路。国际原子能机构应始终成为处理伊核问题的主要机制。解决问题需要全方位的外交努力，安理会采取的任何措施都应服务于外交努力的目标。呼吁伊朗保持克制，重视国际社会的普遍要求和期望，切实执行决议有关要求，尽快对“一揽子方案”做出积极回应，为增信释疑、加强对话和促进谈判创造条件。呼吁其他各方本着对国际和平、安全与稳定、对国际核不扩散机制高度负责的态度，保持信心、耐心和克制，拓宽思路，继续创造性地致力于推动解决伊核问题的外交努力。

12 月 23 日，安理会以 15 票赞成一致通过第 1737 号决议，决定根据《联合国宪章》第七章第 41 条采取行动；决定伊应立即暂停扩散敏感核活动，并在铀浓缩、后处理及重水反应堆相关领域对伊实施禁运，防止向伊提供相关技术援助或培训、金融援助或转让金融资源等；决定冻结与伊核、导计划相关人员、实体资产，呼吁各国对相关人员入境或过境保持警惕，并通知制裁委员会；如伊暂停铀浓缩相关和后处理活动，则安理会暂停制裁；经机构确认，伊完全履行安理会决议及机构理事会要求，安理会则终止制裁；如伊仍未遵守决议，安理会将根据《宪章》第七章第41条进一步采取适当措施。中国常驻联合国代表王光亚大使发言表示，伊朗迟迟未能积极回应国际原子能机构和安理会要求，未能在暂停铀浓缩活动问题上体现灵活，令人遗憾和失望。他强调，制裁不是目的，而只是促使伊朗回到谈判轨道的一种手段。安理会不可能一手包办伊核问题，国际原子能机构仍是处理该问题的主要机制，对话和谈判始终是解决问题的唯一和根本出路。解决伊核问题需要全方位的外交努力，特别是要加强安理会之外的外交努力。他呼吁有关各方，本着高度负责和建设性的态度，保持耐心和克制，避免采取任何不利于外交努力、可能导致局势恶化的举措。希望各方能够以创造性和前瞻性方式寻求有助于重启谈判的方法，继续不遗余力地推动全面、和平解决伊核问题的外交努力。

③苏丹达尔富尔问题

2006年，安理会多次审议苏丹达尔富尔问题，通过第1663号、1665号、1672号、1679号、1706号、1713号等6个决议。

4月25日，安理会以12票赞成、3票弃权（中国、俄罗斯、卡塔尔投弃权票）通过第1672号决议，决定对4名苏丹政府及叛军人员实施旅行限制和资金冻结制裁。中国常驻联合国代表王光亚大使表示，中方十分关注达尔富尔问题，希望早日化解人道危机、缓和人道局势，赞同将严重违反国际人道主义法和人权法的肇事者绳之以法。当前关于达问题的阿布贾谈判正处在关键阶段，安理会行动应立足于促进、配合而不是影响、干扰谈判进程。有些成员在许多具体细节问题尚未搞清楚、缺乏令人信服证据的情况下，要求将制裁问题提交安理会采取行动，有悖于安理会多年来形成的做法，中方对此持保留态度，只能投弃权票。

8月31日，安理会以12票赞成、3票弃权（中国、俄罗斯、卡塔尔投弃权票）通过第1706号决议，授权联合国苏丹特派团（UNMIS）在达尔富尔地区监督执行《达尔富尔和平协议》，并在达区采取一切措施，解除武装、保护人权等。决议要求联合国自10月1日起开始接管非盟驻苏丹特派团（AMIS），并于2006年12月底之前完成接管。

中国常驻联合国代表王光亚大使发言表示，中方高度评价和支持非盟为解决达尔富尔问题所作努力，赞同由联合国行动接管非盟特派团，支持经苏丹政府同意后，安理会就此作出必要安排。中方积极参与有关磋商，赞同决议大多数内容，但要求提案国在案文中写明“征得苏丹政府同意”，同时敦促提案国慎重考虑表决时机。提案国未能认真听取和采取中方的忠告。中方认为，在未获苏丹政府同意的情况下通过一个不具操作性的决议，无助于缓解形势，有违安理会初衷。中方只能对决议投弃权票。

11 月，联合国秘书长安南提出分三阶段在达区部署联合国维和行动的建议：第一步由联合国提供 2100 万美元资金、后勤援助，支持非盟在达区维和行动；第二步为联合国派出数百名军事、警察人员，增强非盟特派团行动能力；第三步为在达区部署联合国—非盟“混合型”维和行动，由 17000 名军事人员和 3000 名警察组成。

11 月 16 日，安理会五个常任理事国、苏丹、联合国、非盟、欧盟、阿盟及部分非洲国家代表参加在非盟总部亚的斯亚贝巴召开的达问题高级别对话会。中国常驻联合国代表王光亚大使代表李肇星外长与会。会议就达区部署维和行动达成重要共识。

11 月 29～30 日，非盟和平与安全理事会首脑会议在尼日利亚首都阿布贾举行。30 日，会议就达区问题发表公报，主要内容包括：从 2007 年 1 月 1 日起，延长非盟特派团任期 6 个月，并视情继续延期；核可 16 日亚的斯亚贝巴对话结论，就混合行动问题决定：（一）达区问题特别代表由非盟委员会主席和联合国秘书长经协商后共同任命；（二）部队指挥官由非洲人担任，由非盟委员会主席和联合国秘书长协商后任命；（三）非盟特派团采取联合国指挥和管理体系；（四）部队规模由非盟和联合国共同决定。

12 月 19 日，安理会通过主席声明，核准亚的斯亚贝巴高级别对话会结论和阿布贾峰会公报，要求各方立即落实有关内容，协助非盟特派团执行联合国提供小规模和大规模支助的一揽子计划，并开展一个由联合国提供支助、指挥及控制机构和系统的混合行动。

④缅甸问题

2006 年，缅甸问题被列入安理会议程。

9 月 15 日，安理会举行全体磋商。美国常驻联合国代表提出将缅甸局势列入安理会议程，要求安理会于 19 日后就“缅甸局势”议题举行会议，听取联合国主管政治事务副秘书长甘巴里通报。由于安理会各成员无法就程序性问题达成一致，安理会轮任主席国希腊应美要求安排表决。美国、英国、法国、丹麦、希腊、斯洛伐克、日本、阿根廷、秘鲁、加纳 10 票赞成，中国、俄罗斯、卡塔尔、刚果（布）反对，坦桑尼亚弃权。根据安理会相关规定，“缅甸局势”列入安理会议程。

表决前，中国常驻联合国代表王光亚大使发言，对将“缅甸局势”列入安理会议程表示严重保留。王光亚大使指出，缅所有直接邻国和绝大多数东盟成员国都不认为缅局势对国际和地区和平与安全构成威胁。安理会讨论本质上属于一国内政的问题，不仅超出《联合国宪章》赋予安理会的职责，而且势必损害安理会的权威性与合法性。当前，缅为解决自身问题做出许多努力。国际社会应继续多做鼓励性工作，创造宽松环境，真正有效地推动缅加速完成民主进程。国际社会应珍惜联合国与缅已经建立的良性互动，进一步促进与缅的沟通与协作。强行要求安理会介入，不仅不合时宜，而且将使形势进一步复杂化。中国作为亚太地区的安理会常任理事国和缅直接邻国，一直以负责任的态度，建设性地帮助缅政府解决国内问题。缅发生的事情是缅内政，应由缅政府和人民自主协商解决。只要缅局势未对国际和地区和平与安全构成威胁，中国就明确反对将缅问题列入安理会议程。

⑤索马里问题

2006年，索马里内部冲突再起，摩加迪沙恢复和平与反恐联盟（反恐联盟）同伊斯兰法院发生武装冲突。6月，伊斯兰法院击败反恐联盟，武装控制首都摩加迪沙，随后逼近索马里过渡政府所在地拜多阿，双方关系紧张。安理会多次审议索马里问题，通过第1676号、1724号、1725号决议。

5月10日，安理会一致通过第1676决议，将索马里武器禁运监测小组延期6个月。中国常驻联合国副代表张义山大使强调，国际社会应积极有效帮助过渡联邦政府加强能力建设，包括建立和训练国家警察和军队。

11月29日，安理会一致通过第1724号决议，将索马里武器禁运监测小组延期6个月。中国代表对索严峻的安全形势深表关切，呼吁地区国家严格履行武器禁运义务，避免干预索内部事务。敦促过渡联邦政府与伊斯兰法院联盟停止敌对行动，强调安理会需加强对索武器禁运效力，给予过渡联邦政府更多实质性支持，加强其安全能力建设。

12月7日，安理会一致通过第1725号决议，决定在索马里部署非盟/伊加特和平支助团，最初任期6个月，主要任务为：保护过渡联邦机构和政府成员及其关键基础设施；培训过渡联邦机构保安部队，使他们能够保证自己的安全，并帮助促进重建索马里国家保安部队，上述部队或供其使用的武器和军事装备以及技术训练和援助享有武器禁运豁免。中国支持安理会授权非盟/伊加特和平支助团，并给予其武器禁运豁免。

12月22日，安理会通过主席声明，内容包括：对索境内持续暴力活动，特别是伊斯兰法院联盟和过渡联邦政府爆发激烈冲突深表关切；呼吁各方停止冲突，立即执行安理会第1725号决议；重申尊重索主权、领土完整及政治独立等。

⑥尼泊尔问题

2007年，尼泊尔和平进程出现历史性突破，尼泊尔政府与反政府武装先后举行两轮会谈，并取得积极进展。11月21日，尼泊尔政府与反政府组织在尼首都加德满都签署《国家全面和平协议》，标志着持续11年的尼武装冲突结束。

11 月 29 日，应英国要求，安理会在“秘书长 2006 年 11 月 22 日来函”议题下听取联合国秘书长尼泊尔和平进程特别代表马丁通报当前尼局势。中国代表在会上发言，表示作为尼邻国，中国一直密切关注尼和平进程，欢迎尼政府与反政府武装签署《全面和平协议》，希尼各宪政力量继续在维护尼主权、独立和领土完整基础上，通过政治对话实现和平与稳定。中国注意到尼各派希望联合国提供协助以推动和平进程向前发展的迫切愿望，支持任何有助于尼局势稳定发展的积极举措。中国欢迎秘书长对尼方要求予以积极回应。通过安理会授权只是为了帮助尼政府尽快完成和平进程，并不意味着尼局势对国际或地区和平与安全构成威胁。安理会可就具体授权方式进一步讨论，有关行动的职责范围应予以明确规定。

⑦刚果（金）问题

2006 年，刚果（金）进入大选年。刚果（金）总体形势保持稳定，但大选前及两轮选举期间局势时有紧张。联合国安理会多次审议刚果（金）问题，通过第 1711 号等决议。

4 月 25 日，安理会一致通过第 1671 号决议，授权欧盟向刚果（金）派兵，自举行第一轮总统和议会选举之日开始，为期四个月。中国常驻联合国副代表张义山大使表示，刚（金）和平进程总体朝积极方向发展。这是刚政府、地区有关各国、联合国驻刚果（金）特派团和国际社会共同努力的结果。下阶段，希刚政府按照既定路线图，及时完成大选筹备工作。有关地区国家应切实执行大湖区国际会议成果，有效利用双边、多边机制，通过对话妥善处理分歧，维护地区和平与稳定。国际社会应继续支持刚解除武装、选举进程，积极提供政治、资金支持。

9 月 29 日，安理会一致通过第 1711 号决议，将联合国驻刚果（金）特派团任期延至 2007 年 2 月 15 日。中国常驻联合国副代表刘振民大使表示，欢迎特派团延期。刚大选后安全局势不容乐观，需安理会继续密切关注。中国支持特派团继续在维护安全方面发挥积极作用。

截至 2006 年底，中国向联刚团派遣 12 名军事观察员、1 个工兵连 175 人和一个 43 人的医疗分队。

⑧科特迪瓦问题

2006 年，科特迪瓦各派虽在总统选举等原则问题上达成一致，但在具体操作上分歧较大，特别是叛军解除武装工作无实质进展，总统选举再次受阻。安理会多次讨论科问题，通过了第 1721 号等决议。

11 月 1 日，安理会一致通过第 1721 号决议，决定将科特迪瓦过渡期以及洛朗·巴博总统和夏尔·科南·班尼总理的任期延长至 2007 年 10 月 31 日；强调总理负责推进解除武装、复员和重返社会方案，查验居民身份和进行选民登记等工作；赋予总理掌管一切为完成上述工作所需的财力、物力和人力的权力，以及对科特迪瓦国防保安部队必要的指挥权；敦促科特迪瓦邻国阻止任何战斗人员或武器越界流入科特迪瓦境内。

中国常驻联合国副代表刘振民大使表示，中方关注科特迪瓦局势的发展，对科和平进程再次陷入僵局表示关注，强调科各方和国际社会应深刻反思其中原因，同时对科和平进程的前景也应抱有信心。中方欢迎非盟和西非经济共同体建议，赞同安理会予以核可。联合国应继续支持、配合非盟今后的斡旋努力，积极探索帮助科政府和人民的新方法、新途径，充分理解科人民感受，尊重科主权，避免施压过度引起形势反弹。实施定向制裁应配合政治努力，避免火上浇油。希望科有关各方加强协调，妥善解决相关问题，为举行总统选举创造条件。

⑨科索沃问题

2006年2月，在联合国秘书长科索沃地位问题特使、芬兰前总统阿赫蒂萨里主持下，塞尔维亚政府和科索沃当局关于科索沃地位问题的谈判正式启动，尽管举行了多轮谈判，但未取得实质性进展。

2006年，安理会多次审议科索沃问题，并举行公开会。2月14日，安理会举行科索沃问题公开会。中国常驻联合国代表王光亚大使发言表示，应采取措施抓紧落实各领域标准的执行工作，为未来地位谈判做好必要的准备。在联络小组成员对科索沃未来地位存在较大争议的情况下，既要有推动地位谈判加快取得进展的政治决心，又要注意保障科索沃各族裔权益，增进彼此互信，为对话创造有利氛围和基础。要避免仓促行事，对谈判结果预设定论。同时充分考虑科索沃问题形成的特殊性，着眼于整个巴尔干地区的和平与稳定。只有切实执行安理会第1244号决议，尊重塞黑主权和领土完整，确保科索沃问题有关各方充分、平等参与进程，才能推动以可持续方式解决科索沃问题。

6月5~6日，秘书长科索沃地位问题特使阿赫蒂萨里访华。国务委员唐家璇、外交部长李肇星分别会见。唐家璇国务委员表示，科索沃问题应在安理会相关决议框架内解决，任何解决方案都应有利于保障科索沃各族人民的平等权益和维护巴尔干地区的和平稳定，并照顾有关各方的合理关切。中方支持联合国继续发挥建设性作用。唐家璇国务委员指出，谈判对话是解决科索沃问题的正确途径，国际社会应继续推动塞尔维亚政府和科索沃临时自治机构通过谈判寻求双方都能接受的解决办法，而不应强加于人。李肇星外长强调，科索沃问题的解决应当尊重原南斯拉夫地区各国的主权和领土完整，认真落实安理会核准的相关标准，推动塞尔维亚和科索沃临时自治当局进行谈判。

12月13日，安理会就科索沃问题举行公开会。中国常驻联合国副代表刘振民大使发言表示，标准执行工作取得一定进展，但在安全保障、难民重返、族裔融合等方面仍面临一些挑战。应全面、有效落实各项标准。支持塞尔维亚政府和科索沃当局在阿赫蒂萨里特使斡旋下继续谈判。希阿赫蒂萨里即将提交的建议能为解决科索沃问题发挥积极建设性作用。要广泛听取各方意见，特别考虑解决方式对整个周边地区可能产生的影响。中方一贯恪守尊重各国主权和领土完整的国际法原则。国际社会和安理会在科索沃问题上需保持公正，应在安理会有关决议基础上，鼓励双方通过建设性谈判找到共同可接受的方案。

截至 2006 年 10 月 31 日，中国共向联合国科索沃临时行政当局特派团派出 18 名维和民警。

2. 裁军、军备控制与防扩散领域

2006 年，国际安全形势总体稳定，但影响世界和平、安全的不稳定、不确定因素续有增加。朝鲜半岛核问题、伊朗核问题等防扩散热点问题延宕难决，对全球和地区安全稳定以及国际防扩散机制造成深远影响。各国安全对话加强，大国间围绕防扩散问题的互动、协调与合作增加。国际社会对多边军控、裁军未来走向和优先议题仍存在分歧，相关进程步履维艰。

（1）积极参与国际防扩散进程，切实做好防扩散出口管制工作

当前，防扩散问题在国际安全领域日益突出，防扩散成为国际社会面临的一项现实而紧迫的任务。一方面，国际社会在防扩散总体目标上共识加深，国际防扩散进程进一步深化，通过对话、合作解决扩散问题的国际努力不断推进。另一方面，朝鲜半岛核问题、伊朗核问题等热点问题不断升温，大规模杀伤性武器与恐怖主义结合的风险依然存在，给国际防扩散努力增添了新的复杂因素。

中国坚决反对大规模杀伤性武器及其运载工具的扩散。中国认为，要妥善处理防扩散问题，必须遵循以下原则：首先，应标本兼治，综合治理。任何防扩散努力都不应偏离维护和促进国际和地区和平与稳定这一根本目标；第二，有关各方应在平等协商和互相尊重的基础上，致力于实现彼此关系正常化。这必将大大有助于实现防扩散目

标；第三，应坚持走对话和谈判的道路。制裁和施压不能从根本上解决问题，反而可能引发局势升级，效果适得其反；第四，确保国际防扩散努力的公正性和非歧视性，平衡处理防扩散与和平利用科学技术之间的关系；第五，切实维护国际防扩散机制，通过广泛参与的国际讨论，与时俱进，扩大共识，巩固和加强有关多边机制。

2006 年，中国积极参与国际防扩散进程，严格履行防扩散国际义务。中国支持联合国在防扩散领域发挥重要作用，高度重视并认真执行安理会第 1540 号决议，于 2006 年 7 月在北京主办了亚太地区首次第 1540 号决议执行情况研讨会，受到各方高度评价。中国支持有关地区组织和机制在防扩散方面发挥作用，以建设性态度参加了有关交流与对话，探讨在地区层面解决扩散问题的有效途径。中国积极参与旨在解决地区扩散问题的外交努力，支持国际社会通过政治、外交手段，妥善解决朝核、伊核等问题。中国支持“打击核恐怖主义全球倡议”的宗旨和目标，并于 10 月成为该倡议的创始伙伴国。

中国一贯重视防扩散出口管制工作，已建立全面、有效的出口管制体系，有关管制原则和措施与国际通行做法基本一致。2006 年，中国政府根据所承担的国际义务和出口管制工作的实际需要，对现有法规体系进行了修订和完善。1 月，颁布实施了《两用物项和技术进出口许可证管理办法》；7 月，更新了《中华人民共和国生物两用品及相关设备和技术出口管制清单》；11 月，修订了《中华人民共和国核出口管制条例》。中国政府还从 2006 年 9 月起对石墨类相关产品出口实施临时管制。今后，中国政府将继续在完善出口管制立法、执法、机制建设、企业教育、国际合作等方面作出努力。

（2）认真履行国际军控义务，务实推动多边军控进程

2006 年，中国继续致力于维护《不扩散核武器条约》的普遍性和权威性，与各方共同平衡推进核裁军、防扩散及和平利用核能三大目标。中国支持《全面禁止核试验条约》的宗旨和原则，积极参加条约筹委会的工作，继续推进中国境内国际监测系统及国家数据中心的建设工作。中国积极参与核供应国集团工作，切实履行自身义务。

中国高度重视裁军谈判会议的作用，积极参与裁谈会工作，支持裁谈会尽早达成一项全面、平衡的工作计划，以早日开始“禁止生产核武器用裂变材料条约”谈判，并成立核裁军和无核安保等特别委员会，开展实质性工作。

中国一贯主张和平利用外空，积极推动国际社会重视并处理防止外空

武器化和外空军备竞赛问题。主张裁谈会设立防止外空军备竞赛问题特委会，谈判缔结相关国际法律文书。2006年，中国与俄罗斯等国联合向裁谈会提交了《防止外空军备竞赛的核查》等5份工作文件。3月，中国与俄罗斯、联合国裁军问题研究所、加拿大西蒙斯基金会等在日内瓦再次联合举办外空问题国际研讨会。

中国严格履行《禁止化学武器公约》各项义务。2006年，中国按时提交了各类宣布，接待国际核查23次，积极开展与其他缔约国的交流与合作。中国高度重视日本遗弃在华化学武器问题，积极推动并协助日本加快日本遗弃在华化学武器的销毁进程，并就销毁计划、销毁核查机制问题与日本和禁止化学武器组织进行多轮磋商。中国敦促日本切实履行公约义务，加大力度，尽早彻底销毁所有日本遗弃在华化学武器。

中国支持并积极参与旨在加强《禁止生物武器公约》有效性的多边进程，以建设性态度参加了公约第六次审议大会，为会议达成最后文件作出积极贡献。中国按时向联合国提交了建立信任措施宣布资料。

中国忠实履行《特定常规武器公约》及各项议定书义务，以建设性态度参加了公约政府专家组及公约第三届审议大会工作。中国欢迎《战争遗留爆炸物议定书》生效，正积极开展国内相关准备工作，致力于早日批准该议定书。

中国继续支持打击轻、小武器非法贸易的国际努力，推动全面、有效落实联合国轻、小武器《行动纲领》。中国积极参加了2006年《行动纲领》审议大会和联合国打击轻、小武器非法中介问题政府专家组的工作。中国认真履行《识别与追查非法轻、小武器国际文书》，正稳步推进《枪支议定书》批约工作。

中国积极参与常规武器领域的军备透明进程，以建设性姿态参加了“联合国常规武器登记册”2006年度政府专家组会议，认真审议了“登记册”的运作及进一步发展等问题。

2006年，中国还积极参加了联合国大会第一委员会、联合国裁军审议委员会、联合国裁军咨询委员会、联合国核查问题政府专家组等一系列重要国际会议，发挥了建设性作用。

（3）广泛开展国际交流与合作

2006年，中国广泛开展军控、裁军与防扩散领域的国际交流与合作。

中国重视出口管制领域的多、双边交流与合作。中国已加入“桑戈委员会”、“核供应国集团”，申请加入“导弹及其技术控制制度”，与“澳大利亚集团”、“瓦森纳安排”等保持对话与交流。为落实2004年中欧领导人发表的《关于防扩散和军备控制问题的联合声明》，中国与欧盟商定在出口管制领域开展一系列交流与合作，并于2006年11月在苏州举办了中国—欧盟出口管制海关研讨会。中国还与美国、英国、法国等各方举行了防扩散和出口管制磋商、交流与合作。

2006年，作为对联合国和多边军控、裁军与防扩散工作的支持，中国首次接待了联合国裁军培训班来华学习访问。中国还向联合国裁军部亚太裁军中心捐款一万美元，支持该中心在地区军控和裁军事务中发挥更大作用。

中国一如既往地积极参与国际扫雷援助与合作，在南京为黎巴嫩、约旦两国共40名人员举办了为期三个月的人道主义扫雷技术培训班，并向两国捐赠了一批扫雷器材。

2006年，中国和澳大利亚、美国、法国、德国、韩国、巴基斯坦、以色列等国及欧盟举行了副外长级或司级安全与军控磋商。6月，中美两国政府官员、专家与学者共同参加了第六届中美军控、裁军与防扩散研讨会。通过上述磋商与交流，增进了与各国在国际安全、军控、防扩散领域的相互了解与信任，扩大了共识。

3. 人权领域

2006年是联合国人权机构经历重大改革的一年，中国继续本着积极和建设性态度参与联合国人权事务。

3月27日，联合国人权委员会（简称“人权会”）第62届会议在召开简短的程序性会议后落下帷幕，标志着人权会在经历了60年风雨之后结束使命。

3月15日，第60届联合国大会以表决方式通过60/251号决议，决定成立人权理事会，取代人权会。成立理事会是联合国改革取得的一项重要成果，标志着人权与安全、发展并列为联合国三大支柱，人权在联合国系统地位得到提升。根据60/251号决议，理事会为联大附属机构，由47个成员国组成，严格遵守公平地域分配原则，须经联大绝对多数（全体会员国一半以上）选出。理事会每年在瑞士日内瓦召开至少3次会议，其中包括一次主要会议，总会期不少于10周。经三分之一成员国同意，理事会即可召开特别会议。

中国代表团积极参与成立理事会的磋商，主张理事会按公平地域分配原则确定各地区组成员，同等重视经济、社会及文化权利和公民政治权利，通过对话与合作促进和保护人权，避免政治化、双重标准和选择性。中国并就理事会职权、组成、选举方式和工作方法等提出具体建议，为推动最终达成较为公正和平衡的方案作出了积极贡献。

5 月 9 日，第 60 届联大选举产生首届人权理事会 47 个成员国并抽签决定任期。中国以 146 票成功当选，任期 3 年，至 2009 年底。

6 月 19 日至 30 日，人权理事会首届会议在日内瓦举行。外交部副部长杨洁篪作为贵宾出席会议并作综合发言。杨洁篪副外长在发言中重点介绍了中国“以人为本”的科学发展观和构建和谐社会理念，提出了对人权理事会未来工作的五点主张。会议审议了联合国人权高专和原人权会下属机制报告，讨论了巴勒斯坦被占领土人权局势、宗教不容忍、苏丹达尔富尔问题、移民工人权利和“人权卫士”五个实质性议题，通过了 16 项决议、决定和主席声明。中国代表团全面、积极、建设性地参与各项议题讨论和磋商。中国代表团团长沙祖康大使代表发展中国家“观点相近集团”就人权机制评估等重要议题发言。中国在巴勒斯坦被占领土、发展权、消除种族歧视、移民权利、土著人权利等问题上积极支持发展中国家合理主张；与各方广泛接触和协调立场，在普遍定期审议、评估原人权会下属机制和理事会未来工作安排等问题上提出具体建议。中国的建设性作用和重要影响受到各方瞩目。

9 月 18 日至 10 月 6 日、11 月 29 日至 12 月 8 日，人权理事会第二、三次会议分别在日内瓦举行。会议主要审议了原人权会特别机制专家提交的报告，与有关专家进行了互动式对话，听取了“评估原人权会下属机制”和“普遍定期审议”两政府间工作组的进展报告。中国代表团团长沙祖康大使在第二次会议上代表“观点相近集团”发言，要求理事会改革国别机制，纠正原人权会信誉不佳的状况，引起发展中国家强烈共鸣。

人权理事会还分别就巴勒斯坦、黎巴嫩和苏丹达尔富尔人权局势举行 4 次特别会议。中国代表团参加了历次会议并阐述中方立场。

10 月 2 日至 11 月 30 日，第 61 届联大第三委员会审议了人权议题。中国常驻联合国副代表刘振民大使在人权议题下作综合性发言，介绍中国人权成就并阐述中国政府对人权理事会未来工作的立场和看法。中国代表团还在人权文书、儿童权利、反对种族主义、民族自决权等议题下发言，并积极参与有关决议的磋商。中国对欧盟和美国等提出的针对乌兹别克斯坦、缅甸、白俄罗斯、朝鲜等国的国别提案投了反对票。

中国专家陈士球大使、秦小梅教授分别出席了联合国原人权会下属的“促进和保护人权小组委员会”第 58 届会议和土著问题常设论坛第五届会议，从专家层面为专题人权问题的研究作出积极贡献。

中国政府继续与联合国人权机制开展合作。联合国人权事务高级专员办公室（简称“高专办”）技术团分别于2月和12月访华，与中方有关部门和机构进行了会谈。双方就落实2005年签署的合作《谅解备忘录》达成一致，确定了合作项目和初步实施方案。中国政府继续积极与人权理事会特别机制合作，在认真调查的基础上答复有关特别报告员、工作组的来函。

中国政府重视国际人权文书对促进和保护人权的积极作用，已加入包括《经济、社会及文化权利国际公约》在内的23个国际人权公约。中国继续与联合国人权条约机构和有关国家加强合作，采取积极措施履行公约义务。11月，中国和澳大利亚在新疆乌鲁木齐共同举办落实联合国经济社会及文化权利委员会结论性意见研讨会。中国继续本着认真负责的态度，为批准《公民权利和政治权利国际公约》进行积极准备。

中国政府继续在平等和相互尊重的基础上积极开展人权对话与交流。2006年，中国分别与欧盟、澳大利亚、英国、瑞士、瑞典、德国、挪威等举行人权对话或磋商，并在对话框架下开展了一系列交流项目。中国与欧盟共同主办了第14、15次司法研讨会，与加拿大、挪威、荷兰共同主办了第七届中加挪人权研讨会。中国继续与美国就恢复人权对话举行磋商。此外，中国还与巴西、阿根廷、委内瑞拉等发展中国家开展交流，增进相互了解和借鉴，扩大共识。

4. 社会领域

（1）国际难民保护

联合国难民事务高级专员公署（简称难民署）于1951年1月1日成立，负责保护难民并促使难民问题的永久解决。现任难民署高级专员是葡萄牙前总理安东尼奥·古特雷斯，2005年6月15日上任，任期5年。难民署总部设在瑞士日内瓦。

长期以来，全球难民潮此起彼伏，国际社会普遍关注。据难民署统计，虽然截至2005年底世界难民总数已降至857万，为近25年来最低，但国内流离失所者等难民署关注人口仍持续上升，达到2087万。

作为《关于难民地位的公约》及其《议定书》的缔约国，中国政府高度重视难民保护问题，严格履行应尽义务。1978年以来，中国接收了近30万印支难民，是接收难民最多的10个国家之一。

2006 年，中国政府继续积极参加难民署会议，支持难民署的难民国际保护工作，与难民署保持良好合作。

3 月 9~10 日，中国与联合国难民署驻华代表处在山西平遥联合举办难民立法研讨会。最高人民法院、国务院法制办、公安部、司法部、民政部、北京市公安局、山西省公安厅、山西省外办，以及外交部国际司、条法司、领事司等单位代表出席会议。会议主要就中国难民立法过程中遇到的问题进行了讨论，难民署还介绍了其他国家的立法经验及有关做法。

3 月 20~22 日，联合国难民事务高级专员古特雷斯访华，就国际难民形势、双方合作等问题与中国有关部门交换看法。古此访系 1997 年以来难民高专首次访华。国务委员唐家璇礼节性会见，外交部部长李肇星、部长助理崔天凯，以及公安部副部长孟宏伟、民政部副部长罗平飞、商务部副部长高虎城与其会见、会谈。访华期间，古还出席了《国际难民法指南》中文版发行仪式。

5 月 29 日至 6 月 2 日，外交部与联合国难民署危机紧急救助培训中心（eCenter）合作，在重庆市举办危机应对培训班。本次培训班采用“培训培训者计划”的方式，是两年期项目的第一部分，主要教授学员在灾害管理方面的培训技能。此系中国继 2005 年之后第二次在华举办 eCenter 培训班，来自外交部、公安部、国防部、农业部、民政部、卫生部、国家防总、国家环保总局、国家林业局、中国气象局、中国地震局、中国红十字会以及云南、广西、湖南、山东、甘肃民政部门的代表参加了培训。

9 月 21~23 日，中国作为亚太难民、流离失所者和移民问题政府间磋商论坛（APC）协调员，与联合国难民署驻华代表处在大连共同举办 APC 能力建设区域研讨会。会议主题为“在当今难、移民问题交织的背景下加强能力建设和区域合作”。APC 14 个成员、中国澳门特别行政区、联合国难民署和国际移民组织共 42 名代表与会。本次研讨会系中国继 2005 年 7 月后，第二次作为 APC 协调员与难民署合办能力建设研讨会。

10 月 2~6 日，第 57 届难民执委会在日内瓦召开。执委会 68 个成员国、90 多个观察员国及有关国际组织与会。各国围绕高专报告展开一般性辩论。会议最终审核批准了难民署 2007 年正常项目初步预算 10.43 亿美元。中国外交部国际司、驻日内瓦代表团组团与会。

11 月 23~25 日，中国作为 APC2006 年度主席国在厦门主办 APC 第 11 届年会，主题为“加强区域合作应对难民保护和移民问题的现实挑战”。来自 APC 19 个成员政府和联合国难民署、国际移民组织的代表出席本届年会。

(2) 妇女权益保护

联合国妇女地位委员会成立于1946年6月，是联合国经社理事会职司委员会之一，系联合国系统处理妇女问题的主要机构。该机构职责是促进妇女在政治、经济、社会及教育等方面实现男女平等，就有关妇女权益问题向经社理事会提出建议和报告。现有成员45个，由经社理事会按地区分配原则选举产生，任期四年。中国于1972年首次当选妇女地位委员会成员，以后连选连任至今。2006年，中国继续积极参与该委员会的各项活动。

2006年2月27日至3月10日，第50届联合国妇女地位委员会在纽约联合国总部举行。国务院妇女儿童工作委员会副主任赵少华率团出席，并在开幕式及高级别圆桌会议上发言，介绍了中国修改《妇女权益保障法》、举办第四次世界妇女大会十周年纪念会议等情况以及为落实《北京行动纲领》所采取的措施和取得成效。与会期间，赵少华副主任分别会见了联合国秘书长性别问题特别顾问、联合国妇女地位司司长、联合国妇女发展基金执行主任等。

8月10日，联合国消除对妇女歧视委员会在纽约审议中国执行《消除对妇女一切形式歧视公约》第五、六次合并报告，包括香港特区第二次报告和澳门特区首次报告。国务院妇女儿童工作委员会副主任黄晴宜率中央政府、港、澳特区政府组成的代表团参加审议。

5. 非政府组织领域

非政府组织委员会成立于1946年，是联合国经社理事会的附属机构，专门负责处理非政府组织与联合国的关系问题，审议非政府组织要求获得经社理事会咨商地位的申请、有咨商地位的非政府组织四年度活动报告，并讨论制订非政府组织行为规范等问题。委员会由19个成员国组成。中国自1994年以来一直连选连任。

2006年，中国继续积极参与该委员会工作，支持中国符合条件的非政府组织申请联合国经社理事会咨商地位，鼓励其参与联合国经社领域活动。截至2006年底，中华全国妇女联合会、中国残疾人联合会、中国人权研究会、中国联合国协会、中国光彩事业促进会、中国女企业家协会、中国人民对外友好协会、中国人民争取和平与裁军协会、中国国际交流协会、中国绿化基金会、中国科学技术协会、中国可持续发展研究会、中国关爱协会、中国计划生育协会、中国军控与裁军协会、中华环境保护基金会、中国前外交官联谊会、中国国际跨国公司研究会、中国国际科学技术合作协会、中国教育国际交流协会等非政府组织先后获得联合国经社理事会咨商地位。

中国非政府组织参加了联合国人权理事会、妇女地位委员会、社会发展委员会、新闻部非政府组织年会等联合国系统会议，积极介绍中国改革开放政策和成就，开展与各国非政府组织的友好交流与合作，为开拓民间外交新渠道作出了积极贡献。

6. 台湾“参与”联合国问题

2006 年 9 月 12 日，第 61 届联合国大会总务委员会以主席裁决方式，决定不将布基纳法索、冈比亚等少数国家提出的所谓台湾“参与”联合国及“联合国在维护东亚和平方面的积极作用”两提案列入联大议程。这是自 1993 年以来类似提案第 14 次遭到总务委员会拒绝。

8 月 10 日，在台湾当局唆使下，冈比亚等台湾“邦交国”常驻联合国代表致函联合国秘书长安南，要求将所谓“2300 万台湾人民在联合国的代表权及参与问题”及“联合国在维护东亚和平与安全方面的积极作用”两提案列入第 61 届联合国大会议程。

8 月 15 日，中国常驻联合国代表团临时代办刘振民大使奉命致函安南秘书长，表示：（一）台湾是中国领土不可分割的一部分。1971 年，第 26 届联大通过第 2758 号决议，明确规定中华人民共和国政府是中国在联合国的惟一合法代表。台湾是中国的一个地区，中国在联合国的代表权自然包括台湾在内。所谓台湾“在联合国的代表权”问题根本不存在。（二）50 多年来，海峡两岸虽然尚未统一，但是大陆和台湾同属一个中国的事实从未改变。迄今为止，世界上已有 160 多个国家与中国建立了外交关系。它们都承认一个中国的原则，都承认台湾是中国的一部分。（三）联合国是由主权国家组成的政府间国际组织。台湾作为中国的一部分，根本没有资格以任何名义和借口“参与”联合国组织及其专门机构。（四）尊重国家主权、领土完整和不干涉内政，是《联合国宪章》的重要原则。中国高度赞赏联合国和广大会员国坚持一个中国原则的正义立场，强烈敦促个别会员国严格遵守《联合国宪章》和联大第 2758 号决议，在台湾问题上采取与广大会员国相一致的立场。

9月12日，联大总务委员会就此进行讨论。乌干达代表提议将两个提案合并审议，并采取“2+2”方式（即支持与反对各两国发言）进行讨论。绝大多数国家表示支持，海地、冈比亚等国对此有所保留。主席遂裁定采纳乌干达提议。此后，中国常驻联合国代表王光亚大使发言阐述立场，指出极少数国家提出涉台提案是对中国内政的粗暴干涉，完全违背《联合国宪章》宗旨和原则以及联大第2758号决议，是对国际社会普遍承认的一个中国原则的公然挑衅。中国坚决反对将涉台提案列入联大议程。乌干达代表发言支持中方立场。经主席裁决，总务委员会一致决定拒绝将两提案列入联大议程。

中国与其他国际和地区组织、会议

1. 世界贸易组织

2001年12月，中国正式加入世界贸易组织（WTO，以下简称世贸组织）。此后，中国认真履行在申请加入谈判过程中所作的承诺，修改了大量法律法规，进一步降低了关税，按照承诺的时间表取消非关税措施，发放关税配额，服务、货物的市场开放也在有步骤地进行。加入世贸组织五年来，中国认真恪守世贸组织多边贸易规则，获得国际社会的肯定。2006年，中国继续全面参与世贸组织各项活动，并与其他各方开展磋商与合作。

4月19~25日，世贸组织在日内瓦对中国进行了首次贸易政策审议。商务部副部长易小准介绍了中国加入世贸组织以来经济贸易发展情况。与会成员普遍认为中国加入世贸组织给世界带来机遇，并肯定了中国在多哈回合谈判中发挥的建设性作用。

7月24日，世贸组织总干事拉米主持召开贸易谈判委员会非正式会议时建议中止多哈回合所有议题的谈判，多哈谈判陷入僵局。经过包括中国在内的各方共同努力，11月16日，在世贸组织贸易谈判委员会非正式会议上，各成员一致同意恢复多哈回合谈判各项议题的技术性磋商。但在谈判中的“铁三角”问题（即美国的农业国内支持、欧盟的农产品市场准入及发展中成员尤其是印度、巴西非农产品市场准入问题）上，各方仍未能取得突破。

加入世贸组织后，中国与世贸组织成员的经贸合作取得了显著进展。对于出现的一些贸易摩擦，中国坚持遵守世贸组织有关规则，通过平等友好协商寻求解决办法。

中国与世贸组织秘书处保持了良好的合作关系。9月4~8日，世贸组织总干事帕斯卡尔·拉米访华，对中国加入世贸组织五年来履行承诺的情况予以高度评价，并就重启多哈回合谈判等问题与中方交换了意见。

2. 世界卫生组织

2006年，中国政府与世界卫生组织关系继续稳步发展，中国政府积极参与世卫组织各项活动。

5月22日，总干事李钟郁（韩国人）因患脑血栓医治无效在日内瓦去世。李是第一位在任期间去世的卫生组织总干事。国务院总理温家宝、外交部长李肇星分别向世卫组织秘书处发了唁电。

5月22~27日，第59届世界卫生大会在日内瓦召开。会议讨论了世卫组织工作规则、《国际卫生条例》适用、卫生人力资源、天花病毒等诸多议题，通过了34项决议和2项决定，并安排了禽流感等专题研讨会。卫生部部长高强率中国代表团出席会议，就世界卫生组织涉台、人力资源、禽流感等问题发言阐述了中国政府立场和观点。本界卫生大会以主席裁决方式，通过了总务委员会的建议，拒绝个别国家提出的涉台提案。这是世界卫生大会连续第十次拒绝涉台提案。

9月18~23日，世界卫生组织西太区委员会第57届会议在新西兰奥克兰召开，卫生部副部长蒋作君率团出席。会议举行了“将研究成果转化为政策与实践”的部长级圆桌会议，审议了西太区工作报告，通过九项决议。会上，中国当选为第60届世界卫生大会总会委员会和提名委员会成员。

11月6~8日，世卫组织执委会选举中国候选人、香港特区前卫生署长陈冯富珍为总干事唯一人选向世界卫生大会提名。9日，卫生大会特别会议核准了执委会提名，正式任命陈冯富珍为总干事，任期自2007年1月4日至2012年6月30日。这是中国自1971年恢复联合国合法席位以来首次竞选并当选联合国专门机构最高负责人。

3. 国际电信联盟

国际电信联盟（简称“电联”）成立于1932年，是联合国一个专门机构，总部设在瑞士日内瓦，现有191个成员国。全权代表大会是电联的最高权力和政策制定机构，每四年召开一次。理事会是该组织的管理机构，由46个会员国组成。

2006年11月6～24日，电联第17届全权代表大会在土耳其安塔利亚举行，信息产业部部长王旭东率团与会。会议期间，中国当选电联理事国，中国推荐的候选人、电联标准化局主任赵厚麟当选电联副秘书长。

2006年12月3～8日，国际电联2006年世界电信展在香港举行。本次展会是有史以来参展商最多、规模最大的一次电信展览盛会，也是世界电信展自1971年创办以来首次在日内瓦以外的城市举行。全国人大常委会委员长吴邦国出席开幕式并发表主旨演讲。吴邦国委员长在讲话中表示，当今世界，信息通信技术日新月异，应用领域加速扩展，应用方式不断深化。中国是当今世界最具发展潜力的信息通信市场。我们将坚持对外开放的基本国策，继续本着平等互利的原则，加强同各国在信息通信领域的合作。

4. 亚太经济合作组织

亚太经济合作组织（APEC）是亚太地区重要的经济合作论坛。中国重视APEC作用，一贯支持并积极参与其各层次、各领域的合作。

2006年11月18～19日，APEC第14次领导人非正式会议在越南河内举行。会议围绕“走向充满活力的大家庭，实现可持续发展与繁荣”的主题，深入讨论了多哈回合谈判、茂物目标、亚太自贸区、经济技术合作、人类安全、APEC改革等问题，发表了《河内宣言》和《关于多哈回合谈判的领导人声明》，通过了关于实现茂物目标的《河内行动计划》。会议期间还举行了主权成员非正式外长会，讨论了朝核等地区热点问题，并就朝核问题发表了主席口头声明。

国家主席胡锦涛出席了此次领导人非正式会议，取得丰富成果。胡锦涛主席在会上以《推动共同发展，谋求和谐共赢》为题作了重要发言，出席了与 APEC 工商咨询理事会的对话会，在工商领导人峰会上发表演讲并回答工商界提问。胡锦涛主席在演讲和发言中以建立和谐亚太为主线，全面阐述了中国对推动区域经济合作的主张，介绍了中国的科学发展观与和平发展道路，并就加强 APEC 的工作特别是亚太地区的经济技术合作提出具体倡议，受到各方欢迎。

2006 年，中国派团出席 APEC 工作组级别以上会议和活动 50 余次，在华主办 APEC 活动 10 余次，深入参与 APEC 各领域合作，发挥了重要作用。

5. 太平洋经济合作理事会

太平洋经济合作理事会（以下简称 PECC）于 1980 年 9 月在堪培拉正式成立，是由太平洋区域国家和地区的议会、政府、工商界、学术界、媒体和民间团体的六方人士所组成的国际组织，现有 25 个成员。PECC 是亚太经济合作组织（APEC）的三个正式观察员组织之一，与 APEC 关系密切，配合并参与其许多工作。

中国于 1986 年参加 PECC，并于 1987 年初按照 PECC 章程的要求成立了中国太平洋经济合作全国委员会（以下简称全委会）。2006 年，中国继续积极参与 PECC 的各项活动。

2006 年 4 月，全委会参加了在越南举行的常委会；11 月，参加了在美国举行的第四届亚太合作会议及 PECC 执委会。此外，全委会还发挥交流平台作用，于 5 ~ 10 月组织中国工商界人士三次赴加拿大进行商业考察和洽谈活动；11 月，在北京举办了第三届中国—东盟企业家研讨交流会；11 月，与广东省中山市政府等单位共同主办了首届健康与发展中山论坛。

全委会充分利用 PECC 在太平洋地区的网络渠道和国内的地方资源，加强同 PECC 成员经济体的多边和双边经济交流与合作。多年来，全委会开展的一系列活动，得到了 PECC 其他成员的肯定和赞扬，也为地方经济建设、对外交流开辟了一条有益渠道。

6. 亚欧会议

2006年，中国继续本着“积极参与、求同存异、扩大共识、倡导合作”的方针，全面深入地参与亚欧会议各项活动，为巩固与发展亚欧新型全面伙伴关系发挥了积极和建设性作用。

深入参与政治对话。9月10～11日，国务院总理温家宝出席在芬兰赫尔辛基举行的第六届亚欧首脑会议，就共同关心的国际和地区问题与亚欧会议各成员领导人深入交流意见，提出了深化亚欧合作的具体主张和倡议。

中国亚欧会议高官王学贤大使率团出席了3月和6月在奥地利维也纳和芬兰赫尔辛基举行的亚欧会议高官会，就亚欧会议未来发展方向、继续扩大、工作方式改革等问题与各方交换了意见。中国还派团出席了6月26～27日在丹麦哥本哈根举行的第四届亚欧会议反恐会议。

积极推动经贸合作。中国财政部长金人庆率团出席了4月8～9日在奥地利维也纳举行的第七届亚欧财长会。金人庆部长介绍了中国通过健全宏观经济政策、积极推进改革开放、积极进行产业结构调整、关注经济和社会的全面、协调与均衡发展、坚持走和平发展道路，利用全球化的机遇促进自身和世界经济的增长。11月28日至12月1日，中国信息产业部副部长蒋耀平率团出席在越南河内举行的首届亚欧信息通信部长会议。

3月25～26日，中国、奥地利和欧盟委员会共同在上海举办亚欧国际财务报告准则研讨会。10月19～22日，中国在山东烟台举办了亚欧会议旅游合作发展论坛暨展览会。11月2～3日，中国在浙江嘉兴举办了第五届亚欧会议电子商务论坛。

此外，中国还派团出席了在日本东京举行的亚欧会议能源研讨会和在芬兰赫尔辛基举行的第10届亚欧工商论坛，并与芬兰在赫尔辛基共同主办亚欧会议能源安全和气候变化研讨会。

推动社会文化及其他领域交流。9月3～5日，中国劳动和社会保障部部长高级顾问崔会烈率团出席了在德国波斯坦举行的第一届亚欧就业和劳工部长级会议。

7月3～5日，中国亚欧会议高官王学贤大使率团出席了在塞浦路斯拉纳卡举行的第二届亚欧会议不同信仰间对话会议。中国还派团出席了第五届亚欧会议移民管理局长级会议、第七届亚欧会议非正式人权研讨会、亚欧海洋倡议技术工作组会议、第三届亚欧会议文化和文明研讨会第一次预备会和亚欧会议外交学术机构网络研讨会等。

中国积极支持和参与亚欧基金的活动，推动亚欧学术、文化、人员交流。中国亚欧基金董事、外交部国际司副司长陈旭出席了 2 月和 11 月分别在新加坡和日本东京举行的亚欧基金执行董事会会议和第 18、19 届董事会会议。11 月 13 ~ 14 日，中国外交学院与亚欧基金共同在北京举办了“欧洲一体化和东亚合作研究”国际学术研讨会。中国还与亚欧基金合办了第三届亚欧音乐营和第 16 届亚欧基金巡回讲座等活动。

7. 上海合作组织

2006 年，适值上海合作组织成立 5 周年及其前身“上海五国”机制建立 10 周年。上海合作组织在政治、经济、安全、人文等领域务实合作取得重要进展，成员国间在议会、最高法院、卫生等领域合作正式启动。上海合作组织的整体凝聚力、影响力和行动能力明显上升。

6 月，上海合作组织成员国元首理事会第六次会议在上海成功举行，签署了《上海合作组织五周年宣言》、《上海合作组织成员国元首关于国际信息安全的声明》，发表了《新闻公报》。9 月，上海合作组织成员国总理理事会第五次会议在塔吉克斯坦首都杜尚别举行，发表了联合公报。

5 月，上海合作组织成员国首次议长会晤在莫斯科举行，标志着成员国议会合作正式启动。9 月，上海合作组织成员国最高法院院长会议在上海举行，建立了成员国最高法院院长定期会晤机制。

此外，上海合作组织成员国还分别举行了总检察长、外交部长、国防部长、经贸部长、文化部长、教育部长、紧急救灾部长等部门领导人会议，就推动相关领域合作达成重要共识。

8. 东南亚国家联盟

2006 年是中国—东盟建立对话关系 15 周年和“中国—东盟友好合作年”。中华人民共和国与东南亚国家联盟在政治、经济和具体领域合作等方面取得了稳定进展，双方面向和平与繁荣的战略伙伴关系进一步深化。

根据2005年第九次中国—东盟领导人会议达成的共识，10月30日，中国—东盟建立对话关系15周年纪念峰会在广西南宁举行，国务院总理温家宝与东盟10国领导人以及东盟秘书长出席。中国和东盟还共同举办了建立对话关系15周年系列纪念活动。活动共计14项，其中包括：印制15周年宣传海报、出版《中国—东盟名人小组报告》、《中国—东盟文件集（1991—2005)》、《中国—东盟建立对话关系15周年纪念杂志》和《中国—东盟民间故事集》；中国和东盟分别发行了纪念邮票和首日封；中国在大部分东盟成员国首都举办了“中国电影节”；4月，中国—东盟联合文艺演出暨青年音乐家交响乐表演在柬埔寨吴哥窟前举行；5月，中国—东盟系列演讲在印尼雅加达举行；9月，中国—东盟关系高层国际研讨会在北京举行；10月，中国—东盟青年营活动在中国举办；10月，中国—东盟汽车拉力赛在中国举办。此外，中国与东盟的民间交往也很活跃。5月，在北京召开了中国—东盟民间友好组织大会，12月开展了中国—东盟友好之旅活动。以上大部分活动由中国—东盟合作基金和中国政府亚洲区域合作专项资金支持。15周年系列纪念活动扩大了中国—东盟友好关系的公众认知度，推动了双方社会各界更多地参与中国—东盟友好合作事业。

2006年，中国和东盟通过各个级别的会议机制，就共同关心的双边、地区和国际问题保持了良好的对话和沟通。3月15～16日，外交部部长助理崔天凯出席在广西南宁举办的第七次中国—东盟联合合作委员会会议开幕式并讲话。5月29日，第12次中国—东盟高官磋商在柬埔寨暹粒举行，外交部副部长武大伟和东盟10国高官及东盟秘书长出席会议。5月30日，外交部副部长武大伟出席在柬埔寨暹粒举行的中国—东盟落实《南海各方行为宣言》(DOC）后续行动特别高官会。

在经贸合作领域，中国—东盟自由贸易区建设取得重大进展，货物贸易协议的落实情况令人满意。2006年12月8日，中国和东盟经贸部长在菲律宾宿务签署了《关于〈中国—东盟全面经济合作框架协议〉第二修改议定书》和《关于〈中国—东盟全面经济合作框架协议货物贸易〉修改议定书》。10月31日至11月4日第三届中国—东盟博览会和第三届中国—东盟商务与投资峰会在广西南宁举行。

中国—东盟其他领域合作全面推进，卓有成效。4月17～21日，第二次中国—东盟电信周在马来西亚槟城举行，其间举行了中国—东盟电信部长论坛。6月8日，第四次中国—东盟打击跨国犯罪高官会议在印尼巴厘岛举行。6月22日，首届中国—东盟卫生部长会议在缅甸仰光举行，由此建立了中国—东盟卫生部长会议机制。8月31日至9月6日，“东盟文化周”在北京举行。9 月 19 日，首届中国—东盟电信部长会议在文莱斯里巴加湾举行，由此建立了中国—东盟电信部长会议机制。9 月 4～5 日，中国—东盟科技联委会第四次会议在云南丽江举行。此外，双方还在教育、劳动和社会保障、地方政府和人员交流、环境保护、媒体等领域开展了一系列活动。

在次区域合作方面，中国现为东盟东部增长区发展伙伴。3 月，第一次中国—东盟东部增长区非正式高官会议在印尼坤甸举行。11 月，第一次中国—东盟东部增长区高官会举行。

由于受台风袭击，原定于 12 月中旬在菲律宾宿务举行的东亚系列领导人会议因故延期，第十次中国—东盟领导人会议因此改在 2007 年 1 月举行。

9. 中国参与东盟与中日韩（10＋3）合作

2006 年，10＋3 合作继续保持快速发展的势头。中国积极参与 10＋3 框架下的各项合作活动，与各国共同推动 10＋3 合作的深入发展。

第 10 次 10＋3 领导人会议原定于 2006 年 12 月 11 日在菲律宾宿务举行，后主办国菲律宾宣布因台风推迟到 2007 年 1 月举行。

7 月 26 日，第七次 10＋3 外长会在马来西亚吉隆坡举行，主要讨论了 10＋3 合作进展及其未来发展方向，并就共同关心的地区和国际政治经济问题交换了意见。外交部长李肇星在会上强调，推进 10＋3 合作是各国共同愿望，是东亚经济一体化的客观要求。10＋3 合作改善了东亚地区发展环境，提升了地区整体实力，为各国带来了实在利益。李肇星外长就进一步推进 10＋3 合作提出建议：一是以 2007 年 10＋3 合作 10 周年为契机，将合作提升到一个新的水平；二是加强 10＋3 内部各组关系，形成合力；三是不断开拓和深化新的合作；四是支持以 10＋3 为主渠道推进东亚共同体建设，支持东亚峰会等其他机制对东亚合作给予有益补充。

8 月底 9 月初，中国主办了第八届亚洲艺术节，其间举办了东盟文化周，并为 10＋3 国家举办了文化人力资源开发合作培训班等活动项目。9 月，中国在北京主办了第二届 10＋3 区域扶贫高层研讨会，就倡导地区减贫合作提出了《北京倡议》。10 月，中国在北京主办了 10＋3 国家武装部队军用枪射击比赛。

10. 东亚峰会

东亚峰会是东亚合作进程中的新平台，目前还处于起步阶段。2006年，中国积极参与东亚峰会有关问题的讨论，为峰会发展发挥了积极的建设性作用。

第二届东亚峰会原定于2006年12月13日在菲律宾宿务举行，后主办国菲律宾宣布因台风推迟到2007年1月举行。

中国派团出席了2006年举行的四次东亚峰会高官特别磋商和一次东亚峰会外长工作午餐会，与各方主要就首届东亚峰会后续及峰会未来发展等问题进行了探讨。

目前，东亚峰会初步确定了能源、金融、教育、禽流感和减灾五大重点合作领域。为便于峰会各参加国高官相互沟通，东盟秘书处专门设立了峰会电子邮件小组。

中国支持东盟在东亚峰会问题上发挥主导作用，支持各方本着循序渐进、协商一致的原则就东亚峰会未来发展展开探讨。

11. 东盟地区论坛

中国重视东盟地区论坛（简称ARF）的作用。2006年，中国继续积极参与东盟地区论坛合作，进一步增进与论坛各成员间的政治与安全互信。

7月28日，外交部长李肇星出席了在马来西亚首都吉隆坡举行的第13届东盟地区论坛外长会议。李肇星部长表示，亚太地区各国共同利益扩大，合作意识增强。以东盟地区论坛为代表的多边安全对话合作机制活跃，促进了各国间的信任，为本地区国家应对新型安全挑战、维护地区和平与稳定，发挥了积极作用。但影响地区的不稳定、不确定因素依然存在，深入开展地区安全对话合作仍面临一些困难。

李肇星外长指出，多边对话与合作是各国应对挑战，维护共同安全的有效途径。为更有效维护地区安全、促进对话合作，东盟地区论坛应注意：（一）立足互信，深化合作。建立信任应贯穿论坛发展进程，在尊重主权的基础上，可逐步探讨开展预防性外交的方式与途径，采取更加切实的步骤营造地区安全；（二）东盟主导，鼓励参与。论坛应坚持东盟主导，遵循不干涉内政、协商一致、照顾各方舒适度等行之有效的原则，成为实践地区多边主义的典范；（三）确立重点，注重务实。论坛应根据自身特点，重点落实在反恐、救灾等非传统安全领域达成的合作共识，增加执法部门间的直接交流，扩大国防官员的参与；（四）注重自身建设，稳步扩大交流。论坛应立足于本地区现实需要，充分利用现有机制，发展与其他机制的关系应力求良性互动，优势互补。

3 月 28～29 日，中国、新加坡和美国在新加坡共同举办东盟地区论坛防扩散研讨会。会议主要讨论了当前防止大规模杀伤性武器扩散形势、现有不扩散机制及辅助手段，地区不扩散合作等问题。

4 月 26～28 日，中国与文莱共同在北京主办了第四届东盟地区论坛反恐与打击跨国犯罪会间会。与会各方就地区恐怖主义发展、恐怖主义根源、反恐战略和措施等问题深入交换了意见。

5 月 18 日，由中国倡议的“东盟地区论坛安全政策会议”第三次会议在马来西亚沙巴州举行。中国人民解放军总参谋长助理章沁生少将率团出席会议。会议讨论了海上安全与维和等议题。

9 月 18～20 日，中国与印度尼西亚在青岛共同主办了第六次东盟地区论坛救灾会间会。与会代表回顾了东盟地区论坛救灾合作现状，探讨了开展救灾合作的重点领域与实施方式。

2006 年，东盟地区论坛还举办了高官会，建立信任措施与预防性外交会间会，专家名人会议，网络安全、能源安全、军民合作防控传染性疫病、便携式防空系统和小武器仓储管理安全等会议，中国均派人参加。

12. 博鳌亚洲论坛

博鳌亚洲论坛成立于 2001 年 2 月，是一个非官方、非盈利的国际会议组织，定址中国海南博鳌。论坛以“平等、互惠、合作、共赢”为主旨，立足亚洲，面向世界，并为各方提供一个共商亚洲发展大计的场所，推动亚洲各国及亚洲与其他地区之间的相互了解与合作。

2006 年 4 月 21～23 日，论坛 2006 年年会在博鳌召开，主题为“亚洲寻求共赢：亚洲的新机会”。国家副主席曾庆红出席年会开幕式并发表题为“把握亚洲新的机会、共创世界美好未来”的主旨演讲。曾庆红副主席在讲话中指出，亚洲的和平、稳定、发展关系到亚洲各国人民的共同命运。在当前总体和平稳定的国际环境下，亚洲也迎来了有史以来较为稳定的和平发展时期。亚洲的发展正呈现出前所未有的良好态势，一个平等、多元、开放、互利的地区合作新局面正在逐步形成。这些积极而重大的变化，既为推动亚洲区域合作提供了有利条件，也为亚洲各国和地区的发展带来了历史性机遇。只要我们继续相互尊重、平等对待，把握住发展的机会，把握住自己的命运，就一定能够促进亚洲的发展与振兴，达到互利共赢的目标。

会上，曾庆红副主席介绍了中国经济发展所取得的成就及面临的问题，强调，中国对内坚持科学发展、统筹发展、和谐发展，对外坚持和平发展、开放发展、合作发展。中国将坚持与邻为善、以邻为伴的周边外交方针和睦邻、安邻、富邻的周边外交政策，继续积极参与亚洲区域合作，努力探讨实现亚洲各国互利共赢的有效途径，促进区域合作进程健康发展。中国将坚持互信、互利、平等、协作的新安全观，推动亚洲国家在联合国宪章以及和平共处五项原则的基础上，加强政治对话，增进相互信任，化解矛盾，缩小分歧，扩大共识，维护地区和平、安全和稳定。

曾庆红副主席就加强亚洲合作提出了以下建议：（一）继续深化互利合作，促进共同发展和可持续发展。（二）坚持和谐相处，尊重和维护地区多样性。（三）坚持开放包容，面向整个世界。

此外，博鳌亚洲论坛还举办了其他一些重要活动，主要包括：4月26~27日，在江苏泰州举行国际医药大会。全国政协副主席张怀西出席开幕式并致辞。来自30多个国家负责医药与卫生的官员、国际组织代表、企业代表、专家学者出席会议。

10月20~22日，与联合国教科文组织、中国国家留学基金管理委员会在北京联合举办“亚洲教育论坛2006年年会”。国务委员陈至立出席开幕式。来自28个国家和地区的教育部长、副部长及代表出席会议。

11月10日，与日本国际交流基金会在日本京都共同举办亚洲文化合作交流研讨会。来自中国、日本、韩国、印度、印尼等亚洲国家专家学者及特邀嘉宾出席会议。

11月24~25日，在深圳举办循环经济国际峰会。国家质检总局局长李长江、深圳市委书记李鸿忠出席会议并致辞。来自中国及有关国家的官员、企业代表、专家学者约400人出席会议。

13. 亚洲及太平洋经济社会委员会

联合国亚洲及太平洋经济社会委员会（亚太经社会，ESCAP）的前身亚洲和远东经济委员会（亚远经委会，ECAFE）于 1947 年 3 月在上海成立。亚太经社会是联合国经社理事会下属的五个区域委员会之一，是联合国在亚太区域唯一的政府间综合性经济社会发展组织，也是亚太区域国家和地区讨论共同关心的经济社会问题的重要论坛和开展区域合作的重要渠道。

ESCAP 第 62 届会议于 2006 年 4 月 6 ~ 12 日在印尼雅加达举行。外交部部长助理崔天凯率团与会。会议围绕“加强基础设施发展领域区域合作”的主题，就加强基础设施合作、实现千年发展目标、扶贫、新出现社会问题和全球化等问题进行了讨论。在一般性辩论中，崔天凯部长助理围绕本次会议主题发表讲话，指出亚太地区仍是经济增长最快、最具活力的地区，发展前景看好，但也必须正视基础设施薄弱等自身发展面临的挑战。亚太地区各国在加倍自身努力的同时，必须加强区域合作，共同推动基础设施建设。为此，崔天凯部长助理建议从以下四个重点领域着手：（一）加强对话，交流经验。（二）搭建平台，政企合作。（三）开拓渠道，增加投入。（四）政策配套，便利互联。崔天凯部长助理还简要介绍了中国基础设施建设取得的成就、在基础设施区域合作方面做出的积极贡献，以及中国国民经济和社会发展第十一个五年规划和科学发展观，强调中国的发展将更为科学、协调、和谐，将为全球和亚太地区带来更多机遇。崔天凯部长助理指出，中国在推动自身发展的同时，主张互利共赢，通过全球和区域合作，实现世界各国共同发展与繁荣。

2006 年，中国还派团参加 ESCAP 驾驭全球化委员会第三届会议、ESCAP 扶贫委员会第三届会议和 ESCAP 新出现社会问题委员会第三届会议，介绍了中国在相关领域的政策与成就。

2006 年，中国同 ESCAP 共同举办农业机械研发、残疾人无障碍旅游、构建地区合作网络促进服装出口、农村地区社区电子设施建设、能源服务供应政策选择、促进亚洲次区域贸易投资和国际运输便利化研讨会 7 个合作项目。

14. 东亚—拉美合作论坛

东亚—拉美合作论坛于1999年正式成立，是目前唯一跨东亚和拉美两区域的官方多边合作机制，旨在增进两区域之间的了解，促进政治、经济对话及各领域合作，推动东亚和拉美国家间建立更为密切的关系，实现共同发展。

2006年2月，论坛第四次政治、文化、教育工作组会议在哥伦比亚举行。中方在会上重点介绍了“东亚—拉美大学校长论坛”项目，强调该项目旨在贯彻和落实“马尼拉行动计划”精神，充分发挥高校在区域经济发展中的重要作用，深化和拓展东亚和拉美两大区域高等教育领域的交流与合作。

3月，论坛第三次核心小组会议在东京举行。会议重点讨论了第三届外长会筹备情况以及论坛未来发展方向等问题。中方在会上强调，论坛第三届外长会应重点回顾和评估《马尼拉行动计划》的落实情况，并根据形势发展和论坛实际情况，确定论坛中长期发展规划。中方认为，论坛应继续加强机制建设，提高工作效率，并根据实际情况，从经济、教育、文化等重点合作领域入手，稳步推进。

2006年10月16~17日，“东亚—拉美大学校长论坛”首届会议在北京成功举行。会议由教育部和外交部共同举办。来自12个成员国的40个教育机构的60位大学校长或代表，以及30余名政府官员出席会议。与会者就“大学在区域化经济发展中扮演的重要角色”、“在21世纪全球化背景下高等教育的发展战略”等主题进行了讨论和交流。

此外，中方在论坛框架下还继续承办了多个合作项目。主要包括：公务员研修班、贸易投资研修班、拉美青年外交官讲习班和高级外交官访华团等。

中方还出席了分别在东京和曼谷举行的经社工作组和科技工作组第四次会议。

15. 太平洋岛国论坛

2006 年，中华人民共和国与太平洋岛国论坛关系取得长足发展。

4月，“中国—太平洋岛国经济发展合作论坛”首届部长级会议在斐济楠迪举行。国务院总理温家宝出席开幕式并发表主旨讲话，宣布中国支持岛国发展的六项措施，得到论坛各方的高度赞赏。温家宝总理还会见了专程赴楠迪出席开幕式的密克罗尼西亚联邦总统乌鲁塞马尔、巴布亚新几内亚总理索马雷、瓦努阿图总理利尼、汤加王国首相塞韦莱、库克群岛总理马鲁莱、纽埃总理维维安和萨摩亚工商劳工部长基尔等岛国领导人及论坛秘书长厄尔文。

10月，外交部部长助理何亚非率中国政府代表团出席在斐济楠迪举行的第 18 届论坛会后对话会，就落实温家宝总理访问成果提出八项具体措施。

8 月，论坛秘书长厄尔文访华。10 月，中方在“亚洲教育北京论坛”期间为岛国教育部长举行“中国—太平洋岛国论坛发展中国家教育部长圆桌会议”，并接待岛国联合新闻团访华。11 月，中方举办第二届太平洋岛国外交官培训班。

16. 非洲联盟

2006 年，中国与非洲联盟保持密切交往与合作，友好合作关系进一步发展。1月，中国政府发表《中国对非洲政策文件》，赞赏非洲联盟在维护地区和平与稳定、促进非洲团结与发展中的重要作用，表示中国重视与非洲联盟在各领域的友好合作，支持其在地区和国际事务中发挥积极作用并提供力所能及的帮助。同月，中国政府特使、外交部部长助理吕国增率团出席在苏丹首都喀土穆举行的第六届非盟首脑会议，会见非盟委员会主席科纳雷，并代表中国政府向非盟提供 40 万美元现汇援助用以支持其在苏丹达尔富尔地区的维和行动。5 月 25 日，国务委员唐家璇应邀出席非洲国家驻华使节举行的庆祝“非洲日”43 周年招待会并讲话，表示中国政府高度重视发展中非关系，将永远是非洲的好朋友、好伙伴、好兄弟。6月，国务院总理温家宝访问刚果共和国期间会见非盟轮值主席、刚果共和国总统萨苏，代表中国政府宣布向非盟在苏丹达尔富尔地区的维和行动提供100万美元现汇援助。7月，国家主席胡锦涛在圣彼得堡出席八国集团同发展中国家领导人对话会期间会见非盟轮值主席、刚果共和国总统萨苏。同月，非盟第七届首脑会议在冈比亚首都班珠尔举行，温家宝总理致函祝贺，中国政府代表团团长、驻赞比亚大使李保东率团出席会议，会见非盟委员会主席科纳雷，向非盟执行理事会特别会议通报中非合作论坛北京峰会筹备情况，并以中国政府名义向非盟提供30万美元捐款。9月，外交部长李肇星在出席联合国大会期间会见非盟委员会主席科纳雷，双方就非洲形势、中非关系、联合国改革等问题深入交换意见。10月，外交部部长助理翟隽访问非盟总部，与非盟委员会主席科纳雷就举办中非合作论坛北京峰会有关事宜进行磋商。11月，非盟委员会主席科纳雷作为特邀嘉宾参加中非合作论坛北京峰会，胡锦涛主席予以会见。胡锦涛主席在会见中表示，中国重视非盟，把同非盟关系视为中非关系的重要组成部分。作为峰会出台的中国加强同非洲务实合作的八项政策措施之一，中国政府决定为非盟援建会议中心。非盟派团以观察员身份列席中非合作论坛第三届部长级会议和第五届高官会议。科纳雷多次代表非盟重申坚持一个中国政策，绝不同台湾发生任何关系，谴责陈水扁终止“国统会”和“国统纲领”的行径。

17. 阿拉伯国家联盟

2006年，中国与阿拉伯国家联盟（以下简称“阿盟”）的友好合作关系进一步发展。

双方继续保持政治磋商与协调。3月，国家主席胡锦涛致电祝贺第18届阿盟首脑会议召开。中国驻埃及大使兼驻阿盟代表吴思科应邀列席会议。4月，外交部长李肇星致电祝贺阿盟秘书长穆萨连任。

5月31日至6月1日，中国阿拉伯国家合作论坛第二届部长级会议在北京举行。国家主席胡锦涛集体会见与会的阿拉伯国家代表，就进一步发展中阿友好合作关系提出四点主张：（一）加强政治合作，巩固和发展中阿政治关系的基础。（二）加强经济合作，实现互利共赢。（三）加强文化合作，弘扬传统友谊。（四）加强国际合作，促进和平稳定。国务委员唐家璇出席开幕式并发表讲话，李肇星外长和阿盟外长理事会轮值主席、阿联酋外交事务国务部长穆罕默德、阿盟秘书长穆萨共同主持会议。李肇星外长和穆罕默德主席分别代表中、阿方作主旨发言。发改委副主任张晓强、财政部副部长李勇、商务部副部长魏建国、文化部副部长孟晓驷、对外友协会长陈昊苏、外交部部长助理何亚非、贸促会副会长张伟及其他21个阿拉伯国家的外长或外长代表参加。会议重点讨论了落实胡锦涛主席关于发展中阿关系的四点主张，并就论坛今后两年的主要工作达成一致。

会后，李肇星外长与穆萨秘书长共同签署了《中国—阿拉伯国家合作论坛第二届部长级会议公报》和《中国—阿拉伯国家合作论坛 2006 年至 2008 年行动执行计划》。国家环保总局局长周生贤与穆萨秘书长共同签署了《中华人民共和国政府和阿拉伯国家联盟关于环境保护合作的联合公报》。中国贸易促进委员会会长万季飞与穆萨秘书长共同签署了《关于建立中国—阿拉伯国家合作论坛企业家大会合作机制的谅解备忘录》。

部长级会议前，召开了论坛第三次高官会。

9 月 6 日，第 126 次阿盟外长理事会通过了关于“阿拉伯国家与中华人民共和国关系”的第 6692 号决议，强调阿盟各成员国愿意加强同中国在各个领域的关系，对论坛第二届部长级会议的成功召开表示赞赏，对会议取得的各项成果、确定的新型伙伴关系机制以及在论坛 2006～2008 年执行计划框架下拟举办的各项活动表示欢迎。

9 月 20 日，李肇星外长在出席第 61 届联大会议期间会见阿盟秘书长穆萨，双方就中东地区形势交换了意见。

双方经贸合作良好。9 月 8 日，商务部在第十届厦门中国国际投资贸易洽谈会期间举办了中国—阿拉伯国家石化合作研讨会，探讨加强中阿双方在石化领域的交流与合作，以实现互惠互利和共同发展。

文化交流活动顺利开展。6 月 23 日至 7 月 13 日，由文化部、外交部与阿盟成员国有关部门联合举办的阿拉伯艺术节先后在北京主会场和南京分会场举行，这是中国与阿盟所有成员国首次在华联合举办阿拉伯艺术节，主要活动包括：阿拉伯艺术展、中阿文化部长圆桌会议、阿拉伯艺术演出、阿拉伯服饰展示和美食品尝以及阿拉伯国家记者团访华。16 个阿拉伯国家政府文化代表团和阿盟高级文化代表团共 51 人（其中部级代表 14 人）及 250 名阿拉伯艺术家参加艺术节相关活动。中共中央政治局常委李长春会见了阿方代表团团长。

环保和民间交往密切。2 月 8 日，国家环保总局和阿盟秘书处在阿联酋迪拜共同举办首次中阿环境合作会议。会议强调了加强中阿环境合作的意愿，明确了双方合作的方向。11 月 28～29 日，首届中阿友好大会在苏丹首都喀土穆举行。中阿友好协会会长铁木尔·达瓦买提率中阿友协代表团一行35人参会，22个阿拉伯国家的对华友好组织负责人及阿盟代表团共50多人出席。苏丹副总统塔哈出席开幕式。会议通过了《中阿民间友好宣言》，决定成立总部为喀土穆的阿拉伯中国友好协会联合会，同意叙利亚承办第二届中阿友好大会，确定2006年11月28日为“中阿友好日”。

18. 海湾合作委员会

2006年，中国与海湾合作委员会（简称“海合会”）的友好合作关系进一步发展。

4月22～24日，国家主席胡锦涛访问沙特阿拉伯期间会见了海湾合作委员会秘书长阿卜杜—拉赫曼·本·哈马德·阿蒂亚，双方就中国同海合会的关系以及共同关心的地区和国际问题交换了意见。9月，外交部长李肇星在出席纽约第61届联合国大会期间会见了海湾合作委员会现任轮值主席国阿联酋外交国务部长穆罕默德·本·拉希德·阿勒马克图姆、下任轮值主席国沙特外交国务大臣尼扎尔·本·欧拜德·迈达尼及海合会秘书长阿蒂亚。

中国与海合会在经贸、能源领域的合作稳步发展，自由贸易区谈判进展顺利。7月，中国—海合会自贸区第四轮谈判在浙江省嘉兴市举行，商务部副部长易小准率中方代表团参加。

19. 美洲国家组织

美洲国家组织成立于1948年，总部设在华盛顿，成员包括全美洲35个国家（1962年古巴被剥夺参加活动的资格，但依法仍是成员国），是美洲最重要的政府间政治组织。截至2006年底，该组织有常驻观察员60个。近年来，美洲国家组织在维护本地区稳定和安全、促进和平与发展、推动一体化建设等方面发挥着积极、重要的作用。

中国重视该组织的作用。近年来，双方友好合作关系不断加强。2004

年 5 月，中国成为该组织第 60 个常驻观察员国。中国政府出资 100 万美元，设立为期五年的“中国—美洲国家组织合作基金”。2005 年 2 月，该基金正式启动，截至 2006 年底共资助了 13 个项目，受到广泛好评。2006 年 6 月，中国常驻该组织观察员周文重大使代表中国政府出席该组织第 36 届大会。该组织副秘书长拉姆丁率加勒比和中美洲六国常驻代表访华，外交部长李肇星会见。

20. 里约集团

里约集团成立于 1986 年，是拉美地区最重要的政治磋商和协调机构。现有 20 个成员国（包括加勒比地区每年推选的一个代表国）。2006 年轮值协调国是圭亚那。

中国政府高度重视里约集团在地区和国际事务中发挥的积极作用。2006 年第 61 届联大期间，外交部长李肇星与里约集团成员国外长举行第 16 次政治对话。双方积极评价中拉关系、中国同里约集团关系的发展，表示愿共同努力，不断扩大和深化政治、经贸等领域的合作。里约集团感谢中国在国际上支持包括拉美在内的发展中国家，赞赏中国为海地实现和平稳定做出的贡献。双方表示愿进一步加强在国际事务中的协调与合作。

21. 拉丁美洲议会

拉丁美洲议会成立于 1964 年，由拉美和加勒比 22 个国家和地区的议员组成，宗旨是促进拉美和加勒比国家的团结和地区一体化。总部设在巴西圣保罗。在 2006 年 12 月举行的第 22 届大会上，智利参议员豪尔赫·皮萨罗当选新议长。

2006 年，拉美议会继续重视同中国发展关系。6 月，拉美议会副议长皮萨罗率团访华。9 月，全国人大常委会委员长吴邦国访问拉美议会总部并会见洛佩斯议长，洛代表拉美议会授予吴委员长“拉美大项链勋章”。12 月，全国人大外委会副主任委员吕聪敏以观察员身份出席该组织第 22 届大会。

22. 国际红十字组织

2006年，中国继续积极参与国际红十字运动，进一步发展与红十字国际委员会（国际红会）、红十字会与红新月会国际联合会（国际联合会）的友好合作关系。

6月20~21日，第29届红十字与红新月运动国际大会在日内瓦举行。中国政府、中国红十字会分别派出代表团与会，中国驻日内瓦代表团大使沙祖康和中国红会常务副会长江亦曼分别任政府代表团和中国红会代表团团长。会议通过了《日内瓦公约关于采纳新增标志的第三附加议定书》，相应修改了运动章程，并讨论了国际红十字运动新增标志的有关问题。

8月27~31日，由中国红会承办的东亚地区红会领导人会议在青岛举行，朝鲜、韩国、日本和蒙古红会及国际联合会、国际红会派人与会。中国红会常务副会长江亦曼率团出席。

11月，第七届亚太地区红十字会与红新月会大会在新加坡举行。中国红会常务副会长江亦曼率团出席。大会通过了《新加坡宣言》。

23. 国际移民组织

国际移民组织（IOM）是移民领域唯一的全球性政府间国际组织，中国于2001年6月成为IOM观察员国。

2006年，在2005年进行的两轮磋商基础上，中国政府继续与IOM就其在华设立联络处事保持密切沟通，并最终同意接受其在北京设立联络处。9月5日，双方在瑞士日内瓦正式签署了《中华人民共和国政府和国际移民组织关于国际移民组织在北京设立联络处的协议》。

9月14~15日，联合国大会“国际移民与发展问题高级别对话会”在纽约联合国总部举行。联大主席哈亚主持会议，联合国秘书长安南到会致辞。150多个国家及包括国际移民组织在内的有关国际组织、非政府组织派代表参会。会议期间，共有130多个国家代表，其中有96个副部级以上官员在全会上发言，中国常驻联合国代表王光亚大使率团与会并在会上发言。

12 月 8 日，外交部国际司司长吴海龙会见国际移民组织首任驻华联络处主任彭士国，接受总干事麦金利对彭士国主任的委任书。彭士国主任感谢中方同意国际移民组织在华设立联络处，表示希与中方就移民问题技术合作、能力建设等开展密切合作。吴海龙司长欢迎彭来华履新，表示中国政府重视与国际移民组织的合作，将积极支持联络处今后的工作。

第五章

中国外交中的条约法律工作

1. 概　述

中国外交中的条约法律工作是中国总体外交工作的有机组成部分。2006 年，本着建设“和谐世界”的理念，中国加强对国际法规则的形成施加积极影响，妥善处理领土和海洋权益争端，加强涉港、澳、台的条约法律工作，继续推进构筑国际司法合作网络工作，积极参与人权条约法律事务并加强国内履约机制建设。

一年来，中国主持和参与了多项双边条约谈判，参加了反恐、人权、海洋、渔业、气候变化和国际私法等领域多项国际公约的谈判以及联合国国际法委员会、联大法律委员会、联合国外空委员会等工作。

中国圆满完成与吉尔吉斯斯坦边界勘界，与越南和老挝三国交界点条约签署工作；中塔（吉克斯坦）边界勘界和中尼（泊尔）边界联检野外工作取得显著进展；中越（南）边界勘界取得积极进展；中俄（罗斯）边界剩余地段勘界工作顺利启动。中国重视边界管理法律制度建设，与有关邻国积极开展了边界管理制度协定的谈判，妥善处理了边境口岸（通道）及贸易区、跨界设施、松花江污染等各种边境事务。

中国积极保持周边海洋形势稳定和有关合作的顺利推进。中越（南）北部湾湾口外海域划界及共同开发谈判启动并平稳开展；中朝（鲜）海上石油共同开发工作进入实质合作阶段；中韩（国）海域划界问题专家级磋商、中日（本）东海共同开发问题磋商保持势头；本着“搁置争议、共同开发”方针继续推进与南海周边国家的对话与合作；积极参与多边海洋事务，包括联合国关于海洋法和渔业问题的各项磋商。

全年共与 9 个国家完成 11 项司法协助条约谈判，积极与澳大利亚、欧盟成员、日本等国家谈判缔结司法协助、引渡条约；继续努力推进与美国等国家的执法合作；参加反腐败公约及打击跨国犯罪公约缔约方会议，推动中国在相关领域的国际合作。

中国坚定贯彻“一国两制”和基本法，进一步规范涉港澳法律事务的工作原则和程序。处理了大量双边、多边条约适港澳问题，出台了多边条约适用于港澳特区办理程序的规定，启动稳步解决双边条约适用于港澳特区的工作，为维护和促进两特区的繁荣与稳定做出了积极的努力。

2. 中国对外缔结条约概况

（1）对外缔约概况

中国政府奉行独立自主的和平外交政策，与世界各国发展友好合作关系，对外缔结了大量政治、经贸、财政金融以及法律等领域的双边和多边条约，为保持国民经济的平稳较快发展，为全面建设小康社会、加深中国与世界各国全方位的合作营造良好的法律环境。

2006 年，中国对外缔结的国家及政府间的双边条约、协定及其他具有条约性质的文件约 440 项，其中政治外交方面的条约和协定 11 项，经济方面的条约和协定 370 项，财政金融和贷款方面的条约和协定 13 项，卫生合作方面的条约和协定 12 项，此外还有法律、农业、安全、科技、旅游等方面的协定。2006 年中国同古巴、瓦努阿图等国签订了促进和保护投资协定，与沙特阿拉伯、阿尔及利亚签订了关于避免双重征税和防止偷漏税的协定，与缅甸、阿尔及利亚、阿富汗签订了民用航空运输协定。继 2005 年与智利签订自由贸易协定后，2006 年中国与巴基斯坦签订了自由贸易协定。多边条约方面，2006 年中国采取条约行动的条约（签署、批准、核准、接受、加入）共 11 项，涉及反恐、环境保护、打击犯罪、文化、体育、边界等领域。

（2）清理条约概况

清理条约是国家之间对已签订的双边条约及条约性文件的效力进行确认、变更或终止的工作，旨在明确双边关系的法律基础，促进和保障双边关系的顺利发展。

2006年6月，中国与乌克兰在北京就清理中乌两国建交以来的双边条约举行了第一轮磋商，并商定2007年举行第二轮磋商，以最终完成该项工作。

2006年3月和8月，为解决罗马尼亚因加入欧盟而产生的入盟义务与其国际法义务的衔接问题，中国与罗马尼亚分别于布加勒斯特和北京举行了修改或终止中罗部分双边条约的磋商，双方商定终止中罗动植物检疫协定，并将修改中罗投资保护协定和中罗经济贸易协定。

2006年6月和12月，中国与朝鲜分别于平壤和北京举行了两轮清理条约的磋商，双方对中朝自1949年至2000年间签订的约700项条约及条约性文件的效力问题交换了意见，确定了继续有效和不再有效的条约清单，并商定将就尚未确定效力的条约继续进行磋商。

（3）涉及香港和澳门特区的条约法律事务

中央人民政府严格根据《中华人民共和国香港特别行政区基本法》、《中华人民共和国澳门特别行政区基本法》和“一国两制”方针处理涉及香港特区和澳门特区的条约和法律事务，为香港特区和澳门特区在有关领域参与国际合作、保持对外交往提供支持。

①双边协定方面

2006年，中央人民政府先后授权香港特区政府与墨西哥、哈萨克斯坦签署民航协定，与马来西亚签署刑事司法协助协定，与捷克签署关于移交逃犯的协定，与比利时签署关于移交被判刑人的协定，与澳大利亚签署修订移交被控告及被定罪的人协定的议定书，与厄瓜多尔、斯洛伐克和津巴布韦政府谈判民航协定；先后授权澳门特区政府与希腊、斯洛伐克、法国政府签署民航协定，与以色列政府谈判并签署民航协定。

②国际公约方面

根据基本法有关规定，在征询香港特区政府意见后，中国政府办理了中国参加的《联合国打击跨国有组织犯罪公约》、《联合国反腐败公约》、《统一国际航空运输某些规则的公约》、《制止向恐怖主义提供资助的国际公约》、《亚太电信组织章程》修订本、《亚洲地区反海盗及武装劫船合作协定》、《亚太空间合作组织公约》等20项公约及其修正案适用于香港特区的有关手续。在征询澳门特区政府意见后，办理了中国参加的《消除一切形式种族歧视公约》等 4 项人权公约的修正案、《联合国反腐败公约》、《南极海洋生物资源养护公约》、《海牙国际私法会议章程修正案》等 18 项公约及其修正案适用于澳门特区的相关手续。

③其他法律事务

2006 年 2 月颁布了《关于多边条约适用于香港特别行政区和澳门特别行政区办理程序的规定》，规范了办理中国参加的多边条约适用于港澳特区工作的程序。中国中央政府有关部门正在研究关于中国对外缔结的双边条约适用于香港与澳门特区的办理程序问题。

3. 中国在联合国机构的法律工作

(1) 第 61 届联大的法律议题

2006 年 9 月 25 日至 12 月 7 日，第 61 届联大共审议了 18 项法律议题，通过了有关决议，并选举产生新一届国际法委员会委员。中国籍委员薛捍勤大使连任国际法委员会委员。中国代表团全面参加了上述各项法律议题的审议，并积极参加了有关决议的磋商。

本届联大全会审议了国际法院的报告、国际刑事法院的报告、前南斯拉夫问题国际刑事法庭的报告、卢旺达问题国际刑事法庭的报告、海洋与海洋法、联合国与亚非法律协商组织（简称亚非法协）的合作等议题，并通过了相关决议。

联大第六委员会审议通过的议题主要有：国际贸易法委员会第 39 届会议工作报告、加强国家和国际两级法治、消除国际恐怖主义的措施、联合国宪章和加强联合国作用特别委员会（简称宪章特委会）的报告、国际法委员会第 58 届会议工作报告、1949 年日内瓦四公约关于保护武装冲突受难者的附加议定书的现况、考虑有效措施以加强外交和领事使团及代表的保护、安全和保障、整个维和行动问题所有方面的全盘审查等。联大第四委员会审议通过的法律议题主要是和平利用外空的国际合作。

中国代表团在海洋与海洋法、联合国与亚非法协的合作、国际贸易法委员会的报告、加强国家和国际两级法治、消除国际恐怖主义的措施、宪章特委会的报告、国际法委员会的报告、和平利用外空的国际合作等 8 项议题下做了正式发言，简述了中国政府的有关政策主张，介绍了中国的有关实践情况。

关于海洋和海洋法，中国代表团在发言中赞赏国际海底管理局、大陆架界限委员会以及国际海洋法法庭过去一年的工作，强调应维护《联合国海洋法公约》的完整性及其所确立的不同利益间平衡的原则，指出各国的法律应遵循《公约》规定的航行自由原则，认为海洋事业和渔业的发展应考虑发展中国家的特殊利益和需要，主张在《公约》及其他有关国际公约的框架内确定国家管辖范围以外海域生物多样性的养护问题。

关于联合国与亚非法协的合作，中国代表团在发言中高度评价了亚非法协在协调亚非国家参与国际法律事务方面发挥的重要作用，建议亚非法协加大向成员国提供法律服务的力度，敦促联合国加强与亚非法协的合作，并呼吁更多亚非国家加入亚非法协。

对于首次列入六委议题的加强国家和国际两级法治，中国代表团在发言中积极评价了该议题的现实意义，阐述了中国政府关于法治问题的原则立场，提出了加强国际法治应遵循的五项原则，即必须维护《宪章》的权威、必须促进国际关系的民主化、必须严格遵守有关国际条约和国际习惯法以及安理会具有约束力的决定、要确保国际法的统一适用、应进一步完善国际立法。同时，中国政府还提出了协助他国建设国内法治应遵循的三项原则，即应充分尊重有关国家的主权和坚持不干涉其内政、充分发挥联合国的主导作用、必须与当地国情相适应。此外，还介绍了中国在国际法治建设方面的成就。

关于和平利用外空的国际合作，中国代表团在发言中重申了反对外空武器化的原则立场，呼吁应制订防止外空武器化的国际法律文书，并介绍了中国政府建立联合国灾害管理和应急天基信息平台项目北京办公室的进展情况以及亚太空间合作组织筹备情况。

此外，本届联大期间，按惯例有关国家举行了三个法律会议。各国外交部条法司长（法律顾问）在例行磋商中主要讨论了国际司法机构的工作、加强法治、对外国人的刑事管辖以及反恐斗争与法治等问题，会议并听取了国际法院院长希金斯、国际海洋法法庭庭长沃尔夫鲁姆和前南刑庭庭长波卡尔有关国际司法机构的工作情况报告。在亚非法协成员国法律顾问例行会议上，亚非法协秘书长通报了该协会工作情况，并与联合国国际法委员会部分委员进行了交流。此外，安理会五常外交部条法司长（法律顾问）在会议期间举行了国际法磋商，就共同关心的问题交换了看法。

(2) 联合国国际法委员会

联合国国际法委员会第 58 届会议于 2006 年 5 月 1 日至 6 月 9 日和 7 月 3 日至 8 月 11 日分两期在联合国日内瓦办事处举行。中国籍委员薛捍勤大使与会。根据第 60 届联合国大会第 A/RES/60/22 号决议，列入本届会议审议日程的议题共有 10 项。委员会最终完成了对外交保护议题和国际法不加禁止行为产生的损害性后果的国际赔偿责任议题的条款审议工作，完成了共有自然资源草案的一读，完成了国家单方面行为和国际法不成体系问题的专题研究。第 61 届联大第六委员会审议了国际法委员会第 58 届会议工作报告，中国代表团就有关议题做了发言。

关于外交保护专题，委员会通过了外交保护条款草案及其评注，并建议联合国大会以此草案为基础制定关于外交保护的国际公约。至此，委员会完成了对“外交保护”专题的审议。条款草案规定了外交保护的定义，确认了外交保护是国家的权利，同时也促请国家从保护人权角度行使该项权利，还对外交保护中的持续国籍原则、当地救济规则及其例外等做了规定。

中国代表团对条款草案总体予以肯定，认为它既是对外交保护习惯国际法规则的编纂，同时对外交保护规则有新的发展。中国代表团认为，一国行使外交保护应遵循以下原则：第一，外交保护是国籍国的权利而不是其义务；第二，国籍国在行使外交保护时，不能侵害损害发生地国的领土管辖权，也应尊重该国的法律；第三，对境外本国公民和法人保护，应立足于由损害发生地国法律保护，由该国法律保护是根本，由国籍国保护是补充，国籍国在任何情况下都不能取代受害者所在地国的法律保护；第四，国籍国应确保受其所采取的外交保护措施与所受损害相称，不得采取过度措施；第五，外交保护不妨碍国际法其他规则的适用，包括领事保护、人权保护、投资保护和海洋法规则等。此外，中国代表团还就条款草案的具体内容发表了意见和评论。

关于国际法不加禁止行为产生的损害性后果的国际赔偿责任专题，委员会二读通过了“危险活动造成的跨界损害的损失分配原则草案”及其评注。原则草案包括序言和八条原则，主要包括原则草案的范围与性质、赔偿的性质、合作义务等。中国代表团对原则草案有三点一般性评论：第一，原则草案是对国际法上国家责任制度的逐渐发展；第二，原则草案的适用是一般性和补充性的，即它是引导国家实践的一般原则，具体实施办法由国家通过协议确定，特殊或专门赔偿机制在适用上优先于原则草案；第三，赞成将原则草案制订成宣言、指导原则或示范法，既可供各国参照适用，也可成为将来制订条约的基础。此外，中国代表团还就原则草案的具体内容发表了意见。

关于共有自然资源专题，委员会一读通过了19条“跨界含水层法”条款草案及有关评注，主要包括使用跨界地下水的一般原则、地下水的保护、保全和管理、合作等问题。委员会决定对条款草案二读后再考虑是否开展对跨界石油和天然气的研究。中国代表团对条款草案有四点看法：（一）它是对国际水法的丰富和发展；（二）跨界含水层国际合作应建立在尊重含水层国对其领土内的水资源永久主权的基础上，不能限制跨界含水层国对其领土内水资源的合理开发和利用；（三）该专题的成果可采取一般性指导原则的形式，制定国际条约的条件尚不成熟；（四）应慎重考虑是否研究其他跨界资源的问题。此外，中国代表团还就条款草案的具体内容发表了意见。

关于国际组织的责任专题，委员会审议了特别报告员提交的第四次报告，并一读通过了13条条款草案。中国代表团认为：（一）“危急情况”不应作为国际组织解除其行为不法性的理由；（二）国际组织成员国不应只因其按照组织的相关规则参与决策进程而对组织的行为承担责任，但对国际组织实施不法行为具有主要影响的成员国应对该不法行为承担相应责任；（三）当成员国在国际组织的一项行动中发挥重要和主导作用的时候，该成员国也许应该为该组织行为的后果承担主要责任。

关于对条约的保留专题，截至2006年底，委员会已暂时通过71条准则草案，本届会上，委员会继续审议了特别报告员的第10次报告，主要讨论了“保留效力的判定权”和“保留无效的后果”两个问题以及特别报告员就“条约的目的和宗旨”的定义的补充报告。中国代表团认为：准则草案赋予条约机构决定保留是否有效的职能超出了条约机构一般所具有的职能，超出了条约法公约的规定和国家实践；各判定机构的判定权的相互关系和优先地位问题，需进一步研究；关于保留无效的后果的规定还很不成熟。

关于国家的单方面行为专题，本届会议制订出“适用于能够产生法律义务的国家单方面声明的《指导原则》”，从而完成了本专题的审议。中国代表团认为，虽然该指导原则仅适用于严格意义上的单方面行为，但其通过对国际法的发展具有积极意义，在一定程度上明确了哪些特定的国家行为可能产生国际义务，可能给国际关系带来直接的影响，有助于约束国家的任意行为，消减意外法律后果的产生，增强国际关系的稳定性和可预期性。

关于国际法不成体系专题，本届会议上，委员会通过了研究组提交的最终研究报告，完成了对国际法不成体系专题的审议。研究报告认为，国际法作为一个法律体系必须本着一致性原则来理解。当若干规范涉及同一问题时，对这些规范的解释应尽可能促成有关义务的相互一致。报告还对国际法的等级问题、特别法和一般法的关系、“自成体系的制度”、条约解释等进行了分析评价。中国代表团肯定了研究报告对国际法不成体系的主要问题所做出的结论性意见对国际法实践的重要参考价值。

关于武装冲突对条约的影响专题，本届会议审议了特别报告员提交的第二次报告。中国代表团同意特别报告员的看法，即这些条款还只是一些初步想法，有待结合各方意见加以充实和完善。

关于引渡或起诉的义务专题，本届会议审议了特别报告员就该专题提交的初步报告，报告讨论了惩治的普遍性和管辖的普遍性、引渡或起诉的义务的渊源、引渡或起诉的义务的范围、方法等问题。中国代表团认为：该专题的研究在编纂现有条约规则的同时，似应侧重于有关规则的逐渐发展；当务之急是汇总和研析条约规定和国家履约实践以及国内立法和国家司法实践，以澄清引渡或起诉的义务是纯粹的条约义务还是习惯国际法下的一项一般义务；引渡或起诉的义务适用的罪行范围至少应包括国际罪行和跨国犯罪两类。

（3）联合国宪章特别委员会

联合国宪章特别委员会 2006 年届会议于 10 月 16 日在联合国总部召开。会议审议了维持国际和平与安全、和平解决争端、联合国机关惯例汇编和安理会惯例汇辑以及特委会工作方法和新议题等议题。

关于制裁的基本条件和标准问题，中国代表团认为，制裁须以用尽和平解决手段为前提，其实施应有严格标准，尤其应符合《联合国宪章》和国际法的相关规定。制裁应设定时限，对其效果和影响应进行及时和客观的评估。中方支持通过俄罗斯关于制裁标准的工作文件。

关于为联合国维和行动拟订一套指导原则的问题，中国代表团认为，联合国其他机构对维和问题的讨论，并不影响特委会从《宪章》和加强联合国作用的角度审议该问题。但为提高特委会的工作效率，中方不反对将该问题移交联合国其他机构继续审议。

关于改进特委会工作方法和提高其效率的方式方法问题，中国代表团认为，联大决议授予特委会广泛的职权，特委会作为讨论《联合国宪章》和加强联合国作用的唯一常设会议机制，有其存在的价值和必要性。事实上，特委会成立 30 多年来，已制订了不少重要的法律文件。特委会对于加强联合国作用、维持国际和平与安全、促进国家间关系发展所作贡献值得肯定。中国代表团赞成在协商一致基础上提高特委会的效率，赞赏一些国家为此所做的努力。同时认为，提高特委会的工作效率，需要有关国家加强政治意愿。

最后，关于特委会可否处理《宪章》修改问题，中国代表团认为，在没有获得联大的授权之前，特委会不应审议《宪章》修改问题。《宪章》的修改问题应在联合国改革和加强联合国作用的总体框架内综合考虑，慎重处理。

（4）联合国和平利用外层空间委员会

联合国和平利用外层空间委员会下辖科学和技术小组委员会和法律小组委员会。2006年，中国派代表团出席了外空委第49届会议、科技小组委员会第43届会议和法律小组委员会第45届会议。

①第49届外空委会议情况

2006年6月7～16日，联合国和平利用外层空间委员会第49届会议在维也纳举行。中国常驻联合国维也纳办事处和其他国际组织代表唐国强大使率团与会。中国代表团积极参与各议题的讨论，与有关国家代表开展非正式磋商，作一般性发言，并就第三次外空大会建议执行情况、法律小组委员会报告、科技小组委员会报告等议题作了专门发言。会议期间，中国代表团与联合国共同举办了“神舟五号”飞船搭载的联合国旗帜永久展示仪式，受到与会各国代表团的高度评价。

在一般性发言中，中国代表团介绍了中国成功发射“神舟六号”载人飞船、举办亚洲减灾大会、亚太地区空间技术与应用多边合作的有关情况。就外空的军事利用问题，中国代表团表示，外空是全人类的共同领域，外空军事化势必引发外空军备竞赛，违背和平利用外空原则。中国政府愿与其他成员国一道为维护外空的和平利用、反对外空军事化和外空武器化而继续努力。

关于第三次外空会议建议的执行情况，中国代表团积极评价了联合国外空委设立的行动组为落实第三次外空会议的各项建议和推动空间技术的应用所做出的努力以及取得的实质性进展。中国代表团表示，中国政府支持建立减灾项目实体，并希望在北京设立该减灾项目实体办事处。外空委一致同意建立“联合国灾害管理和紧急反应天基信息平台”，由联合国外空司司长负责与联合国程序有关的行政事项和对拟议的方案实行全面监管。根据拟议的方案，将在北京和德国波恩各设立一个办公室。该方案已经第61届联大通过。目前，中国政府和德国政府正在筹建两个办公室。

关于法律小组委员会报告，中国代表团着重就《移动设备国际权益公约》空间资产议定书草案重申了立场，指出议定书是应对空间商业化的积极尝试，但通过该议定书将抵押担保制度引入国际空间法时，仍须慎重，尤其是应解决政府对非政府实体或私营企业的空间商业活动切实承担国际责任，包括损害赔偿责任等问题。

关于科技小组委员会报告，中国代表团高度评价了空间碎片工作组制订的联合国空间碎片减缓文件，表示将结合该文件制定适用于中国的空间碎片减缓标准。中国代表团还介绍了中国为空间应用方案做出的贡献，如与联合国合作，2005 年在广州共同举办亚太地区远程医疗研讨会，并为该研讨会提供了资助。

②第 43 届科技小组委员会会议情况

科技小组委员会于 2006 年 2 月 20 日至 3 月 3 日在维也纳举行了第 43 届会议。会议讨论了联合国空间应用方案、第三次外空会议各项建议的执行情况、空间碎片、在外空使用核动力源、借助空间系统的远程医疗、近地天体、借助空间系统的灾害管理资助等议题。中国代表团就空间应用方案、空间碎片、远程医疗、灾害管理资助等议题作了发言。

③第 45 届法律小组委员会会议情况

法律小组委员会于 2006 年 4 月 3～13 日在维也纳举行了第 45 届会议。会议除一般性交换意见外，还审议了联合国五项外空条约的现状和适用情况、外空的定义和定界、地球静止轨道的性质和利用、关于在外空使用核动力源的原则、《移动设备国际权益公约》空间资产议定书草案、国家和国际组织在登记空间物体方面的做法等议题。中国代表团分别在一般性发言、审议《移动设备国际权益公约》空间资产议定书草案和登记空间物体方面的做法等议题时作了专门发言。关于登记空间物体方面的做法，中国代表团就在轨空间物体所有权转移时的登记国、外国空间物体的登记和进行登记的空间物体的范围等方面阐述了中国的理解和做法。

4. 中国在反恐及打击跨国犯罪领域的法律工作

（1）反恐领域

2006 年 2 月 27 日至 3 月 3 日，联合国大会下设的反恐特别委员会第 10 届会议在联合国总部召开，继续拟订《关于国际恐怖主义的全面公约草案》，讨论召开反恐高级别会议等问题。2006 年 10 月 11～16 日，第 61 届联大第六委员会审议了“消除国际恐怖主义的措施”议题，并就上述问题进行了讨论。中国代表团重申了在反恐问题上的立场，支持联合国在国际反恐斗争中发挥主导与协调作用，主张反恐要严格遵循《联合国宪章》的宗旨和原则以及其他公认的国际法准则，反对采取双重标准以及把恐怖主义与特定的文明、民族或宗教挂钩。此外，还介绍了中国参加反恐国际公约，参与反恐国际合作以及制订国内反恐立法的情况。中国代表团表示支持尽早完成“全面反恐公约”的制订和召开反恐高级别会议。

这两项议题的审议尚未取得进展。

2006年2月28日，第10届全国人民代表大会常务委员会第20次会议批准了《制止向恐怖主义提供资助的国际公约》，同时声明：

一、中华人民共和国不受《公约》第二十四条第一款的约束。

二、根据《公约》第七条第三款，中华人民共和国确立《公约》第七条第二款规定的五项管辖权。但是，该五项管辖权不适用于中华人民共和国香港特别行政区。

三、对于中华人民共和国澳门特别行政区，以下三项条约不在《公约》第二条第一款第（a）项所指附件的适用范围之内：

（一）1980年3月3日在维也纳通过的《关于核材料的实物保护公约》。

（二）1988年3月10日在罗马签署的《制止危害航海安全的非法行为公约》。

（三）1988年3月10日在罗马签署的《制止危害大陆架固定平台安全非法行为议定书》。

2006年4月19日，中国常驻联合国代表王光亚大使向该公约保存人联合国秘书长交存批准书，并就上述有关事项做出声明。2006年5月19日，该公约对中国生效。

（2）《联合国打击跨国有组织犯罪公约》

2006年10月9~18日，《联合国打击跨国有组织犯罪公约》第三届缔约国大会在维也纳召开。82个缔约国、25个签署国及相关联合国机构、政府间国际组织和非政府组织的代表出席会议。会议审议了各国履约情况，重点讨论了国际司法合作、技术援助等问题，并决定设立不限成员名额的国际合作工作组，作为缔约国会议的常设组成部分。中国派出以驻维也纳联合国和其他国际组织代表唐国强大使为团长的代表团与会，并积极参加会议有关工作。

《联合国打击跨国有组织犯罪公约》于2006年10月27日适用于香港特别行政区。

(3)《联合国反腐败公约》

2006 年 1 月 13 日，中国向联合国秘书长交存了《联合国反腐败公约》批准书；2 月 12 日，该公约对中国生效。12 月 10～14 日，公约第一届缔约国大会在约旦安曼召开。55 个缔约国、29 个签署国及多个联合国专门机构派代表出席。会议重点审议了履约监督、技术援助、资产追回和国际公共组织官员贿赂四项实质性议题。中国由外交部副部长李金章、监察部副部长陈昌智率团与会，在会上发言介绍了中国就公约实施以及国内法与公约衔接等问题所做的工作，再次向国际社会表明中国政府重视并积极开展反腐败国际合作的坚定立场和努力。

5. 中国在国际人权法领域的工作

(1) 国际人权条约履约概况

2006 年 8 月 10 日，中国接受了联合国消除对妇女歧视委员会对执行《消除对妇女一切形式歧视公约》第五、六次合并报告的审议，其中包括香港特别行政区的第二次报告和澳门特别行政区的首次报告。中国政府高度重视此次审议工作，派出了高级别代表团。会上，代表团积极配合审议工作，认真回答了委员们提出的问题，全面介绍了中国妇女事业的进步和发展。本年度中国向联合国禁止酷刑委员会提交了香港、澳门特别行政区执行《禁止酷刑公约》报告，作为中国第四、五次合并报告的第二、三部分；启动了《消除一切形式种族歧视公约》第 10 至 13 次合并报告的撰写工作。

(2) 国际人权文书的起草

2006 年 6 月和 12 月，人权理事会和第 61 届联大相继通过了《保护所有人免遭强迫失踪国际公约》。公约将免遭强迫失踪规定为一项人权，要求各国将强迫失踪行为定罪，采取有效措施预防此种行为，并设立了新的履约监督机构。一些国家在公约通过时对部分条款作出解释性声明，但均参加协商一致。中国欢迎和支持以协商一致方式通过国际人权文书，也注意到一些国家的声明，将密切关注该公约未来的发展。

6. 中国在国际私法领域的工作
——海牙国际私法会议

2006年中国政府积极参加了海牙国际私法会议的各项活动，并出席了有关会议。

2006年4月，海牙国际私法会议总务与政策特委会召开。会议讨论了第20届外交大会的后续工作、海牙会议未来工作计划、2006~2007年度财政安排及部分公约的起草及履行情况。

2006年6月，海牙国际私法会议扶养义务公约特别委员会第四次会议召开。会议以2005年4月第三次特委会讨论形成的工作案文为基础，对各方分歧较多的条款进行了详细讨论，就行政合作、判决承认与执行两核心章节的多数条款达成一致，完成了公约草案的二读。此次会议并同意通过任择议定书的方式处理法律适用的问题，但在公约适用范围、法律援助、申请表格等问题上，各方仍存分歧。会议决定2007年春天召开特委会，专门讨论法律适用任择议定书问题、法律援助等有关费用负担的条款及第19条，其他遗留问题交由外交大会解决。

2006年11月，海牙国际私法会议《国际儿童诱拐民事方面公约》第五次特委会召开。会议主要结合各国的实践情况，就公约所管辖的夫妻离婚或分居后一方非法转移或扣留子女的问题，进行了讨论，并在此基础上通过了“结论与建议”，供各缔约国参照执行。

7. 中国与外国的司法协助与法律合作

(1) 与外国缔结双边司法协助条约现状

中国一贯重视对外司法协助合作，进一步加强了对外谈判缔结司法协助条约、引渡条约和移管被判刑人条约的工作，完善司法协助条约网络，保障对外经贸关系的顺利发展和人员往来的正常进行，有效打击跨国犯罪。

2006年，中国缔结的双边司法协助条约包括：4月3日，与澳大利亚签署两国刑事司法协助条约；4 月 6 日，与新西兰签署两国刑事司法协助条约；5 月 26 日，与纳米比亚签署两国刑事司法协助条约；6 月 20 日，与安哥拉签署两国引渡条约；11 月 6 日，与阿尔及利亚签署两国刑事司法协助条约和引渡条约。

2006 年生效的双边司法协助条约有：《中华人民共和国和朝鲜民主主义人民共和国关于民事和刑事司法协助的条约》（1 月 21 日）、《中华人民共和国和菲律宾共和国引渡条约》（3 月 12 日）、《中华人民共和国和印度尼西亚共和国关于刑事司法协助的条约》（7 月 28 日）、《中华人民共和国和俄罗斯联邦关于移管被判刑人的条约》（12 月 9 日）、《中华人民共和国和墨西哥合众国关于刑事司法协助的条约》（12 月 30 日）。

截至 2006 年 12 月底，中国已与 53 个国家缔结了 84 项民、刑事司法协助条约、引渡条约及移管被判刑人条约，其中 62 项条约已生效。

（2）与外国缔结双边打击三股势力合作协定现状

为维护国家安全和稳定，建立打击恐怖主义、分裂主义和极端主义三股势力的法律机制，中国继续开展对外缔结打击三股势力合作协定的工作。

2006 年 4 月 3 日，中国与土库曼斯坦谈判缔结了《关于打击恐怖主义、分裂主义和极端主义的合作协定》。

截至 2006 年底，中国共与 6 个国家缔结了打击三股势力协定，其中 5 项协定已经生效。

（3）中美执法合作

2006 年 6 月 5～7 日，中美（国）执法合作联合联络小组（简称 JLG）第五次会议在华盛顿举行，会议就引渡、资产追回与返还、非法移民与逃犯遣返、知识产权刑事执法、网络犯罪、禁毒、刑事司法协助协定和海关合作协议执行情况等进行了深入讨论。双方一致认为中美执法合作是双边关系的重要组成部分，充分肯定两国执法部门在执法合作领域取得的成就。会议最后通过了联合声明，决定 JLG 第六次会议将于 2007 年在北京举行。

此前，双方的有关执法部门还分别就反腐败、非法移民与遣返逃犯和网络犯罪三项议题召开了两轮专家组会议，就有关问题进行了坦诚、务实的会谈和交流。

8. 中国陆地边界事务

（1）陆地边界工作概述

中国与14个陆地邻国接壤，陆地边界线总长22000多公里。中国政府始终奉行独立自主的和平外交政策，主张通过平等协商、互谅互让，公平合理地解决与邻国间历史遗留的边界问题，高度重视并深化与邻国间睦邻友好合作关系。

2006年，中国政府本着建设“和谐世界”的外交思想，坚定奉行“与邻为善，以邻为伴”的周边外交方针，致力于“睦邻、安邻、富邻”，积极同有关国家开展了边界勘界、联合检查和日常管理工作，有效维护了边界和边境地区的稳定，促进了边境地区经济的发展。

（2）划界

2006年1月，中国同越南、老挝举行了确定三国国界交界点的第三轮会谈，就《中华人民共和国、越南社会主义共和国和老挝人民民主共和国关于确定三国国界交界点的条约》的全部内容和文本达成一致。会后，三方印制了条约签字文本和附图。2006年10月10日，外交部副部长武大伟代表中国同越南、老挝代表在北京签署了该条约。《中越老三国国界交界点条约》的签署，是彻底解决中国与越南、老挝边界问题的重要环节，为三国边界交界地区的和平与安宁奠定了基础。

（3）勘界

边界勘界是通过竖立界碑等标志在实地明确边界条约或协定规定的边界线，是彻底解决边界问题的重要环节。2006年，中国同越南、俄罗斯和塔吉克斯坦等国积极开展了边界勘界工作。

①中越勘界

2006年，中国同越南陆地边界勘界工作取得明显进展。4月，外交部副部长武大伟同越南副外长武勇在北京举行中越边界谈判政府代表团团长特别会晤，对勘界中突出问题的解决给予指导，重申两国领导人关于2008年完成全部陆界勘界工作的共识。双方联合勘界委员会举行四轮首席代表会晤和三次专家组会晤，加大指导外业勘界并全面启动勘界成果检查验收、制图等工作。

②中俄勘界

2006年，中国同俄罗斯国界东段剩余地段勘界筹备工作顺利进行。双方举行四轮勘界专家会晤，修订和完善了有关勘界技术和法律文件，商定了勘界野外作业的总体工作规划。10月，双方专家进行联合勘查，在实地确定了部分界桩的位置。

③中塔勘界

2006年6月，中国同塔吉克斯坦边界勘界野外作业工作正式启动。双方举行两次联勘委会议、一次专家组会议，审查验收了勘界组上报的勘界成果，制定了下步工作规划。

④中吉勘界

2006年5月，中国同吉尔吉斯斯坦边界联合勘界委员会在新疆举行最后一轮会晤。双方确认自2006年5月31日起，中吉两国按照新勘定的国界线实施实地管辖。至此，中吉边界勘界工作圆满结束。

（4）边界联检

2006年，中国同尼泊尔边界第三次联合检查进展顺利。双方联合检查委员会举行3轮会晤，就开展联检法律文件和野外作业程序等达成一致。4~8月，联检野外作业顺利结束。

（5）国界管理制度

2006年，中国与有关邻国积极开展界线维护、边境口岸及出入境管理、边境设施建设、跨界水资源保护和利用、边境地区经济合作与开发等边界管理与合作，推动边境管理走上规范化和法律化轨道。

（一）《中华人民共和国政府和俄罗斯联邦政府关于中俄国界管理制度的协定》签署。经多轮会谈，中俄双方就修订1994年《中俄国界管理制度协定》达成一致。2006年11月9日，外交部长李肇星同俄罗斯政府代表在北京签署了新的《中华人民共和国政府和俄罗斯联邦政府关于中俄国界管理制度的协定》。

（二）《中华人民共和国政府和哈萨克斯坦共和国政府关于中哈国界管理制度的协定》签署。2006年，双方就《中华人民共和国政府和哈萨克斯坦共和国政府关于中哈国界管理制度的协定》举行3轮磋商。11月20日，外交部长李肇星与哈萨克斯坦政府代表正式签署该协定。

（三）2006年3月，中国和老挝边界制度条约联合执行委员会赴中老边界进行实地联合考察。11月，双方在万象举行了联合执行工作委员会第七次会议。双方回顾了过去一年来《中老边界制度条约》的执行情况，积极评价了两国边管部门的友好合作和取得的成果，就边境口岸开放与管理、共同打击跨国犯罪等问题深入交换了意见。

（四）2006年11月，中国同缅甸在北京举行了《中华人民共和国政府和缅甸联邦政府关于边境管理与合作的协定》执行情况第七轮司局级会晤。双方回顾了边境管理工作的情况，就对等联系制度、口岸管理与建设、合作打击跨国违法犯罪活动和维护边境地区的正常生产、生活秩序等问题交换了意见，同意通过友好协商，妥善处理和解决边境地区出现的新情况、新问题。

9. 中国在国际海洋法领域的工作

（1）中国与周边国家的海洋法问题

①综述

2006年，中国继续通过友好协商妥善处理与周边海上邻国的岛屿主权争议、海域划界问题和其他海上争议，认真执行《中朝海上共同开发石油协定》，与韩国就海域划界问题保持各种形式的沟通，与日本举行东海问题磋商，稳步推进中越北部湾湾口外海域划界及共同开发谈判，与南海周边国家就南海问题保持对话，继续推进中越菲联合海洋地震合作及其他低敏感度领域合作。中国一贯主张，有关问题应在包括《联合国海洋法公约》在内的国际法基础上，通过友好协商予以解决。在问题最终解决之前，当事国可争取达成实际性的临时安排，包括“搁置争议、共同开发”和其他领域的合作，以维护有关海域的和平和安宁。

②中韩第11次海洋法磋商

2006年12月6~7日，中韩第11次海洋法磋商在北京举行，双方就中韩海域划界、海洋科学研究及其他共同关心的海洋法问题交换了意见。

③中日东海磋商

在中日就东海问题举行的有关磋商中，中方阐述了在海域划界及钓鱼岛问题上的一贯立场，指出双方应在公平原则和大陆架自然延伸原则指导下，使划界问题得到公平解决。钓鱼岛及其附属岛屿是中国固有领土。双方应切实搁置法律争议，寻求共同开发。

④中越海上问题专家小组第11轮会谈

2006年7月10~12日，中国与越南海上问题专家小组第11轮会谈在胡志明市举行。双方重点就共同开发、海上低敏感度领域合作和维护海上局势稳定等问题交换了意见。中方积极评价专家小组的作用，认为双方应本着积极务实、真诚合作的精神，坚持通过友好协商，维护海上局势和平与稳定，促进中越关系深入发展。

⑤印尼南海研讨会

2006 年 11 月 22 ~ 24 日，第 16 届处理南中国海潜在冲突研讨会在印尼举行。来自中国、东盟八国（缅甸除外，柬埔寨未参加）及中国台北的专家学者以个人身份参加了研讨会。与会各方对研讨会在增进南海地区合作与互信中的作用给予积极评价，重申继续维持研讨会的非正式性质，并同意通过协商一致机制审议新项目建议。会议呼吁参加方向研讨会特别基金积极捐款，支持研讨会的工作。会议重点讨论了南海数据库、海平面变化两个项目的实施。中国与会人员介绍了中方所主持的数据库项目的进展，研讨会对中方的工作给予高度评价。

（2）联合国海洋法事务

①国家管辖范围外海域生物多样性养护和可持续利用问题工作组会议

2006 年 2 月 13 ~ 17 日，国家管辖范围外海域生物多样性养护和可持续利用问题工作组会议在纽约联合国总部举行，由外交部、国家海洋局、常驻联合国代表团和常驻国际海底管理局代表处等人员组成的中国代表团与会。

会议围绕国家管辖范围外海域生物多样性保护与国际海底矿产资源开发以及深海底拖网捕鱼的关系、深海基因资源的法律性质、是否需要制定《联合国海洋法公约》专门执行协定等问题展开讨论。由于分歧较大，会议未通过任何文件，仅由两主席对讨论情况和趋势作简要书面归纳，提交第 61 届联合国大会讨论。

中国代表团在发言中强调国家管辖范围以外海域生物多样性保护问题的复杂性和现有科学依据的不确定性，主张应鼓励加强对深海生物多样性问题现状、特点及变化情况的研究；并在《联合国海洋法公约》等现有法律框架内讨论该问题；在维护和利用间寻求平衡，而不是限制利用海洋；解决问题不宜仓促和简单化，反对任何预设结论的做法。

②《联合国鱼类种群协定》缔约国第五次非正式磋商

2006 年 3 月 20 ~ 24 日，《联合国鱼类种群协定》缔约国第五次非正式磋商在纽约联合国总部举行。本次磋商旨在筹备 5 月份举行的《联合国鱼类种群协定》审查会议。磋商在所有与会方协商一致的基础上通过了审查会议议程、会议安排和审查标准的草案。在讨论审查会议《议事规则》草案时，缔约方与非缔约方针对“非缔约方是否有表决权”问题分歧严重。最后会议在非缔约方强烈反对下，以“缔约方协商一致”方式通过了审查会议《规事规则》草案，其中规定，非缔约方无表决权。

中国作为《协定》非缔约方出席会议并表示，从《协定》规定、审查会议任务以及事实上非缔约方承担养护和管理公海渔业的责任上看，非缔约方在审查会议上应有表决权。

③《联合国鱼类种群协定》审查会议

2006年5月22~26日，《联合国鱼类种群协定》审查会议在纽约联合国总部举行，由农业部、外交部和常驻联合国代表团有关人员组成的中国代表团与会。会议重点从鱼类种群养护措施、区域渔业管理制度、监督和执法、促进《协定》普遍性等四个方面审查了《协定》的执行情况，并协商一致提出了一系列加强养护和管理措施、改进监督执法的建议。

由于中国等非缔约国坚持不赞同"《联合国鱼类种群协定》缔约国第五次非正式磋商"期间以"缔约国协商一致"方式通过的审查会议《议事规则》草案，会议主席建议，如果会议期间未出现不能协商一致的情况，就不对制定和通过《议事规则》采取行动，该建议得到普遍赞同。审查会议的报告和有关建议均以协商一致获得通过，因此本次会议是在未制定《议事规则》的情况下召开的。

④联合国海洋事务和海洋法非正式磋商进程第七次会议

2006年6月12~16日，联合国海洋事务和海洋法非正式磋商进程第七次会议在纽约举行。会议主题是"生态系统方法和海洋"。由外交部、农业部、国家海洋局和常驻联合国代表团组成的中国代表团与会。

会议认为，生态系统方法的核心是强调生态系统与人类活动的相互关系，考虑到经济、社会、文化和法律等各方面，以综合方式养护和利用资源、有效管理各种人类活动，生态系统方法对海洋可持续发展意义重大。会议协商一致通过了向联大提交的"要素"，包括生态系统方法主要特点、实施手段以及建议采取的具体措施等。

中国代表团在会上介绍了中国海洋管理方面符合生态系统方法理念的措施与经验，同时强调，实行生态系统方法应区分各个生态系统的不同情况，采取有针对性的管理方法，不应在尚无充分科学依据的情况下贸然制定和推进统一的标准。

⑤《联合国海洋法公约》第16次缔约国会议

2006年6月19~23日，《联合国海洋法公约》第16次缔约国会议在纽约召开，由外交部、国家海洋局和常驻联合国代表团有关人员组成的中国代表团与会。会议听取了国际海洋法法庭2005年工作报告以及国际海底管理局秘书长和大陆架界限委员会主席的工作汇报，审议并通过了法庭2007至2008年预算等财务事项并就秘书长《海洋和海洋法》报告进行了一般性讨论。

会议就大陆架界限委员会面临的经费困难问题展开磋商。中国代表团发言强调委员会工作对沿海国以及国际社会的重要意义，主张委员会应获得稳定的、有保障的财政支持。会议决定由联合国海洋事务和海洋法办公室对各国提出的解决办法进行归纳研究，并将该问题保留到第17次缔约国会议继续讨论。

⑥第61届联大关于海洋法议题的审议

2006年12月7~8日，第61届联大在非正式磋商的基础上召开全体会议，审议“海洋和海洋法”议题，通过了“海洋和海洋法”以及“通过《执行1982年12月10日〈联合国海洋法公约〉有关养护和管理跨界鱼类种群和高度洄游鱼类种群的规定的协定》和相关文书等途径实现可持续渔业”两个决议。两决议就国家管辖范围外生物多样性保护问题、海事安全问题、海洋环境保护、大陆架委员会工作以及渔业问题等事项做出决定。中国派代表参加了两决议草案的磋商及全体会议。

⑦国际海底管理局第12届会议

2006年8月7~18日，国际海底管理局第12届会议在牙买加金斯敦举行。管理局大会改选了理事会半数成员，审议了管理局秘书长的年度报告，并通过了管理局2007~2008年度财政预算。理事会继续审议已通过一读的《“区域”内多金属硫化物和富钴结壳探矿和勘探规章（草案）》。中国代表团发言强调《规章（草案）》的制定应循序渐进，并且两种资源性质不同，应分开规定，这得到了巴西等代表团的支持。理事会最终决定由秘书处针对多金属硫化物和富钴结壳分别编写《规章（草案）》，并在2007年会上分别提交理事会、法律和技术委员会审议。本届会上，中国候选人张洪涛和刘键分别当选法律和技术委员会委员和财务委员会委员，任期五年。

（3）多边渔业管理

中国作为一个负责任的渔业大国，积极参与区域渔业组织的活动，为渔业资源的养护和管理做了大量工作，不断为全球渔业的可持续发展做出贡献。中国继续派团参加了国际捕鲸委员会第58届年会、印度洋金枪鱼委员会第三次特别会议和第10届年会、美洲间热带金枪鱼委员会第74次会议、大西洋养护金枪鱼委员会第15次特别会议、中西太渔业委员会第二届年会、建立南太区域渔业管理组织第一次和第二次会议。在国际渔业问题上，中国的总体立场是：多边渔业合作的目标是规范渔业行为、实现渔业的可持续发展，确保各国、特别是发展中国家的人民享有渔业资源。

(4) 亚洲地区反海盗及武装劫船合作协定

中国政府重视并积极参与亚太地区打击海盗和武装劫船方面的合作。2006年10月27日，中国驻新加坡使馆临时代办黄勇代表中国政府签署《亚洲地区反海盗及武装劫船合作协定》。11月28～29日，中国派代表团出席了《协定》所设“信息分享中心”指导理事会第一次会议，强调了中国与《协定》各缔约国协商一致推进有关合作的意愿。

10. 中国在国际环境法领域的工作

(1)《联合国气候变化框架公约》及其《京都议定书》

近年来，气候变化问题已成为国际环境和发展领域的热点和焦点问题。《联合国气候变化框架公约》（简称《公约》）及其《京都议定书》（简称《议定书》）为国际合作应对气候变化提供了基本法律框架。

2006年11月6～17日，《公约》第12次缔约方会议暨《议定书》第二次缔约方会议在肯尼亚首都内罗毕举行。来自181个国家、284个政府间国际组织和非政府组织的近6000名代表与会，肯副总统穆迪阿沃里出席大会开幕式，肯环境部长基布瓦纳担任会议主席。联合国秘书长安南、肯总统齐贝吉及各国近百名部长级以上官员出席高级别会议并致辞。由国家发展与改革委员会副主任姜伟新任团长，外交部条法司副司长苏伟任副团长，外交部、发改委、科技部、农业部、财政部、国家环保总局、国家林业局和中国气象局等单位组成的中国代表团与会。

由于本次会议是撒哈拉沙漠以南非洲国家第一次承办的气候变化缔约方会议，肯尼亚和非洲国家对本届会议寄予厚望，并重点关注以下议题：（一）具体落实适应气候变化的五年工作计划和启动适应气候变化基金；（二）技术转让，包括延长技术转让专家组的任期并加强其职能；（三）扩大清洁发展机制项目的地域分配，加强非洲国家参与清洁发展机制项目的能力建设。会议在一些议题上达成一定共识。

附件一国家2012年后温室气体减排指标的谈判（第二承诺期谈判）和《议定书》第九条审评是本次会议的重点。经过艰苦谈判，各方同意负责第二承诺期谈判的《议定书》第三条第九款不限名额特设工作组下一步工作主要集中在三个方面：附件一国家减排潜力和目标分析、减排方式分析以及减排设想，但各方未能就工作组谈判时间表达成共识；各方还同意《议定书》第二次审评应在 2008 年进行。

会议期间，中国代表团全面参与了会议讨论，积极同各方接触，宣传中国按照科学发展观的要求在可持续发展框架下应对气候变化的观点和主张，介绍中国应对气候变化的有关政策措施，强调中国政府为应对气候变化做出的巨大努力。

除缔约方会议外，《公约》附属机构会议还分别于 2006 年 5 月在德国波恩和 11 月在肯尼亚内罗毕举行了第 24、25 次会议，《议定书》第三条第九款不限名额特设工作组也分别于上述会议期间举行了第一、二次会议。

中国与美国、澳大利亚、日本、印度和韩国于 2006 年 1 月在澳大利亚悉尼启动了亚太清洁发展与气候伙伴计划，通过了伙伴计划的《章程》《工作计划》和《部长公报》。伙伴计划成立后分别于 4 月在美国加州伯克利和 10 月在韩国济州举行了政策与实施委员会第二、三次会议，第二次会议讨论通过了工作组指南和工作组行动计划指南，第三次会议主要讨论并原则通过了八个工作组的行动计划，中国均积极与会，并努力推动与各伙伴国开展务实合作。

2006 年 3 月，中国和欧盟在中欧气候变化伙伴关系的框架下举行了第一次双边气候变化磋商，就各自气候变化政策及气候变化国际谈判等问题广泛、深入交换了意见，增进了双方对各自气候变化政策的理解；双方还在 10 月举行的第二次中欧双边气候变化磋商会上就中欧气候变化伙伴关系工作计划的内容达成一致，为双方在伙伴关系框架内开展务实合作奠定了基础。

此外，中国还积极参与了“碳收集领导人论坛”、“甲烷市场化伙伴计划”以及“气候变化政府间专门委员会”的相关工作，并与日本、澳大利亚、英国、巴西、印度等国开展了双边气候变化磋商。

（2）生物多样性保护

当前，《生物多样性公约》领域的主要谈判是建立“遗传资源获取与惠益分享”国际体制，《卡塔赫纳生物安全议定书》领域的主要谈判是制订“改性活生物体”处理、运输、包装和标识的具体规则，以及制订议定书赔偿责任与救济制度。2006 年 3 月 13 ~ 17 日及 20 ~ 31 日，《卡塔赫纳生物安全议定书》第三次缔约方会议及《生物多样性公约》第八次缔约方大会相继在巴西库里蒂巴召开。会议讨论了上述问题，但未取得实质进展，仅决定争取在 2010 年完成遗传资源获取与惠益分享谈判，在2012年完成“改性活生物体”处理、运输、包装和标识具体规则的制订，在2008年完成议定书赔偿责任与救济制度的制订。

由国家环保总局、外交部、科技部等部门及香港特区政府代表组成的中国代表团参加了会议，国家环保总局副局长吴晓青任团长。吴晓青副局长在部长级会议上就生物多样性保护和消除贫困、遗传资源获取与惠益分享等议题阐述了中国政府立场，得到与会代表的普遍认同。作为“观点相近生物多样性大国集团”的成员，中国与集团其他成员国共同努力推动会议各项谈判取得进展。

(3) 化学品及危险废物管理

①《关于持久性有机污染物的斯德哥尔摩公约》

《关于持久性有机污染物的斯德哥尔摩公约》第二次缔约方会议于2006年5月1~5日在瑞士日内瓦举行。会议主要审议了公约成效评估，资金机制，在公约附件A、附件B或者附件C增列化学品，遵约机制和有关化学品管理公约协同增效等问题。

由国家环境保护总局、外交部、农业部等部门组成的中国代表团出席了会议。中国代表团积极与各方接触，宣传中国的立场和观点及中国为履行公约采取的政策措施和取得的成绩，强调履约应遵循“共同但有区别的责任”原则，充分考虑发展中国家的特殊情况，应向发展中国家提供资金和技术援助，帮助发展中国家进行能力建设。为解决发展中国家履约资金普遍不足的问题，中国、印度、巴西等发展中国家共同推动会议作出关于编写履约资金需求评估报告的决定。

②《关于在国际贸易中对某些危险化学品和农药采用事先知情同意程序的鹿特丹公约》

《关于在国际贸易中对某些危险化学品和农药采用事先知情同意程序的鹿特丹公约》第三次缔约方会议于2006年10月9~13日在瑞士日内瓦举行。会议主要讨论了财务机制和技术援助、遵约机制以及有关化学品管理三公约协同增效问题。

由国家环保总局、外交部、农业部组成的中国代表团参加了本次会议。中国代表团团长、国家环保总局国际司副司长岳瑞生担任本次会议主席，中方积极协调各方立场，引导会议顺利进行。中国代表团积极参加会议讨论，在推动建立公约资金机制等问题上发挥了重要作用。

③《关于消耗臭氧层物质的蒙特利尔议定书》

《关于消耗臭氧层物质的蒙特利尔议定书》第18次缔约方会议于2006年10月30日至11月3日在印度首都新德里举行。会议主要讨论了议定书今后十年面临的挑战、非法贸易和关于甲基溴关键用途豁免等议题。

由国家环保总局、外交部、农业部组成的中国代表团参加了本次会议。中国代表团积极参加了会议各项磋商。中国代表团团长在大会发言中重点介绍了中国在淘汰消耗臭氧层物质方面取得的进展和为打击消耗臭氧层物质非法贸易所采取的措施，就议定书的未来走向提出了建议，指出议定书的履行必须遵循“共同但有区别的责任”原则，履约的关键是确保多边基金的持续供资。

④《控制危险废物越境转移及其处置巴塞尔公约》

《控制危险废物越境转移及其处置巴塞尔公约》第八次缔约方会议于2006年11月27日至12月1日在肯尼亚首都内罗毕举行。会议重点审议了向科特迪瓦非法越境转移危险废物事件、电子废物环境无害化管理、公约的筹资与预算以及拆船的环境无害化管理等议题，并就前两个议题通过了部长级宣言。

由国家环保总局、外交部、交通部等组成的中国代表团参加了本次会议。中国代表团在会议有关议题的谈判中，与77国集团密切配合，有效地维护了发展中国家的整体利益。中国代表团提出应加强控制危险废物越境转移机制建设，促进《巴塞尔责任与赔偿议定书》的生效，呼吁发达国家加强海关监管，严防和打击危险废物的非法出口，并要求发达国家履行承诺，大幅度增加对公约的捐款。中国的上述主张得到了发展中国家的广泛支持。

11. 其他条约法律工作

（1）国际海事组织有关公约

2006年10月16～20日，国际海事组织（IMO）法律委员会第92届会议在巴黎召开。68个IMO成员国和19个国际组织派代表参加了会议。中国政府派由交通部、外交部、最高人民法院、中国船东互保协会和中国驻英国大使馆组成的代表团出席会议。香港特区以观察员身份派代表出席了会议。会议主要讨论了《残骸清除公约》草案及实施公平对待海员导则的相关问题。除公约是否可扩大适用于领海的条款外，各国已就《残骸清除公约》草案的其余条款达成共识。

2006年5月10～19日，国际海事组织海上安全委员会在伦敦召开第

81届会议。97个国家的代表和IMO有关观察员的代表出席会议。中国政府派由交通部、外交部和中国驻英国大使馆组成的代表团出席会议。会议主要讨论了与实施船舶远程跟踪识别系统（LRIT）有关的《1974年国际海上人命安全公约》修正案草案。LRIT旨在通过船舶和岸上安装的通信系统接受海上船舶的动态信息，包括船舶身份、方位和处于某一方位的具体时间。会议主要讨论了沿岸国、港口国和船旗国获取LRIT信息的距离、权利和限制条件，以及LRIT适用的船舶范围，确定了沿岸国通过LRIT跟踪船舶的最大距离为1000海里。中国代表团积极与其他代表团协调立场，在谈判中发挥了建设性作用。

（2）国际法院和国际刑事司法机构

国际法院

国际法院（以下简称“法院”）是联合国的主要司法机关，根据《国际法院规约》于1946年4月在荷兰海牙成立。《规约》缔约国目前共有191个国家，其中67个国家根据《规约》第36条第二款接受了法院的强制管辖权（compulsory jurisdiction）。2006年2月英国籍法官罗莎琳·希金斯成为法院首位女院长，任期至2009年2月。

2005年年底和2006年年初法院审结了涉及刚果（金）诉乌干达、卢旺达两国军队在其领土上的武装活动违反国际法等问题的两个案件。截至2006年底，尚有10多个案件待审。2006年4月12日，国际法院在海牙举行了成立60周年纪念会。荷兰女王、联合国秘书长安南、第60届联大主席等政要出席，受到国际社会关注。

法院成立60年来，共审理90多个案件，发表25个咨询意见，大体涉及领土和海洋划界争端、外国国民待遇和使用武力等方面的问题，对国际争端的和平解决做出了贡献，并以其司法实践促进了国际法的发展。近些年来，法院审理的案件所涉及国际法领域在扩展，涉诉国家的范围在扩大。同时，随着国际司法机构的增加，法院面临“竞争”的压力，但法院仍是当今世界最具权威的国际司法机构。

中国是法院规约的缔约国。中国恢复联合国合法席位后，1984年倪征日奥当选法院法官，任期至1994年。现任中国籍法官史久镛于1994年当选，2002年再次当选，任期至2012年。史久镛法官还于2003～2006年担任国际法院院长，是担任该职的首位中国人。

国际刑事法院

国际刑事法院（以下简称“法院”）设于荷兰海牙，根据《国际刑事法院罗马规约》（以下简称“规约”）设立，对犯有灭绝种族罪、战争罪、危害人类罪和侵略罪的个人追究刑事责任。规约于2002年7月1日生效，截至 2006 年底，共有 104 个缔约国。2006 年 10 月 9 日，法院院长菲利普·基尔希根据法院和联合国签订的关系协定向联合国大会做了第二个年度报告，强调法院的有效运行需要各国和国际组织的大力合作与支持。中国以观察员国身份参加了 2006 年 11 月 23 日至 12 月 1 日在海牙举行的规约缔约国大会第五届会议。

目前法院已进入“全面运作”阶段。法院正在调查的三个情势分别是刚果民主共和国情势、乌干达情势以及安理会 2005 年通过第 1593 号决议向法院提交的苏丹达尔富尔情势。

中国尚未参加规约，但一贯支持建立一个独立、公正、有效和具有普遍性的国际刑事法院，以惩治最严重的国际罪行。中国以建设性的态度参与了建立国际刑事法院的各项工作，希望法院能以其有效、公正的运作获得普遍支持。关于侵略罪问题，中国主张解决该问题应符合《联合国宪章》的规定，应维护安理会在该问题上的权威。

其他国际刑事司法机构

（一）前南斯拉夫问题国际刑事法庭由联合国安理会于 1993 年通过 827 号决议设立，旨在起诉和审判自 1991 年以来在前南境内实施了严重违反国际人道法行为的人员。刑庭于 1994 年成立，设于海牙。

中国作为安理会常任理事国，关注前南地区的和平与安全，支持设立刑庭，并从刑庭成立之初就一直委派法官。迄今，李浩培、王铁崖和刘大群三人先后任刑庭法官。中国政府希望刑庭能够独立、公正、高效地工作，为促进前南地区的和平稳定与民族和解作出贡献。中国政府也愿与其他国家一道积极探讨有助于刑庭顺利落实“完成战略”的途径。

（二）卢旺达问题国际刑事法庭于 1994 年 11 月根据安理会第 955 号决议设立，设在坦桑尼亚的阿鲁沙。卢庭的职能是审判在 1994 年一年间在卢旺达境内实施了灭绝种族及其他严重违反国际人道法行为的人，以及同一时期在卢旺达周边国家境内实施了此类罪行的卢旺达公民。

中国政府希望卢旺达刑庭在确保公正审理的前提下，提高工作效率，尽早完成工作，有效地履行安理会所赋予的职能。

（三）塞拉利昂特别法庭由塞政府与联合国根据 2002 年 1 月签署的建立特别法庭的协定设立，8 月开始运作，庭址在塞首都弗里敦（Freetown）。

塞庭的职能是审判对 1996 年 11 月 30 日后内战中的罪行承担主要责任的人，这些罪行包括战争罪、危害人类罪和其他严重违反国际人道法的行为，以及违反塞拉利昂国内法的某些罪行。

中国政府支持设立塞拉利昂特别法庭，希望该法庭能够公正有效运作，促进塞国内和平进程与民族和解。中国政府曾向塞庭作实物捐赠。

（3）《保护非物质文化遗产公约》

《保护非物质文化遗产公约》于2006年4月20日生效。2006年6月27～29日，公约第一届缔约方大会在联合国教科文组织（UNESCO）总部巴黎召开，包括中国在内的45个缔约国参加会议。会议通过了缔约方大会议事规则，选举了保护非物质文化遗产第一届政府间委员会（下称“委员会”）的成员国，包括中国在内的18个国家当选为委员会成员国。2006年9月召开的缔约国特别会议又补选了6个成员国。

2006年11月18～19日，委员会第一次会议在阿尔及利亚首都阿尔及尔召开，包括中国在内的委员会24个成员国出席会议。会议通过了委员会的议事规则，并对履约业务指南、人类非物质文化遗产代表作名录遴选标准等议题进行了初步讨论。中国当选为本次会议的副主席，并将于2007年5月承办委员会特别会议。

中国政府一贯支持世界非物质文化遗产保护事业，并在公约制定和生效过程中发挥了积极的推动作用。中国政府将继续努力促进关于非物质文化遗产保护的国际交流与合作，为加强不同文明的对话和建设和谐世界作出贡献。

（4）《烟草控制框架公约》

2006年1月9日，世界卫生组织《烟草控制框架公约》对中国生效。

2006年2月6～17日，公约第一次缔约方会议在瑞士日内瓦召开。会议通过了缔约方会议议事规则和财务细则，确定了缔约方履约报告的频率和内容，决定将公约秘书处设于世界卫生组织。国家发展和改革委员会、卫生部、外交部、国家烟草专卖局等组成中国政府代表团参加了缔约方会议，国家发展和改革委员会副主任欧新黔任代表团团长。中国当选为会议副主席，积极协调各方立场，推动了会议顺利进展。

中国政府高度重视《烟草控制框架公约》的履约工作，成立了由国家发展和改革委员会、卫生部、外交部、财政部、海关总署、国家工商总局、国家质检总局、国家烟草局组成的履约工作部际协调领导小组，着手制订履约法规，起草履约报告，并与香港特别行政区和澳门特别行政区政府就履约问题进行了充分沟通。

（5）极地事务

①《南极条约》

2006年6月12～23日，第29届《南极条约》协商会议在英国爱丁堡召开，其间，6月12～16日召开了第九届环境保护委员会会议。包括中国在内的 28 个南极条约协商国出席会议。会议讨论了南极环境保护、生物勘探、旅游和非政府活动等问题，确定了 3 个南极特别保护区、1 个南极特别管理区并通过了相关管理计划。会议通过了《关于国际极地年的爱丁堡南极宣言》，号召南极条约协商国全面支持国际极地年科研活动并开展广泛国际合作。

②《南极海洋生物资源养护公约》

2006 年 9 月 19 日，中国政府向澳大利亚驻华使馆递交了中国加入《南极海洋生物资源养护公约》的加入书，公约于 2006 年 10 月 19 日对中国生效。

2006 年 10 月 23 日至 11 月 3 日，南极海洋生物资源养护委员会第 25 届年会在澳大利亚霍巴特召开，其间还于 10 月 23 ~ 27 日平行召开了科学委员会会议。中国首次以公约缔约方身份作为观察员与会，委员会对中国加入公约表示欢迎。会议修订了有关养护措施，通过了非法捕捞渔船名单等。

中国作为南极条约协商国和《南极海洋生物资源养护公约》缔约方，重视南极条约体系的健康发展，致力于加强南极环境保护、科学考察和相关国际交流，支持南极海洋生物资源的养护。

③北极事务

中国政府一贯高度重视北极地区的科学研究、环境保护和可持续发展。2006 年 12 月 22 日，中国政府正式向北极理事会申请作为观察员参加理事会有关活动。

（6）亚非法律协商组织

亚非法律协商组织第 45 届年会于 2006 年 4 月 3 ~ 8 日在印度新德里举行。本届年会恰逢亚非法协成立 50 周年及新的总部大楼落成，各国政府高度重视，47 个成员国中有 39 个国家出席，并有 20 多个国家派部长级官员出席会议，另有 8 个非成员国和 8 个政府间国际组织作为观察员与会。此届会议的与会国家和人数均超出往年会议。为体现中国政府对法协工作的重视和支持，外交部长李肇星致函亚非法协秘书长表示祝贺，外交部条约法律司司长刘振民率团出席会议，外交部、商务部及中国驻印度使馆组团与会。

本届会议重点讨论了国际法委员会工作、海洋法、打击国际恐怖主义、禁止贩卖妇女儿童、反腐败、犹太人在被占领土违反国际法问题、伊斯兰人权、世界贸易组织作为世界贸易的框架协议、难民地位和待遇以及民俗的表现形式及其国际保护等议题。此外，本届年会还分别与联合国难民署、国际移民组织和国际红十字委员会联合举办三个半天的特别会议。

中国代表团在一般性发言中高度赞赏亚非法协成立以来所取得的成绩，重申中国对亚非法协工作一贯支持的立场，赞同更多亚非国家加入法协，支持法协继续扩大同联合国及其有关法律机构的合作，并为法协今后发挥更为积极和重要的作用提出了看法与建议。此外，中国代表团还就国际法委员会有关问题、国际恐怖主义、海洋法、打击拐卖妇女儿童的国际合作、反腐败、世界贸易组织、民俗的表现形式及其国际保护等议题阐述了中国政府的立场和主张，并介绍了中国政府在有关领域所做工作及所取得的成绩。为了表达对亚非法协成立50周年以及亚非法协新总部大楼落成的祝贺，中国政府还向亚非法协赠送了一幅以万里长城为图案的丝质手工挂毯，该挂毯将永久陈列于亚非法协新总部大楼大厅。

(7) 中国与外国外交部条法司长国际法磋商

2006年，中国外交部条法司长段洁龙参加了联合国安全理事会五常条法司长磋商、第61届联合国大会期间举行的各国条法司长磋商，并分别与印度尼西亚、俄罗斯、韩国举行了双边外交部条法司长磋商。

2006年6月15～16日，安理会五常条法司长年度磋商在法国巴黎举行，讨论了若干重要的国际法问题。关于高级别官员的豁免，中方主张同时考虑外国高官的刑事和民事管辖豁免问题，各方赞同对该问题进行研究，寻求解决办法。关于宪章特委会的工作，中方表示，应维护宪章特委会的作用，而不应削弱甚至取消。与会条法司长还就联合国秘书长选举、国际法委员会、全面反恐公约和国际刑事法院等问题深入交换了看法。

2006年7月6日，段洁龙司长与印尼外交部政治、安全与领土条约事务司长阿里夫·欧格鲁瑟诺在北京举行了两国外交部条法司长首次磋商。双方一致认为，加强两国在法律领域的合作，符合两国的共同利益，有利于促进两国战略伙伴关系的发展。双方主要就海上合作、地区反海盗协定、司法协助和引渡等问题交换了意见，达成多项共识。

2006年9月14～15日，段洁龙司长与俄罗斯外交部条法司长罗曼·A.科洛德金在北京举行了中俄外交部条法司长年度磋商。双方就国家和高级别官员在外国法院被诉、侵略罪定义、全面反恐公约草案、联合国宪章特委会、国际法委员会以及联大六委的工作深入交换了看法，增进了相互了解，并就多边法律合作的一些事项取得共识。双方认为一国国内法院审理针对外国国家、政府高官的诉讼，妨碍国家间的正常交往，无益于双边关系的发展和国际秩序的稳定。双方希望联大早日完成《关于国际恐怖主义的全面公约》草案的制订工作。

2006年10月20日，段洁龙司长出席在华盛顿举行的联合国安理会五常外交部条法司长磋商。各方就高级别官员在外国的刑事豁免、国际法委员会的工作、联大第六委员会新议题、关于安理会有约束力决议的条件等相关国际法问题交换了看法，增进了了解，并就五常在多边法律框架下的合作与协调取得了一些新的共识。各方一致认为高级别官员在外国被诉已经成为影响国家间关系稳定的一个重要问题，有必要研究解决方法。各方同意将“加强国内和国际法治”纳入联大六委常设议题，并希望将其具体化，以避免与联合国其他机构审议的法治议题重复。

2006年12月6～7日，段洁龙司长与韩国外交通商部条约局长朴喜权在北京举行了条法司长年度磋商。双方认为，加强两国在国际法领域的协调与合作，是落实中韩全面合作伙伴关系的有机组成部分，有助于促进双边关系的进一步发展。双方就共同关心的国际法及海洋法问题交换了意见，增进了相互理解。关于加强国内和国际法治问题，中方强调构建和谐世界既是中国对国际格局发展方向的倡导，也应成为国际社会全体成员共同的努力方向。中方认为，《联合国宪章》所确立的宗旨和原则没有过时，要建立和谐世界，首先要尊重和维护《联合国宪章》的地位和权威、维护集体安全体制。关于安理会1718号决议相关的法律问题，中方认为实施制裁措施不应违背国际法，包括不应违背《联合国海洋法公约》有关公海登临权的规定。

段洁龙司长还在其他双边和多边场合与一些国家的条法司长就共同关心的国际法问题交换了看法。

（8）《残疾人权利公约》

2006年12月13日，第61届联合国大会全会协商一致通过《残疾人权利公约》（以下简称《公约》）及其议定书。《公约》将于2007年3月开放供各国签署，生效后将成为国际上第一个专门保护残疾人权利、促进残疾人发展的具有法律约束力的国际文书。

中国政府高度重视残疾人权益保护问题，积极参与了《公约》谈判工作。外交部、中国残疾人联合会和常驻联合国代表团组成的中国代表团参加了《公约》八次特委会会议和一次工作组会议，为《公约》制定作出重要贡献。

第六章

中国外交中的新闻工作

1. 概　述

2006年，对外新闻工作配合内政外交，积极开展对外新闻交流，向国际社会客观介绍中国政治、经济、社会和文化等领域发展情况，展示中国和平、发展、合作的国际形象，推动建设持久和平、共同繁荣的和谐世界。通过重大外交活动、例行记者会、专题吹风会，及时阐述中国政府外交政策及对国际和地区问题的看法和主张；制定公布《北京奥运会及其筹备期间外国记者在华采访规定》，继续为中外媒体采访报道提供便利和服务；加强对外新闻交往，做好国内新闻团组出访和接待国外新闻团组来访工作；推进公众外交与网络宣传，努力通过“公众开放日”、网上“嘉宾访谈”、网站专题等平台积极开展公众外交。

2. 阐述外交政策

(1) 国家领导人出访和出席国际会议情况介绍会

2006年，外交部领导、发言人以及有关司负责人就中国国家领导人出访和出席国际会议，多次向中外媒体介绍情况。

4月18～29日，国家主席胡锦涛访问美国、沙特阿拉伯、摩洛哥、尼日利亚和肯尼亚。4月14日，外交部副部长杨洁篪向中外记者介绍情况。访问期间，代表团发言人、外交部新闻司司长刘建超3次向中外记者介绍情况。4月29日，外交部长李肇星向随访的中国媒体介绍访问成果。

6月15日，胡锦涛主席出席上海合作组织成员国元首理事会第六次会议。6月12日，外交部部长助理李辉向中外记者介绍此次峰会有关背景情况。6月14日和15日，中方代表团发言人、外交部新闻司司长刘建超两次举行吹风会，向中外记者介绍会议情况。

7月16～17日，胡锦涛主席出席在俄罗斯圣彼得堡举行的八国集团同发展中国家领导人对话会议。7月12日，外交部部长助理崔天凯向中外记者介绍情况。

11月4～5日，胡锦涛主席出席中非合作论坛北京峰会。10月18日，外交部、商务部、教育部、卫生部等六部委举行联合吹风会，向中外记者介绍峰会有关情况。10月26日，商务部副部长魏建国、外交部部长助理翟隽向中外记者介绍中非经贸合作和峰会有关情况。11月3日，外交部新闻司司长刘建超向中外记者介绍中非关系和峰会情况。

11月15～26日，胡锦涛主席对越南、老挝、印度、巴基斯坦进行国事访问并出席第14次亚太经合组织领导人非正式会议。11月7日，外交部部长助理崔天凯向中外记者介绍情况。访问期间，代表团发言人、外交部新闻司司长刘建超4次向中外记者介绍情况。11月26日，外交部长李肇星向随访中国媒体介绍访问成果。

4月1～8日，国务院总理温家宝访问澳大利亚、斐济、新西兰、柬埔寨并出席首届“中国—太平洋岛国经济发展合作论坛”会议开幕式。3月27日，外交部亚洲司司长胡正跃、美大司司长刘结一向中外记者介绍情况。4月8日，外交部长李肇星向随访中国媒体介绍访问成果。

6月17～24日，温家宝总理对埃及、加纳、刚果（布）、安哥拉、南非、坦桑尼亚和乌干达七国进行正式访问。6月9日，外交部部长助理何亚非向中外记者介绍情况。访问期间，代表团发言人、外交部新闻司副司长秦刚两次向中外记者介绍情况。6月24日，外交部长李肇星向随访中国媒体介绍访问成果。

9月9～16日，温家宝总理访问芬兰、英国、德国、塔吉克斯坦并出席第九次中欧领导人会晤、第六届亚欧首脑会议和上海合作组织成员国总理第五次会议。9月6日，外交部欧洲司司长李瑞宇、国际司副司长陈旭和欧亚司参赞张霄向中外记者介绍情况。访问期间，代表团发言人、外交部新闻司司长刘建超3次向中外记者介绍情况。9月16日，外交部长李肇星向随访中国媒体介绍访问成果。

10月30～31日，温家宝总理出席中国—东盟建立对话关系15周年纪念峰会。10月13日，外交部亚洲司参赞佟晓玲向中外记者介绍纪念峰会有关背景情况。10月30日，外交部新闻司副司长秦刚向中外记者介绍峰会情况。

（2）其他专题介绍会

2006年，外交部新闻司为中外记者共举行27场背景情况介绍会，参加者约1800人次。除中国国家领导人出访和出席国际会议背景情况介绍会外，还邀请有关部委负责人、外交部领导和有关司负责人就国内问题、国际和地区热点问题以及重大外交活动向中外媒体介绍情况。

1月12日，外交部部长助理吕国增介绍中国政府发表《中国对非洲政策文件》有关情况。

3月29日，中国政府中东问题特使王世杰大使和新任特使孙必干大使共同会见记者，介绍中国在中东问题上的原则立场。

4月20日，国家林业局防沙治沙办公室主任刘拓、防沙治沙办公室总工程师杨维西就中国防沙治沙问题介绍情况。

4月28日，外交部领事司副司长魏苇介绍中国领事保护工作有关情况。

5月17日，外交部亚非司司长翟隽介绍中阿合作论坛第二届部长级会议有关情况。

7月7日，中东问题特使孙必干介绍出访埃及、约旦、以色列、巴勒斯坦的情况并阐述中国在中东问题上的立场主张。

8月22日，中东问题特使孙必干介绍出访叙利亚、约旦、以色列、巴勒斯坦、埃及和沙特阿拉伯的情况并重申中国在中东问题上的原则立场。

10月8日，外交部新闻司司长刘建超介绍日本首相安倍晋三访华有关情况。

12月1日，外交部新闻司司长刘建超介绍《北京奥运会及其筹备期间外国记者在华采访规定》有关情况。

12月18日和20日，六方会谈中方代表团发言人、外交部新闻司副司长姜瑜两次举行吹风会，介绍第五轮六方会谈第二阶段会议有关情况。

(3) 例行记者会

2006年，外交部发言人共举行82场例行记者会，就中外媒体关注的问题发布消息并回答记者提问。全年主动发布消息280余条，回答记者提问4200余个，整理、翻译例行记者会实录上网60余万字。主要内容涉及中美、中日、中俄、中欧等双边关系以及朝鲜半岛核问题、伊朗核问题、中东问题、防扩散、反恐等重大国际和地区问题。配合中阿合作论坛第二届部长级会议、上海合作组织成员国元首理事会第六次会议、中国—东盟建立对话关系15周年纪念峰会和中非合作论坛北京峰会的召开，介绍中阿关系、上合组织发展、中国与东盟关系、中非关系等情况及相关政策立场。此外，发言人还就中国政府从东帝汶、所罗门、黎巴嫩、汤加等国撤侨、护侨行动等及时发布信息。

3. 外国记者工作

(1) 外国常驻记者概况

截至2006年12月底，共有49个国家的321家新闻机构向中国派出常驻记者619名。其中，驻北京机构276家，记者483人；驻上海机构93家，记者124人；驻广州机构6家，记者6人；驻重庆机构6家，记者3人；驻沈阳机构3家，记者3人。

(2) 安排外国媒体采访国家领导人

2006年，外交部新闻司负责落实国家领导人会见外国记者和接受外国媒体采访活动12次；协助安排国家领导人与外国领导人共同会见记者活动18次。其中包括：

4月18日，国家主席胡锦涛访问美国期间与布什总统共同会见记者，强调中美关系具有全球影响和战略意义；中美在维护世界和平、促进共同发展方面拥有广泛而重要的共同战略利益；中美双方不仅是利益攸关方，更应该是建设性合作者；双方应共同努力，全面推进中美建设性合作关系。

4月25日，胡锦涛主席访问肯尼亚期间与齐贝吉总统共同会见记者，表示将致力于发展中肯长期稳定、互利互惠的友好合作关系，继续深化双方各领域友好合作。

5月30日，胡锦涛主席接受上海合作组织成员国媒体联合采访，就上合组织发展、上合组织成员国元首理事会第六次会议和中国的相关政策回答记者提问。

6月15日，胡锦涛主席出席上海合作组织成员国元首理事会第六次会议期间与上合组织成员国元首共同会见记者，介绍本次峰会和上合组织发展情况。

6月17日，胡锦涛主席出席亚洲相互协作与信任措施会议成员国领导人第二次会议期间接受哈萨克斯坦“哈巴尔”电视台采访，介绍中哈关系并回答记者提问。

10月26日，胡锦涛主席与来华访问的法国总统希拉克在人民大会堂共同会见记者，高度评价两国关系取得的成果和进展，表示将不断深化两国各领域互利合作，推动中法全面战略伙伴关系深入发展，并同包括法国在内的欧盟国家一道推动中欧全面战略伙伴关系健康深入向前发展。

10月30日，胡锦涛主席接受埃及中东通讯社、《金字塔报》、《消息报》和《共和国报》联合书面采访，就中埃双边关系及各领域合作、中非合作论坛北京峰会及中非合作前景、中东和平进程、朝鲜半岛核问题等回答记者提问。

11月5日，胡锦涛主席接受越南《国际周报》书面采访，并为《投资报》致辞，就亚太经合组织合作进程、中国在亚太经合组织大家庭中的作用以及中越关系等回答记者提问。

11月21日，胡锦涛主席访问印度期间与印度总理辛格共同会见记者，介绍中印关系和访问情况。

11月24日，胡锦涛主席访问巴基斯坦期间与巴基斯坦总统穆沙拉夫共同会见记者，介绍中巴关系和访问情况，并就中国南亚政策、中巴经贸合作等回答记者提问。

3月28日，国务院总理温家宝接受澳大利亚《澳人报》采访，就中澳关系、中美关系、中国与太平洋岛国关系及朝鲜半岛核问题等回答记者提问。

4月3日，温家宝总理访问澳大利亚期间与澳大利亚总理霍华德共同会见记者，阐述建立中澳 21 世纪互利共赢的全面合作关系内涵，并回答记者提问。

4 月 5 日，温家宝总理访问新西兰期间与新西兰总理克拉克共同会见记者，高度评价中新建立 21 世纪互利共赢的全面合作关系，并就两国自由贸易协定谈判等回答提问。

5 月 22 日，温家宝总理与来华访问的德国总理默克尔共同会见记者，高度赞赏德国新政府奉行的积极对华政策，强调深化中德关系符合两国的共同利益，希望双方进一步扩大各领域的交流与合作。

6 月 18 日，温家宝总理访问埃及期间在开罗举行记者会，就中埃关系、中非关系、巴以冲突等回答提问。

6 月 19 日，温家宝总理访问刚果（布）期间与刚果（布）总统萨苏共同会见记者，介绍中刚关系、中非关系并回答记者提问。

6 月 21 日，温家宝总理访问南非期间与南非总统姆贝基共同会见记者，介绍中南关系并回答记者提问。

6 月 28 日，温家宝总理与来华访问的澳大利亚总理霍华德共同会见记者，就中澳关系等回答记者提问。

9 月 5 日，温家宝总理接受英国《泰晤士报》、路透社、德国《法兰克福汇报》、德意志新闻社和芬兰《赫尔辛基新闻》记者联合采访，就中国与英国、德国、芬兰三国关系及人民币汇率等回答记者提问。

9 月 9 日，温家宝总理访问芬兰并出席亚欧首脑会议期间与芬兰总理万哈宁、欧盟委员会主席巴罗佐共同会见记者，表示中欧关系发展进入了一个新阶段，中方愿进一步巩固中欧战略伙伴关系，加强与欧方各领域的交流与磋商。

9 月 13 日，温家宝总理访问英国期间与英国首相布莱尔共同会见记者，表示中英两国不仅互为重要经贸合作伙伴，而且加强了政治对话，在重大国际和地区问题上保持了良好的协调与合作，在气候变化、节能、环保等重要领域取得了共识。

9 月 14 日，温家宝总理访问德国期间与德国总理默克尔共同会见记者，表示愿继续保持中德两国高层接触，就双边和重大国际问题交换看法，进一步深化和扩大两国经贸合作，加强在环保、知识产权等领域的合作。

9 月 14 日，温家宝总理在访问塔吉克斯坦前接受塔《人民报》书面采访，就中塔关系和中国发展情况回答记者提问。

9 月 15 日，温家宝总理访问塔吉克斯坦并出席上海合作组织成员国总理第五次会议期间与上合组织成员国总理共同会见记者，介绍上合组织发展情况和中国的相关政策。

9月18日，温家宝总理与来华访问的意大利总理普罗迪共同会见记者，积极评价中意关系，表示中方愿进一步加强两国在各领域的合作与交流。

10月30日，温家宝总理出席中国—东盟建立对话关系15周年纪念峰会期间与东盟10国领导人共同会见记者，积极评价峰会对推进中国—东盟双边关系发展的重要意义。

4月13日，唐家璇国务委员会见《日本经济新闻》社长杉田亮毅，就中日关系阐述中方立场主张。

5月15日，唐家璇国务委员会见《洛杉矶时报》访华代表团，介绍中国经济社会发展情况，强调中国将坚持走和平发展道路，并就中美关系、朝鲜半岛核问题、伊朗核问题等回答提问。

9月8日，唐家璇国务委员会见日本时事社社长若林清造，就中日关系阐述中方立场主张。

9月14日，唐家璇国务委员会见日本朝日电视台社长君和田正夫，就中日关系发展前景等回答提问。

（3）安排外国媒体采访外交部领导

2006年，外交部新闻司负责安排外交部领导接受外国媒体采访38次。主要包括：

2月16日，外交部长李肇星接受巴基斯坦联合通讯社驻京记者书面采访，就中巴关系等回答提问。

2月22日，外交部长李肇星与来华访问的德国外长施泰因迈尔共同会见记者，就中德关系、伊朗核问题等回答提问。

3月19日，外交部长李肇星接受俄罗斯媒体联合书面采访，就在中国举办“俄罗斯年”及中俄关系等回答提问。

3月22日，外交部长李肇星与来华访问的西班牙外交大臣蒂诺斯共同会见记者，就中西关系等回答提问。

4月4日，国家主席胡锦涛访问沙特阿拉伯、摩洛哥、尼日利亚及肯尼亚前夕，外交部长李肇星分别为上述四国主流媒体撰文，阐述中国进一步发展与上述四国双边友好关系的立场和主张。

4月25日，外交部长李肇星在陪同胡锦涛主席访问摩洛哥期间，接受摩洛哥电视台采访，就中摩关系等回答提问。

5月15日，外交部长李肇星在上海合作组织外长会议期间与上合组织成员国外长共同会见记者，就上合组织发展方向和前景等回答提问。

6月17日，国务院总理温家宝访问埃及、加纳、刚果（布）、安哥拉、南非、坦桑尼亚和乌干达前夕，外交部长李肇星分别为上述七国主流媒体撰文，阐述中国发展与上述七国双边友好关系的立场和主张。

9月23日，外交部长李肇星礼节性会见《西日本新闻》社长多田昭重。

10月20日，外交部长李肇星接受哈萨克斯坦《国家年鉴》书面采访，就中哈建交15周年和中哈关系等回答提问。

10月28日，外交部长李肇星与来华访问的美国国务卿赖斯共同会见记者，就中美关系、朝鲜半岛核问题等回答提问。

11月5日，外交部长李肇星与出席中非合作论坛北京峰会的埃塞俄比亚和埃及外长共同会见记者，就中非合作论坛北京峰会成果及中非关系等回答提问。

11月13日，外交部长李肇星与来华访问的意大利副总理兼外长达莱马共同会见记者，就中意关系等回答提问。

12月31日，外交部长李肇星接受印度报业托拉斯驻京记者书面采访，就中印关系等回答提问。

12月31日，外交部长李肇星接受乌克兰国家通讯社书面采访，就中乌关系等回答提问。

3月13日，外交部副部长杨洁篪会见美国报业编辑协会代表团，就中美关系、伊朗核问题及中东问题等回答提问。

4月5日，外交部副部长杨洁篪会见《纽约时报》、《华盛顿邮报》、《华尔街日报》、《洛杉矶时报》驻京分社负责人，介绍中美关系和胡锦涛主席访美有关情况，并就中美经贸关系、人民币汇率等回答提问。

9月10日，外交部副部长杨洁篪会见《纽约时报》外事副主编布朗纳，就中国外交政策、中美关系、中日关系、朝鲜半岛核问题、伊朗核问题、反恐及中东问题等回答提问。

11月15日，外交部副部长杨洁篪接受《纽约时报》专栏作家弗里德曼采访，就中美关系、朝鲜半岛核问题、伊朗核问题及中东局势等回答提问。

5月11日，外交部副部长武大伟会见日本共同社社长石川聪，就中日关系等回答提问。

5月13日，外交部副部长武大伟会见日本《产经新闻》社长住田良能，就中日关系阐述中方立场主张。

6月21日，外交部副部长武大伟会见韩国《每日经济新闻》社长兼韩国新闻协会会长张大焕，就中韩自由贸易协定、朝鲜半岛核问题、中日关系及东北亚合作等回答提问。

6月22日，外交部副部长武大伟会见日本《读卖新闻》总编白石兴二郎，就中日关系等回答提问。

6月28日，外交部副部长武大伟接受日本朝日电视台主持人田原总一朗采访，就中日关系等回答提问。

9月6日，外交部副部长武大伟会见日本时事社社长若林清造，就中日关系等回答提问。

（4）外国记者赴各地采访情况

2006年，外交部新闻司共组织外国记者赴各地采访20次，参加活动记者近千人次。主要有：

1月4～7日，赴黑龙江省哈尔滨市采访冰雪节以及国有企业改组、振兴东北老工业基地等情况。

3月27～31日，赴浙江省采访当地文化产业和民营经济发展情况。

4月7日，赴天津采访滨海新区发展和社区医疗服务等情况。

5月10～13日，赴河南省采访中部地区经济社会发展及文化、旅游产业发展情况。

5月26日，采访北京中关村科技园，参观中关村生命科学园和软件园。

6月19～23日，赴湖南省采访特色文化产业、社会主义新农村建设和科技兴乡等。

6月27日，首次组织外国记者采访北京航天城，参观航天飞行控制中心和航天员科研训练中心。

7月1～8日，搭乘青藏铁路首发列车赴西藏，采访青藏铁路通车及西藏经济社会发展情况等。

7月5日，赴黑龙江省宁安县采访日本遗弃化学武器挖掘及回收作业情况。

9月14～19日，赴贵州采访社会主义新农村建设和贵州经济社会发展情况。

9月16～23日，组织韩国记者赴西藏采访。

10月9～16日，赴新疆采访当地经济发展、生态建设及民族宗教政策等情况。

此外，外交部新闻司还组织外国记者采访了中国国际救援队赴印尼地震灾区行前有关情况，并协助国务院台湾事务办公室、国家宗教局等部门组织外国记者采访两岸经贸论坛、两岸农业合作论坛和首届世界佛教论坛等。

（5）国务院公布实施《北京奥运会及其筹备期间外国记者在华采访规定》

2006年11月1日，国务院总理温家宝签署中华人民共和国第477号国务院令，公布《北京奥运会及其筹备期间外国记者在华采访规定》，2007年1月1日起开始实施。《规定》遵循奥林匹克运动会惯例，为外国记者在华采访提供了相应便利。主要是：（一）外国记者来华采访不再必须由中国国内单位接待并陪同；（二）外国记者赴地方采访只需征得被采访单位和个人同意；（三）外国记者可以聘用中国公民协助采访报道；（四）简化器材入关手续。《规定》的公布实施受到国际社会普遍欢迎。

4．对外新闻交往

2006年，外交部新闻司先后组织2批中国新闻团出访，接待来自欧美、亚太和非洲的18批61国187名记者访华。

出访新闻团有：

5月20～28日，中国新闻团访问印度。

11月8～18日，中国新闻团访问日本、韩国。

来访记者团有：

3月12～22日，美国报业编辑协会代表团访华。

3月21～27日，佛得角记者团访华。

4月3～12日，沙特阿拉伯、摩洛哥、尼日利亚、肯尼亚等亚非四国联合新闻团访华。

5月11～21日，美国《洛杉矶时报》记者团访华。

5月26日至6月1日，上海合作组织成员国联合新闻团访华。

5月28日至6月6日，南非、加纳、刚果（布）、坦桑尼亚联合新闻团访华。

5月28日至6月6日，埃及、叙利亚、也门等阿拉伯三国联合记者团访华。

7月2～8日，日本青年记者团访华。

7月2～8日，巴西记者团访华。

9月4～12日，印度记者团访华。

9月5～14日，拉脱维亚、立陶宛、爱沙尼亚等波罗的海三国联合新闻团访华。

9月16~24日，“香港明天更好基金”组织的美国记者团访华。

9月17~26日，贝宁、布隆迪、几内亚、喀麦隆、尼日尔、乍得等非洲16国联合新闻团访华。

10月13~22日，汤加、斐济、萨摩亚、巴新等太平洋岛国联合新闻团访华。

10月16~23日，韩国主要媒体评论员团访华。

10月28日至11月8日，墨西哥、玻利维亚、哥伦比亚、委内瑞拉、巴拿马等拉美九国联合新闻团访华。

11月27日至12月4日，英国《金融时报》中国专刊采访组访华。

12月12~21日，波兰、马其顿、黑山、摩尔多瓦四国联合新闻团访华。

5. 公众外交

(1) 公众外交概况

2006年，外交部继续拓展公众外交工作。全年举办“公众开放日”活动14场，现场直接接待公众1200多名。活动形式新颖，内容丰富，主题突出。其中，“托起明天的太阳”小学生专场、“莘莘学子，情系外交”大学生专场、“知心的朋友来相会”开放日活动等取得良好社会反响。活动取得多项突破：公众首次走进部长办公室；大学生首次与资深外交官就国际形势和地区热点问题进行深入对话；小学生首次走进钓鱼台国宾馆参与外事活动。全年举办4次网上“嘉宾访谈”活动。各级官员演讲、授课、接受媒体采访、参加研讨会等百余次。此外还通过开放外交档案、回复公众来信、印制发放宣传品等多种形式加强与公众的沟通与交流。

2006年重要“公众开放日”活动：

3月9日，50余名中央国家机关团工委及国家部委团干部参加“走进外交部”专场活动。

3月10日，全国妇联副主席黄晴宜率100多位妇联机关干部及李素丽等劳动模范参观外交部。

5月12日，来自史家、芳草地等小学的270名师生代表来外交部参观，并在钓鱼台国宾馆同外交部长李肇星一道欢迎爱尔兰外长埃亨，以

“小记者”身份向两国外长提问，观摩中爱外长会谈。

6月3日，来自全国22个省市38个行业的180多名公众参加“知心的朋友来相会”开放日活动。外交部长李肇星与应邀出席的阿曼、叙利亚、巴林、突尼斯、阿尔及利亚和摩洛哥六国驻华大使一道，就中国与阿拉伯国家关系及领事保护工作等与公众进行亲切交流。

7月31日，30个领养中国儿童的美国家庭参观外交部。

8月7日，香港特区中学生交流团一行39人参观外交部。

10月21日，举办“公众开放日”大学生专场活动，来自北京大学、清华大学、北京外国语大学、外交学院等12所首都高校的180多名学生参加。外交部长李肇星会见，亚洲司、欧亚司、欧洲司、美大司、新闻司负责人与学生就中国外交、国际形势和地区热点问题等进行深入交流。

2006年网上“嘉宾访谈”情况：

2月24日，中国驻印度大使孙玉玺与公众在线交流，介绍中印关系。

5月24日，中国驻埃及大使吴思科与公众在线交流，介绍中埃关系。

10月13日，外交部干部司副司长黄长庆与公众在线交流，介绍外交部2007年国家公务员考录工作。

10月23～27日，部分中国驻非洲国家大使和部分非洲国家驻华大使与公众在线交流，介绍中非关系和中非合作论坛北京峰会有关情况。

（2）外交部公众信息网的维护与管理

2006年，外交部已建成以外交部网站为核心、167个驻外机构网站为支点的庞大公众信息网体系，拥有24种语言，29亿文字，40万张图片。外交部公众信息网是发布中国外交信息的权威网站，是为公众提供服务的良好平台。2006年共发布消息20余万条，计8.4亿多字，配图15万多张，网站日点击430万次。“外交部档案开放”子站方便公众在网上查阅档案。“领事新闻”和“走出国门注意事项”等栏目为中国公民和海外侨民在海外生活、旅行提供资讯和便利。“中国外交论坛”是常年活跃的论坛，2006年网民在该论坛发帖4万多条，对国家外交政策和国际形势发表看法。网站管理人员每日处理大量电子邮件，回复公众的问题。外交部网站还结合中阿合作论坛第二届部长级会议、上海合作组织成员国元首理事会第六次会议、中国—东盟建立对话关系15周年纪念峰会、中非合作论坛北京峰会、中国“俄罗斯年”等重大活动以及国家领导人出访等，建立官方网站和网站专题，及时提供相关动态信息和背景资料，增进公众对中国外交的了解。

第七章

中国外交中的领事工作

1. 概　述

领事工作是外交工作的重要组成部分。2006年，领事工作在维护国家安全利益、保护海外中国公民和法人的合法权益、构建和谐社会、和谐世界、推动中外人员往来、促进中国和平统一大业以及为中国企业“走出去”战略服务等方面发挥了重要作用。

中国政府积极发展对外领事关系，主张通过磋商、对话妥善解决在双边领事关系中出现的困难和问题，照顾彼此关切，实现合作共赢，以维护各自国家的利益及公民的合法权益，推动与各国在领事事务方面的交往，促进友好合作关系的发展。2006年，中国的对外领事关系呈现以下特点：对话交流频繁，机制不断完善；外国在华设领势头强劲，掀起新一轮高潮；双边或多边合作务实高效，成果丰富。2006年中国共派出5个领事代表团访问了5个国家，接待了12个国家的领事代表团，与17个国家和国际组织举行了领事磋商或领事会谈。

2006年，重大领事保护案件特别是大规模撤侨案件接连发生，为历年之最。中国政府坚持“以人为本”、“外交为民”的理念，高度重视并切实加强对海外的国家利益及公民和法人合法权益的保护。领事预警机制和处置机制进一步完善，应对各种重大突发事件的能力显著提升。一年来，中国政府分别从所罗门、东帝汶、黎巴嫩和汤加连续四次成功实施大规模撤侨行动，并妥善处理了香港游客在埃及遭遇重大交通事故、中国工程技术人员在巴基斯坦遇袭身亡、12 名中国渔民被孟加拉国海军抓扣案等重大领事保护案件。

2006 年，中国与其他国家共达成设立领事机构和升格领事机构协议 23 个。中国驻外领事机构增至 80 个，外国驻中国内地领事机构增至 140 个；外国驻香港的领事机构增至 124 个，外国驻澳门的领事机构增至 16 个。

中国政府严格按照《中华人民共和国香港特别行政区基本法》和《中华人民共和国澳门特别行政区基本法》的规定办理涉及在港澳设立领事馆、领事条约适用港澳、有关签证安排、接受外国驻港澳领事馆馆长的任命等领事事务。

中国政府加强同外国政府在签证方面的合作。面对经济全球化趋势，中国政府主张各国应实行积极、宽松的签证政策，以利人民之间的交往，赞同以坦诚、务实、建设性的态度解决在人员往来过程中出现的问题，避免技术问题政治化，并反对歧视性的签证政策。2006 年，中国与 5 个国家就互免签证或简化签证手续达成协议。截至 2006 年底，中国与 64 个国家就互免签证手续达成协议，与 38 个国家就简化签证手续达成协议。经中央政府授权，香港特别行政区给予 162 个国家和地区免签证赴港待遇，给予香港特别行政区护照持有者免办签证待遇的国家和地区增至 135 个，给予澳门特别行政区护照持有者免办签证待遇的国家和地区增至 74 个。2006 年，中国驻外使领馆共为外国来华人员办理各类签证 743.4 万人次。截至 2006 年底，中国政府已批准开放 132 个旅游目的地国家和地区。

为更好地为因公出国团组人员提供便利条件，领事证件工作创新服务理念，提升服务品质，丰富服务手段。截至 2006 年底，外交部和各地方外办共颁发因公护照 39.7 万本，为因公出国人员申办签证 60.9 万人次，办理领事认证 29.3 万份。

2. 领事磋商

2006 年，中外领事关系持续发展。中国政府以积极、灵活、务实的姿态，通过国家和政府领导人会晤、互派领事代表团等多种方式，与有关国家就双边领事关系中存在的问题进行了广泛深入的商谈，取得了重要共识，深化了双方合作，解决了许多实际问题。一些影响双边关系发展的消极因素得到有效抑制，有力配合了外交大局，进一步促进了“走出去”战略的实施。

4月4日，中国与波兰第七轮领事磋商在北京举行，双方回顾了双边领事关系的发展状况，并就非法移民、中国公民赴波签证以及欧盟将实行生物识别签证等问题交换了意见和看法。

4月20日，中国与土耳其第四次领事磋商在北京举行。双方就签证和居留、非法移民遣返、领事通报等问题交换了意见。

4月20日，中国与澳大利亚第五轮领事磋商在堪培拉举行。双方就领事通报、非法移民遣返问题、留学生管理及其安全等问题以及具体领事保护案件进行了卓有成效的磋商。双方还就商签移管和引渡条约、双重国籍等问题进行了有益的探讨。

5月29日，中国与乌克兰第六轮领事磋商在北京举行。双方就非法移民遣返协议和领事保护等问题进行了探讨。

6月5日，中国与日本第12次领事磋商在东京举行。双方就中国在日留学生、就学生和研修生的权益保护、在日华侨学校法律地位、出入境管理、中国公民赴日团体旅游等问题交换了意见，并就两国外交、公务护照互免签证及罪犯移管协议等问题进行了探讨。

6月13日，中国与韩国第九轮领事磋商在首尔举行，双方就《在外同胞法》及H-2签证、中国伤亡公民家属赴韩签证及韩方履行多次签证协议、中韩渔业合作、领事通报、在韩中国公民合法权益、签订中韩领事协定、在华服刑韩国人假释、减刑及遣返等问题坦诚、深入地交换了意见。

6月21日，中国与波黑首轮领事磋商在北京举行，双方就重签领事条约、签订互免签证协议、中国公民赴波黑签证难及非法移民等问题进行了探讨。

7月5~6日，中国与欧盟在布鲁塞尔举行第七次中欧合作打击非法移民和贩卖人口活动高级别磋商及技术性会谈，双方就近年来的相关合作、便利人员往来和打击非法移民活动等问题交换了意见。

7月21日，中国与伊朗第二次领事磋商在北京举行。双方就在伊中国商务人员居留和签证延期、伊朗公民来华签证、中国在伊公民及法人权益保护、商签领事条约等问题深入地交换了意见，并签署了会谈纪要。

7月25日和9月8日，中国与英国在京举行了两轮中英《关于便利人员合法往来和打击非法移民活动谅解备忘录（实施细则）》有关内容的谈判。

7月27日，中国与菲律宾在北京举行第三轮领事磋商。双方就商签双边领事协定、双方公民的领事保护、领馆领区的扩大以及使领馆人员编制、打击非法移民等问题坦诚、友好、充分地交换了意见，并达成多项共识。

9月1日，中国与缅甸在昆明举行第四次领事磋商。双方就领事保护、商签双边领事条约、旅缅华侨法律地位以及两国伐木、采矿合作等问题充分、深入地交换了意见。

9月19日，中国与白俄罗斯第五轮领事磋商在明斯克举行。双方回顾了中白建交十余年来的领事关系，并就简化签证手续、双边领事条约执行情况等进行了有益的探讨。

9月25日，中国与柬埔寨首轮领事磋商在北京举行。双方就领事涉台、商签双边领事条约、柬在华增设总领馆、在柬中国公民权益保护等问题充分交换了意见。

10月26日，中国与蒙古第八轮领事磋商在北京举行，双方回顾了落实第七次领事磋商商定事项的情况，并就在蒙中国公民人身及财产安全、保护在蒙中资企业合法权益、双方合作遏制非法劳务、商签《罪犯移管协定》和《反贩卖人口合作协定》等问题交换了意见和看法。

11月14日，中国与俄罗斯第11轮领事磋商在北京举行。双方就公民合法权益保护、简化中国公民赴俄签证手续、双重国籍、领事通报等问题深入地交换了意见。

3. 领事保护

中国政府高度重视保护海外公民及法人的合法权益。主张各国应根据国际法、双边条约及在有关国家法律许可的范围内保护本国国家和国民的合法权益。同时，赞成与未建交国家间进行领事保护方面的合作。

2006年，中国公民出境约达3600万人次。中外各领域交流活跃，人员交往扩大。同时，由于国际安全形势复杂，一些国家社会治安环境恶化，中国公民和法人在海外遭遇不测的几率增加，领事保护工作日益繁重。

外交部本着“预防为主、预防与处置并重”的原则，通过发布旅行预警信息，加强对出国人员的宣传教育，普及国际旅行常识，强化派出机构安全防范机制等一系列工作，避免或尽可能减少危及海外中国公民及中资机构人身及财产安全的案件发生。在外交部官方网站增设了《领事保护》栏目，连同先前设立的《领事新闻》、《出国特别提醒》栏目，共发布各类领事信息达400余条。《走出国门注意事项》栏目也得到了全面更新。外交部和领事司领导多次在网络媒体上与公众直接交流、应邀赴有关单位进行演讲，或以接受采访、举行记者吹风会等形式介绍领事保护面临的形势及政府所做的工作，增强公民在境外的安全防范意识。

2006年5月29日，为进一步整合资源，提高领事保护工作的整体水平，外交部领事司正式成立领事保护处，专门负责领事保护事务。李肇星部长在成立仪式上强调要进一步做好对海外中国公民和法人的服务工作。

2006年，在中央政府的领导下，外交部和驻外使领馆共处理了三万余起领事保护案件，其中重大领事保护案件主要有：

（1）所罗门群岛撤侨案

2006年4月下旬，所罗门群岛（与中国无外交关系）发生骚乱，致使旅居该国的数百侨胞流离失所、生命堪忧。

事发后，中国驻巴布亚新几内亚使馆（代管馆）即派领事官员赴所与所当局和侨胞直接取得联系。外交部领事司紧急约见巴布亚新几内亚、澳大利亚、新西兰驻华使馆官员，请三国政府协助采取措施保护中国侨民安全。4月20～21日，在中国驻上述国家使领馆协助下，20多名侨胞搭乘澳大利亚、新西兰军用或商业飞机撤离所罗门群岛。4月21日，由于所局势恶化，仍在所避难的300多名侨胞要求回国。经国务院批准，中国驻巴布亚新几内亚使馆租用该国商业飞机将300多名侨胞先撤至巴布亚新几内亚，核实侨胞身份，颁发旅行证件；中国政府再租用南方航空公司飞机将上述侨胞从巴布亚新几内亚接回国内。

（2）东帝汶撤侨案

2006年4月24日，东帝汶发生严重骚乱，造成一些人员死伤，多家华侨店铺和房屋被焚烧。自5月22日起，东帝汶局势急剧恶化，死伤人员和难民数量明显增加。200多名侨胞涌入中国驻东帝汶使馆避难，并提出回国要求。

5月27日，外交部紧急召开部际协调会，建议撤侨并获国务院批准。28日，外交部派出两批工作组分赴帝力和厦门，协助中国驻东帝汶使馆和福建省政府做好撤侨以及回国侨胞的临时安置工作。29日，中国政府租用的中国国际航空公司两架包机先后由广州出发，直飞帝力接回243名侨胞。

（3）黎巴嫩撤侨案

2006年7月12日，黎巴嫩、以色列武装冲突持续升级，造成当地大量平民伤亡，当地中国侨民的生命财产安全也遭到严重威胁。中国驻黎巴嫩使馆及时启动应急机制，制定应急预案，紧急联系在黎巴嫩的中资公司和中国公民，通报安全形势，提醒注意安全；同时储存应急物资，应对紧急事态。7月14日冲突进一步升级，中国政府果断决定撤离中国侨民。在整个撤侨行动中，中国驻黎巴嫩、叙利亚、塞浦路斯等使馆密切配合，积极争取上述友好国家的支援，分期分批从陆路、海路安全撤离170名在黎中国公民。

（4）协助汤加中国侨民回国案

2006年11月16日，汤加首都努库阿洛法发生大规模骚乱，市中心商业区和政府办公楼等多处城区遭焚烧劫掠，300多名侨胞涌入中国驻汤加使馆避难。之后，汤加总体安全局势虽有好转，但许多侨胞的店铺和住所被付之一炬，损失惨重，很难继续在当地立足谋生，200多名侨胞强烈要求回国。

骚乱发生后，国务院领导对此高度重视，指示采取有效措施，确保在汤加中国公民的安全。中国驻汤加使馆克服馆舍小、人手少的困难，动员全馆同志昼夜奋战，尽最大努力安置避难侨胞，提供食宿，安抚情绪。根据局势发展，外交部先后启动了部内应急机制和部际应急机制。23日，中国政府派包机协助193名老弱妇孺侨胞经斐济回国并进行妥善安置。

（5）香港游客在埃及遭遇重大交通事故案

2006年1月31日，香港一44人旅游团在埃及霍尔格达地区遭遇重大交通事故，14人不幸遇难，30人不同程度受伤。

事发后，国家主席胡锦涛、国务院总理温家宝、国家副主席曾庆红、国务委员唐家璇先后做出重要批示，要求外交部和中国有关驻外使领馆全力帮助特区政府做好救助工作，与埃及有关部门密切配合，采取一切措施抢救伤员，妥善处理善后事宜。同时，请香港特别行政区政府转达中央政府对遇难者亲属和受伤人员的诚挚慰问。

在外交部的统一领导下，中国驻埃及、法国、瑞士使馆及驻苏黎世总领馆和驻港公署及时沟通情况，密切配合，协助伤者转赴法国、瑞士医院接受治疗。中国驻埃及大使亲自率领应急工作组驱车几百公里在第一时间赶往现场，指挥协调抢救行动。中国驻法国大使前往医院探视伤员，转达党和国家领导人的亲切关怀。此外，中国驻法国使馆还每天安排人员前往医院探视。中国驻瑞士大使和驻苏黎世总领事赴医院看望慰问在当地接受治疗的伤员。至3月3日，遇难者遗体运送回港，所有伤者也返港，案件得到妥善处理。

(6) 中国工程技术人员在巴基斯坦遇袭身亡案

2006年2月，6名中国工程技术人员在巴基斯坦某公路上突遭歹徒袭击，其中3人不幸死亡。

案发后，胡锦涛主席当即指示外交部，要求中国驻巴基斯坦使领馆妥善处理善后事宜，并确保中国在巴基斯坦人员的安全。温家宝总理、唐家璇国务委员也分别做出重要指示。外交部和驻巴基斯坦使领馆立即启动应急机制。案发当夜，外交部长李肇星和部长助理崔天凯分别与巴基斯坦外长及巴基斯坦驻华大使通电话。中国驻巴基斯坦大使即向巴基斯坦国家和军队领导通报情况并提出交涉。中国驻卡拉奇总领馆迅速派人赶赴现场，组织其余11名中方工程技术人员撤离，并协助将遇难者遗体运回卡拉奇。次日，由中国外交部领事司负责人带领的外交部、商务部联合工作组赶赴巴基斯坦，向巴基斯坦政府提出交涉，要求巴方迅速破案缉凶，加强对中方人员的保护。同时，外交部派出工作组赴安徽省合肥市，安排接灵仪式。第三天，中国政府紧急派专机将遇难者遗体接往合肥。

(7) 12名渔民被孟加拉国海军抓扣事件

2006年3月27日，中国“连亿星”号、“金庆1”号两艘渔船在追踪渔群时误入孟加拉国圣马丁岛附近领海，被孟加拉国海军以涉嫌非法捕鱼为由扣押。船上共有19名船员，其中12名为中国籍，含1名台湾同胞（船长兼船东）。

案发后，外交部指示中国驻孟加拉国使馆迅速核实情况，尽快派人前往探视被扣渔民，并由大使出面交涉，希望孟加拉国政府从两国友好关系出发处理此案，尽快释放被扣渔船及渔民。中国驻孟使馆多次与孟方进行交涉，要求孟方充分考虑渔船误入孟海域的客观情况，加快办案程序，早日让船员与家人团聚。驻孟使馆领事官员及时前往监狱探视被扣渔民，向他们表达了关心和问候。经三个多月工作，上述所有船员于6月底返回中国。

(8) 罗马尼亚海关查封华商仓库事件

2006 年 6 月 7 日和 8 日，罗马尼亚布加勒斯特市海关连续对市场进行突击检查，查封了数百个仓库，波及到众多华人，致使其经营活动受到严重影响。

案发后，中国驻罗马尼亚使馆迅速作出反应，及时派员到市场了解情况，与罗马尼亚有关部门进行多次紧急交涉。至 6 月 16 日，绝大部分仓库被解封，货物基本上归还原主，违规的商人被处以罚款，查封华商仓库事件得到妥善解决。

(9) 马里营救被困中国工程人员案

2006 年 5 月 23 日清晨，马里北部城市基达尔发生骚乱。中国河北国际经济技术合作公司在该市项目办事处的 4 名工程技术人员被困城中，另有一人失踪。当日，3 名武装歹徒冲入办事处抢走一辆丰田汽车。骚乱对中方人员生命安全和项目工程设备安全造成极大威胁。

中国驻马里使馆在接到报告后，立即启动应急机制，同时将有关情况报告国内。中国驻马里大使亲自与被困人员通电话，要求他们在局势未平息前，务必加强自我安全保护意识，做好应对准备。中国使馆立即请马里有关部门协助营救中国技术人员，同时也做好一切物质准备，营救被困人员。马方对中国使馆的交涉非常重视，及时派出军事人员前往事发地点将中方人员接出。

4. 领事条约和协定

中国是《维也纳领事关系公约》的成员国。中国政府十分重视通过签订双边领事条约和协定发展双边领事关系、维护国家和国民的合法权益。2006 年，中国政府进一步推进中外领事关系的法制化建设，积极同有关国家商签以下领事条约和协定，依法保护本国国家和国民的利益，推进中外领事关系沿着法制化的轨道持久、稳定地发展。

2006 年，中国与以下国家签署有关领事条约：

序号	协议国	领事条约（协定）名称	生效日期
1	新西兰	《中华人民共和国和新西兰领事协定》	2006.4.23
2	突尼斯	《中华人民共和国政府和突尼斯共和国政府关于互免持外交、公务/特别护照人员签证的协定》	2006.9.29
3	阿拉伯联合酋长国	《中阿（联酋）互免机组人员签证协议》	2006.6.24
4	埃及	《中华人民共和国政府和阿拉伯埃及共和国政府关于互免持中华人民共和国外交和公务护照、阿拉伯埃及共和国外交和特别护照人员签证的协定》	签署日期 2006.6.17
5	柬埔寨	《中华人民共和国政府和柬埔寨王国政府关于互免持外交和公务护照人员签证的协定》	2006.9.14
6	特立尼达和多巴哥	《中华人民共和国政府和特立尼达和多巴哥共和国政府关于互免持外交、公务/官员护照人员签证的协定》	2006.11.23

5. 领事机构的设立

2006年，随着中国对外开放水平继续扩大，中国与各国的友好合作关系不断加深，外国政府纷纷提出在华设领，掀起新一轮高潮。截止到12月，已有30个国家提出在华设立33个领事机构，其中在内地23个，在香港、澳门10个。两个国家将其3个领事机构升格。中国提出在外国设立5个领事机构。2006年，中外共达成设领协议22个。中国与发展中国家双边和多边对话频繁，富有成效，有力地推动了中国与发展中国家在各领域友好合作关系的发展，发展中国家在华设立领事机构的需求增强，26个国家提出在华设领，其中非洲国家有11个；香港、澳门继续保持繁荣稳定，外国领事机构数量增加了6个。随着中国实施西部大开发战略的深入，外国新设领事机构或领事机构领区继续向中、西部延伸。

中国政府主张在对等互惠原则基础上与外国发展领事关系，并以更加开放的姿态欢迎外国在华设立领事机构；认为中外双方在互设领事机构的数量、等级、地点、类别、领区范围、馆员人数及此后领区范围的调整等均应通过友好协商决定，强调要与双方目前的经贸、科技、教育、文化、旅游等领域的交流与合作水平及人员往来状况相适应，要实事求是。

2006年1～12月，中国政府同下列国家政府就互设领事机构和升格原有领事机构达成协议：

序号	协议国	协议日期	设领地点	领事机构名称
1	也门	2006.1.05	广州、上海	领事办公室
2	卢森堡	2006.1.23	上海	总领事馆
3	布隆迪	2006.2.10	香港	名誉领事
4	津巴布韦	2006.2.16	香港	名誉领事
5	博茨瓦纳	2006.3.10	香港	名誉领事
6	新加坡	2006.4.13	广州	驻厦门总领事馆驻广州领事办公室升格为驻广州总领事馆
			成都	总领事馆
7	秘鲁	2006.4.13	广州	总领事馆
8	泰国	2006.5.17	成都	驻昆明总领事馆驻成都领事办公室升格为驻成都总领事馆
			厦门	驻广州总领事馆驻厦门领事办公室升格为驻厦门总领事馆
9	韩国	2006.6.13	西安	总领事馆
10	文莱	2006.7.14	香港	总领事馆
11	安哥拉	2006.7.26	澳门	总领事馆
12	格林纳达	2006.7.27	香港	名誉领事
13	希腊	2006.8.14	广州	总领事馆
14	法国	2006.9.13	里昂	总领事馆
15	澳大利亚	2006.9.22	布里斯班	领事馆升为总领事馆
16	古巴	2006.11.08	广州	总领事馆
17	印度	2006.11.21	加尔各达、广州	总领事馆
18	巴基斯坦	2006.11.24	成都	总领事馆
19	越南	2006.12.12	上海	领事办公室
20	俄罗斯	2006.12.22	伊尔库茨克	总领事馆

6. 办理涉及外国驻华领事机构事务和涉外案件

根据外国领馆及领区的不同特点，外交部继续完善与地方政府外办和主管部门之间以及领区内各地方政府外办之间的协调机制，确保外国领事机构和人员享受应有的特权与豁免，为其执行领事职务提供必要的便利和协助。2006年，外交部会同地方政府外办和香港、澳门特区政府为1个国家调整领区、2个国家设立3个领事办公室、3个领事办公室升格为总领事馆、9个国家设立总领事馆、1个国家设立领事馆、4个国家委派名誉领事提供便利和协助。接受了14位新任驻华总领事和名誉领事。为使他们能够尽快执行职务，外交部领事司司长为其签发了《领事证书》和《名誉领事证书》。地方政府外办及时发布到任公告并通知领区内各主管部门，积极安排新任总领事和名誉领事会见、拜会有关官员和主管部门，协助开展有关活动；邀请领事官员在领区内外参观访问，扩大、加深对中国经济、社会发展状况的了解，使他们充分、有效地履行职务。

由于中外国情不同，国际条约、国际惯例、双边领事条约、各自国内法内容各异，具体情况千差万别，中外双方在确立和执行领事职务时出现分歧在所难免。外交部始终将这些分歧看成是中外领事关系发展过程中出现的具体的领事问题，主张通过友好协商加以妥善解决，以维护中外领事关系全面、稳定、健康发展。

中国政府十分重视在华外国人的领事协助工作。认为在华外国人遇险或依靠个人力量无法摆脱困境，特别是当发生自然灾害、空难海难、疫情或患病、死亡时，中方有关部门应主动或应领事官员的请求立即采取一切可能的措施予以救助或为处理善后提供便利和协助，尤其是实施人道主义救助，尽最大努力保护当事人的生命和财产安全，并及时向外国领事官员通报有关情况。2006年，外交部参与或协调处理了150多起涉外领事协助案件。

2006年，中国改革开放深入发展，与世界各国在各领域的合作继续加深，外国公民来华数量持续增加。中国境内涉及外国公民和法人的行政、民事、海事、刑事等各类案件发案率总体上升，案情错综复杂。中国政府十分重视涉外案件，国家和政府最高领导人对多起涉外案件的处理作出具体批示。外交部与其他主管部门贯彻落实为改革开放服务和依法治国的基本方略，按照“有法可依、有法必依、执法必严、违法必究”的要求，努力做到把处理涉外案件的一切活动纳入法制化的轨道，及时、依法、公正审理，做到事实清楚、证据确凿、适用法律准确、法律手续完备，使中外当事人的合法权益得到切实的保护。外交部认真对待外国驻华外交和领事机构就保护本国公民和法人权益所提出的交涉，密切联系，平等对话，加强合作。

2006 年，外交部参与处理了 100 多起行政、民事、刑事、海事案件，重点参与处理了海上船舶碰撞案、外国机构和个人房产纠纷案、外国服刑人员假释案、在华外国非法移民遣返案、在华外国人受伤害或死亡案、扰乱外国驻华机构正常工作秩序案等，保护了中外当事各方的合法权益，维护了中国的主权和国家利益。外交部积极协调、配合主管部门严格依照有关国内法、国际公约和中外领事条约的规定，为外国领馆和领事官员充分、有效地履行职务提供一切便利。由于中外双方真诚合作，措施得当，妥善处理了有关涉外案件，有助于双边友好合作关系的平稳发展。中国政府历来反对人为地炒作或将一般性的涉外行政、民事、刑事案件扩大化、政治化，从而达到干涉别国内政的目的。

7. 移民问题

中国政府重视移民问题，主张实行合理、公正的移民政策，赞同人口依法、有序的国际间流动并强调移民的正当权益应得到切实的保护。中国政府坚决反对任何形式的非法移民活动，这一立场是一贯的、明确的；同时，主张通过加强国际合作共同打击并遏制非法移民活动。近年来，通过加强在移民领域的国际合作，取得了宝贵经验和丰硕成果。

2006 年，中国政府加大了打击偷渡和非法移民活动的力度，并积极参与移民方面的区域性和全球性的国际合作。7 月 5 ~ 6 日，中国与欧盟在布鲁塞尔举行第七次中欧合作打击非法移民和贩卖人口活动高级别磋商及技术性会谈，双方就近年来的相关合作、便利人员往来和打击非法移民活动等问题交换了意见。

2006 年，中国政府继续参与亚太地区打击偷渡、贩卖人口及相关跨国犯罪问题部长级会议（巴厘会议）的后续活动：1 月、11 月，分别出席在新加坡、印尼举行的巴厘进程“移民情报实施”研讨会、巴厘进程“扶助受害者”研讨会。

8. 领事证件工作

2006年，领事证件工作以科学发展观为指导，以为“走出去、引进来”总体战略服务为宗旨，充分发挥领事证件工作的特殊职能优势，继续通过外交渠道，牵线搭桥，沟通联络，着力在以下几个方面开展工作：

第一，领事证件工作以创新服务理念谋发展，在提升服务品质方面取得了较大进展，体现在：改变过去单一强调“改进服务态度”的惯性思维模式，确立“全方位、多层次”的新型服务思路，不仅扩大了服务对象，拓展了服务领域，激活了服务功能，突出服务重点，而且提出了“向效率和管理要服务”的新理念，从而将领事证件工作的服务水平提升到一个新层次。

第二，为使“走出去、引进来”更加便捷，积极致力于拓展中外人员往来的免签空间。截至2006年底，中国已与64个国家签订“互免外交、公务护照签证协定”，与38个国家就简化签证手续达成协议。另一方面，立足长远，合理规划，制定宽松的来华签证政策，放宽签证有效期和停留期，下放多次来华签证审批权限，并单方面给予短期来华经商旅游的新加坡、文莱和日本公民免签证待遇。

第三，为使中国企业“出得去、出得顺、出得快”，大力疏通企业出国签证渠道，与美国、英国、德国、加拿大、澳大利亚等国驻华使馆举行签证座谈会，缓解企业出国签证难办问题。考虑到美国启用电子签证申请表、欧美开始实施生物识别签证对企业“走出去”产生的影响，外交部积极做有关国家的工作，争取对中国企业有利的安排。积极推进亚太经合组织（APEC）商务旅行卡发放进程，使更多中国优秀民营企业人员充分享有APEC商务旅行卡带来的出行便利，受到中国企业广泛好评。

第四，加强重点服务，为重点企业因公出国人员颁发有效期为5年的因公护照，护照签证页增至48页，更好地满足了一些企业“走出去”的需求。注意急事急办，特事特办，解决了一些企业“走出去”的紧急需要。

2006年中国外交重要活动

一月

1日　国家主席胡锦涛、国务院总理温家宝与印度总统卡拉姆、总理辛格就“中印友好年”分别互致贺电。

8日—9日　玻利维亚总统莫拉莱斯对中国进行访问。

9日—10日　外交部副部长武大伟与印度外交秘书萨仁山在北京举行第二次中印战略对话。

9日—12日　国家副主席曾庆红出席哈萨克斯坦总统纳扎尔巴耶夫就职仪式并对哈萨克斯坦进行正式访问。

10日—18日　朝鲜劳动党总书记、国防委员会委员长金正日对中国进行非正式访问。

10日—20日　外交部长李肇星对佛得角、塞内加尔、马里、利比里亚、尼日利亚、利比亚进行正式访问。

14日—20日　瓦努阿图副总理兼外交部长基尔曼对中国进行正式访问。

17日—18日　中国政府与欧盟委员会、世界银行共同在北京举办禽流感防控国际筹资大会，并通过《北京宣言》。

18日—21日　外交部部长助理崔天凯与加拿大外交部助理副部长赖特在北京举行首次中加战略问题对话。

19日—20日　“意大利年”活动在北京开幕。

19日—21日　希腊总理卡拉曼利斯对中国进行正式访问。

19日—22日 巴哈马外交和公共服务部长米切尔对中国进行正式访问。

22日—24日 沙特国王阿卜杜拉对中国进行国事访问。

22日—24日 卢森堡副首相兼外交和移民大臣阿瑟伯恩对中国进行正式访问。

23日 奥地利“2006中国年”活动在维也纳正式开幕。

24日—27日 国务院副总理曾培炎出席在瑞士达沃斯举行的世界经济论坛2006年年会。

25日—26日 伊朗最高国家安全委员会秘书拉里贾尼对中国进行访问。

30日—2月9日 外交部长李肇星出席伦敦阿富汗问题国际会议，与欧盟“三驾马车”外交部长会晤并对瑞士、奥地利、挪威、摩纳哥、法国进行正式访问。

二月

9日—13日 外交部副部长戴秉国率团赴日本与日外务省事务次官谷内正太郎在东京和新潟举行第四次中日战略对话。

12日—18日 多哥总统福雷对中国进行国事访问。

14日—18日 缅甸联邦总理梭温对中国进行正式访问。

19日—21日 墨西哥外交部长德尔贝斯对中国进行正式访问。

19日—23日 巴基斯坦总统穆沙拉夫对中国进行国事访问。

22日—23日 德国外交部长施泰因迈尔对中国进行正式访问。

22日—28日 密克罗尼西亚联邦外交部长阿内法尔对中国进行非正式访问。

三月

6日—7日 中国和日本第四轮东海问题磋商在北京举行。

15日 国家主席胡锦涛接受荷兰、印度尼西亚、英国、沙特、阿尔巴尼亚、毛里求斯、科特迪瓦、莱索托新任驻华大使递交国书。

19日—25日 多米尼克总统利物浦对中国进行非正式访问。

20日—23日 西班牙外交与合作大臣莫拉蒂诺斯对中国进行正式访问。

20日—4月2日 全国政协主席贾庆林对越南、印度尼西亚、马来西亚进行正式友好访问。

21 日—22 日 俄罗斯总统普京对中国进行国事访问。

26 日—28 日 哈萨克斯坦外交部长托卡耶夫对中国进行正式访问。

27 日—29 日 罗马尼亚总统伯塞斯库对中国进行国事访问。

27 日—30 日 阿尔及利亚国务部长兼外交部长贝贾维对中国进行正式访问。

28 日—30 日 波兰外交部长梅勒对中国进行正式访问。

28 日—4 月 3 日 沙特国家安全委员会秘书长班达尔亲王对中国进行正式访问。

29 日—4 月 2 日 外交部副部长戴秉国赴德国柏林出席伊朗核问题六国（联合国五个常任理事国 + 德国）外长会议。

四月

1 日—6 日 土库曼斯坦总统尼亚佐夫对中国进行国事访问。

1 日—8 日 国务院总理温家宝对澳大利亚、斐济、新西兰、柬埔寨进行正式访问，并出席在斐济举行的“中国—太平洋岛国经济发展合作论坛”首届部长级会议开幕式。

3 日—14 日 国务院副总理吴仪率团赴美国，在华盛顿与美商务部长古铁雷斯、贸易代表波特曼和农业部长约翰斯共同主持第 17 届中美商贸联委会会议。

5 日—8 日 也门总统萨利赫对中国进行国事访问。

6 日—8 日 摩洛哥国王特使、外交与合作部大臣级代表费赫里对中国进行正式访问。

10 日—15 日 格鲁吉亚总统萨卡什维利对中国进行国事访问。

11 日—13 日 哈萨克斯坦外交部长托卡耶夫对中国进行正式访问。

12 日—18 日 新加坡国务资政吴作栋对中国进行正式访问。

12 日—19 日 立陶宛外交部长瓦利奥尼斯对中国进行正式访问。

12 日—25 日 国务院副总理回良玉对波兰、捷克、阿尔巴尼亚、法国进行正式访问。

18 日—29 日 国家主席胡锦涛对美国、沙特阿拉伯、摩洛哥、尼日利亚、肯尼亚进行国事访问。

21 日—23 日 博鳌亚洲论坛 2006 年年会在海南举行。

21 日—27 日 密克罗尼西亚联邦总统乌鲁塞马尔出席博鳌论坛年会并对中国进行非正式访问。

23日—27日 塞拉利昂副总统贝雷瓦对中国进行正式访问。

25日—27日 芬兰总理万哈宁对中国进行正式访问。

27日—28日 国务委员唐家璇作为国家主席胡锦涛特别代表访问朝鲜。

五月

7日—9日 外交部副部长戴秉国与日本外务省事务次官谷内正太郎在北京和贵州举行第五次中日战略对话。

7日—14日 突尼斯外交部长阿卜杜拉对中国进行正式访问。

7日—9日 外交部长李肇星出席在美国举行的伊朗核问题中、美、俄、英、法、德六国外长会议。

8日—14日 丹麦外交大臣默勒对中国进行正式访问。

10日—17日 新加坡内阁资政李光耀对中国进行正式访问。

11日—13日 爱尔兰外交部长埃亨对中国进行正式访问。

11日—18日 塔吉克斯坦外交部长纳扎罗夫对中国进行正式访问，并出席上海合作组织外长会议。

14日—16日 中国与法国军事和战略小组中方牵头人、外交部副部长戴秉国与军战小组法方牵头人、希拉克总统外事顾问莫里斯在河北香河共同主持召开了军战小组第六次会议。

15日—16日 俄罗斯外交部长拉夫罗夫对中国进行正式访问。

16日—26日 外交部长李肇星对墨西哥、巴哈马、科威特、卡塔尔、阿拉伯联合酋长国、巴林进行正式访问，并出席在卡塔尔举行的“亚洲对话会议”第五次外长会议。

17日—30日 全国人大常委会委员长吴邦国对罗马尼亚、摩尔多瓦、希腊、俄罗斯进行正式友好访问，并出席在莫斯科举行的上海合作组织成员国首次议长会晤。

18日 中国和日本第五轮东海问题磋商在东京举行。

19日—23日 联合国秘书长安南对中国进行正式访问。

21日—23日 德国总理默克尔对中国进行正式访问。

28日—6月3日 叙利亚外交部长穆阿利姆对中国进行正式访问。

30日—6月4日 苏丹外交部长阿贾维尼对中国进行正式访问。

30日—6月6日 朝鲜外务相白南舜对中国进行正式访问。

31日—6月1日 中（国）阿（拉伯）合作论坛第二届部长级会议在北京召开。

31 日—6 月 3 日 厄瓜多尔外交部长卡里翁对中国进行正式访问。

六月

1 日 外交部副部长戴秉国出席英、法、德、美、俄、中在维也纳举行的伊朗核问题六国外长会议。

5 日—7 日 孟加拉国外交部长莫希德·汗对中国进行正式访问。

5 日—8 日 加纳外交部长阿库福阿多对中国进行正式访问。

6 日—7 日 外交部副部长张业遂与欧盟轮值主席国奥地利外交部国务秘书温克勒尔为首的欧盟“三驾马车”在北京举行第二轮中欧战略对话。

9 日—10 日 吉尔吉斯斯坦总统巴基耶夫对中国进行国事访问。

10 日 国家主席胡锦涛分别接受日本、菲律宾、埃塞俄比亚、南非、乌干达新任驻华大使递交国书。

10 日—12 日 印度尼西亚外交部长哈桑对中国进行工作访问。

14 日—16 日 上海合作组织元首理事会会议在上海举行，国家主席胡锦涛出席并主持会议。

16 日—17 日 国家主席胡锦涛出席在哈萨克斯坦阿拉木图举行的“亚洲相互协作与信任措施会议”（简称“亚信”）成员国领导人第二次会议。

17 日—24 日 国务院总理温家宝对埃及、加纳、刚果（布）、安哥拉、南非、坦桑尼亚和乌干达进行正式访问。

18 日—21 日 阿富汗总统卡尔扎伊对中国进行国事访问。

19 日—30 日 联合国人权理事会首届会议在日内瓦召开，外交部副部长杨洁篪出席高级别会议并发言。

21 日—26 日 塞内加尔总统瓦德对中国进行国事访问。

25 日—27 日 中国与印度边界问题特别代表第八次会晤在北京举行。

26 日—27 日 韩国外交通商部长官潘基文对中国进行工作访问。

26 日—7 月 2 日 老挝党中央总书记、国家主席朱马里对中国进行国事访问。

27 日—29 日 澳大利亚联邦总理霍华德对中国进行工作访问。

28 日 国家主席胡锦涛分别接受塞内加尔、白俄罗斯、塞尔维亚、马耳他、摩尔多瓦、安提瓜和巴布达、巴巴多斯、圣卢西亚新任驻华大使递交国书。

七月

6日—8日 黑山外交部长弗拉霍维奇对中国进行正式访问。

8日—9日 中日第六轮东海问题磋商在北京举行。

9日—16日 毛里求斯外交部长杜卢对中国进行正式访问。

10日—13日 国家主席胡锦涛特使、全国政协副主席徐匡迪访问蒙古并出席“大蒙古国”800周年纪念活动。

10日—15日 国务院副总理回良玉赴朝鲜出席“中朝友好合作互助条约”签订45周年纪念活动。

10日—17日 英国新任外交国务大臣麦卡特尼对中国进行访问。

12日 外交部副部长张业遂代表外交部长李肇星出席英、法、德、美、俄、中在巴黎举行的伊朗核问题六国外长会议。

12日—16日 斯里兰卡外交部长萨马拉维拉对中国进行访问。

13日—16日 柬埔寨副首相兼外交国际合作大臣贺南洪对中国进行正式访问。

16日—18日 国家主席胡锦涛出席在俄罗斯圣彼得堡举行的八国集团与发展中国家领导人对话会议。

17日—22日 瑞典国王卡尔十六世·古斯塔夫对中国进行国事访问。

26日—8月10日 外交部长李肇星在马来西亚吉隆坡出席第七次东盟与中日韩（10+3）外长会议、东盟与对话国外长非正式会议（PMC）和第13届东盟地区论坛（ARF）外长会议，并对密克罗尼西亚、萨摩亚、纽埃、库克群岛、汤加、斐济、瓦努阿图、巴布亚新几内亚进行正式访问。

28日—30日 沙特国家安全委员会秘书长班达尔亲王对中国进行正式访问。

八月

9日—10日 中国与美国全球事务论坛第二次会议在北京召开。

15日—20日 莫桑比克外交与合作部长阿布雷乌对中国进行正式访问。

15日—23日 不丹外交大臣坎杜来中国出席中不第18轮边界会谈。

22日—26日 越南共产党中央委员会总书记农德孟对中国进行正式友好访问。

22 日—27 日 委内瑞拉总统查韦斯对中国进行国事访问。

23 日—25 日 几内亚外交和国际合作国务部长贡代对中国进行正式访问。

27 日—9 月 3 日 贝宁总统亚伊对中国进行国事访问。

28 日—29 日 尼泊尔副首相兼外交大臣奥利访华。

九月

3 日—9 日 文莱外交和贸易大臣穆罕默德亲王对中国进行正式访问。

3 日—10 日 全国人大常委会委员长吴邦国对巴西、乌拉圭、智利进行正式友好访问。

4 日—10 日 卢森堡大公亨利对中国进行国事访问。

9 日—15 日 国务院总理温家宝出席在芬兰赫尔辛基举行的第九次中欧领导人会晤和第六届亚欧首脑会议及在塔吉克斯坦举行的上海合作组织成员国总理第五次会议，并对芬兰、塔吉克斯坦进行正式访问，对英国、德国进行工作访问。

10 日—13 日 马尔代夫总统加尧姆对中国进行国事访问。

13 日—18 日 意大利总理普罗迪对中国进行正式访问。

15 日—21 日 外交部副部长杨洁篪率团出席在古巴哈瓦那召开的第 14 次不结盟运动首脑会议并访问秘鲁、阿根廷。

17 日—27 日 外交部长李肇星在纽约出席第 61 届联合国大会，并对圣卢西亚、安提瓜和巴布达进行正式访问。

19 日—22 日 美国总统特别代表、财政部长鲍尔森对中国进行正式访问。

19 日—28 日 国务院副总理曾培炎对匈牙利、比利时、爱尔兰、挪威进行正式访问。

23 日—26 日 外交部副部长戴秉国和日本外务事务次官谷内正太郎在东京举行第六次中日战略对话。

23 日—28 日 立陶宛总统阿达姆库斯对中国进行国事访问。

十月

8 日—9 日 日本内阁总理大臣安倍晋三对中国进行正式友好访问。

9 日—15 日 巴布亚新几内亚总督马塔内对中国进行工作访问。

10 日 中国、越南、老挝三国交界点条约签字仪式在北京举行。

11日—15日 国务委员唐家璇作为国家主席胡锦涛特别代表对美国、俄罗斯进行工作访问。

12日—14日 摩尔多瓦副总理兼外交与融入欧洲部部长斯特拉坦对中国进行正式访问。

13日 韩国总统卢武铉对中国进行工作访问。

18日—19日 国务委员唐家璇作为国家主席胡锦涛特别代表对朝鲜进行工作访问。

20日—21日 美国国务卿赖斯对中国进行访问。

22日—11月4日 全国政协主席贾庆林对英国、立陶宛、爱沙尼亚、乌克兰进行正式友好访问。

25日—28日 法国总统希拉克对中国进行国事访问。

25日—28日 阿根廷副总统西奥利对中国进行正式访问。

26日—30日 瑞士联邦副主席兼外交部长卡尔米—雷伊对中国进行正式访问。

30日—31日 中国—东盟建立对话关系15周年纪念峰会在南宁举行。会议前后，菲律宾总统阿罗约、印度尼西亚总统苏希洛、缅甸总理梭温、柬埔寨首相洪森、新加坡总理李显龙、越南总理阮晋勇对中国进行正式访问。

27日 候任联合国秘书长潘基文对中国进行工作访问。

27日 外交部部长助理崔天凯与巴基斯坦外交秘书里亚兹在北京举行第二轮中巴战略对话。

28日—11月6日 利比里亚总统瑟利夫出席中非合作论坛并对中国进行国事访问。

29日—11月6日 几内亚比绍总统维埃拉出席中非合作论坛并对中国进行国事访问。

十一月

1日—2日 中非合作论坛第五届高官会在北京举行。

1日—8日 塞舌尔总统米歇尔出席中非合作论坛并对中国进行国事访问。

2日—6日 南非总统姆贝基出席中非合作论坛并对中国进行国事访问。

3日—6日 阿尔及利亚总统布特弗利卡出席中非合作论坛并对中国进行国事访问。

3 日—7 日 埃及总统穆巴拉克出席中非合作论坛并对中国进行国事访问。

4 日—5 日 中非合作论坛北京峰会召开。国家主席胡锦涛和论坛 48 个非洲成员国的 35 位国家元首、6 位政府首脑、1 位副总统、6 位高级别代表以及非盟委员会主席参加，24 个国际和地区组织派观察员列席峰会有关活动。

6 日—9 日 世界卫生组织选举新任总干事，中方候选人陈冯富珍当选。

8 日 外交部副部长杨洁篪与美国负责政治事务的副国务卿伯恩斯在北京共同主持第三次中美战略对话。

9 日 外交部副部长张业遂与德国外交部国务秘书西尔伯贝格在北京举行中德首轮战略对话。

9 日—10 日 俄罗斯总理弗拉德科夫对中国进行正式访问，并出席中俄总理第 11 次定期会晤及“俄罗斯年”闭幕式。

10 日 中方候选人、现任国际电信联盟标准化局局长赵厚麟在国际电信联盟全权代表大会上当选电联副秘书长。

12 日—15 日 意大利副总理兼外交部长达莱马对中国进行正式访问。

14 日 国家主席胡锦涛接受智利、布隆迪、马里、古巴、冰岛、坦桑尼亚、伊朗、瑞典、西班牙和印度 10 国新任驻华大使递交国书。

15 日—26 日 国家主席胡锦涛对越南、老挝、印度、巴基斯坦进行国事访问，并出席在越南河内举行的亚太经济合作组织（APEC）第 14 次领导人非正式会议。

19 日—23 日 保加利亚总理斯塔尼舍夫对中国进行正式访问。

22 日—27 日 蒙古总理恩赫包勒德对中国进行正式访问。

26 日—28 日 阿根廷外交、国际贸易与宗教事务部长塔亚纳对中国进行正式访问。

26 日—29 日 阿尔巴尼亚外交部长穆斯塔法伊对中国进行正式访问。

十二月

2 日—4 日 全国人大常委会委员长吴邦国出席在香港举行的 2006 年世界电信展。

4 日—8 日 塞浦路斯总统帕帕佐普洛斯对中国进行国事访问。

8 日—9 日 外交部长李肇星出席在菲律宾举行的中国—东盟外长会议。

11 日—12 日 中美（国）在荷兰海牙举行首轮履行《禁止化学武器公约》磋商。

14 日—15 日 国家主席胡锦涛特别代表、国务院副总理吴仪与美国总统布什的特别代表、财政部长保尔森在北京举行首次中美战略经济对话。

16 日 中国、美国、印度、韩国、日本五国能源部长会议在北京举行。

18 日—19 日 约旦外交大臣哈提卜对中国进行工作访问。

18 日—22 日 第五轮六方会谈第二阶段会议在北京举行，并发表主席声明。

19 日—21 日 斯洛伐克外交部长库比什对中国进行工作访问。

19 日—23 日 哈萨克斯坦总统纳扎尔巴耶夫对中国进行国事访问。

23 日—24 日 国家主席胡锦涛特别代表、国务委员唐家璇赴土库曼斯坦出席土总统尼亚佐夫葬礼。

26 日—27 日 中国与日本共同历史研究委员会第一次会议在北京举行。

31 日 国家主席胡锦涛和俄罗斯总统普京互致新年贺电，并宣布在俄举办的“中国年”活动正式开始。

2006 年中国外交重要文献

在美国耶鲁大学的演讲

（2006 年 4 月 21 日，纽黑文）

中华人民共和国主席　胡锦涛

尊敬的理查德·莱文校长，同学们，老师们，女士们，先生们：

首先，我感谢莱文校长的邀请，使我有机会来到世界著名学府耶鲁大学，同青年朋友和老师们相聚在一起。

进入耶鲁大学的校园，看到莘莘学子青春洋溢的脸庞，呼吸着书香浓郁的空气，我不由回想起 40 年前在北京清华大学度过的美好时光。学生时代，对人的一生都会产生重要影响。当年老师们对我的教诲，同学们给我的启发，我至今仍受用不尽。

耶鲁大学以悠久的发展历史、独特的办学风格、卓著的学术成就闻名于世。如果时光能够倒流几十年，我真希望成为你们中的一员。

耶鲁大学校训强调追求光明和真理，这符合人类进步的法则，也符合每个有志青年的心愿。300 多年来，耶鲁大学培养出一大批杰出人才，其中包括 20 位诺贝尔奖获得者、5 位美国总统。美国民族英雄内森·黑尔是耶鲁校友，他的名言——“我唯一的憾事，就是没有第二次生命献给我的祖国”，深深感染了我和许多中国人。我衷心祝愿贵校培养出更多英才，为美国经济社会发展、为人类进步事业作出更大贡献！

女士们、先生们、朋友们！

长期以来，中美两国人民一直相互抱有浓厚的兴趣和友好的感情。中国人民欣赏美国人民的开拓进取精神，钦佩美国人民在建设国家中取得的骄人业绩。随着中国的快速发展和中美合作的不断拓展，越来越多的美国人也把目光投向中国，更加关注中国的发展进步。

了解是信任的基础。今天，我愿从中华文明历史流变和现实发展的角度，谈谈当代中国的发展战略和前进方向，希望有助于美国人民更全面、更深入地了解中国。

在5000多年的历史长河中，中华民族为人类文明进步作出了巨大贡献，同时也走过了曲折艰辛的道路。特别是从1840年鸦片战争以来的160多年间，中国人民为摆脱积贫积弱的境遇，实现民族复兴，前仆后继，顽强斗争，使中华民族的命运发生了深刻变化。95年前，中国人民通过辛亥革命推翻了统治中国几千年的君主专制制度，为中国的进步打开了闸门。57年前，中国人民经过长期浴血奋斗实现了民族独立和人民解放，建立了人民当家作主的新中国。28年前，中国人民开始了改革开放和现代化建设的伟大历史进程，经过艰苦创业取得了举世瞩目的巨大成就，从1978年到2005年，中国国内生产总值从1473亿美元增长到22257亿美元，进出口总额从206亿美元增长到14221亿美元，国家外汇储备从1.67亿美元增加到8189亿美元，农村贫困人口由2.5亿人减少到2300多万人。回顾这160多年来中国发生的沧桑巨变，可以说，中国人民经过艰苦探索和顽强奋斗，既改变了自己的命运，也推动了人类进步事业。

必须看到，中国尽管取得了巨大的发展成就，但仍是世界上最大的发展中国家，人均国内生产总值仍排在世界100名之后，中国人民的生活还不富裕，中国的发展还面临着不少突出的矛盾和问题。要彻底改变中国的面貌和改善中国人民的生活，需要继续持之以恒地艰苦奋斗。中国将在未来15年集中力量全面建设惠及十几亿人口的更高水平的小康社会。具体来说，就是要使中国国内生产总值到2020年达到40000亿美元左右，人均达到3000美元左右，使经济更加发展、民主更加健全、科教更加进步、文化更加繁荣、社会更加和谐、人民生活更加殷实。

为了实现我们的发展目标，中国根据本国国情和时代要求明确了自己的发展理念，这就是树立和贯彻以人为本、全面协调可持续发展的科学发展观，统筹城乡发展、统筹区域发展、统筹经济社会发展、统筹人与自然和谐发展、统筹国内发展和对外开放，更加注重解决民生问题，更加注重克服发展的不平衡性，更加注重解决发展中存在的突出矛盾，致力于走科技含量高、经济效益好、资源消耗低、环境污染少、人力资源优势得到充分发挥的新型工业化道路，推进经济建设、政治建设、文化建设、社会建设协调发展，努力实现生产发展、生活富裕、生态良好的文明发展格局。

科学发展的理念，是在总结中国现代化建设经验、顺应时代潮流的基础上提出来的，也是在继承中华民族优秀文化传统的基础上提出来的。

中华文明是世界古代文明中始终没有中断、连续 5000 多年发展至今的文明。中华民族在漫长历史发展中形成的独具特色的文化传统，深深影响了古代中国，也深深影响着当代中国。现时代中国强调的以人为本、与时俱进、社会和谐、和平发展，既有着中华文明的深厚根基，又体现了时代发展的进步精神。

——中华文明历来注重以民为本，尊重人的尊严和价值。早在千百年前，中国人就提出“民惟邦本，本固邦宁”、“天地之间，莫贵于人”，强调要利民、裕民、养民、惠民。今天，我们坚持以人为本，就是要坚持发展为了人民、发展依靠人民、发展成果由人民共享，关注人的价值、权益和自由，关注人的生活质量、发展潜能和幸福指数，最终是为了实现人的全面发展。保障人民的生存权和发展权仍是中国的首要任务。我们将大力推动经济社会发展，依法保障人民享有自由、民主和人权，实现社会公平和正义，使 13 亿中国人民过上幸福生活。

——中华文明历来注重自强不息，不断革故鼎新。“天行健，君子以自强不息。”这是中国的一句千年传世格言。中华民族所以能在 5000 多年的历史进程中生生不息、发展壮大，历经挫折而不屈，屡遭坎坷而不馁，靠的就是这样一种发愤图强、坚忍不拔、与时俱进的精神。中国人民在改革开放中表现出来的进取精神，在建设国家中焕发出来的创造热情，在克服前进道路上的各种困难中表现出来的顽强毅力，正是这种自强不息精神的生动写照。

——中华文明历来注重社会和谐，强调团结互助。中国人早就提出了“和为贵”的思想，追求天人和谐、人际和谐、身心和谐，向往“人人相亲，人人平等，天下为公”的理想社会。今天，中国提出构建和谐社会，就是要建设一个民主法治、公平正义、诚信友爱、充满活力、安定有序、人与自然和谐相处的社会，实现物质和精神、民主和法治、公平和效率、活力和秩序的有机统一。中国人民把维护民族团结作为自己义不容辞的职责，把维护国家主权和领土完整作为自己至高无上的使命。一切有利于民族团结和国家统一的行为，都会得到中国人民真诚的欢迎和拥护。一切有损于民族团结和国家统一的举动，都会遭到中国人民强烈的反对和抗争。

——中华文明历来注重亲仁善邻，讲求和睦相处。中华民族历来爱好和平。中国人在对外关系中始终秉承“强不执弱”、“富不侮贫”的精神，主张“协和万邦”。中国人提倡“海纳百川，有容乃大”，主张吸纳百家优长、兼集八方精义。今天，中国高举和平、发展、合作的旗帜，奉行独立自主的和平外交政策，坚定不移地走和平发展道路，既通过维护世界和平来发展自己，又通过自身的发展来促进世界和平。中国坚持实施互利共赢的对外开放战略，真诚愿意同各国广泛开展合作，真诚愿意兼收并蓄、博采各种文明之长，以合作谋和平、以合作促发展，推动建设一个持久和平、共同繁荣的和谐世界。

女士们、先生们、朋友们！

中美都拥有辽阔的国土，都是多个民族并存、多种文化融合的国家，都生活着勤劳智慧的人民。中美因不同的历史背景和现实国情而存在着差异，这有利于我们相互借鉴，取长补短。中美加强合作，符合两国和两国人民的根本利益，对世界的和平与发展也具有重大影响。

200 多年来，浩瀚的太平洋并未阻断中美两国人民的交流合作，中美两国人民相互学习、相互帮助，谱写了世界不同文明相互借鉴的美好篇章。1979 年中美建交 27 年来，两国关系曾历经曲折，但总体上保持了稳定发展的大方向，给两国和两国人民带来了巨大利益。

进入 21 世纪，国际形势继续深刻变化。和平与发展仍然是当今时代的主题，但不稳定不确定因素在增多，新挑战新威胁在增加。在新的国际形势下，中美两国共同利益在增多，合作领域在扩大。世界和平与安全面临的新课题，特别是反对国际恐怖主义、防止大规模杀伤性武器扩散、保护人类生存环境、打击跨国犯罪等，使我们两国拥有重要的共同战略利益。中国的巨大市场和发展需求，美国的先进科技和优质产品，使两国具有巨大的经济技术合作空间。中美全面发展建设性合作关系前景广阔。

昨天上午，我同布什总统就中美关系及共同关心的重大国际和地区问题深入交换看法，达成了许多重要共识。我们都认为，双方应该坚持从战略高度和长远角度审视和处理中美关系，加强对话，扩大共识，增进互信，深化合作，全面推进 21 世纪中美建设性合作关系。

我相信，只要我们从中美关系发展的大局出发，彼此尊重，相互理解，两国关系就能够健康稳定地向前发展，给两国人民带来更多利益，给世界各国人民带来更大希望。

女士们、先生们、朋友们！

一个音符无法表达出优美的旋律，一种颜色难以描绘出多彩的画卷。世界是一座丰富多彩的艺术殿堂，各国人民创造的独特文化都是这座殿堂里的瑰宝。一个民族的文化，往往凝聚着这个民族对世界和生命的历史认知和现实感受，也往往积淀着这个民族最深层的精神追求和行为准则。人类历史发展的过程，就是各种文明不断交流、融合、创新的过程。人类历史上各种文明都以各自的独特方式为人类进步作出了贡献。

文明多样性是人类社会的客观现实，是当今世界的基本特征，也是人类进步的重要动力。历史经验表明，在人类文明交流的过程中，不仅需要克服自然的屏障和隔阂，而且需要超越思想的障碍和束缚，更需要克服形形色色的偏见和误解。意识形态、社会制度、发展模式的差异不应成为人类文明交流的障碍，更不能成为相互对抗的理由。我们应该积极维护世界多样性，推动不同文明的对话和交融，相互借鉴而不是相互排斥，使人类更加和睦幸福，让世界更加丰富多彩。

女士们、先生们、朋友们!

文化、教育和青年交流是中美两国人民增进相互了解和友谊的重要桥梁，也是推动中美关系健康稳定发展的重要力量。耶鲁大学是中美教育合作的先行者和文化交流的重要平台。156 年前，一位名叫容闳的中国青年走进了耶鲁大学校园，4 年后他以优异的成绩获得了文学士学位，成为毕业于美国大学的第一个中国留学生。此后，一批又一批中国青年来到耶鲁大学求学。近 20 年来，耶鲁大学吸引了 4000 多名中国留学人员，同中国文化界、科技界、教育界的合作项目超过 80 个。去年夏天，耶鲁大学派遣首批学生到中国实习，其中一些人成为中国故宫博物院的第一批外国实习生。借此机会，我对莱文校长和耶鲁大学为增进中美两国人民的交流所做的积极努力表示赞赏。

为增进中美两国青年以及教育界的相互了解，我高兴地宣布，中方决定邀请 100 名耶鲁大学师生今年夏天访问中国。我相信，你们的访问将是一次十分愉快的经历。

女士们、先生们、朋友们!

“长江后浪推前浪，世上新人换旧人。”青年人是世界的希望和未来，青年人有着蓬勃向上的生命活力和无穷的创造力。我衷心希望，中美两国青年携起手来，以实际行动促进中美两国人民友好，同世界各国人民一道，共创世界美好的明天。

谢谢各位。

在八国集团同发展中国家领导人对话会议上的书面讲话

（2006 年 7 月 17 日，圣彼得堡）

中华人民共和国主席　胡锦涛

普京总统，

各位同事：

来到普京总统的故乡圣彼得堡，有机会同各位同事就重大全球性问题交换意见，我感到非常高兴。近年来，八国集团加强了同发展中国家的对话，俄罗斯为推动本次对话作出了积极努力，我对此高度赞赏。

当今世界，和平、发展、合作的潮流浩浩荡荡。经济全球化深入发展，科技进步日新月异，生产要素流动和产业转移速度加快，主要经济体发展状态继续改善，世界经济总体增长平稳。

与此同时，人类发展面临的矛盾和挑战有增无减。地区热点此起彼伏，经济发展失衡仍然突出，南北差距继续扩大，油价长期在高位波动，贸易保护主义上升并有新的表现，恐怖主义、环境污染、自然灾害、传染病等全球性问题日益突出，对世界和平与发展构成现实威胁。需要特别指出的是，许多发展中国家特别是非洲国家的不利处境没有得到改观，发展仍然面临诸多困难。这些都是国际社会必须面对和解决的重大问题。

在这种机遇和挑战相互交织的形势下，我们迫切需要加强协调和合作，共同建设一个持久和平、共同繁荣的和谐世界。

这次对话会议以全球能源安全、传染病防控、教育、非洲发展为议题，既切合时宜，又着眼未来。处理好这些问题，关乎各国和各国人民的利益，关乎人类社会发展的前途。

各位同事！

全球能源安全，关系各国的经济命脉和民生大计，对维护世界和平稳定、促进各国共同发展至关重要。在经济全球化深入发展的今天，各国各地区的互联互动日益加深。每个国家都有充分利用能源资源促进自身发展的权利，绝大多数国家都不可能离开国际合作而获得能源安全保障。国际能源市场价格居高不下，冲击了全球经济发展，对产油国和消费国都没有好处。油价居高不下的原因是复杂的，需要国际社会加强对话和合作，从多方面加以解决。这符合各方的共同利益。

为保障全球能源安全，我们应该树立和落实互利合作、多元发展、协同保障的新能源安全观。具体而言，应该着重在以下三个方面进行努力。

（一）加强能源开发利用的互利合作。实现全球能源安全，必须加强能源出口国和消费国之间、能源消费大国之间的对话和合作。国际社会应该加强政策协调，完善国际能源市场监测和应急机制，促进油气资源开发以增加供给，实现能源供应全球化和多元化，在能源需求和供给基本均衡的基础上确保稳定的可持续的国际能源供应及合理的国际能源价格，确保各国能源需求得到满足。

（二）形成先进能源技术的研发推广体系。节约能源，促进能源多元发展，是实现全球能源安全的长远大计。国际社会应该加强节能技术研发和推广，支持和促进各国提高能效，节约能源，减少单位国内生产总值的能耗。我们应该积极倡导在清洁煤技术等高效利用化石燃料方面开展合作，推动国际社会加强可再生能源和氢能、核能等重大能源技术研发等方面的合作，探讨建立清洁、安全、经济、可靠的世界未来能源供应体系。我们要从人类社会持续发展的高度看待这些领域的合作，处理好资金投入、知识产权保护、技术推广等问题，使所有国家都从中受益。

（三）维护能源安全稳定的良好政治环境。维护世界和平和地区稳定，是实现全球能源安全的前提条件。我们应该携手努力，共同维护能源生产国特别是中东等产油地区的稳定，确保国际能源通道安全，避免地缘政治纷争干扰全球能源供应。各国应该通过对话和协商解决分歧和矛盾，而不应该把能源问题政治化，更不应该动辄诉诸武力。

中国高度重视能源问题。中国能源战略的基本内容是：坚持节约优先、立足国内、多元发展、保护环境，加强国际互利合作，努力构筑稳定、经济、清洁的能源供应体系。中国是能源消费大国，更是能源生产大国。上个世纪 90 年代以来，中国能源总自给率始终保持在 90％以上。中国煤炭资源丰富，三分之二的水电资源尚未开发，核电、风力发电、生物质发电刚刚起步，国内能源供应有巨大潜力。我们提出了中国 2006 年至 2010 年经济社会发展的目标，既要实现到 2010 年人均国内生产总值比 2000 年翻一番，又要实现单位国内生产总值能源消耗比 2005 年末降低 20％左右。我们将适度利用国际能源市场，在平等互惠、互利双赢的原则下加强同各能源生产国和消费国的合作，共同维护全球能源安全。

各位同事！

加强防控传染病是当今国际社会的当务之急。近年来，非典、禽流感等新发传染病频频发生，艾滋病、结核病、疟疾仍在肆虐，危害各国人民的身体健康和生命安全，影响有关国家的经济社会发展，甚至威胁到地区和全球的安全稳定。

国际社会应该建立和完善多边防控合作机制，加快制定抗击禽流感等传染病的总体规划，推广科学规范的防控措施，发挥联合国和世界卫生组织、联合国粮农组织以及区域合作组织等机构的重要作用。我们应该深化技术交流合作，推动各国相互提供技术支持和帮助，尽早在传染病基础研究领域取得突破性进展；建立传染病防控的信息平台，最终实现信息共享和交流的实时化、规范化；加强全球传染病防控能力建设，在技术和资金支持等方面作出更大努力，真诚帮助发生传染病的贫困国家；重点推动国际社会就禽流感防控流行病学及预防、疫情监测和诊断、疫苗研制和药物开发等开展合作，共享科技成果和防控经验。我们应该通过降价或者转让专利权等方式，提高艾滋病抗病毒治疗药物的可及性，使更多艾滋病人得到治疗；鼓励和支持低成本高效新药的研发和普及，使受疟疾困扰之苦的人们特别是非洲人民受益；推动各国在疾病监测报告、卫生保障、常见传染病防治等方面开展合作，交流先进经验，造福各国人民。

各位同事！

发展教育，是经济社会发展的基础条件，是促进社会公平的重要手段，也有助于增进不同文明的相互理解。对于广大发展中国家来说，加快发展教育，大力提高劳动者素质，可以有力促进就业和经济增长，加快扭转知识、人才、技能等方面的落后局面。加强发达国家和发展中国家在这一领域的合作，具有十分重要的意义。我们应该重点关注以下问题：完善教育体系、提高教育质量，促进终身教育、构建学习型社会，加强国际交流、共享教育资源，利用信息技术、拓展教育机会，增加政府投入、加强能力建设。我们应该促进联合国机构、其他国际组织和双边援助将全民教育和终身教育作为优先目标，帮助发展中国家加强人力资源能力建设，平等参与国际教育合作和规则制定。

为推进国际教育合作，可建立八国集团和发展中国家在教育领域的交流机制，相互借鉴成功经验。中方愿主办研究型大学校长研讨会，共商国际教育交流合作之计。

各位同事！

中国正在按照以人为本、全面协调可持续发展的科学发展观推动经济社会发展。中国一贯重视并积极参与全球能源安全、传染病防控、教育领域的国际合作。中国将加强同石油消费国和生产国在能源开发、利用、环保等领域的合作和对话，加大对传染病防控国际合作的投入，深化教育领域的对外合作。

各位同事！

对内坚持科学发展，对外坚持和平发展，是中国政府和中国人民的郑重选择和庄严承诺。中国将坚定不移地走和平发展道路，实施互利共赢的开放战略，同各国人民携手并进，为增进世界各国人民的福祉，为建设持久和平、共同繁荣的和谐世界而不懈努力！

谢谢各位。

在中非合作论坛北京峰会开幕式上的讲话

(2006年11月4日，北京)

中华人民共和国主席　胡锦涛

尊敬的梅莱斯总理，

尊敬的各位同事、各位嘉宾，

女士们，先生们，朋友们：

今天是值得历史记住的日子。我们中非领导人本着友谊、和平、合作、发展的宗旨，相聚北京，共叙友情，共商推动中非关系发展、促进发展中国家团结合作的大计。首先，我谨代表中国政府和中国人民，并以我个人的名义，对各位同事和嘉宾前来出席会议，表示热烈的欢迎和衷心的感谢！我还要通过在座的非洲各国领导人，向兄弟的非洲人民转达中国人民的亲切问候和良好祝愿！

2000年10月，中非共同倡议成立了中非合作论坛。这是中非深化传统友谊、加强友好合作的重大举措。6年来，论坛先后在北京和亚的斯亚贝巴成功举办了两届部长级会议，已成为中国同非洲国家开展集体对话、交流治国理政经验、增进相互信任、进行务实合作的重要平台和有效机制。

各位同事、各位朋友！

今年正值新中国同非洲国家开启外交关系50周年。中国与非洲虽然远隔重洋，但中非人民友谊源远流长、历久弥坚。在漫漫历史长河中，中非人民自强不息、坚忍不拔，创造了各具特色、绚烂多彩的古代文明。近代以来，中非人民不甘奴役、顽强抗争，谱写了追求自由解放、捍卫人类尊严的光辉篇章，创造了国家建设、民族振兴的辉煌历史。中国和非洲的发展进步，为推进人类文明进步事业作出了重大贡献。

50年来，中非人民紧密团结，中非友好不断深化。中非各领域交流合作全面发展，取得了丰硕成果。中非在国际事务中相互信任、协调配合，共同维护发展中国家的正当权益。

中国始终坚定支持非洲民族解放和国家建设，从培训技术人员到培训各类人才，从援建坦赞铁路到援建各项工程，从派遣医疗队员到派遣维和官兵，都体现了中国人民对非洲人民的情谊。中国人民不会忘记非洲朋友当年全力支持中华人民共和国恢复在联合国的合法席位，不会忘记非洲国家和人民真诚希望中国完成和平统一大业、热切盼望中国实现现代化建设的宏伟目标。

今天，中非友好已深深扎根在双方人民心中。中非友好之所以能够经受住历史岁月和国际风云变幻的考验，关键是我们在发展相互关系中始终坚持真诚友好、平等相待、相互支持、共同发展的正确原则。

——真诚友好，是中非友谊不断加强的坚实基础。我们双方都珍视中非传统友谊，诚心诚意致力于中非友好事业。

——平等相待，是中非互信日益增进的重要保证。我们双方都尊重对方自主选择的发展道路，高度重视对方的关切，认真学习对方的发展经验。

——相互支持，是中非合作长盛不衰的不竭动力。我们双方都衷心希望并真心支持对方发展进步，积极开展全方位合作。

——共同发展，是中非人民孜孜以求的共同目标。我们双方都坚持互利互惠的友好合作，让发展成果惠及双方人民。

各位同事、各位朋友!

当前，国际形势正在发生深刻而复杂的变化。和平、发展、合作是当今时代的主旋律。世界多极化和经济全球化的趋势深入发展，科技进步日新月异，区域合作方兴未艾，各国相互依存不断加深，这些都为世界各国带来了难得的发展机遇。同时，全球发展不均衡，南北差距拉大，传统安全威胁和非传统安全威胁相互交织，影响世界和平与发展的不稳定不确定因素增多，广大发展中国家实现可持续发展面临着严峻挑战。

中国是最大的发展中国家，非洲是发展中国家最集中的大陆，中国和非洲的人口占世界人口 1/3 以上。没有中国和非洲的和平与发展，就没有世界的和平与发展。

在新形势下，中非共同利益在扩大，相互需求在增加。建立中非新型战略伙伴关系是中非合作的内在需要，也是促进世界和平与发展的必然要求。中非关系不断发展，不仅有利于中国和非洲的发展进步，而且有利于促进发展中国家的团结合作，有利于推动建立公正合理的国际政治经济新秩序。为进一步发展中非新型战略伙伴关系，中国愿同非洲国家在以下领域加强合作。

第一，深化平等互信的政治关系。保持高层互访和交往势头，建立定期高层政治对话机制，开展战略对话，增强政治互信，加深传统友谊，实现团结共进。

第二，拓展互利共赢的经济合作。发挥各自优势，密切经贸联系，拓宽合作领域，支持双方企业合作，提升人力资源开发合作水平，积极探索新的合作方式，共享发展成果。

第三，扩大相互借鉴的文化交流。加强人文对话，增进双方人民特别是青年一代的相互了解和友谊，加强教育、科技、文化、卫生、体育、旅游等领域的交流合作，为中非合作提供精神动力和文化支持。

第四，推动均衡和谐的全球发展。加强南南合作，推动南北对话，呼吁发达国家切实兑现市场准入、增加援助、减免债务等承诺，落实千年发展目标，促进经济全球化朝着有利于实现各国共同繁荣的方向发展。

第五，加强相互支持的国际合作。维护联合国宪章的宗旨和原则，尊重世界多样性，促进国际关系民主化，倡导互信互利的国际安全合作，加强磋商和协调，照顾彼此关切，共同应对各类全球性安全威胁和挑战。

各位同事、各位朋友！

中国珍视中非友谊，始终把加强同非洲国家的团结合作作为中国外交政策的重要组成部分。中国将一如既往地支持非洲实施非洲发展新伙伴计划，支持非洲国家为加强联合自强、谋求地区和平稳定、实现经济振兴、提高国际地位所作的积极努力。

为推动中非新型战略伙伴关系发展，促进中非在更大范围、更广领域、更高层次上的合作，中国政府将采取以下8个方面的政策措施。

（一）扩大对非洲援助规模，到2009年使中国对非洲国家的援助规模比2006年增加1倍。

（二）今后3年内向非洲国家提供30亿美元的优惠贷款和20亿美元的优惠出口买方信贷。

（三）为鼓励和支持中国企业到非洲投资，设立中非发展基金，基金总额逐步达到50亿美元。

（四）为支持非洲国家联合自强和一体化进程，援助建设非洲联盟会议中心。

（五）免除同中国有外交关系的所有非洲重债穷国和最不发达国家截至2005年底到期的政府无息贷款债务。

（六）进一步向非洲开放市场，把同中国有外交关系的非洲最不发达国家输华商品零关税待遇受惠商品由190个税目扩大到440多个。

（七）今后3年内在非洲国家建立3至5个境外经济贸易合作区。

（八）今后3年内为非洲培训培养15000名各类人才；向非洲派遣100名高级农业技术专家；在非洲建立10个有特色的农业技术示范中心；为非洲援助30所医院，并提供3亿元人民币无偿援款帮助非洲防治疟疾，用于提供青蒿素药品及设立30个抗疟中心；向非洲派遣300名青年志愿者；为非洲援助100所农村学校；在2009年之前，向非洲留学生提供中国政府奖学金名额由目前的每年2000人次增加到4000人次。

各位同事、各位朋友！

中国和非洲都是人类文明的发祥地，都是充满希望的热土。共同的命运、共同的目标把我们紧紧团结在一起。中国永远是非洲的好朋友、好伙伴、好兄弟。

让我们携手并肩、昂首阔步，为实现中非发展，为造福中非人民，为推动建设持久和平、共同繁荣的和谐世界而共同努力！

谢谢大家。

推动共同发展　谋求和谐共赢

——在亚太经合组织第14次领导人非正式会议上的讲话

（2006年11月18日，越南河内）

中华人民共和国主席　胡锦涛

阮明哲主席，

各位同事：

很高兴同大家在河内再次相聚。阮明哲主席和越南政府为这次会议做了周到安排，我对此表示感谢。

当前，经济全球化趋势深入发展，世界生产力水平继续提升，亚太地区面临着前所未有的发展机遇。同时，全球和亚太地区也面临着不少问题，各国各地区发展仍面临着诸多需要认真应对的严峻挑战。在这样一个时刻召开本次会议，具有重要意义。我们应该全面把握地区及世界发展大势，从各成员的根本利益出发，共商推动亚太经合组织建设、促进亚太地区经济发展大计。

近年来，亚太地区各种合作机制蓬勃发展，区域一体化进程不断加快。我们应该在这一基础上凝聚共识，树立符合时代潮流和亚太地区特点的区域合作观，深化各领域务实合作，推动共同发展，谋求和谐共赢，造福亚太人民，为世界和平与发展作出更大贡献。为此，我建议从以下四个方面进行努力。

第一，维护和平稳定。和平稳定的环境是发展的重要前提。维护和平稳定，关键是要本着平等互信、和平共处的原则处理国与国关系。对于一些可能影响地区稳定的矛盾和问题，要通过对话增信释疑，通过协商弥合分歧，通过谈判化解矛盾，最终求得和平解决。要采取有效措施，坚决打击一切形式的恐怖主义和跨国犯罪，并注重消除其根源。要增进各国人民和不同文化的相互了解，积极消除误解和歧见，使相互理解和友谊深深植根于广大民众之中，夯实国家关系发展的社会基础，为维护地区和平稳定创造条件。

第二，促进共同发展。经过多年快速发展，亚太地区经济取得了世人瞩目的成绩。但是，本地区经济社会发展依然存在一些深层次的结构性矛盾，发展还不平衡。特别是本地区不少发展中成员经济基础相对薄弱，实现全面发展还有很长的路要走。各成员之间和各成员内部的发展差距，是我们应该认真面对的一个现实问题。有关成员应该积极努力，发达成员也应该着眼长远，为缩小发展差距、促进共同发展繁荣多做实事，以利于实现亚太地区经济全面协调可持续发展。

第三，实现合作共赢。经济全球化深入发展，使各经济体相互依存不断加深。这在亚太地区表现得尤为突出。过去 10 年间，亚太地区经历了金融危机、非典、海啸、禽流感等重大事件，其起因和影响跨越国界，仅靠一方之力难以应对。我们密切沟通、加强协调、通力合作，最终妥善应对了这些挑战。目前，亚太地区面临着能源市场价格高位波动、经济发展失衡、重大传染性疾病频发等问题，最有效的应对途径是加强合作。共同的挑战往往孕育着合作的机遇。我们应该抓住机遇、迎接挑战，不断扩大共同利益的汇合点，努力实现合作共赢。

第四，奉行开放包容。多样性是人类文明发展的重要源泉，也是亚太地区的显著特点。中国文化历来崇尚海纳百川、有容乃大。推动不同文化和信仰相互交流、不同社会制度和发展模式相互借鉴，可以使世界多姿多彩、充满活力，也有利于各国各地区人民取长补短、和睦相处。亚太地区已建有多个区域次区域合作机制，我们应该支持它们并行不悖地发展，努力形成兼收并蓄、优势互补的亚太区域合作格局。对于区域外机制，我们也要秉持开放包容态度，奉行开放的地区主义。

各位同事！

长期以来，亚太经合组织围绕各成员关注的重大经济议题，本着协商一致、自主自愿、循序渐进的原则，开展了卓有成效的交流合作，有力推动了亚太地区和各成员经济发展。面对世界和地区的新形势，亚太经合组织应该继续以上述原则为指导，坚持以经济合作为重点，在以下方面发挥更大作用。

一是要积极支持多边贸易体制发展。稳定健康的多边贸易体制，对世界经济和地区经济发展意义重大。如果多哈回合谈判失败，对任何国家都无好处。亚太经合组织为推动多边贸易体制发展作出过重要贡献。现在，当务之急是推动谈判重回轨道，尽早就关键问题达成一致，并把关于多哈回合是发展回合的承诺落到实处。谈判的主要各方应该本着负责任的态度，显示灵活，弥合分歧。我们这次会议应该就此向国际社会发出明确信息。

二是要努力实现茂物目标。茂物目标是亚太经合组织的旗帜，也是衡量组织工作成效的标尺。中国支持为如期实现这一目标而制定的《河内行动计划》。未来一段时间，我们应该拿出切实可行的具体方案，加强单边行动计划和集体行动计划，在巩固现有成果的基础上，全面推进亚太经合组织贸易投资领域的工作，重点推动贸易投资便利化取得新进展。

在这里，我愿提议成立亚太经合组织港口服务网络，以加速本地区港口及配套行业的整合和升级，为贸易投资活动提供便利条件，希望各成员积极支持和参与。

三是要推动经济技术合作迈出新步伐。经济技术合作是缩小发展差距、促进共同繁荣的重要手段。近年来，金融安全、能源安全、卫生安全等领域新问题新挑战不断涌现，不少成员缺乏经验，应对能力明显不足。我们应该加大投入，提高合作的针对性和实用性，切实帮助发展中成员提高参与国际竞争和应对各类挑战的能力。

在这里，我愿宣布，中国政府将向亚太经合组织支持基金捐款200万美元，用于推动本地区经济技术合作。

各位同事!

中国将坚持走和平发展道路，坚持实施互利共赢的开放战略，愿同亚太经合组织各成员携手努力，为推动建设持久和平、共同繁荣的和谐亚太大家庭作出贡献。

谢谢大家。

加深亚欧合作　共同应对挑战
——在第六届亚欧首脑会议上的讲话

（2006 年 9 月 10 日，赫尔辛基）

中华人民共和国国务院总理　温家宝

主席先生：

今年是亚欧会议成立 10 周年。10 年来，亚欧双方在相互尊重、平等对话、循序渐进、协商一致的基础上，开展了广泛多样的合作，政治对话不断深化，经济联系日益紧密，社会领域合作迅速拓展，文化和人员交往更加频繁。亚欧会议已成为亚欧双方加强协调、开展合作、共谋发展的共同战略选择。

当前，世界多极化不断发展，经济全球化日益加深，科技进步日新月异，区域合作更加紧密，和平、合作、发展已成为当今时代的主流。但是，世界上不安定、不和谐的因素也在增多，表现在传统和非传统安全威胁交织，全球经济发展不均衡，贫富差距拉大。新的形势对亚欧首脑会议提出了更高的期待，迫切需要我们高瞻远瞩，谋划双方合作的未来发展方向。我们应当确立这样的目标：扩大对话与合作，提升亚欧在处理重大国际问题上的影响力；增进政治互信，促进世界文明和文化多样性的发展；坚持平等互利，积极推进实质性的经济合作；着眼长远，适时建立有利于开展合作的相关机制；加强对外沟通，保持亚欧会议的开放性。为巩固和发展亚欧新型伙伴关系，促进世界的和平与繁荣，我愿提出以下建议：

一、加强政治对话，应对安全威胁。维护和平与安全，促进繁荣与发展是亚洲与欧洲的共同责任。各成员应加强在多边机制中的磋商，支持联合国在国际事务中发挥主导作用；加强国际和地区问题的协调，为推动朝鲜半岛核问题、伊朗核问题、中东危机等热点问题的解决做出更大的贡献；加强在反恐、防扩散、打击跨国犯罪等方面的务实合作，共同维护世界的和平与安全。中国愿与各成员继续利用驻联合国等国际机构代表处和亚欧反恐会议等渠道加强磋商与协调。

二、加深文化交流，实现和睦相处。第五届亚欧首脑会议通过的《亚欧会议文化与文明对话宣言》，对于推进不同文明和信仰之间的对话具有重要的指导意义。各成员应尊重彼此的文化传统、价值观念和发展道路的多样性，在平等的基础上，坦诚交流，取长补短，求同存异，共同进步；扩大教育和文化交流，努力构建和平、和睦、和谐的亚欧伙伴关系。中国呼吁亚欧会议对亚欧基金给予更多的支持，使其在开展亚欧人文交流活动中发挥更大的作用。

三、密切金融合作，推动经济平衡发展。确保金融安全，是实现亚欧经济稳定发展的重要前提之一。各成员应加强财金政策协调，促进国际金融体制的改革和完善，使发展中国家拥有更大的发言权；推动国际货币体系的改革，加强区域货币合作，提高抗御风险的能力；不断改善投资环境，鼓励双向投资。重视金融人力资源开发和能力建设的合作，尤其要帮助发展中国家加强金融能力建设。中国支持在亚欧信托基金基础上，探讨建立新的合作融资机制，为未来财金对话和能力建设提供资金保障。

四、扩大对话与合作，保障能源安全。当前能源安全问题日益突出，直接影响到世界经济的稳定与繁荣。各成员应密切对话与合作，推动国际能源市场机制的完善，合理开发传统能源，积极开发可再生能源，实现能源供应全球化和多元化，维护国际能源市场稳定；加大先进能源技术的研发和推广力度，节约能源，提高使用效率。建立合理的技术转让体制，帮助发展中国家更好利用能源；维护能源安全稳定的良好政治环境，避免地缘政治纷争干扰全球能源供应，避免能源问题政治化。中国呼吁亚欧会议就能源安全问题开展对话。

五、支持多边贸易体制，实现互利共赢发展。维护国际贸易的有序进行符合亚欧双方的共同利益，一个健康、稳定的国际多边贸易体系对世界各国特别是发展中国家的经济振兴至关重要。多哈回合谈判中止，对任何一方都不利。各成员应反思各自的谈判立场，同时敦促主要发达国家拿出政治意愿，在削减农业补贴和关税方面表现出更大的灵活性，为恢复谈判创造条件。亚欧经济各具优势，互补性强。各成员应深化政策对话与协调，进一步相互开放市场，分享区域一体化经验，推动区域内和区域间经济合作深入发展。中国呼吁各成员全力阻止贸易保护主义，妥善处理彼此贸易纠纷，避免贸易问题政治化；改善贸易和投资环境，加强经济合作，实现共同发展。

六、鼓励企业参与，拓宽合作渠道。中小企业在亚欧各国经济中的重要性不断提高，要求政府给予支持的呼声日涨。各成员应加强政府间合作，为中小企业的国际交流提供重点帮助；发挥民间机构的作用，鼓励亚欧工商论坛成为促进中小企业合作的桥梁；健全中小企业社会服务体系，拓宽政府和企业的协商与合作渠道。中国倡议在2007年举办“亚欧会议中小企业部长级会议和贸易投资博览会系列活动”。

七、应对非传统安全，有效防控禽流感。传染性疾病等非传统安全威胁对各国经济、社会的破坏力日益增大。各成员应广泛参与国际合作，推动建立全球应对传染病流行的监测预警机制，进一步提高各国的早期预警和应急处置等能力建设；支持联合国和世界卫生组织发挥作用，加强政策协调，向发展中国家提供更多资金和技术支持。中国倡议明年举办“亚欧禽流感防控研讨会”，进一步推动亚欧在相关领域的合作。

八、缩小城乡差距，实现经济均衡发展。乡村地区发展相对滞后，是不少亚欧国家存在的问题。各成员应根据自身特点制定乡村发展综合战略，落实千年发展目标各项指标；发达国家应在农业贸易政策等方面采取对发展中国家更为有利的措施；各国应相互借鉴成功经验，就保障粮食安全、减少贫困等问题进行交流，探讨形式多样的合作模式。中国倡议适时举办“亚欧会议乡村发展论坛”，共同探讨实现城乡协调发展的经验。

主席先生，

中国高度重视并积极参与亚欧合作进程。10 年来，中国在反恐、司法、经贸、财政、科技、海关、环境、文化等领域举办了众多后续活动，大力倡导多边合作，开展经济交流，推动不同文化和文明对话。2008 年，中国将主办第七届亚欧首脑会议，愿为亚欧和平、合作、发展做出更大贡献。

中国坚定地奉行独立自主的和平外交政策，严格遵循联合国宪章宗旨和公认的国际关系准则，坚持走和平、合作、发展的道路，不以意识形态和社会制度异同决定国家关系的亲疏，不因发展模式的差异影响相互合作，在对外交往中主张相互尊重，平等相待，在和平共处五项原则的基础上发展与各国的友好合作关系。

中国积极推动国际政治经济秩序朝着公正合理的方向发展，切实履行应尽的国际义务，在联合国、世界贸易组织和其他多边机构中承担越来越大的责任。中国以负责任的态度处理国际事务，对朝核、伊核等问题进行斡旋，劝和促谈，积极参与国际维和行动，维护世界和地区的稳定。中国恪守入世承诺和世贸组织规则，逐步开放市场，坚持自由平等贸易，积极推动新一轮多边贸易谈判取得进展，主张在多边贸易体制框架下通过平等协商解决贸易纠纷。

中国积极参与国际反恐合作，反对将恐怖主义与特定的民族或宗教挂钩，反对双重标准。中国认为反恐应标本兼治、综合治理，特别要重视解决好贫困和地区冲突问题，消除滋生恐怖主义的根源。

中国奉行透明的防御性国防政策，它的立足点是维护国家的安全和统一。中国全力推进国际军控、裁军与防扩散事业，加入和支持有关防扩散国际公约的实施，制定了一整套涵盖所有领域的防扩散出口管制法律体系和加强执法的措施。

中国带头落实联合国千年发展目标，在自身并不富裕的情况下，向发展中国家提供不附加任何政治条件的无私援助。在与非典、禽流感等自然灾害的斗争中，中国始终以负责的态度开展国际合作，并为印度洋海啸、南亚地震受灾国和禽流感国际合作提供资金和技术援助。

主席先生，

中国改革开放 20 多年来的经验告诉我们，中国的发展离不开世界，只有积极参与国际合作，中国的发展道路才会越走越宽广。我们愿与亚欧伙伴以及世界其他国家发展友好合作关系，携手并肩，不懈努力，建设持久和平、共同繁荣的和谐世界。我期待着 2008 年第七届亚欧首脑会议时与大家在中国再次相见。

开创中欧关系合作、共赢、和谐的新局面
——在中欧论坛第二次会议开幕式上的演讲

(2006 年 9 月 13 日，汉堡)

中华人民共和国国务院总理　温家宝

尊敬的格洛斯部长，
尊敬的冯·伯斯特市长，
尊敬的施密特前总理，
尊敬的德莱尔主席，
女士们、先生们、朋友们：

我很高兴在金秋时节与大家相聚汉堡，共同出席中欧论坛第二次会议。中欧论坛自创立以来，为加强中欧之间的友谊与合作发挥了重要作用。借此机会，我要向长期致力于中欧友好合作的朋友们表示衷心的感谢！

中欧关系正处在历史上最好的发展时期。中欧领导人建立了年度会晤机制，双方确立了全面战略伙伴关系，正在商签新一代伙伴合作协定，欧盟连续两年成为中国第一大贸易伙伴，中国作为第一个非欧盟国家参与“伽利略计划”。这些例证是中欧之间广泛合作的一个缩影，充分显示出中欧合作的全方位、宽领域、多层次的特点，标志着双边关系已进入健康、稳定的发展阶段。

中欧关系具有坚实的基础，双方在政治上有许多共同的语言，中欧都奉行多边主义，主张国际关系民主化和维护联合国权威。在经济上有很强的互补性，中国经济持续快速增长，市场广阔，劳动力资源丰富；欧盟经济发达，技术先进，资金雄厚。中欧具有悠久的历史和灿烂的文明，都主张维护世界文明多样性，是推动不同文明对话的重要力量。基于共同利益和相互需要，中欧已经并将继续加强合作，以实现政治互信、经济互补、文化互通、共同发展的目标。

四天前，我在赫尔辛基同欧盟领导人就进一步发展中欧全面战略伙伴关系深入交换了意见，并达成许多重要共识。欧洲工商界朋友是中欧友好合作的重要参与者和推动者。如果说中欧关系是大海中航行的巨轮，工商界就是其强劲的引擎。希望大家开足马力，齐心协力，推动这艘巨轮乘风破浪，不断前进！

女士们、先生们：

在这次访问期间，我又一次深切感受到欧洲人民对中国人民的友好情谊和对中国的浓厚兴趣。这使我对中欧关系的未来更加充满信心。为使大家更多地了解中国，在这里我想就人们关注的几个问题作扼要阐述。

一、中国走的是和平发展道路，无论是过去、现在，还是将来都不会对别国构成威胁。

中国坚持和平发展道路的精髓，就是争取和平的国际环境来发展自己，又以自己的发展促进世界和平。我们把发展的基点放在主要依靠自己的力量上，主要通过扩大内需来满足人民日益增长的物质文化需求。中国拥有世界上最多的人口，有广袤的土地和比较丰富的资源，有潜力巨大的市场，这些都是中国能够主要依靠自力更生实现发展的重要基础。中国在发展中也遇到能源、资源和环境等制约，但经过多年努力，我们已经找到了一条实现全面协调可持续发展的道路，这就是树立和落实科学发展观，建设资源节约型和环境友好型社会。同时，我们要继续推进经济体制改革和政治体制改革，进一步扩大对外开放，不断消除影响发展的体制障碍，为现代化建设注入强大动力。

在国际事务中，中国将继续奉行独立自主的和平外交政策，严格遵循联合国宪章和公认的国际关系准则，在和平共处五项原则的基础上与世界各国友好相处。我们不以意识形态和社会制度划线，不将自己的价值观强加于人，不干涉别国内政，反对搞霸权主义和强权政治，自己也永远不称霸。中国的国防政策是防御性的，不搞军备竞赛和军事扩张。中国人民曾经饱受外来侵略和欺侮，深知侵略和压迫给一个民族带来的苦难，因此，我们坚持走和平发展道路是真诚的、坚定的。

二、中国是一个负责任的国家，中国人民永远是世界人民可信赖的朋友和可靠的伙伴。

中国是国际体系的参与者、维护者和建设者。中国已加入130多个政府间国际组织，签署300多个国际条约。中国坚决反对恐怖主义和大规模杀伤性武器的扩散，积极参与国际反恐合作，制订了全面的防扩散出口管制法律体系。中国坚持与世界各国一道，共同推动国际政治经济秩序朝着公正合理的方向发展。我们主张通过外交手段，和平解决国际争端，反对使用武力或以武力相威胁。在伊朗核问题上，中国反对核武器扩散，主张通过谈判寻求解决分歧。在朝核问题上，中国积极劝和促谈，维护半岛无核化与和平稳定。在中东问题上，中国与国际社会一起，为黎以冲突双方实现停火竭尽努力，呼吁巴以按照联合国有关决议和“土地换和平”的原则，通过政治谈判解决争端，早日实现以色列与巴勒斯坦和阿拉伯国家的和平相处。中国在禽流感、重大自然灾害防治等非传统安全领域也积极开展国际合作。

三、中国实施互利共赢的开放战略，中国的发展将给世界带来更多的机遇。

坚持对外开放是中国一项长期的基本国策。1978年以来，中国经济持续快速发展，对世界经济增长的贡献率超过10%，对国际贸易增长的贡献率超过12%。2001年中国加入世界贸易组织后，平均每年进口近5000亿美元的商品，为相关国家和地区创造了约1000万个就业机会。中国价廉物美的商品出口到世界各地，为消费者带来更多选择和实惠，缓解了通货膨胀压力。中国的对外贸易不断扩大，去年全球贸易总额1.4万多亿美元。中国奉行自由贸易政策，坚持平等互利的原则，在对外贸易中不刻意追求顺差，我们希望与贸易伙伴共同努力，在发展中解决贸易不平衡问题。中国一贯主张开展积极的国际合作，推进贸易和投资自由化、便利化，消除各种贸易壁垒；主张各国应进一步开放市场，放开技术出口限制，建立一个公开、公正、合理、透明、开放、非歧视的国际多边贸易体制，促进国际投资。中国还将综合考虑经济发展、金融稳定和企业承受能力，并认真考虑对周边国家、地区及世界经济金融的影响，继续推进人民币汇率形成机制改革，逐步增强汇率浮动弹性。

四、中国主要立足国内解决能源问题，同时积极参与国际能源开发利用的互利合作。

中国既是能源消费大国，更是能源生产大国，煤炭资源丰富，2/3的水电资源尚未开发，核电、风力发电、生物质发电刚刚起步，国内能源供应有巨大潜力。我们坚持开源与节流结合、把节约放在首位的方针，努力构筑稳定、经济、清洁的能源供应体系。我们在规划经济发展的同时，确定了到2010年使单位国内生产总值能源消耗比2005年降低20%左右。为保障全球能源安全，我们提出了国际社会应该树立和落实互利合作、多元发展、协调保障的新能源安全观。中国将适度利用国际能源市场，在平等互惠、互利双赢的原则下加强同包括欧洲在内的各能源生产国和消费国的合作，共同维护全球能源安全。

五、中国高度重视保护知识产权，维护权利人利益。

中国保护知识产权的决心是坚定的，保护工作取得了重要进展。我们认为，保护知识产权既是履行国际义务，更是国内发展和提高自主创新能力的需要。保护知识产权就是尊重知识，就是鼓励创新，就是保护生产力。我们一定要使中国的知识产权保护像钢铁一样硬，而不是像豆腐一样软。我们要加快完善相关法律法规，形成符合国际规则、门类比较齐全的保护知识产权法律法规体系，做到有法可依；我们要完善机制和强化执法，实现行政保护和司法保护并行运作、相互补充，严厉打击侵犯知识产权的行为，充分保护知识产权权利人的利益；我们要加强宣传教育，提高全社会的知识产权保护意识；我们还要加强国际交流与合作，促进国际知识产权事业的发展。

六、中国对发展中国家的援助是真诚无私的，将继续为实现联合国千年发展目标做出贡献。

尽管中国还不富裕，但作为联合国安理会常任理事国和世界上最大的发展中国家，中国始终把援助发展中国家、帮助它们实现可持续发展作为己任。以发展中国家最为集中的非洲为例，多年来，中国共承担了近900个基础设施和社会公益项目，提供了近1.8万人次的奖学金，派出近1.6万人次的医疗队员。近3年，中国共免除非洲31个国家105亿元人民币债务，对29个最不发达国家190个税目的输华商品给予零关税待遇，培训了约1万名各类人才。中国支持发展中国家的民主政治建设，但绝不把自己的意志强加于人，更不会干涉别国内政。我们在对外援助中坚持政府引导、企业主体、市场运作，努力提高优惠贷款的使用效果；按国际规则办事，做到公开、公正、合理和透明；注重公益事业，重点做好农业、医疗卫生、教育、减贫、环保等项目；重视技术合作和人才培养，帮助受援国增强自主发展能力。中国与发展中国家的合作不影响各自与第三方的合作，更不会损害任何国家的利益。

女士们、先生们：

300多年前，德国伟大的学者、被誉为“欧洲百科全书”的莱布尼茨在谈到中国和欧洲两大文明的交流时曾经提出，要“在距离遥远的民族间建设一座相互交流的知识与技能的桥梁，最终走向一个新的和谐”。在300多年后的今天，中国和欧洲同样迫切需要这座桥梁，共同建设一个持久和平、共同繁荣的和谐世界。

让我们携起手来，为开创中欧关系合作、共赢、和谐的新局面而努力！预祝本次论坛圆满成功！

谢谢大家！

深化友谊、扩大合作，建设中阿新型伙伴关系
——在中阿合作论坛第二届部长级会议开幕式上的致辞

(2006年5月31日，北京)

中华人民共和国国务委员　唐家璇

尊敬的阿盟外长理事会轮值主席、阿联酋外交国务部长穆罕默德先生，
尊敬的阿盟秘书长穆萨先生，
各位部长，各位使节，
女士们，先生们：

值此中阿合作论坛第二届部长级会议隆重召开之际，我谨代表中国政府，对各国政府给予中阿合作论坛工作的支持和协助表示感谢，对穆罕默德先生、穆萨先生和各位部长先生来华出席第二届部长级会议表示欢迎，对会议的召开表示热烈的祝贺。

50年前，中国与埃及建立了外交关系，由此拉开了中国同阿拉伯国家友好关系的序幕。从那时起，中阿关系走过了非凡的历程。在波澜壮阔的民族解放运动中，双方相互同情和支持；在维护国家主权和独立、推动建立公正合理的国际新秩序的斗争中，双方密切配合；在发展民族经济、建设国家的事业中，双方真诚合作。

中国古代哲学家、思想家孔子说："五十而知天命"。经过50年的发展，中阿关系已经进入了成熟、稳定的阶段，并在实践中形成了弥足珍贵的经验，这就是：在政治上相互尊重，平等相待；在经济上互利互惠，合作共赢；在文化上相互借鉴，取长补短。特别是中阿合作论坛成立两年多来，在双方的共同努力下，各项工作稳步推进，形成了以政治、经贸、文化合作为主，同时兼顾其它合作的有效机制，为深化中阿关系发挥了重要作用。中阿关系的发展为当代国际关系树立了典范，也为世界的和平与进步事业作出了重要贡献。

朋友们，

中国和阿拉伯国家都处于重要的发展时期。纵观当今世界，国际形势发生深刻变革，经济全球化和科技进步突飞猛进，谋和平、求发展、促合作日益深入人心，各国都在致力于维护地区和全球稳定，集中精力发展本国经济、改善民生、增强国力。如何应对世界变化带来的新问题、新挑战，抓住机遇实现发展，构建持久和平、共同繁荣的和谐世界，是摆在包括中阿在内的广大发展中国家面前的重大课题。

发展需要和平，发展需要合作。共同的目标、共同的任务使中阿关系的发展比以往任何时候都更加迫切和重要。我们要站在新的历史起点上，推动建立中阿新型伙伴关系。

——我们要积极推动多层次往来，成为友好互信的伙伴。中国同阿拉伯国家地理相近，文化相通。中阿间的友谊与互信既是半个世纪中阿关系发展留给我们的宝贵财富，也是中阿关系在新形势下全面、深入发展的坚实基础。我们应该加倍珍惜并努力弘扬中阿传统友谊，继续加强领导人的交往，密切政府间合作，积极开展议会、政党的交流，巩固传统友好，促进相互了解，深化相互信任，我们要积极推动各领域、各层次的民间往来，将中阿友好根植于人民心中，为中阿关系的长远发展提供强大动力和可靠保障。我们要坚持平等相待，相互尊重，求同存异，始终把互利共赢作为合作的出发点。

——我们要不断深化经济合作，成为共同发展的伙伴。发展与合作是新时期中阿关系最重要内容之一。为此，双方应发挥中阿经济互补性强的优势，不断加大合作力度，拓展合作领域，丰富合作内容。我们要努力促进商品、资本、技术和服务的自由流动，扩大贸易规模，争取到 2010 年使双方贸易额达到 1000 亿美元。要积极鼓励相互投资，促进双方企业在通讯、交通、电力、科技、农业等领域的合作。要深化能源对话与合作，形成长期稳定的互利互补的合作关系，共同维护世界能源市场的稳定。要加强在推进改革、促进发展方面的经验交流，扩大人力资源培训领域的合作。中方将在今后三年每年为阿拉伯国家培训 500 名各类技术和管理人才。

——我们要进一步扩大友好交流，成为促进不同文明和谐共处的伙伴。中华文明和阿拉伯伊斯兰文明都曾为人类发展作出过卓越贡献，现在又面临着继承和发扬传统文化精华，吸收人类文明进步成果，实现文明持续发展的任务。作为对世界有重要影响的两大文明，我们也要保持开放，兼容并蓄，积极推动各种文明的和谐共处，多样性世界的和谐发展。双方应本着相互借鉴、取长补短的精神，大力加强文明对话和交流，特别是加强学术和新闻交流，并通过扩大留学生规模、设立文化中心、举办文明对话会和艺术节等多种方式，相互学习对方文化中的优秀成分，使两个古老文明在新时代焕发出新的活力，也为推动世界文明的进步作出新的贡献。

——我们要全面加强在国际事务中的协调，成为维护世界和平、安全与稳定的伙伴。当今世界并不太平。包括中东和亚太地区在内，不稳定、不确定因素依然存在，传统、非传统安全威胁影响着世界的和平与稳定。作为发展中国家的两支重要力量，中国和阿拉伯国家应加强在重大国际和地区问题上的协调，共同维护中东、亚太地区及世界的和平与稳定。中国将一如既往地坚决支持阿拉伯人民恢复民族合法权益的正义事业；支持在联合国有关决议和“土地换和平”的基础上，通过谈判解决中东问题；支持阿拉伯国家提出的解决巴以问题的和平倡议。为妥善应对非传统安全威胁，我们要进一步深化在打击恐怖主义和跨国犯罪、防治重大传染性疾病、环境保护等方面的合作。我们应密切在多边政治、经济事务中的沟通与协作，努力促进南北对话和南南合作，维护广大发展中国家的共同利益。要推进国际关系民主化，坚持大小国家平等相待，坚持通过和平方式解决国家间的摩擦或争端。

朋友们，

中阿合作论坛的成立，是新时期深化中阿传统友谊、加强中阿合作的重大举措。论坛已成为加强中阿集体对话与合作的重要机制，并展示出强大的活力。我希望中阿双方通过本届部长级会议，进一步推动论坛建设，落实论坛框架内各领域合作，不断总结经验，探索可为双方接受的合作思路、途径和模式，推动中阿新型伙伴关系的不断发展。

中国是世界上最大的发展中国家。中国坚定不移地走和平发展的道路，中国的发展既有利于实现自身的繁荣，也为包括阿拉伯国家在内的其他国家创造了有利的发展机遇、发展环境和发展空间。中国和阿拉伯国家约占世界陆地面积的六分之一和世界人口的四分之一，推动中阿友好合作不断取得新的成果，符合中阿双方的根本利益，也有利于世界的和平与发展。我们相信，尽管世界在变化，但中阿人民之间的真挚友谊是牢固的，发展双方关系的基础是坚实的，推动各领域合作的前景是广阔的。广泛的共同利益，将把中阿双方紧紧地联系在一起。中方愿与阿方共同努力，谱写中阿友好合作更加美好的新篇章。

最后，我预祝中阿合作论坛第二届部长级会议圆满成功！谢谢大家！

加强对话合作，共谋和平发展
——在第61届联合国大会一般性辩论上的发言
（2006年9月22日，纽约）

中华人民共和国外交部长　李肇星

主席女士：

祝贺阁下荣任第61届联合国大会主席，相信在你的领导下，本届联大将取得丰硕成果。我向第60届联大主席埃里亚松阁下和安南秘书长表示敬意。

借此机会，我对黑山共和国加入联合国表示祝贺。

主席女士，

当前，国际形势继续发生复杂深刻变化。和平、发展、合作已成为时代的潮流。谋和平、求发展、促合作是世界各国和人民的共同愿望。但世界并不太平，发展问题依然突出。实现持久和平与共同发展任重道远。

一段时间以来，朝鲜半岛核问题、伊朗核问题、黎以冲突等热点问题同时升温，影响国际和地区形势稳定，考验着国际社会的智慧、团结与耐心。

主席女士，

维护和平是国际社会的共同使命。平等协商、和平谈判是解决争端的有效途径。中国作为安理会常任理事国和国际社会的一员，将继续为和平解决热点问题不懈努力。

——在朝鲜半岛核问题上，中方致力于维护朝鲜半岛和平与稳定、实现半岛无核化、推进六方会谈。在今年7月安理会讨论朝鲜试射导弹问题和有关决议期间，中方从维护半岛和东北亚地区和平、维护安理会团结和权威、维护六方会谈成果出发，与有关方面认真沟通协调，付出了艰苦的努力。

有关国家长期对立，缺乏信任，是导致有关问题难以解决的主要原因。各方应耐心务实，发挥智慧，通过对话减少分歧，排除障碍。实践证明，六方会谈至今仍是增进理解与信任、解决朝核问题的有效机制。

我们希望各方保持冷静，显示灵活，积累共识，相向而行，共同争取六方会谈早日复会，逐步落实共同声明。这是解决朝核问题的唯一现实出路。

——在伊朗核问题上，中方主张维护国际核不扩散体系，反对核武器扩散，推动和平解决，促进中东地区和平与稳定。同时，在履行相关国际义务的前提下，各国和平利用核能的合法权利应充分尊重。

通过外交谈判解决伊核问题是最佳选择，符合各方利益。中方希望所有各方耐心克制，继续灵活，坚持和平解决的正确方向。中方将一如既往为妥善解决伊核问题发挥建设性作用。

——在黎以冲突问题上，中方反对任何破坏地区和平与稳定的做法，呼吁全面结束冲突。中方欢迎安理会通过1701号决议，希望有关各方严格遵循，并争取早日达成持久、公正政治解决的框架协议。

巴勒斯坦问题是中东问题的核心。应在联合国有关决议和“土地换和平”原则基础上重启和平进程，早日实现包括巴以问题在内的中东问题的全面解决，实现相关国家和睦相处和地区持久和平。

主席女士，

今年以来，在推动解决热点问题中，联合国发挥了重要作用，但也面临严峻挑战。新形势下，通过改革加强联合国的作用，符合全人类的共同利益。联合国需要在改革问题上迈出坚实步伐。

——联合国应朝着有利于维护《联合国宪章》的宗旨和原则、有利于会员国团结合作、有利于会员国整体利益的方向发展。

——改革应是全方位的，在安全、发展和人权等诸多领域均应有建树，特别要加大在发展领域的投入，推动落实千年发展目标。

——改革应最大限度地满足会员国，尤其是广大发展中国家的要求。坚持发扬民主，充分协商，努力寻求广泛一致。对有分歧的重大问题，要采取谨慎态度，深入磋商。

中国欢迎联合国改革特别是落实首脑会议成果文件的积极成果，将向联合国建设和平基金捐款300万美元。我们愿与各方一道，继续推进联合国改革，加强联合国的权威和团结，提高应对挑战的能力和效率。

主席女士，

秘书长是联合国最高行政长官，作用重要。中方坚定支持下届联合国秘书长来自亚洲。相信亚洲能够产生出一位有能力、有威望、为各方接受的秘书长。

联合国会费比额涉及会员国切身利益，也事关联合国能否有稳定的财政基础。会员国有义务按照会费比额按时、足额缴纳会费。“支付能力”原则是确定联合国会费比额行之有效的基本原则，也最能凝聚各方共识，必须坚持和遵守。多年来，中国忠实履行联合国财政义务，对联合国财政作出了应有贡献。随着中国经济的发展，中方愿根据“支付能力”原则为联合国财政作出更大贡献。我们愿以建设性的态度参与讨论，希望通过广泛协商，达成公平合理的方案。

主席女士，

没有普遍的发展，世界的和平与进步就不能持久。各国应履行在《千年宣言》、《蒙特雷共识》、《约翰内斯堡执行计划》和联合国60周年峰会成果文件中对建立促进发展的全球伙伴关系的承诺，充实伙伴关系内涵，完善伙伴关系模式。

——各国应为本国的发展承担首要责任，结合千年发展目标实施综合发展战略。

——国际社会特别是发达国家应增加发展援助，促进国际贸易和技术转让与投资，更广泛地减免债务，更多地支持发展中国家，尊重发展中国家在本国发展问题上的主导权。

——联合国应进一步发挥在发展领域的作用，建立公平、合理的千年目标进展评估框架，确保联合国基金、方案和专门机构加大对发展中国家能力建设的支持，加强国际发展政策与国际货币、金融和贸易体制的协调一致，营造有利于发展中国家的国际环境。

——多哈回合谈判中止不符合各方利益。世界贸易组织成员应拿出政治决心，尽快重启以发展为主题的多哈回合谈判，为取得全面、平衡的结果不懈努力。

——应调动各国民间力量，推动其更加广泛、深入地参与发展合作，形成政府与民间相互补充、促进的局面。

主席女士，

人权理事会的成立，是国际社会根据时代要求作出的选择。联合国全体会员国有责任努力共建一个有活力、有效率的理事会。

——理事会应进一步重点关注武装冲突引发的大规模粗暴侵犯人权的现象，支持国际社会在预防冲突、重建和平和打击各种形式恐怖主义方面倍加努力。

——理事会应同等重视经济、社会及文化权利，动员国际社会和联合国各机构采取有效措施，支持各国实现发展权。

——理事会应继续特别关注妇女、儿童、残疾人、移民工人和少数民族等弱势群体的权利，使之享受同等尊严。

——理事会应促进不同社会制度和发展水平的国家坚持平等对话与合作，处理好人权问题，消除双重标准和政治化。

主席女士，

几十年来，中国与非洲国家真诚相待，相互支持，在平等互利基础上开展合作，维护了中国和非洲国家的主权与独立，促进了经济社会的共同发展，给中非人民带来了重要利益。

中非双方共同商定今年11月3日至5日召开中非合作论坛北京峰会

暨第3届部长级会议。届时，中国和非洲国家领导人将围绕“友谊、和平、合作、发展”的主题，共同探讨建立和发展中非政治上平等互信、经济上合作共赢、文化上交流互鉴的新型战略伙伴关系，共同规划中非友好合作蓝图。

中国坚持走和平发展道路。非洲作为发展中国家最集中的大陆，致力于稳定和振兴。中非加强合作，必将为促进南南合作和世界的和平与发展事业作出积极贡献。

主席女士，

中国对外政策的宗旨是维护世界和平、促进共同发展。中国坚持通过维护世界和平来发展自己，又通过自身的发展来促进世界和平，努力实现和平的发展、开放的发展、合作的发展、和谐的发展。我们将努力把中国人民的根本利益与各国人民的共同利益结合起来，以合作谋和平，以合作促发展，以合作解争端。中国致力于推动建设和谐世界，同各国相互尊重、扩大共识、和谐相处，尊重各国人民自主选择发展道路的权利，坚持各国平等参与国际事务，促进国际关系民主化；致力于推动共享经济全球化和科技进步的成果，促进互利共赢，普遍繁荣；致力于促进不同文明的交流、增进了解、相互促进，倡导世界多样性，推动人类文明进步；致力于同各国开展对话、增强互信，共同应对全球性问题，促进全人类的进步事业。

中国将继续以实际行动向世界表明，中国是维护世界和平、促进共同发展的重要力量，中国人民是各国人民足以信赖的朋友和友好合作的伙伴。

谢谢主席女士。

上海合作组织五周年宣言

(2006年6月15日，上海)

值此上海合作组织（以下简称“本组织”）成立5周年之际，本组织成员国元首——哈萨克斯坦共和国总统纳扎尔巴耶夫、中华人民共和国主席胡锦涛、吉尔吉斯共和国总统巴基耶夫、俄罗斯联邦总统普京、塔吉克斯坦共和国总统拉赫莫诺夫、乌兹别克斯坦共和国总统卡里莫夫在本组织诞生地——上海举行会议，声明如下：

一、本组织5年前在上海宣告成立，是所有成员国基于21世纪的挑战和威胁，为实现本地区的持久和平与可持续发展而作出的战略抉择。这一决定推动地区合作迈入新的历史阶段，对于本组织所在地区建立和保持和平与稳定，建设合作和开放的环境具有重要意义。

在国际和地区局势风云变幻的情况下，本组织已成为成员国深化睦邻友好合作和伙伴关系的重要机制，开展文明对话的典范，是推动国际关系民主化的积极力量。

二、过去几年的工作为本组织稳定和持续发展奠定了坚实基础，已得到国际社会的广泛认同。

第一，顺利完成了机制和法律建设任务，确保本组织有效发挥职能。

第二，展开安全领域的密切合作，中心任务是打击恐怖主义、分裂主义、极端主义和非法贩运毒品，应对非传统威胁与挑战。

第三，制定了区域经济合作长期计划和方向，明确了成员国经济合作的目标、优先方向和首要任务，建立了实业家委员会和银行联合体。

第四，奉行对外开放、不针对第三方和不结盟原则，积极与像本组织一样愿在平等、相互尊重和建设性基础上进行合作的国家和国际组织开展多种形式的对话、交流与合作，以维护地区和平、安全与稳定。

本组织顺利发展，在于它一直遵循“互信、互利、平等、协商，尊重多样文明，谋求共同发展”的“上海精神”。作为本组织一个完整的基本理念和最重要的行为准则，它丰富了当代国际关系的理论和实践，体现了国际社会对实现国际关系民主化的普遍要求。“上海精神”对国际社会寻求新型的、非对抗性的国际关系模式具有非常重要的意义，这种模式要求摒弃冷战思维，超越意识形态差异。

本组织将毫不动摇地坚持成立之初确立的、并在通过的文件、宣言和声明中得到巩固的宗旨及原则。

三、当今世界形势和国际关系经历着前所未有的深刻变化。世界多极化和经济全球化的趋势在曲折中向前发展，建立 21 世纪新型国际秩序的进程缓慢而不均衡，各国相互联系与依存日益加深。国际社会拥有实现稳定、和平和普遍发展的良好机遇，也面临着一系列复杂的传统和非传统安全挑战和威胁。

本组织一贯主张加强战略稳定和不扩散大规模杀伤性武器的国际体系，支持维护国际法秩序，将为实现上述重大任务作出自己的贡献。

本组织认为，联合国是世界上最具普遍性、代表性和权威性的国际组织，被赋予在国际事务中发挥主导作用的责任，成为制定和执行国际法基本准则的核心。联合国应根据世界形势变化进行合理、必要的改革，以提高效率，增强应对新威胁和新挑战的能力。安理会的改革，应遵循公平地域分配原则和最广泛协商一致的原则，不应为改革设立时限或强行推动表决尚有重大分歧的方案。本组织主张，下届联合国秘书长应来自亚洲。

只有所有相关国家和国际组织开展广泛合作，才能有效应对挑战和威胁，而确定维护地区安全的具体方式和机制，是该地区国家的权利和责任。

本组织将为建立互信、互利、平等、相互尊重的新型全球安全架构作出建设性贡献。此架构基于公认的国际法准则，摒弃“双重标准”，在互谅基础上通过谈判解决争端，尊重各国维护国家统一和保障民族利益的权利，尊重各国独立自主选择发展道路和制定内外政策的权利，尊重各国平等参与国际事务的权利。

必须尊重和保持世界文明及发展道路的多样性。历史形成的文化传统、政治社会体制、价值观和发展道路的差异不应被用于干涉他国内政的借口。社会发展的具体模式不能成为“输出品”。应互相尊重文明差异，各种文明应平等交流，取长补短，和谐发展。

四、中亚地区形势总体保持稳定。各国在政治经济改革和社会发展领域取得了历史性成就。中亚国家拥有独特的历史文化传统，应得到国际社会的尊重和理解。应支持中亚国家政府为维护安全与稳定、保持社会经济发展及不断改善人民生活所作的努力。

将继续挖掘本组织潜力，加强本组织作用，为促进成员国合作，为建立和平、协作、开放、繁荣与和谐的地区作出积极贡献。

成员国将世代友好，永不为敌，将全面发展睦邻、互相尊重和互利合作的关系，相互支持维护国家主权、安全和领土完整的原则立场和努力，不参加损害成员国主权、安全和领土完整的联盟或国际组织，不允许利用其领土损害其他成员国主权、安全和领土完整，禁止损害其他成员国利益的组织或团伙在本国领土活动。为此，成员国将协商缔结本组织框架内长期睦邻友好合作多边法律文件的问题。

成员国将一如既往地就国际和地区事务加强协调与合作，就涉及本组织利益的问题形成共同立场。

本组织拥有在本地区维护稳定与安全方面发挥独立作用的潜力。当出现威胁地区和平、稳定与安全的紧急事件时，成员国将立即联系并就共同有效应对进行磋商，以最大限度地维护本组织和成员国的利益。将研究在本组织框架内建立预防地区冲突机制的可能性。

全面深化打击恐怖主义、分裂主义和极端主义及非法贩运毒品领域的合作，是本组织的优先方向。本组织将采取措施，以加强地区反恐怖机构并与相关国际机构开展合作。

为进一步扩大经济合作，需协调成员国通过实施区域经济合作重大优先项目而落实《上海合作组织成员国多边经贸合作纲要》所作的努力，协调各方推进贸易和投资便利化，逐步实现商品、资本、服务和技术的自由流动。

本组织欢迎有关伙伴参与能源、交通运输、信息通信、农业等优先领域的具体项目。本组织将尽己所能，积极参与防治传染病的国际行动，为环境保护和合理利用自然资源作出贡献。

巩固和扩大成员国友好和相互理解的社会基础，是确保本组织持久生命力的重要手段。为此，需要将文化艺术、教育、体育、旅游、传媒等领域双边和多边合作机制化。鉴于成员国拥有独特、丰富的文化遗产，本组织在促进文明对话、建立和谐世界方面，完全可以发挥促进和示范作用。

值此本组织成立 5 周年之际发表此宣言，我们，成员国元首深信，本组织将更加有效地致力于实现其创建时宣告的崇高目标和任务，为和平、合作和发展事业作出贡献。

哈萨克斯坦共和国总统	**努尔苏丹·纳扎尔巴耶夫**
中华人民共和国主席	**胡锦涛**
吉尔吉斯共和国总统	**库尔曼别克·巴基耶夫**
俄罗斯联邦总统	**弗拉基米尔·普京**
塔吉克斯坦共和国总统	**埃莫马利·拉赫莫诺夫**
乌兹别克斯坦共和国总统	**伊斯兰·卡里莫夫**

中日联合新闻公报

（2006 年 10 月 8 日）

一、应中华人民共和国国务院总理温家宝邀请，日本国内阁总理大臣安倍晋三于 2006 年 10 月 8 日至 9 日对中华人民共和国进行了正式访问。中华人民共和国主席胡锦涛、全国人民代表大会常务委员会委员长吴邦国和国务院总理温家宝分别与安倍晋三首相举行了会见和会谈。

二、中日双方一致认为，邦交正常化 34 年来，中日两国各领域的交流与合作不断拓展和深化，相互依存进一步加深，中日关系成为两国最重要的双边关系之一；推动中日关系健康稳定地持续发展，符合两国基本利益；共同为亚洲以及世界的和平、稳定与发展作出建设性贡献，是新时代赋予两国和两国关系的新的庄严责任。

三、双方同意，继续遵守《中日联合声明》、《中日和平友好条约》和《中日联合宣言》的各项原则，正视历史，面向未来，妥善处理影响两国关系发展的问题，让政治和经济两个车轮强力运转，把中日关系推向更高层次。双方同意，努力构筑基于共同战略利益的互惠关系，实现中日两国和平共处、世代友好、互利合作、共同发展的崇高目标。

四、双方认为，两国领导人之间的交往与对话对两国关系的健康发展具有重要意义。日方邀请中国领导人访问日本，中方对此表示感谢，并原则同意。双方同意通过外交渠道进行协商。双方同意两国领导人在国际会议场合经常举行会谈。

五、中方强调，中国的发展是和平的发展，中国将同包括日本在内的各国共同发展、共同繁荣。日方对中国走和平发展道路和中国改革开放以来的发展给包括日本在内的国际社会带来巨大机遇给予积极评价。日方强调，日本战后 60 多年一直走作为和平国家的道路，今后将继续走作为和平国家的道路。中方对此表示积极评价。

六、双方确认，为使东海成为和平、合作、友好之海，应坚持对话协商，妥善解决有关分歧；加快东海问题磋商进程，坚持共同开发大方向，探讨双方都能接受的解决办法。

七、双方同意，在政治、经济、安全、社会、文化等领域促进各层次交流与合作。

——以能源、环保、金融、信息通信技术、知识产权保护等领域为重点，深化互利合作。

——在经济领域推进部长级对话、相关部门之间的磋商和官民对话。

——以2007年中日邦交正常化35周年为契机，通过举办中日文化、体育交流年，大力开展两国人民尤其是青少年交流，增进两国人民之间的友好感情。

——通过中日安全对话和防务交流，增进安全领域互信。

——年内启动中日学术界共同历史研究。

八、双方同意，加强在国际和地区事务中的协调与合作。

双方对包括核试验问题在内朝鲜半岛最近的形势深表忧虑。双方确认，愿与有关各方一道，根据六方会谈共同声明推进六方会谈进程，通过对话与协商，共同合作致力于实现朝鲜半岛无核化，维护东北亚地区的和平与稳定。

双方确认，就东亚区域合作、中日韩合作加强协调，共同推进东亚一体化进程。

双方赞成对联合国包括安理会进行必要、合理的改革，愿就此加强对话。

九、日方对安倍晋三首相访华期间中方给予的热情友好接待表示感谢。

中国—东盟纪念峰会联合声明
——致力于加强中国—东盟战略伙伴关系

（2006 年 10 月 30 日，南宁）

一、我们，中华人民共和国和东盟成员国的国家元首/政府首脑于2006年，即“中国—东盟友好合作年”，10 月 30 日，会聚中国南宁，纪念中国—东盟建立对话关系 15 周年。

共同努力和发展的 15 年

二、我们回顾了中国—东盟对话关系的进展，对双方全面的、在许多具有共同利益的领域不断深化的合作表示满意。中国—东盟面向和平与繁荣的战略伙伴关系，不仅有力地促进了各自的发展，给双方人民带来了实实在在的利益，也为促进本地区乃至整个世界的和平、稳定与繁荣做出了重要贡献。我们确信，我们已经为加强中国—东盟未来合作打下了坚实的基础。

三、我们对 2003 年在巴厘岛签署《中国—东盟面向和平与繁荣的战略伙伴关系联合宣言》以及于 2004 年在万象通过《中国—东盟行动计划》以来，双方得以加强的政治和安全合作表示高度赞赏。我们赞扬中国于2003 年在巴厘岛成为第一个正式加入《东南亚友好合作条约》的东盟对话伙伴国。我们对双方于 2002 年签署《南海各方行为宣言》表示高兴。2002 年发表的《中国与东盟非传统安全领域合作联合宣言》促进了双方在打击跨国犯罪方面的合作。

四、我们欢迎 2002 年在金边签署的《中国—东盟全面经济合作框架协议》取得的积极成效。2005 年，双方贸易额达到 1303.7 亿美元。东盟对华实际投资总额达到 31 亿美元，中国 2005 年对东盟成员国投资为 1.58 亿美元。鉴此，东盟欢迎中国关于增加对东盟投资的承诺。我们对在中国南宁成功举办的第一届和第二届中国—东盟博览会和中国—东盟商务与投资峰会感到高兴。这推动了双方商业界的交往，促进了中国和东盟间的贸易和投资。设想中的中国—东盟自由贸易区正在形成。

五、我们满意地注意到，中国—东盟的重点合作领域已由 5 个扩大到10 个，这些领域包括：农业、信息通讯技术、人力资源开发、双向投资、湄公河流域开发、交通、能源、文化、旅游和公共卫生。此外，双方还签署了若干谅解备忘录。这些活动促进了双方在应对自然灾害和传染性疾病等新挑战以及更多人员交流方面开展更紧密的合作。

共同迈向未来

加强战略伙伴关系

六、我们认为，中国—东盟对话关系在过去 15 年取得成果是因为双方恪守《东南亚友好合作条约》所体现的原则，和平共处五项原则，万隆亚非会议十项原则，《联合国宪章》的宗旨和原则以及其他相关的国际法、条约和公约。中国—东盟关系将继续以这些原则为指导。

七、迈向未来，我们同意进一步增进相互信任和了解，使我们合作的深度和广度与双方战略伙伴关系的目标相适应，以进一步推动本地区和平、发展与繁荣。

八、我们重申将致力于有效地落实：

(一) 1997 年《中华人民共和国与东盟国家首脑会晤联合声明》；

(二) 2003 年《中国—东盟面向和平与繁荣的战略伙伴关系联合宣言》；

(三) 2004 年《落实中国—东盟面向和平与繁荣的战略伙伴关系联合宣言的行动计划》，以及；

(四) 中国与东盟签署的其他协议和谅解备忘录。

九、我们致力于深化中国与东盟在 10 大重点领域里的合作。在加强合作的过程中，我们也将考虑 2005 年《中国—东盟名人小组报告》的意见。

十、东盟各国领导人，高度赞赏中国继续支持东盟共同体建设的努力，包括落实东盟安全共同体、东盟经济共同体和东盟社会与文化共同体的行动计划、《万象行动计划》、《东盟一体化倡议》和其他东盟倡议。鉴此，东盟欢迎中国向东盟发展基金捐资 100 万美元，并提供 100 万美元，资助《东盟一体化倡议》项目。

十一、我们将共同努力推进战略伙伴关系。这一战略伙伴关系将对东盟与其他对话伙伴的对话关系起到促进作用，为地区和平与稳定做出巨大贡献，从而确保我们双方的人民享有持久繁荣与进步。为此，我们表达实现以下目标的决心：

政治和安全合作

十二、我们承诺保持高层往来；加强在非传统安全问题上的合作与信息交流；促进包括反腐败在内的刑事司法和执法合作；鼓励国防及安全官员之间的交流；共同努力维护本地区的海上安全；以东盟为主导，加强灾害管理和应对突发事件的地区合作，包括灾后重建和恢复。

十三、中方支持和欢迎东盟为建立东南亚无核武器区所做的努力。东盟赞赏中方签署《东南亚无核武器区条约》议定书的意向，将继续就此与中方协商。

十四、我们也承诺有效地落实《南海各方行为宣言》，在共识的基础上，为最终达成南海行为准则做出努力。这将促进本地区的和平与稳定。

十五、我们承诺完全支持东盟实现安全共同体。

经济合作

十六、我们决心按时于2010年建成中国—东盟自由贸易区；包括2010年与东盟6个老成员国、2015年与柬埔寨、老挝、缅甸和越南实现货物贸易自由化；如《中国—东盟全面经济合作框架协议》所展望的那样，努力尽快达成协议，逐步实现涵盖众多部门的服务贸易自由化和在中国和东盟建立一个自由、便利、透明并具有竞争力的投资机制以促进投资；建立中国—东盟贸易、投资和旅游促进中心；促进中小企业发展以及它们对地区经济的参与；在确保能源安全、能效和开发替代及再生能源方面进行合作；加强财政金融合作；深化旅游和旅行合作；努力实现中国—东盟之间全面自由化的航空服务机制；支持东盟实现经济共同体。

十七、我们鼓励中国与东盟在支持次区域开发方面进一步加强合作，包括在以下地区开发经济合作区：中国西南地区、东盟东部增长区、三河流域、印尼—马来西亚—泰国增长三角、大湄公河次区域经济合作以及包括建成泛亚铁路（新加坡—昆明）和其他地区在内的东盟湄公河流域开发。

社会文化合作

十八、我们同意加强社会文化合作，鼓励扩大双方中等和高等教育机构之间的合作；加强青年交流，倡议启动中国—东盟青年领袖会议、中国—东盟青年企业家协会、中国—东盟青年公务员交流项目等旗舰项目；设立中国—东盟名誉奖学金；加强学术交流；支持中国—东盟研究中心；增进双方媒体人士、学者和二轨机构、国会议员和民间社会的交流；支持东盟基金会促进更多民间交流的活动；开展公共卫生合作以应对新发传染性疾病的挑战；支持东盟实现社会文化共同体建设，包括实施中国—东盟文化合作谅解备忘录框架下的各种项目和活动。

地区和国际合作

十九、我们同意继续在次区域、地区和国际事务中保持密切磋商，在次区域、地区和国际场合进行密切合作。我们重申建立东亚共同体是一个长远目标。中国支持东盟在东盟地区论坛、东盟与中日韩（10+3）合作以及东亚峰会等区域进程中发挥主导作用。东盟认为一个稳定、发展和繁荣的中国将有助于本地区的和平、稳定与可持续发展，并重申其一个中国政策。

二十、我们责成我们的部长及高官们实现本联合声明中所提出的目标、倡议和活动。

中华人民共和国国务院总理
温家宝

文莱达鲁萨兰国苏丹
哈吉·哈桑纳尔·博尔基亚

柬埔寨王国首相
洪森

印度尼西亚共和国总统
苏希洛·班邦·尤多约诺

老挝人民民主共和国总理
波松·布帕万

马来西亚总理
达图·斯里·阿卜杜拉·艾哈迈德·巴达维

缅甸联邦总理
梭温上将

菲律宾共和国总统
格洛丽亚·马卡帕加尔·阿罗约

新加坡共和国总理
李显龙

泰王国总理
素拉育·朱拉暖

越南社会主义共和国总理
阮晋勇

中非合作论坛北京峰会宣言

（2006 年 11 月 5 日，北京）

我们，中华人民共和国和 48 个非洲国家的国家元首、政府首脑和代表团团长，于 2006 年 11 月 4 日至 5 日在北京举行中非合作论坛峰会。

我们高度评价在中华人民共和国同非洲国家开启外交关系 50 周年之际举行的此次峰会。

我们本着“友谊、和平、合作、发展”的宗旨，

回顾了半个世纪以来中非之间的真挚友谊和团结合作，探讨了新形势下中非合作的共同目标和发展方向，讨论取得了积极成效。

认识到经过双方共同努力，2000 年成立的中非合作论坛已成为双方开展集体对话的重要平台和务实合作的有效机制，决心进一步发挥其作用。为此，我们重申坚持中非合作论坛已通过的各项文件所确立的宗旨和目标。

我们认为，当前国际形势正经历着复杂、深刻的变化，人类社会相互依存日益加深，求和平、促发展、谋合作成为时代的潮流和各国的优先目标。

主张根据和平共处五项原则以及所有倡导多边主义和国际关系民主化的国际准则发展友好合作关系；强调尊重和维护世界的多样性，世界各国不分大小贫富强弱应彼此尊重、平等相待、和睦相处；不同文明和发展模式应相互借鉴、相互促进、和谐共存。

在经济全球化趋势深入发展的情况下，主张加强南南合作和南北对话，呼吁世界贸易组织重启“多哈回合”谈判，推动全球经济均衡、协调和可持续发展，实现各国共享成果、普遍发展、共同繁荣。

主张联合国以及其他各类多边体系进行改革，更好地服务于国际社会所有成员；主张通过改革加强联合国作用，充分发挥联合国大会的职能，更加重视发展问题；主张优先增加非洲国家在联合国安理会和其他各机构的代表性和充分参与。

我们认为，中国作为世界上最大的发展中国家坚持走和平发展道路，非洲作为发展中国家最集中的大陆致力于稳定、发展和振兴，是对世界和平与发展事业的重大贡献。

非洲国家对中国经济快速发展深感鼓舞并表示祝贺，希望中国国家建设取得更大成就；重申坚持一个中国立场，支持中国和平统一大业。

中国高度评价非洲在维护地区和平、促进区域合作、加快经济和社会发展方面取得的进步；赞赏非洲国家和非洲联盟等地区组织及次地区组织为此发挥的积极作用；重申支持非洲国家联合自强，自主解决非洲问题，支持非洲地区组织和次地区组织推动经济一体化的努力，支持非洲国家实施“非洲发展新伙伴计划”。

我们呼吁国际社会鼓励并支持非洲谋求和平与发展的努力，为非洲国家和平解决冲突和进行战后重建提供更大帮助，特别呼吁发达国家增加官方发展援助，切实兑现开放市场和减免债务等承诺，呼吁有关国际组织提供更多资金支持和技术援助，增强非洲减贫、减灾、防治荒漠化的能力，帮助非洲实现联合国千年发展目标。非洲最不发达国家、重债穷国和小岛屿、内陆国家的发展问题应受到更大关注。

我们认为，中非之间有着良好的团结与合作传统，长期以来真诚相待、休戚与共；中非友谊经受住了时间和国际风云变幻的考验，历久弥坚，深入人心。

我们认为，新形势下中非发展目标一致，利益相近，合作前景广阔。深化传统友谊、扩大互利合作，是新世纪中非实现共同发展和繁荣的必由之路。

我们郑重宣示，中非建立政治上平等互信、经济上合作共赢、文化上交流互鉴的新型战略伙伴关系；并为此，

——加强高层交往，开展战略对话，增进政治互信，推动世代友好；

——加强互利合作，拓展合作领域，鼓励和促进相互贸易和投资，探索新的合作方式，重点加强在农业、基础设施建设、工业、渔业、信息、医疗卫生和人力资源培训等领域合作，实现优势互补，造福双方人民；

——加强治国理政和发展经验的交流和借鉴，取长补短，共同提高，增强各自自我发展能力；

——加强人文对话，促进人民之间、特别是青年一代的联系与互动，增进在文化、科技、教育、体育、环保、旅游等领域以及妇女事务的交流和合作；

——加强国际合作，共同应对全球性安全威胁和非传统安全挑战，按照互信、互利、平等、协作的精神，维护全体发展中国家的共同利益；

——促进中非合作论坛建设，加强集体对话，推进论坛行动计划与“非洲发展新伙伴计划”以及非洲各国社会经济发展计划的协调与合作；

——从中非友好大局和双方长远利益出发，通过友好协商妥善处理合作中出现的新课题、新挑战。

我们认为，建立新型战略伙伴关系是中非双方的共同愿望和自主选择，符合双方利益，有利于增进发展中国家的相互声援、团结互助和联合

自强，也有利于促进世界的持久和平与和谐发展。

我们根据本《宣言》的精神，制定并通过《中非合作论坛——北京行动计划（2007 至 2009 年）》。

我们对双方参加中非合作论坛第 3 届部长级会议的部长们的努力和出色工作表示赞赏，对中非领导人与工商界代表高层对话会取得的成果表示高兴，对本次峰会取得圆满成功表示祝贺。

附　录

一、2006年中华人民共和国外交部组织机构表

办　　公　　厅
政策研究司
亚　　洲　　司
西亚北非司
非　　洲　　司
欧　　亚　　司
欧　　洲　　司
北美大洋洲司
拉丁美洲和加勒比司
国　　际　　司
军　　控　　司
条约法律司
新　　闻　　司
礼　　宾　　司

领　事　司
香港澳门台湾事务司
翻　译　室
外事管理司
涉外安全事务司
干　部　司
离退休干部局
行　政　司
财　务　司
机　要　局
部　纪　委
机关党委
国外工作局
档　案　馆
外交部机关及驻外机构服务局

二、2006年中华人民共和国外交部领导成员名单

李肇星	外交部长
戴秉国	外交部副部长
杨洁篪	外交部副部长
乔宗淮	外交部领导成员
张业遂	外交部副部长
武大伟	外交部副部长
吕国增	外交部副部长
李金章	外交部副部长
李　辉	外交部部长助理
崔天凯	外交部部长助理
何亚非	外交部部长助理
翟　隽	外交部部长助理
孔　泉	外交部部长助理

三、同中国建交的国家、建交日期和2006年中国驻外使节一览表

（以建交先后为序）

序号	国名	建交日期	中国在任使节	备注
1	俄罗斯联邦①	1949年10月3日	刘古昌	
2	保加利亚共和国	1949年10月4日	于振起	
3	罗马尼亚	1949年10月5日	徐坚	
4	匈牙利共和国	1949年10月6日	朱祖寿	
5	朝鲜民主主义人民共和国	1949年10月6日	武东和、刘晓明（9月以后）	
6	波兰共和国	1949年10月7日	苑桂森	
7	蒙古国	1949年10月16日	高树茂	
8	阿尔巴尼亚共和国	1949年11月23日	田长春	
9	越南社会主义共和国	1950年1月18日	齐建国、胡乾文（2月以后）	
10	印度共和国	1950年4月1日	孙玉玺	
11	印度尼西亚共和国	1950年4月13日	兰立俊	
12	瑞典王国	1950年5月9日	吕凤鼎	
13	丹麦王国	1950年5月11日	甄建国、谢杭生（4月以后）	
14	缅甸联邦	1950年6月8日	管木	
15	瑞士联邦	1950年9月14日	朱邦造	
16	列支敦士登公国②	1950年9月14日	陆文杰（兼）	
17	芬兰共和国	1950年10月28日	张直鑑、马克卿（女）（5月以后）	
18	巴基斯坦伊斯兰共和国	1951年5月21日	张春祥	
19	挪威王国	1954年10月5日	陈乃清（女）	
20	塞尔维亚共和国③	1955年1月2日	李国邦	
21	阿富汗伊斯兰共和国	1955年1月20日	刘健	
22	尼泊尔	1955年8月1日	孙和平	
23	阿拉伯埃及共和国	1956年5月30日	吴思科	

续表

序号	国名	建交日期	中国在任使节	备注
24	阿拉伯叙利亚共和国	1956年8月1日	周秀华（女）	
25	也门共和国	1956年9月24日	高育生、 罗小光 （2月以后）	
26	斯里兰卡民主社会主义共和国	1957年2月7日	孙国祥、 叶大波 （12月以后）	
27	柬埔寨王国	1958年7月19日	张金凤（女）	
28	伊拉克共和国	1958年8月25日	李华新	
29	摩洛哥王国	1958年11月1日	程涛、 龚元兴 （12月以后）	
30	阿尔及利亚民主人民共和国	1958年12月20日	王旺生	
31	苏丹共和国	1959年2月4日	张栋	
32	几内亚共和国	1959年10月4日	刘玉坤、 火正德 （11月以后）	
33	加纳共和国	1960年7月5日	张克远	
34	古巴共和国	1960年9月28日	赵荣宪	
35	马里共和国	1960年10月25日	魏文华	
36	索马里联邦共和国[④]	1960年12月14日		
37	刚果民主共和国	1961年2月20日	范振水	
38	老挝人民民主共和国	1961年4月25日	刘永兴	
39	乌干达共和国	1962年10月18日	樊桂金	
40	肯尼亚共和国	1963年12月14日	郭崇立、 张明 （9月以后）	
41	布隆迪共和国	1963年12月21日	冯志军	
42	突尼斯共和国	1964年1月10日	刘玉和	
43	法兰西共和国	1964年1月27日	赵进军	
44	刚果共和国	1964年2月22日	沃瑞棣	
45	坦桑尼亚联合共和国	1964年4月26日	于庆泰	
46	中非共和国	1964年9月29日	何泗记	
47	赞比亚共和国	1964年10月29日	李保东	
48	贝宁共和国	1964年11月12日	李蓓芬（女）	
49	毛里塔尼亚伊斯兰共和国	1965年7月19日	李国学	
50	加拿大	1970年10月13日	卢树民	

续表

序号	国名	建交日期	中国在任使节	备注
51	赤道几内亚共和国	1970 年 10 月 15 日	李仲良	
52	意大利共和国	1970 年 11 月 6 日	董津义	
53	埃塞俄比亚联邦民主共和国	1970 年 11 月 24 日	林琳	
54	智利共和国	1970 年 12 月 15 日	李长华	
55	尼日利亚联邦共和国	1971 年 2 月 10 日	王永秋、徐建国（9 月以后）	
56	科威特国	1971 年 3 月 22 日	吴久洪	
57	喀麦隆共和国	1971 年 3 月 26 日	王四法	
58	圣马力诺共和国⑤	1971 年 5 月 6 日	董津义（兼）	
59	奥地利共和国	1971 年 5 月 28 日	卢永华	
60	塞拉利昂共和国	1971 年 7 月 29 日	程文举	
61	土耳其共和国	1971 年 8 月 4 日	宋爱国、孙国祥（11 月以后）	
62	伊朗伊斯兰共和国	1971 年 8 月 16 日	刘振堂	
63	比利时王国	1971 年 10 月 25 日	章启月（女）	
64	秘鲁共和国	1971 年 11 月 2 日	殷恒民	
65	黎巴嫩共和国	1971 年 11 月 9 日	刘向华（女）、刘志明（11 月以后）	
66	卢旺达共和国	1971 年 11 月 12 日	戚德恩	
67	塞内加尔共和国	1971 年 12 月 7 日	卢沙野	
68	冰岛共和国	1971 年 12 月 8 日	王信石	
69	塞浦路斯共和国	1971 年 12 月 14 日	赵亚力	
70	马耳他共和国	1972 年 1 月 31 日	刘正修	
71	墨西哥合众国	1972 年 2 月 14 日	任景玉	
72	阿根廷共和国	1972 年 2 月 19 日	柯小刚、张拓（2 月以后）	
73	大不列颠及北爱尔兰联合王国	1972 年 3 月 13 日	查培新	
74	毛里求斯共和国	1972 年 4 月 15 日	许孟水、高玉琛（3 月以后）	
75	荷兰王国	1972 年 5 月 18 日	薛捍勤（女）	
76	希腊共和国	1972 年 6 月 5 日	田学军	

续表

序号	国名	建交日期	中国在任使节	备注
77	圭亚那合作共和国	1972年6月27日	沈庆、 张君高 （12月以后）	
78	多哥共和国	1972年9月19日	张史贤	
79	日本国	1972年9月29日	王毅	
80	德意志联邦共和国	1972年10月11日	马灿荣	
81	马尔代夫共和国⑥	1972年10月14日	孙国祥（兼）、 叶大波（兼） （12月以后）	
82	马达加斯加共和国	1972年11月6日	李树立	
83	卢森堡大公国	1972年11月16日	孙荣民	
84	牙买加	1972年11月21日	赵振宇、 陈京华 （11月以后）	
85	乍得共和国⑦	1972年11月28日	王英武 （12月以后）	
86	澳大利亚联邦	1972年12月21日	傅莹（女）	
87	新西兰	1972年12月22日	张援远	
88	西班牙	1973年3月9日	邱小琪	
89	几内亚比绍共和国	1974年3月15日	田广凤	
90	加蓬共和国	1974年4月20日	薛金维	
91	马来西亚	1974年5月31日	王春贵、 程永华 （9月以后）	
92	特立尼达和多巴哥共和国	1974年6月20日	王治权、 黄兴 （2月以后）	
93	委内瑞拉玻利瓦尔共和国	1974年6月28日	居一杰	
94	尼日尔共和国	1974年7月20日	陈公来	
95	巴西联邦共和国	1974年8月15日	蒋元德、 陈笃庆 （4月以后）	
96	博茨瓦纳共和国	1975年1月6日	蒋正云	
97	菲律宾共和国	1975年6月9日	李进军	
98	莫桑比克共和国	1975年6月25日	洪虹	
99	泰王国	1975年7月1日	张九桓	
100	孟加拉人民共和国	1975年10月4日	柴玺	

续表

序号	国名	建交日期	中国在任使节	备注
101	斐济群岛共和国	1975 年 11 月 5 日	蔡金彪	
102	萨摩亚独立国	1975 年 11 月 6 日	刘关仁、 施隆壮 （4 月以后）	
103	科摩罗联盟	1975 年 11 月 13 日	陶卫光	
104	佛得角共和国	1976 年 4 月 25 日	孙荣茂	
105	苏里南共和国	1976 年 5 月 28 日	陈京华、 苏格 （9 月以后）	
106	塞舌尔共和国	1976 年 6 月 30 日	耿文兵	
107	巴布亚新几内亚独立国	1976 年 10 月 12 日	李正君、 魏瑞兴 （3 月以后）	
108	利比里亚共和国	1977 年 2 月 17 日	林松添	
109	约旦哈希姆王国	1977 年 4 月 7 日	罗兴武、 宫小生 （9 月以后）	
110	巴巴多斯	1977 年 5 月 30 日	刘焕兴	
111	阿曼苏丹国	1978 年 5 月 25 日	邓绍勤、 潘伟芳 （10 月以后）	
112	大阿拉伯利比亚人民社会主义民众国	1978 年 8 月 9 日	黄杰民	
113	美利坚合众国	1979 年 1 月 1 日	周文重	
114	吉布提共和国	1979 年 1 月 8 日	沈江宽	
115	葡萄牙共和国	1979 年 2 月 8 日	马恩汉、 高克祥 （8 月以后）	
116	爱尔兰	1979 年 6 月 22 日	张鑫森	
117	厄瓜多尔共和国	1980 年 1 月 2 日	刘玉琴（女）	
118	哥伦比亚共和国	1980 年 2 月 7 日	吴长胜	
119	津巴布韦共和国	1980 年 4 月 18 日	张宪一、 袁南生 （12 月以后）	
120	瓦努阿图共和国	1982 年 3 月 26 日	鲍树生	
121	安提瓜和巴布达	1983 年 1 月 1 日	任小萍（女）	

续表

序号	国名	建交日期	中国在任使节	备注
122	安哥拉共和国	1983年1月12日	张备三	
123	科特迪瓦共和国	1983年3月2日	马志学	
124	莱索托王国	1983年4月30日	仇伯华	
125	阿拉伯联合酋长国	1984年11月1日	张志军、 高育生 （10月以后）	
126	玻利维亚共和国	1985年7月9日	张拓、 赵五一 （2月以后）	
127	格林纳达	1985年10月1日	钱洪山	
128	乌拉圭东岸共和国	1988年2月3日	王永占、 汪晓源 （3月以后）	
129	卡塔尔国	1988年7月9日	李建英	
130	巴勒斯坦国[8]	1988年11月20日	刘玉和（兼）	
131	巴林王国	1989年4月18日	吴从勇、 李志国 （6月以后）	
132	密克罗尼西亚联邦	1989年9月11日	杨强、 刘菲（女） （11月以后）	
133	纳米比亚共和国	1990年3月22日	梁银柱	
134	沙特阿拉伯王国	1990年7月21日	武春华	
135	新加坡共和国	1990年10月3日	张云	
136	爱沙尼亚共和国	1991年9月11日	宏九印、 谢俊平（女） （4月以后）	
137	拉脱维亚共和国	1991年9月12日	张利民	
138	立陶宛共和国	1991年9月14日	杨秀萍（女）	
139	文莱达鲁萨兰国	1991年9月30日	杨燕怡（女）	
140	乌兹别克斯坦共和国	1992年1月2日	于洪君	
141	哈萨克斯坦共和国	1992年1月3日	张喜云	
142	乌克兰	1992年1月4日	高玉生	
143	塔吉克斯坦共和国	1992年1月4日	李惠来	
144	吉尔吉斯共和国	1992年1月5日	张延年	
145	土库曼斯坦	1992年1月6日	鲁桂成	
146	白俄罗斯共和国	1992年1月20日	吴虹滨	

续表

序号	国名	建交日期	中国在任使节	备注
147	以色列国	1992 年 1 月 24 日	陈永龙	
148	摩尔多瓦共和国	1992 年 1 月 30 日	宫建伟	
149	阿塞拜疆共和国	1992 年 4 月 2 日	张海舟	
150	亚美尼亚共和国	1992 年 4 月 6 日	左学良	
151	斯洛文尼亚共和国	1992 年 5 月 12 日	王富元	
152	克罗地亚共和国	1992 年 5 月 13 日	吴正龙	
153	格鲁吉亚	1992 年 6 月 9 日	王开文	
154	大韩民国	1992 年 8 月 24 日	宁赋魁	
155	捷克共和国	1993 年 1 月 1 日	唐国强、霍玉珍（女）（6 月以后）	
156	斯洛伐克共和国	1993 年 1 月 1 日	黄忠坡	
157	厄立特里亚国	1993 年 5 月 24 日	黄永安、舒展（2 月以后）	
158	马其顿共和国	1993 年 10 月 12 日	张万学、董春风（8 月以后）	
159	安道尔公国[9]	1994 年 6 月 29 日	邱小琪（兼）	
160	摩纳哥公国[10]	1995 年 1 月 16 日	李小苏（女，兼）、赵进军（兼）（2 月以后）	
161	波斯尼亚和黑塞哥维那	1995 年 4 月 3 日	李书元	
162	巴哈马国	1997 年 5 月 23 日	李元明	
163	库克群岛[11]	1997 年 7 月 25 日	张援远（兼）	
164	圣卢西亚	1997 年 9 月 1 日	古华明	
165	南非共和国	1998 年 1 月 1 日	刘贵今	
166	汤加王国	1998 年 11 月 2 日	胡业顺	
167	东帝汶民主共和国	2002 年 5 月 20 日	陈笃庆、苏健（3 月以后）	
168	多米尼克国	2004 年 3 月 23 日	叶大波、邓波清（11 月以后）	
169	黑山共和国[12]	2006 年 7 月 6 日	李满长（12 月起）	

注释：

①1949年10月3日系中国与前苏联建交日。1991年12月27日，国务委员兼外长钱其琛致电俄罗斯外长，宣布中华人民共和国承认俄罗斯联邦政府并决定中华人民共和国驻前苏联大使改任驻俄罗斯大使。

②中华人民共和国同列支敦士登公国1950年9月14日建交。1988年9月，中国驻苏黎世兼驻列支敦士登公国领事馆开馆，中国首次向列国派驻总领事，由中国驻苏黎世总领事兼任。

③2003年2月4日，南斯拉夫联盟共和国将国名改为塞尔维亚和黑山。2006年6月3日，黑山共和国独立，塞尔维亚共和国继承塞黑国际法主体地位。6月14日，中国外交部照会塞外交部，宣布中国驻塞尔维亚和黑山特命全权大使转任驻塞尔维亚共和国特命全权大使，驻塞黑使馆同时更名。

④由于索马里国内原因，中国驻索马里外交人员自1991年撤离后迄今未返索。

⑤中国驻意大利大使兼任驻圣马力诺大使。

⑥中国驻斯里兰卡大使兼任驻马尔代夫大使。

⑦中华人民共和国同乍得共和国1972年11月28日建交，1997年8月15日中止外交关系，2006年8月6日复交。

⑧中国驻突尼斯大使兼任驻巴勒斯坦大使。

⑨中国驻西班牙大使兼任驻安道尔公国大使。

⑩中华人民共和国同摩纳哥公国自1995年1月16日起建立领事关系，中国驻马赛总领事兼任驻摩纳哥总领事。2006年2月升格为大使级外交关系，中国驻法国大使兼任驻摩纳哥大使。

⑪中国驻新西兰大使兼任驻库克群岛大使。

⑫中华人民共和国同黑山共和国2006年7月6日建交。原中国驻波德戈里察总领馆升格为中国驻黑山大使馆。

四、中华人民共和国常驻联合国、驻其他国际组织代表团名称、驻地和 2006 年常驻代表、团长一览表

名　　称	驻地	常驻代表
中华人民共和国常驻联合国代表团	纽约	王光亚大使
中华人民共和国常驻联合国日内瓦办事处和瑞士其他国际组织代表团	日内瓦	沙祖康大使
中华人民共和国常驻联合国维也纳办事处和其他国际组织代表团	维也纳	吴海龙大使、唐国强大使（5 月以后）
中华人民共和国驻欧盟使团	布鲁塞尔	关呈远大使

五、中国与外国互设领事机构一览表

（以英文国名字母为序）

1. 中国在外国设立领事机构一览表

(1) 总领事馆

序号	所在国	所在地	协议日期	开馆日期	领区范围	馆长
1	澳大利亚	悉尼	1978.9.18	1979.3.19	新南威尔士州	邱绍芳
2	澳大利亚	墨尔本	1986.6.23	1986.9.11	维多利亚州、塔斯马尼亚州	梁梳根
3	澳大利亚	珀斯	1994.4.15	1994.10.18	西澳大利亚州	李树钢
4	澳大利亚	布里斯班	2006.9.22（升格总领馆）	2005.4（领事馆开馆）	昆士兰州	任共平
5	巴西	圣保罗	1984.8.15	1985.11.4	圣保罗州、巴拉那州、同时兼管未建交国巴拉圭的事务	李姣云
6	巴西	里约热内卢	1991.8.5	1992.6.15	里约热内卢州、米纳斯吉拉斯州、圣埃斯皮里托州、巴伊亚州	严小敏
7	加拿大	温哥华	1973.10.24	1974.11.17	不列颠哥伦比亚省、育空地区	杨强
8	加拿大	卡尔加里	1997.11.28	1998.10.2	阿尔伯塔省、萨斯喀彻温省、西北地区	吴新建
9	加拿大	多伦多	1980.8.25	1984.12.20	安大略省、曼尼托巴省	陈小玲
10	智利	伊基克	1985.4.29	1997.12.30（该馆自2002年4月1日起暂时关闭）	第一行政区、第二行政区	无
11	朝鲜	清津	1986.9.15	1987.7.1	咸境北道、咸境南道、两江道	孙显宇

续表

序号	所在国	所在地	协议日期	开馆日期	领区范围	馆长
12	埃及	亚历山大	1967.7.4	1968.2.5	塞得港省、亚历山大省、伊斯梅利亚省、苏伊士省	詹京保
13	厄瓜多尔	瓜亚基尔	1984.5.17	1984.9.10	瓜亚斯省、马纳维省、洛斯里奥斯省、埃尔奥罗省	刘自发
14	法国	马赛	1980.10.17	1985.12.19	阿尔卑斯滨海省、阿尔代什省、罗纳河口省、加尔省、埃罗省、伊泽尔省、卢瓦尔省、罗纳省、瓦尔省	李小苏
15	法国	斯特拉斯堡	1997.3.21	1998.4.28	阿尔萨斯、洛林、弗朗斯贡地、香槟阿登四个大区的 14 个省	孙树忠
16	法国	里昂	2006.9.13	未开馆	安省、阿尔代什省、德龙省、伊泽尔省、卢瓦尔省、罗讷省、上萨瓦省、萨瓦省、阿列省、康塔尔省、多姆山省、上卢瓦尔省	暂无
17	德国	汉堡	1979.10.24	1984.5.14	汉堡州、不来梅州、下萨克森州、石勒苏益格—荷尔斯泰因州	马晋生
18	德国	慕尼黑	1995.7.13	1997.6.7	巴伐利亚州	杨惠群
19	德国	法兰克福	2003.12.1	2005.6.23	黑森州、北莱茵—威斯特法伦州、巴登—符腾堡州、莱茵兰—普法耳茨州、萨尔州	李海雁
20	印度	孟买	1991.12.13	1992.12.8	孟买市、马哈拉斯特拉邦、卡纳塔克邦	宋德亨
21	印度	加尔各答	2006.11.21	未开馆	西孟加拉邦、奥里萨邦、查提斯加尔邦、贾坎德邦、比哈尔邦	暂无
22	意大利	米兰	1979.11.6	1985.6.11	伦巴第大区、艾米利亚—罗马涅大区、皮埃蒙特大区、威尼托大区	张利民

续表

序号	所在国	所在地	协议日期	开馆日期	领区范围	馆长
23	意大利	佛罗伦萨	1997.11.3	1998.6.1	托斯卡纳大区、翁布里亚大区、马尔凯大区、利古里亚大区	李润甫
24	日本	大阪	1975.8.15	1976.3.8	大阪府、京都府、兵库县、奈良县、和歌山县、滋贺县、三重县、爱媛县、香川县、高知县、德岛县、岛根县、鸟取县、广岛县、冈山县	罗田广
25	日本	札幌	1980.2.1	1980.9.10	北海道、青森县、秋田县、岩手县	齐江
26	日本	福冈	1984.12.26	1985.5.4	福冈县、佐贺县、大分县、熊本县、鹿儿岛县、宫崎县、冲绳县、山口县	武亚朋
27	日本	长崎	1984.12.26	1985.5.4	长崎县	王昆
28	列支敦士登	瓦杜兹	1950.9.14	1988.9.15	全国	陆文杰
29	马来西亚	古晋	1993.10.18	1994.8.3	沙捞越州、沙巴州、纳闽联邦辖州	张铁根
30	墨西哥	蒂华纳	1984.10.10	1985.8.15	北下加利福尼亚州、南下加利福尼亚州、奇瓦瓦州、索诺拉州	孙鹤
31	缅甸	曼德勒	1993.4.28	1994.8.22	曼德勒省、克钦邦、掸邦	段稚荃
32	尼日利亚	拉各斯	2003.8.27	2003.9.3	拉各斯州、奥约州、奥贡州、奥雄州、埃基提州、翁多州、科吉州、埃多州、三角州、贝耶尔萨州、阿南布拉州、依莫州、河流州、埃努古州、阿比亚州、阿夸依邦州、纳萨拉瓦州、贝努埃州、埃邦州、十字河州、塔拉巴州	袁文进
33	新西兰	奥克兰	1991.5.9	1992.6.15	奥克兰区、怀卡托区、北部区	马崇仁

续表

序号	所在国	所在地	协议日期	开馆日期	领区范围	馆长
34	巴基斯坦	卡拉奇	1966.5.16	1966.8.5	卡拉奇省、信德省、俾路支省	孙春业
35	菲律宾	宿务	1994.12.8，我拟扩领至包含达沃总领馆的全部领区，目前正与菲方商谈，迄未获复	1995.10.2	伊洛伊洛省、西内格罗省、保各省、宿务省、东内格罗省、锡基霍尔省、东萨马省、莱特省、北萨马省、西萨马省、南莱特省	崔罗生
36	菲律宾	达沃	1996.11.26	未开馆	巴西兰、苏禄、塔威塔威、北三宝颜、南三宝颜、北阿古桑、南阿古桑、布基农、卡米昆、西米萨米斯、东米萨米斯、北苏里高、南苏里高、北达沃、南达沃、东达沃、南哥打巴托、北哥打巴托、北拉瑙、南拉瑙、马京达瑙、苏丹库达拉省	无
37	波兰	格但斯克	1954.4.7	1958.12.1	格但斯克省、奥尔什汀省、什切青省、艾尔布郎格省、托伦省、斯伍普斯克省、比得哥煦省、伏沃茨瓦维克省	项早生
38	韩国	釜山	1992.12.30	1993.9.6	釜山市、庆尚南道、庆尚北道	田宝珍
39	罗马尼亚	康斯坦察	1978.8.21	1985.12.16	康斯坦察市、康斯坦察县、图尔恰县、加拉茨县、布勒依拉县	
40	俄罗斯	圣彼得堡	1985.6.13	1986.12.10	圣彼得堡市、列宁格勒州、卡累利阿自治共和国、摩尔曼斯克州、普斯科夫州、阿尔汉格尔斯克州、诺夫哥罗德州	田二龙

续表

序号	所在国	所在地	协议日期	开馆日期	领区范围	馆长
41	俄罗斯	哈巴罗夫斯克	1990.9.25	1992.9.9	哈巴罗夫斯克边疆区、滨海边疆区、萨哈林州、阿穆尔州、犹太自治州	范先荣
42	俄罗斯	叶卡捷琳堡	2004.10.14	未开馆	克拉斯诺亚尔斯克边疆区、新西伯利亚州、鄂木斯克州、斯维尔德洛夫斯克州、秋明州、车里雅宾斯克州	谢金英
43	俄罗斯	伊尔库茨克	2006.12.22	未开馆	伊尔库茨克州、布里亚特共和国、赤塔州、图瓦共和国、哈卡斯共和国	暂无
44	沙特阿拉伯	吉达	1992.2.16	1993.4.25	吉达市、塔伊夫市、麦加省、麦地那省	常毅
45	西班牙	巴塞罗那	1985.6.16	1987.4.6	巴塞罗那省、赫罗那省、莱里达省、塔拉戈纳省	高正月
46	南非	开普敦	1997.12.30	1999.2.9	西开普省、东开普省、北开普省	施伟强
47	南非	约翰内斯堡	1997.12.30	1999.2.3	豪登省、自由省	唐庆恒
48	南非	德班	1997.12.30	1999.2.9	夸祖鲁/纳塔尔省	张连云
49	瑞典	哥德堡	1996.7.3	1997.4.7	韦尔姆兰、艾尔夫斯堡、哥德堡—布胡斯、斯卡拉堡、延雪平、哈兰德、克鲁努贝里、克里斯蒂安斯塔德、布莱金厄、马尔默胡斯省	崔惠欣
50	瑞士	苏黎世	1986.6.13	1988.9.15	苏黎世州、沙夫豪森州、图尔高州、圣加伦州、内罗登阿本策尔半州、外罗登阿本策尔半州、格劳宾登州、格拉鲁斯州、施维茨州、楚格州、阿尔高州	陆文杰

续表

序号	所在国	所在地	协议日期	开馆日期	领区范围	馆长
51	泰国	清迈	1988.7.22	1991.4.10	清迈府、清莱府、夜丰颂府、南奔府、南邦府、拍夭府、难府、帕府、程逸府、彭世洛府、素可泰府、达府	彭仁东
52	泰国	宋卡	1993.8.16	1994.7.27	宋卡府、春蓬府、拉廊府、素叻他尼府、攀牙府、普吉府、甲米府、洛坤府、董里府、博他伦府、沙敦府、北大年府、也拉府、陶公府	姚伯民
53	坦桑尼亚	桑给巴尔	1999.1.11	1964.5.24	桑给巴尔地区	张洪铁
54	土耳其	伊斯坦布尔	1984.10.2	1985.7.26	伊斯坦布尔省、特基尔达省、科贾埃利省、布尔萨省、巴尔克西尔省、查纳卡累省、伊兹密尔省、马尼萨省、埃迪尔内省、克尔克拉霍利省	张志良
55	阿拉伯联合酋长国	迪拜	1988.3.14	1989.2.14	迪拜、沙迦、阿治曼、乌姆盖万、哈伊马角、富查伊拉	高有祯
56	英国	曼彻斯特	1985.11.4	1986.6.30	大曼彻斯特郡、泰恩和威尔郡、兰开夏郡、北约克郡、南约克郡、默西赛德郡、西约克郡、达勒姆郡、德比郡	龚建忠
57	英国	爱丁堡	1996.9.3	1997.11.4	苏格兰、北爱尔兰	郭桂芳
58	美国	休斯敦	1979.8.24	1979.11.20	密西西比州、亚拉巴马州、阿肯色州、俄克拉荷马州、佐治亚州、路易斯安那州、佛罗里达州、得克萨斯州	华锦洲
59	美国	旧金山	1979.8.24	1979.12.13	加利福尼亚州北部 48 个县、俄勒冈州、华盛顿州、阿拉斯加州、内华达州	彭克玉

续表

序号	所在国	所在地	协议日期	开馆日期	领区范围	馆长
60	美国	纽约	1981.6.16	1981.12.12	纽约州、新泽西州、康涅狄格州、马萨诸塞州、新罕布什尔州、宾夕法尼亚州、佛蒙特州、缅因州、俄亥俄州、罗德艾兰州	刘碧伟
61	美国	芝加哥	1981.6.16	1985.7.26	伊利诺伊州、印第安纳州、威斯康星州、密歇根州、密苏里州、堪萨斯州、艾奥瓦州、明尼苏达州、科罗拉多州	徐尽忠
62	美国	洛杉矶	1981.6.16	1988.3.2	夏威夷州及美属太平洋岛屿、亚利桑那州、新墨西哥州、加利福尼亚州南部10个县	钟建华
63	越南	胡志明市	1992.11.22	1993.5.28	(待定)	高德可
64	也门	亚丁	1990.5.26	1990.6.1	(待定)	王强
65	印尼	泗水	2005.2.28	2006.11.9	东爪哇省、巴厘省、西努沙登加拉省和东努沙登加拉	傅水根
66	奥地利	萨尔茨堡	1994.6.24	未开馆	萨尔茨堡、克恩顿州、蒂罗尔州、弗拉尔贝格州	无
67	老挝	沙湾拿吉	1991.12.25	未开馆	沙湾拿吉、沙拉湾、占巴塞、色贡、阿速坡、甘蒙	无
68	乌克兰	敖德萨	2005.6.14	未开馆	敖德萨州、尼古拉耶夫州、赫尔松州、基洛沃格勒州、扎波罗热州、顿涅茨克州、克里米亚自治共和国、塞瓦斯托波儿直辖市	孙霖江
69	比利时	安特卫普	1985.6.3	未开馆	安特卫普省、东佛兰德省、西佛兰德省	无

(2) 领事馆

序号	所在国	所在地	开馆日期	领区范围	馆长
1	玻利维亚	圣克鲁斯	1992.5.6	圣克鲁斯省	朱解人
2	喀麦隆	杜阿拉	1993.12.21	滨海省(含杜阿拉)、西南省、西部省、西北省	吴永清
3	哥伦比亚	巴兰基亚	1990.6.26	大西洋省、马格达莱纳省、玻利瓦尔省	徐庆
4	马达加斯加	塔马塔夫	1996.5.17	塔马塔夫省(含塔马塔夫市)和迪耶果—苏瓦雷斯省	陈长江
5	日本	名古屋	2005.9.26	爱知县	李天然
6	菲律宾	拉瓦格	未开馆	科迪勒拉行政区(阿拉布省、阿巴尧省、本格特省、伊夫肴省、卡林巴省、高山省)、第一地区(北伊罗戈省、南伊罗戈省、拉允隆省、班诗兰省)和第二地区(巴坦省、卡加延省、伊莎贝拉省、新比斯开省、基里诺省)	陈来平
7	法国	帕皮提	未开馆	法属波利尼西亚	常东跃

(3) 领事办公室

序号	所在国	所在地	所属(使馆)总领馆	开馆日期
1	埃及	塞得港	驻亚历山大总领馆	1978 年
2	老挝	孟赛	驻老挝大使馆	(未开)
3	俄罗斯	海参崴	驻哈巴罗夫斯克总领馆	2005.3.1
4	韩国	光州	驻韩国大使馆	2005.4.28

2. 外国在中国内地设立领事机构一览表

(1) 总领事馆

序号	国 名	所在地	领 区	开馆时间及其他
1	阿根廷	上海	上海、江苏、浙江、安徽	2000.5.22
2	澳大利亚	上海	上海、江苏、浙江、安徽、江西、湖北	1984.7.2
3	澳大利亚	广州	广东、广西、海南、福建、湖南	1989.2.20
4	奥地利	上海	上海、江苏、浙江、安徽	1994.7.15
5	比利时	上海	上海、江苏、浙江、安徽	1996.10.1
6	比利时	广州	广东	2005.10.10
7	巴西	上海	上海、江苏、浙江	2002.9.30
8	保加利亚	上海	上海、江苏、浙江、安徽、江西、福建	2005.1.25
9	柬埔寨	广州	广东、广西、福建、海南	1998.5.1
10	柬埔寨	上海	上海、江苏、浙江、安徽	1999.7.1
11	柬埔寨	昆明	云南、四川、贵州	2003.9.23
12	柬埔寨	重庆	重庆、湖北、湖南、陕西	2004.12.11
13	柬埔寨	南宁	广西	待开
14	加拿大	上海	上海、江苏、浙江、安徽	1986.4.30
15	加拿大	广州	广东、广西、福建、海南	1994.9.28 (开馆) 1997.11.20 (升格)
16	智利	上海	上海、江苏、浙江、安徽	1996.6.17
17	古巴	上海	上海、江苏、浙江	1990.7.24
18	古巴	广州	广东、广西、海南	待开
19	捷克	上海	上海、江苏、浙江、安徽	1989.2.21
20	朝鲜	沈阳	辽宁、吉林、黑龙江	1986.9.6
21	丹麦	上海	上海、江苏、浙江、安徽、江西	1994.6.20
22	丹麦	广州	广东、广西、福建、海南	1998.9.17
23	厄瓜多尔	上海	上海、江苏、浙江、安徽	待开

续表

序号	国名	所在地	领区	开馆时间及其他
24	埃及	上海	上海、江苏、浙江、安徽	1999.5.1
25	芬兰	上海	上海、江苏、浙江、安徽、江西	1995.11.1
26	芬兰	广州	广东、福建、海南、广西	2004.11.19
27	法国	上海	上海、江苏、浙江、安徽	1980.10.21
28	法国	广州	广东、广西、福建、海南	1997.4.24
29	法国	武汉	湖北、湖南、江西	1998.10.10
30	法国	成都	四川、云南、贵州、重庆	2005.7.18
31	德国	上海	上海、江苏、浙江、安徽	1982.10.15
32	德国	广州	广东、广西、福建、海南	1995.10.1
33	德国	成都	四川、贵州、云南、重庆	2004.9.6
34	希腊	上海	山东、江苏、浙江、福建、安徽、江西、上海	2004.10.12
35	希腊	广州	广东、福建、海南、广西	待开
36	匈牙利	上海	上海、浙江、江苏、安徽	2004.8.16
37	印度	上海	上海、江苏、浙江	1993.1.16
38	印度	广州	广东、福建、湖南、海南、云南、四川、广西	待开
39	印度尼西亚	广州	广东、广西、福建、海南	2002.12.12
40	印度尼西亚	上海	上海、江苏、浙江、安徽、江西	待开
41	伊朗	上海	上海、江苏、浙江、安徽	1989.2.20
42	爱尔兰	上海	上海、江苏、浙江、安徽、江西	2000.8.1
43	以色列	上海	上海、江苏、浙江、安徽	1994.9.8
44	意大利	上海	上海、江苏、浙江、安徽	1985.6.21
45	意大利	广州	广东、广西、福建、海南	1998.11.4
46	日本	上海	上海、江苏、浙江、安徽	1975.9.2
47	日本	广州	广东、海南、福建、广西	1980.3.1
48	日本	沈阳	辽宁、黑龙江、吉林	1985.1.15
49	日本	重庆	重庆、四川、贵州、云南	2005.1.1
50	哈萨克斯坦	上海	上海、江苏、安徽、浙江、江西、福建	2005.3.25

续表

序号	国　名	所在地	领　　区	开馆时间及其他
51	老挝	昆明	云南、广东、广西	1993.11.25
52	卢森堡	上海	上海、江苏、浙江、安徽、福建	待开
53	马来西亚	广州	广东、福建、海南、江西、湖南	1993.10.24
54	马来西亚	上海	上海、江苏、浙江、安徽	1999.12.23
55	马来西亚	昆明	云南、广西、贵州、四川、重庆	2003.11.20
56	墨西哥	上海	上海、江苏、浙江、安徽、湖南、福建、江西	1993.10.18
57	蒙古	呼和浩特	内蒙古自治区	1990.7.10
58	缅甸	昆明	云南、贵州、四川、重庆	1993.9.1
59	尼泊尔	拉萨	未定	1958.5.11
60	荷兰	上海	上海、江苏、浙江、安徽	1994.9.12
61	荷兰	广州	广东、广西、福建、海南	1997.9.18
62	新西兰	上海	上海、江苏、浙江、安徽	1992.7.17
63	挪威	上海	上海、江苏、浙江、安徽、江西、福建	1996.9.4
64	巴基斯坦	上海	上海、江苏、浙江、安徽	待开
65	巴基斯坦	成都	四川、贵州、云南、重庆	待开
66	秘鲁	上海	上海、江苏、浙江、安徽、福建、江西	2002.5.30
67	秘鲁	广州	广东、广西、贵州、海南、云南、湖南	待开
68	菲律宾	厦门	福建、江西	1995.2.28
69	菲律宾	广州	广东、广西、海南、湖南、云南、贵州、四川、重庆	1997.5.26
70	菲律宾	上海	上海、江苏、浙江、安徽、湖北	2002.4.18
71	波兰	上海	上海、江苏、浙江、安徽、福建	1955.6.17
72	波兰	广州	广东、广西、海南	1989.7.22
73	葡萄牙	上海	上海、浙江、江苏、安徽、江西	2005.5.23
74	韩国	上海	上海、江苏、浙江、安徽	1993.6.11
75	韩国	广州	广东、广西、福建、海南	2001.8.28
76	韩国	青岛	山东	1994.9.12

续表

序号	国 名	所在地	领 区	开馆时间及其他
77	韩国	沈阳	辽宁、黑龙江、吉林	2002.12.27
78	韩国	成都	四川、云南、贵州、重庆	2004.10.26
79	韩国	西安	陕西、甘肃、宁夏	2006.6.13
80	罗马尼亚	上海	上海、江苏、浙江、安徽	2000.2.1
81	俄罗斯	上海	上海、江苏、浙江、安徽	1986.12.15
82	俄罗斯	沈阳	辽宁、吉林、黑龙江	1991.5.7
83	俄罗斯	广州	广东、福建、海南、云南、江西、广西	待开
84	塞尔维亚(原塞黑)	上海	上海、江苏、浙江、安徽	1998.7.3
85	新加坡	上海	上海、江苏、浙江、安徽	1992.1.24
86	新加坡	厦门	福建、江西	1995.12.7
87	新加坡	广州	广东、海南、湖南、贵州、云南、广西	待开
88	斯洛伐克	上海	上海、江苏、浙江、福建、安徽、江西	2004.7.30
89	沙特	上海	上海、江苏、浙江、福建	待开
90	南非	上海	上海、山东、江苏、浙江、安徽、福建、广东	2002.11.8
91	西班牙	上海	上海、江苏、浙江	1999.5.7
92	瑞典	上海	上海、江苏、浙江、安徽	1996.9.16
93	瑞典	广州	广东、广西、福建、海南	2002.11.25
94	瑞士	上海	上海、江苏、浙江、安徽	1995.4.25
95	瑞士	广州	广东、福建、海南、广西	2005.8.5
96	泰国	广州	广东、广西、海南	1989.2.12
97	泰国	昆明	云南、贵州、湖南	1994.9.12
98	泰国	上海	上海、江苏、浙江、安徽	1996.10.1
99	泰国	成都	四川、重庆	待开
100	泰国	厦门	福建、江西	待开
101	土耳其	上海	上海、江苏、浙江、安徽	1996.11.6
102	乌克兰	上海	上海、江苏、浙江、安徽、福建、江西	2001.4.4
103	英国	上海	上海、江苏、浙江、安徽	1985.2.11

续表

序号	国　名	所在地	领　　区	开馆时间及其他
104	英国	广州	广东、广西、福建、海南、湖南	1997.1.16
105	英国	重庆	重庆、四川、贵州、云南	2000.3.1
106	美国	上海	上海、江苏、浙江、安徽	1980.4.28
107	美国	广州	广东、广西、福建、海南	1979.8.11
108	美国	沈阳	辽宁、吉林、黑龙江	1984.5.30
109	美国	成都	云南、贵州、四川、西藏、重庆	1985.10.15
110	美国	武汉	河南、湖北、湖南、江西	待开
111	乌拉圭	上海	上海、江苏、浙江、安徽	2003.7.15
112	乌兹别克斯坦	上海	上海、浙江、江苏、安徽、江西、湖南、福建	2005.7.12
113	瓦努阿图	上海	上海、江苏、浙江、安徽	待开
114	委内瑞拉	上海	上海、浙江、江苏、安徽	2005.7.5
115	越南	广州	广东	1993.1.18
116	越南	南宁	广西	2004.8.5
117	越南	昆明	云南	2003.10.16

(2) 领事馆

序号	国　名	所在地	领　　区	达成协议时间
1	加拿大	重庆	重庆、四川,2000.06.21 增贵州、云南	1997.11.28
2	丹麦	重庆	重庆、四川、贵州、云南	2004.11.11
3	墨西哥	广州	广东、广西、海南	2005.8.31
4	蒙古	二连浩特	内蒙古自治区呼伦贝尔市、锡林郭勒盟、兴安盟	2005.9.12 (升格)
5	新加坡	成都	四川	2006.4.13
6	斯里兰卡	上海	上海、浙江、江苏、安徽、湖南、福建	2005.8.30

(3) 领事办公室

序号	国名	所在地	办公室名称	开始对外办公时间及其他
1	日本	大连	日本驻沈阳总领事馆常驻大连办公室	1993.6.1
2	老挝	景洪	老挝驻昆明总领事馆常驻景洪办公室	待开
3	俄罗斯	哈尔滨	俄罗斯驻沈阳总领事馆常驻哈尔滨办公室	待开
4	泰国	西安	泰国驻华大使馆驻西安领事办公室	2006.3.18
5	泰国	南宁	泰国驻广州总领事馆驻南宁领事办公室	2006.4
6	也门	上海	也门驻华大使馆驻上海领事办公室	待开
7	也门	广州	也门驻华大使馆驻广州领事办公室	待开
8	越南	上海	越南驻华大使馆领事部驻上海办公室	待开

(4) 名誉领事

序号	国　名	所在地	领　　区	委派时间及其他
1	几内亚	上海	未定	尚未委派
2	牙买加	上海	上海、浙江、江苏、安徽	2001.4.26
3	马尔代夫	上海	上海	2006.10.27
4	摩纳哥	上海	上海、江苏、浙江、安徽	2002.1.25
5	尼泊尔	上海	未定	2002.12.23
6	尼日尔	广州	未定,名领乌斯马被免职后尼驻华使馆统管全国事务	
7	巴布亚新几内亚	上海	未定	2005.7.15
8	塞舌尔	北京	未定	尚未委派
9	坦桑尼亚	广州	未定	尚未委派

3. 外国在中国香港设立领事机构一览表

(1) 总领事馆

序号	国名	领区	保留(设立)总领馆协议时间	备注
1	安哥拉	香港	2005.6.28	
2	安提瓜和巴布达	香港、澳门	1998.6.19	待开
3	阿根廷	香港 澳门(扩领)	1997.1.31 1999.6.17	
4	澳大利亚	香港 澳门(扩领)	1996.9.26 1999.9.8	
5	奥地利	香港 可在澳门执行职务	1997.6.20	
6	孟加拉国	香港 可在澳门执行职务	1997.1.29	
7	比利时	香港 可在澳门执行职务	1997.2.3	
8	巴西	香港 澳门(扩领)	1996.11.8 1999.12.15	
9	文莱	香港、澳门	2006.7.14	
10	柬埔寨	香港 澳门(扩领)	1997.4.16 2002.2.22	
11	加拿大	香港 可在澳门执行职务	1996.9.19	
12	智利	香港 可在澳门执行职务	1996.11.6 1998.5.6	
13	哥伦比亚	香港 澳门(扩领)	1996.10.21 1999.12.17	
14	捷克	香港 可在澳门执行职务	1997.6.27	
15	丹麦	香港 可在澳门执行职务	1997.6.6	
16	朝鲜	香港	1999.6.1	
17	埃及	香港 澳门(扩领)	1996.11.11 2000.3.31	
18	芬兰	香港 可在澳门执行职务	1996.12.9	

续表

序号	国　名	领　区	保留(设立)总领馆协议时间	备　注
19	法国	香港 可在澳门执行职务	1997.5.15	
20	德国	香港 可在澳门执行职务	1997.6.23	
21	希腊	香港 澳门(扩领)	1997.3.18 1999.11.18	
22	匈牙利	香港、澳门	1998.5.19	
23	印度	香港 可在澳门执行职务	1996.11.29	
24	印度尼西亚	香港	1996.12.6	
25	伊朗	香港 澳门(扩领)	1999.7.5 2005.11.28	
26	以色列	香港 可在澳门执行职务	1997.2.4	
27	意大利	香港 可在澳门执行职务	1997.6.5	
28	日本	香港 可在澳门执行职务	1997.3.29	
29	哈萨克斯坦	香港、澳门	2003.7.2	
30	科威特	香港	1999.6.30	
31	老挝	香港 可在澳门执行职务	1999.4.30	
32	马来西亚	香港 可在澳门执行职务	1997.5.14	
33	墨西哥	香港 澳门(扩领)	1996.11.22 1999.10.29	
34	缅甸	香港 澳门(扩领)	1997.4.25 2000.6.2	
35	尼泊尔	香港 澳门(扩领)	1997.5.20 2001.2.6	
36	荷兰	香港 可在澳门执行职务	1996.11.12	
37	新西兰	香港 可在澳门执行职务	1997.1.22	

续表

序号	国 名	领 区	保留(设立)总领馆协议时间	备 注
38	尼日利亚	香港 可在澳门执行职务	1997.4.28	
39	巴基斯坦	香港 澳门(扩领)	1996.12.1 1999.6.28	
40	秘鲁	香港 可在澳门执行职务	1997.6.23 1999.11.26	
41	菲律宾	香港 澳门(扩领)	1996.11.26 1999.8.30	
42	波兰	香港 可在澳门执行职务	1997.5.19	
43	韩国	香港 可在澳门执行职务	1997.4.24	
44	罗马尼亚	香港、澳门	2003.8.11	
45	俄罗斯	香港 可在澳门执行职务	1997.6.27	
46	沙特阿拉伯	香港 可在澳门执行职务	1998.4.29	
47	新加坡	香港 可在澳门执行职务	1997.2.5	
48	南非	香港 澳门(扩领)	1997.12.30 1999.6.7	
49	西班牙	香港 可在澳门执行职务	1997.6.18	
50	瑞典	香港 可在澳门执行职务	1996.11.3	
51	瑞士	香港 可在澳门执行职务	1997.4.11	
52	泰国	香港 可在澳门执行职务	1997.4.2	
53	土耳其	香港 可在澳门执行职务	1997.5.8	
54	阿联酋	香港	1998.10.29	
55	英国	香港 澳门(扩领)	1996.9.26 1999.10.29	
56	美国	香港 可在澳门执行职务	1997.3.25	

续表

序号	国　名	领　区	保留(设立)总领馆协议时间	备　注
57	委内瑞拉	香港 澳门(扩领)	1996.11.13 1999.10.11	
58	越南	香港 澳门(扩领)	1996.12.19 2003.5.16	

(2) 名誉领事

序号	国　名	领　区	保留(委派)领馆协议时间	备　注
1	阿尔巴尼亚	香港	2003.11.4	
2	巴林	香港	2001.4.5	
3	巴巴多斯	香港	1997.4.30	
4	贝宁	香港	1997.2.28	
5	博茨瓦纳	香港	2006.3.10	
6	布隆迪	香港	2006.2.10	
7	不丹	香港	2004.4.27	
8	喀麦隆	香港	1997.6.2	
9	中非	香港	2001.9.28	
10	刚果(布)	香港	1997.2.26	
11	科特迪瓦	香港	1997.6.2	
12	克罗地亚	香港	2002.5.15	
13	古巴	香港	1996.12.31	
14	塞浦路斯	香港	1997.2.3	
15	吉布提	香港	1997.1.22	
16	刚果(金)	香港	1999.12.29	
17	赤道几内亚	香港	1997.4.8	
18	爱沙尼亚	香港	1998.12.11	
19	埃塞俄比亚	香港、澳门	2002.6.18	
20	厄立特里亚	香港、澳门	2005.8.10	
21	斐济	香港	1997.6.20	

续表

序号	国 名	领 区	保留(委派)领馆协议时间	备 注
22	加蓬	香港	1996.8.22	
23	加纳	香港	1997.5.5	
24	几内亚	香港	1997.5.5	
25	冰岛	香港	1996.12.17	
26	爱尔兰	香港	1997.6.20	
27	牙买加	香港	1997.5.29	
28	约旦	香港	1997.2.3	
29	肯尼亚	香港、澳门	2003.12.9	
30	拉脱维亚	香港	2002.8.12	
31	莱索托	香港	2001.9.5	
32	利比里亚	香港	2004.10.8	
33	立陶宛	香港	1997.5.29	
34	卢森堡	香港	1997.4.23	
35	马达加斯加	香港	1997.5.28	
36	马尔代夫	香港	1997.4.15	
37	马里	香港	1997.4.22	
38	马耳他	香港	1997.4.9	
39	毛里求斯	香港	1997.4.14	
40	摩纳哥	香港	1997.5.6	
41	蒙古	香港	1997.1.27	
42	摩洛哥	香港	1996.12.25	
43	莫桑比克	香港	1997.5.7	
44	纳米比亚	香港 澳门(扩领)	1997.1.30 2000.8.18	
45	尼日尔	香港	1999.3.1	
46	挪威	香港、澳门	2003.9.10	
47	阿曼	香港	1997.4.4	
48	巴布亚新几内亚	香港	1996.7.16	

续表

序号	国名	领区	保留(委派)领馆协议时间	备注
49	卢旺达	香港、澳门	2000.7.26	
50	圣马力诺	香港	2005.7.5	
51	塞舌尔	香港	1997.1.3	
52	斯洛伐克	香港	1997.6.19	
53	斯洛文尼亚	香港 澳门(扩领)	1997.6.20 2006.1.12	
54	斯里兰卡	香港 澳门(扩领)	1997.5.21 2004.8.4	
55	苏里南	香港	1997.2.17	
56	坦桑尼亚	香港、澳门	1998.4.8	
57	多哥	香港	1996.12.19	
58	汤加	香港	2003.1.22	
59	特立尼达和多巴哥	香港	1997.3.24	
60	突尼斯	香港	1997.5.2	
61	乌干达	香港	1999.1.8	
62	乌克兰	香港	2003.8.20	
63	瓦努阿图	香港	1997.1.9	
64	也门	香港	2005.10.24	
65	津巴布韦	香港	2006.2.16	
66	格林纳达	香港	2006.7.27	

4. 外国在中国澳门设立领事机构一览表

(1) 总领事馆

序号	国名	领区	保留(设立)领馆协议时间	备注
1	安哥拉	澳门	2006.7.26 (达成协议)	待开
2	菲律宾	澳门	2000.9.25	待开
3	葡萄牙	澳门、香港	1999.7.28	

(2) 名誉领事

序号	国名	领区	保留(委派)名领协议时间	备注
1	不丹	澳门	2000.1.12	
2	佛得角	澳门	2000.10.11	
3	爱沙尼亚	澳门	1999.8.25	
4	法国	澳门	1999.12.14	
5	几内亚	澳门	1999.5.24	
6	几内亚比绍	澳门	1999.11.22	
7	马里	澳门	1999.3.18	
8	莫桑比克	澳门	1999.4.12	
9	尼日尔	澳门	2002.7.30	
10	秘鲁	澳门	1999.11.26	
11	苏里南	澳门	1999.11.16	
12	英国	澳门	1999.10.29	
13	格林纳达	澳门	2005.4.26	

六、中国与外国签订互免签证协议一览表

截至2006年底，中国与下列国家（以协议国名的汉语拼音排序）达成了互免（*1）持特定护照人员签证的协定：

1. 中国政府和外国政府互免签证协议一览表

序号	协议国	互免签证的证件类别	生效日期
1	阿尔巴尼亚	外交、公务（特别）护照	1956.8.25
2	阿根廷	外交、公务（官员）护照	1993.8.14
3	阿塞拜疆	外交、公务、因公普通护照	1994.2.10
		团体旅游	1994.5.1
4	埃及	外交、公务（特别）护照	*4
5	巴基斯坦	外交、公务（官员）护照	1987.8.16
		因公普通护照	1988.4.30
6	巴西	外交、公务（官员）护照	2004.8.10
7	白俄罗斯	外交、公务护照；团体旅游	1993.3.1
8	保加利亚	外交、公务、因公普通护照	1987.7.17
9	贝宁	外交、公务、因公普通、附有“公务证明”的普通护照	1993.11.6
10	秘鲁	外交、公务（特别）护照	2004.5.12
11	波黑 *2	外交、公务、因公普通护照、标有“因公”字样的普通护照	1980.1.9
12	波兰	外交、公务护照、海员证、机组人员证件	1992.7.27
13	玻利维亚	外交、公务（官员）护照	1987.11.15
14	朝鲜	外交、公务护照	1956.10.1
		因公普通、因公团体护照	1965.1.1
15	赤道几内亚	外交、公务（官员）护照	2006.1.1

续表

序号	协议国	互免签证的证件类别	生效日期
16	俄罗斯	团体旅游	2000.12.1
		外交护照，随车执行公务的国际列车乘务员、指定定期机组人员、持海员证执行公务船员	2001.5.25
17	厄瓜多尔	外交、公务（官员）护照	1987.7.11
		因公普通（特别）护照	1988.4.30
18	菲律宾	外交、公务（官员）护照（限临时访问人员）	2005.2.28
19	哥伦比亚	外交护照	1987.11.14
		公务（官员）护照	1991.11.14
20	格鲁吉亚	外交、公务、因公普通护照；团体旅游	1994.2.3
21	古巴	外交、公务（官员）、因公普通护照	1988.12.23
22	圭亚那	外交、公务（官员）、因公普通护照	1998.8.19
23	哈萨克斯坦	外交、公务护照	1994.2.1
24	黑山	外交、公务、因公普通护照、标有“因公”字样的普通护照	1980.1.9
25	吉尔吉斯	外交、公务护照	2003.6.14
26	柬埔寨	外交、公务护照	2006.9.14
27	克罗地亚	外交、公务（官员）护照	1995.4.9
28	老挝	外交、公务、因公普通、加注有效公务签证的普通护照	1989.11.6
29	立陶宛	外交、公务护照、海员证（随船）	1992.9.14
30	罗马尼亚	外交、公务护照、海员证	1981.9.16
31	马尔代夫	外交、公务护照	1984.11.27
32	马其顿 *2	外交、公务、因公普通护照、标有“因公”字样的普通护照	1994.7.19
33	蒙古	外交、公务、因公普通护照	1989.4.30
34	孟加拉国	外交、公务（官员）、因公普通、加注“政府公务”或“免费”字样的普通护照	1989.12.18
35	缅甸	外交、公务（官员）护照	1998.3.5
36	摩尔多瓦	外交、公务、因公普通、加注“公务”字样的普通护照；团体旅游	1993.1.1

续表

序号	协议国	互免签证的证件类别	生效日期
37	墨西哥	外交、公务（官员）护照	1998.1.1
38	尼泊尔	外交、公务（官员）护照	2006.10.16
39	塞尔维亚 *2	外交、公务、因公普通、加注“因公”字样的普通护照	1980.1.9
40	塞浦路斯	外交、公务护照	1991.10.2
41	塞舌尔	外交、公务护照	1992.2.20
42	圣马力诺	外交、公务、普通护照	1985.7.22
43	斯洛伐克 *3	外交、公务（特别）护照	1956.6.1
44	斯洛文尼亚	外交、公务护照	1994.7.1
45	苏丹	外交、公务、特别、官员护照	1995.10.26
46	塔吉克斯坦	外交、公务、因公普通、加注“公务”字样的普通护照	1993.6.1
47	泰国	外交、公务（官员）护照	2003.10.18
48	坦桑尼亚	外交、公务护照	2005.7.11
49	特立尼达和多巴哥	外交、公务（官员）护照	2006.11.23
50	突尼斯	外交、公务（特别）护照	2006.9.29
51	土耳其	外交、公务（特别）、因公普通护照	1989.12.24
52	土库曼斯坦	外交、公务、因公普通、加注“公务”字样的普通护照；团体旅游	1993.2.1
53	委内瑞拉	外交、公务护照	1989.7.13
54	文莱	外交、公务（官员）护照	2005.6.18
55	乌克兰	外交、公务护照和海员证	2002.3.31
56	乌拉圭	常驻对方国家使领馆人员所持外交、公务（官员）护照	1988.11.7
		外交护照	1994.1.1
57	匈牙利	外交、公务护照	1992.5.28
58	牙买加	外交、公务（官员）护照	1995.6.8
59	亚美尼亚	外交、公务、因公普通、加注“因公”字样的普通护照	1994.8.3

续表

序号	协议国	互免签证的证件类别	生效日期
60	伊朗	外交、公务护照	1989.7.12
61	印度尼西亚	外交、公务护照	2005.11.14
62	约旦	外交、公务（特别）护照	1993.3.11
63	越南	外交、公务、因公普通护照	1992.3.15
64	智利	外交、公务（官员）护照	1986.5.7

注：

*1. 中国公民持特定护照前往有关国家短期旅行一般无需事先申请签证。根据协定要求，免签入境协定国后，允许一般不超过30日停留。如需超过30日停留，应按要求尽快向当地主管机关申请办理签证或居留手续。

*2. 目前适用中国与前南斯拉夫社会主义联邦共和国有关协议。

*3. 目前适用中国与前捷克斯洛伐克共和国有关协议。

*4. 有关协定已经签署，但生效尚需双方在完成法律手续后最后确认。

七、2006年中国参加的多边条约一览表

（包括签署、批准、核准、接受、加入及生效情况）

（截至 2006 年 12 月 31 日）

序号	多边条约名称	签订日期/地点/保存机关	生效日期	中国采取行动情况	备注
1	《乏燃料管理安全和放射性废物管理安全联合公约》	1997 年 9 月 5 日 维也纳 国际原子能机构总干事	2001 年 6 月 18 日	2006 年 4 月 29 日第十届全国人大常委会第二十一次会议决定加入，9 月 12 日交存加入书，12 月 12 日对中国生效	中国政府声明，该公约暂不适用于澳门特区
2	《亚太空间合作组织公约》	2005 年 10 月 28 日 北京 中华人民共和国政府	2006 年 10 月 12 日	2006 年 6 月 29 日第十届全国人大常委会第二十二次会议决定批准，6 月 30 日交存批准书，10 月 12 日对中国生效	
3	《职业安全和卫生及工作环境公约》	1981 年 6 月 22 日 日内瓦 国际劳工组织总干事	1983 年 8 月 11 日	2006 年 10 月 31 日第十届全国人大常委会第二十四次会议决定批准	中国政府声明，该公约暂不适用于香港特区
4	《南极海洋生物资源养护公约》	1980 年 5 月 20 日 堪培拉 澳大利亚政府	1982 年 4 月 7 日	2006 年 9 月 8 日，国务院决定加入，9 月 19 日交存加入书，10 月 19 日对中国生效	中国政府声明，该公约适用于澳门特区，暂不适用于香港特区

续表

序号	多边条约名称	签订日期/地点/保存机关	生效日期	中国采取行动情况	备注
5	《〈防止倾倒废物及其他物质污染海洋的公约〉1996年议定书》	1996年11月7日 伦敦 国际海事组织秘书长	2006年3月24日	2006年6月29日第十届全国人大常委会第二十二次会议决定批准，9月29日交存批准书，10月29日对中国生效	中国政府声明，该议定书适用于香港特区，暂不适用于澳门特区
6	《保护非物质文化遗产公约》	2003年10月17日 巴黎 联合国教科文组织总干事	2006年4月20日	2004年8月28日第十届全国人大常委会第十一次会议决定批准，2004年12月2日交存加入书，2006年4月20日对中国生效	中国政府声明，该公约适用于澳门特区，暂不适用于香港特区
7	《制止向恐怖主义提供资助的国际公约》	1999年12月9日 纽约 联合国秘书长	2002年4月10日	2001年11月13日签署，2006年4月19日交存批准书，公约于2006年5月19日对中国生效	中国政府声明，该公约适用于香港和澳门特区
8	《亚洲地区反海盗及武装劫船合作协定》	2004年11月11日 新加坡 新加坡政府	2006年9月4日	2006年10月27日签署，11月26日对中国生效	中国政府声明，该协定同时适用于香港和澳门特区
9	《反对在体育运动中使用兴奋剂国际公约》	2005年11月18日 巴黎 教科文组织总干事	2007年2月1日	2006年8月17日，国务院决定加入，2006年10月9日交存加入书，2007年2月1日对中国生效	中国政府声明，该公约同时适用于香港和澳门特区
10	《保护和促进文化表现形式多样性公约》	2005年10月20日 巴黎 教科文组织总干事	尚未生效	2006年12月29日第十届全国人大常委会第二十五次会议决定批准	

续表

序号	多边条约名称	签订日期/地点/保存机关	生效日期	中国采取行动情况	备注
11	《世界知识产权组织版权条约》	1996年12月20日 日内瓦 世界知识产权组织总干事	2002年3月6日	2006年12月29日第十届全国人大常委会第二十五次会议决定加入	中国政府声明，该公约暂不适用于香港和澳门特区
12	《世界知识产权组织表演和录音制品条约》	1996年12月20日 日内瓦 世界知识产权组织总干事	2002年5月20日	2006年12月29日第十届全国人大常委会第二十五次会议决定加入	中国政府声明，该公约暂不适用于香港和澳门特区
13	《关于修改2002年6月7日在圣彼得堡（俄罗斯联邦）签署的<上海合作组织宪章>的议定书》	2006年6月15日 上海 上海合作组织秘书处	尚未生效	2006年12月29日第十届全国人大常委会第二十五次会议决定批准	
14	《中华人民共和国、越南社会主义共和国和老挝人民民主共和国关于确定三国国界交界点的条约》	2006年10月10日 北京 尚未生效			

八、2006年中国与外国签订的主要双边条约一览表

序号	名　　称	签订日期	签订地点
1	中华人民共和国和哈萨克斯坦共和国联合公报	2006年1月11日	阿斯塔纳
2	中华人民共和国政府和塞内加尔共和国政府经济技术合作协定	2006年1月12日	达喀尔
3	中华人民共和国政府和圭亚那合作共和国政府关于中国延长派遣医疗队的议定书	2006年1月13日	乔治敦
4	中华人民共和国政府和马里共和国政府经济技术合作协定	2006年1月13日	巴马科
5	中华人民共和国政府和斐济群岛共和国政府经济技术合作协定	2006年1月15日	苏瓦
6	中华人民共和国政府和利比里亚共和国政府经济技术合作协定	2006年1月16日	蒙罗维亚
7	中华人民共和国政府和利比里亚共和国政府经济技术合作协定	2006年1月16日	蒙罗维亚
8	中华人民共和国政府和尼日利亚联邦共和国政府经济技术合作协定	2006年1月16日	阿布贾
9	中华人民共和国政府和几内亚比绍共和国政府经济技术合作协定	2006年1月17日	比绍
10	中华人民共和国政府和毛里求斯共和国政府经济技术合作协定	2006年1月19日	路易港
11	中华人民共和国政府和意大利共和国政府关于防止盗窃、盗掘和非法进出境文物的规定	2006年1月20日	北京
12	中华人民共和国政府和沙特阿拉伯王国政府关于石油、天然气、矿产领域开展合作协定	2006年1月23日	北京
13	中华人民共和国政府和沙特阿拉伯王国政府关于对所得和财产避免双重征税和防止偷漏税的协定	2006年1月23日	北京
14	中华人民共和国政府和多哥共和国政府经济技术合作协定	2006年2月13日	北京
15	中华人民共和国政府和缅甸联邦政府经济技术合作协定	2006年2月14日	北京

续表

序号	名　　　称	签订日期	签订地点
16	中华人民共和国政府和巴基斯坦伊斯兰共和国政府关于扩大和深化双边经济贸易合作的框架协定	2006 年 2 月 20 日	北京
17	中华人民共和国政府和巴哈马政府经济技术合作协定	2006 年 2 月 21 日	拿骚
18	中华人民共和国和亚洲开发银行关于福州市水环境项目贷款协定	2006 年 2 月 23 日	马尼拉
19	中华人民共和国和亚洲开发银行关于河南海河流域水污染治理项目贷款协定	2006 年 2 月 23 日	马尼拉
20	中华人民共和国政府和巴布亚新几内亚政府关于中国向巴布亚新几内亚派遣医疗队的换文	2006 年 2 月 25 日	莫尔斯比港
21	中华人民共和国政府和利比里亚共和国政府经济技术合作协定	2006 年 3 月 13 日	蒙罗维亚
22	中华人民共和国政府和斯里兰卡民主社会主义共和国政府经济技术合作协定	2006 年 3 月 15 日	科伦坡
23	中华人民共和国政府和尼泊尔政府经济技术合作协定	2006 年 3 月 16 日	加德满都
24	关于 1997 年的“中华人民共和国政府和俄罗斯联邦政府关于建立中俄总理定期会晤机制及组织原则的协定”的议定书	2006 年 3 月 21 日	北京
25	中华人民共和国和俄罗斯联邦联合声明	2006 年 3 月 21 日	北京
26	中华人民共和国政府和突尼斯共和国政府文化协定（2006 年 - 2008 年合作计划）	2006 年 3 月 24 日	北京
27	中华人民共和国政府和布隆迪共和国政府关于中华人民共和国派遣医疗队赴布隆迪工作的议定书	2006 年 3 月 28 日	布琼布拉
28	中华人民共和国政府和土库曼斯坦政府关于实施中土天然气管道和向中国出售天然气的总协议	2006 年 4 月 3 日	北京
29	中华人民共和国和亚洲开发银行关于四川雅泸公路项目贷款协定	2006 年 4 月 3 日	马尼拉
30	中华人民共和国和土库曼斯坦联合声明	2006 年 4 月 3 日	北京
31	中华人民共和国政府和澳大利亚联邦政府核材料转让协定	2006 年 4 月 3 日	堪培拉
32	中华人民共和国和亚洲开发银行关于郑州至西安铁路项目贷款协定	2006 年 4 月 3 日	马尼拉

续表

序号	名　　称	签订日期	签订地点
33	中华人民共和国政府和土库曼斯坦政府关于中国向土库曼斯坦提供优惠贷款的框架协议	2006年4月3日	北京
34	中华人民共和国政府和菲律宾共和国政府关于中国向菲律宾提供优惠贷款的框架协议	2006年4月4日	马尼拉
35	中华人民共和国政府和斐济群岛共和国政府经济技术合作协定	2006年4月4日	楠迪
36	中华人民共和国政府和斐济群岛共和国政府关于向斐济提供优惠贷款的框架协议	2006年4月4日	楠迪
37	中华人民共和国政府和密克罗尼西亚政府经济技术合作协定	2006年4月5日	楠迪
38	中华人民共和国政府和汤加王国政府经济技术合作协定	2006年4月5日	楠迪
39	中华人民共和国政府和瓦努阿图共和国政府关于促进和保护投资协定	2006年4月5日	楠迪
40	中华人民共和国政府和巴布亚新几内亚独立国政府经济技术合作协定	2006年4月5日	楠迪
41	中华人民共和国政府和库克群岛政府经济技术合作协定	2006年4月5日	楠迪
42	中华人民共和国政府和瓦努阿图共和国政府经济技术合作协定	2006年4月5日	楠迪
43	中华人民共和国政府和萨摩亚独立国政府经济技术合作协定	2006年4月5日	楠迪
44	中华人民共和国政府和也门共和国政府经济技术合作协定	2006年4月6日	北京
45	中华人民共和国政府和也门共和国政府关于中国向也门提供优惠贷款的框架协议	2006年4月6日	北京
46	中华人民共和国政府和柬埔寨王国政府经济技术合作协定	2006年4月8日	金边
47	中华人民共和国政府和柬埔寨王国政府经济技术合作协定	2006年4月8日	金边
48	中华人民共和国和格鲁吉亚关于进一步发展友谊与合作的联合声明	2006年4月11日	北京
49	中华人民共和国政府和格鲁吉亚政府经济技术合作协定	2006年4月11日	北京
50	中华人民共和国政府和厄立特里亚国政府关于提供贷款的框架协议	2006年4月11日	阿斯马拉

续表

序号	名　　称	签订日期	签订地点
51	中华人民共和国政府和阿尔巴尼亚共和国政府经济技术合作协定	2006年4月19日	地拉那
52	中华人民共和国政府和法兰西共和国政府关于农业合作的联合声明	2006年4月21日	巴黎
53	中华人民共和国政府和沙特阿拉伯王国政府安全合作协定	2006年4月22日	利雅得
54	中华人民共和国政府和塞拉利昂政府经济技术合作协定	2006年4月24日	北京
55	中华人民共和国政府和塞拉利昂政府经济技术合作协定	2006年4月24日	北京
56	中华人民共和国政府和摩洛哥王国政府关于中华人民共和国向摩洛哥派遣医疗队工作的协议书	2006年4月24日	拉巴特
57	中华人民共和国政府和摩洛哥王国政府科技合作协定	2006年4月24日	拉巴特
58	中华人民共和国和国际复兴开发银行关于黑龙江奶源基地项目贷款协定和赠款协定	2006年4月26日	华盛顿
59	中华人民共和国和国际复兴开发银行关于可再生能源规模扩大化工期后续项目贷款协定	2006年4月26日	华盛顿
60	中华人民共和国政府和尼日利亚联邦政府经济技术合作协定	2006年4月26日	阿布贾
61	中华人民共和国政府和贝宁共和国政府经济技术合作协定	2006年4月27日	科托努
62	中华人民共和国政府和玻利维亚共和国政府经济技术合作协定	2006年4月27日	拉巴斯
63	中华人民共和国政府和肯尼亚共和国政府经济技术合作协定	2006年4月28日	内罗毕
64	中华人民共和国政府和突尼斯共和国政府关于中国向突尼斯派遣医疗队的议定书	2006年5月11日	北京
65	中华人民共和国政府和突尼斯共和国政府关于互免持外交公务、特别护照人员签证的协定	2006年5月11日	北京
66	中华人民共和国政府和俄罗斯联邦政府关于在额尔古纳河现有界河桥处共同建新桥的协定	2006年5月16日	北京
67	中华人民共和国政府和俄罗斯联邦政府关于成立移民问题联合工作组的议定书	2006年5月16日	北京

续表

序号	名称	签订日期	签订地点
68	中华人民共和国政府和德意志联邦共和国政府2005年度财政合作协议	2006年5月22日	北京
69	中华人民共和国政府和缅甸联邦政府关于禁止非法贩运麻醉品和精神药品的合作协议	2006年5月27日	仰光
70	中华人民共和国政府和格林纳达政府经济技术合作协定	2006年5月31日	圣乔治
71	中华人民共和国政府和厄瓜多尔共和国政府经济技术合作协定	2006年6月2日	北京
72	中华人民共和国政府和厄瓜多尔共和国政府经济技术合作协定	2006年6月2日	北京
73	中华人民共和国政府和多米尼克国政府经济技术合作协定	2006年6月2日	罗索
74	中华人民共和国政府和巴西联邦共和国政府关于加强基础设施领域工程建设合作的协议	2006年6月5日	北京
75	中华人民共和国政府和巴巴多斯政府经济技术合作协定	2006年6月6日	布里奇顿
76	中华人民共和国政府和巴巴多斯政府经济技术合作协定	2006年6月6日	布里奇顿
77	中华人民共和国政府和吉尔吉斯共和国政府经济技术合作协定	2006年6月9日	北京
78	中华人民共和国政府与吉尔吉斯共和国政府知识产权合作协定	2006年6月9日	北京
79	中华人民共和国政府和莫桑比克政府关于中华人民共和国派医疗队赴莫桑比克工作的议定书	2006年6月15日	马普托
80	中华人民共和国政府和阿拉伯埃及共和国政府关于互免持外交和公务、外交和特别护照人员签证的协定	2006年6月17日	开罗
81	中华人民共和国政府和阿拉伯埃及共和国政府关于建设农村小学校的谅解备忘录	2006年6月17日	开罗
82	中华人民共和国政府和阿拉伯埃及共和国政府经济技术合作协定	2006年6月17日	开罗
83	中华人民共和国政府和阿拉伯埃及共和国政府关于中国向埃及提供贷款框架协议	2006年6月17日	开罗
84	中华人民共和国政府和加纳共和国政府经济技术合作协定	2006年6月18日	阿克拉

续表

序号	名　　称	签订日期	签订地点
85	中华人民共和国政府和阿富汗伊斯兰共和国政府经济技术合作协定	2006 年 6 月 19 日	北京
86	中华人民共和国政府和阿富汗伊斯兰共和国政府贸易和经济合作协定	2006 年 6 月 19 日	北京
87	中华人民共和国政府和刚果共和国政府经济技术合作协定	2006 年 6 月 19 日	布拉柴维尔
88	中华人民共和国政府和刚果共和国政府经济技术合作协定	2006 年 6 月 19 日	布拉柴维尔
89	中华人民共和国政府和安哥拉共和国政府经济技术合作协定	2006 年 6 月 20 日	罗安达
90	中华人民共和国政府和安哥拉共和国政府关于建设农村小学校的谅解备忘录	2006 年 6 月 20 日	罗安达
91	中华人民共和国政府和南非共和国政府关于卫生和医学科学谅解备忘录	2006 年 6 月 21 日	开普敦
92	中华人民共和国政府和南非共和国政府文化艺术合作协定 2006 - 2009 年执行计划	2006 年 6 月 21 日	开普敦
93	中华人民共和国和国际复兴开发银行关于经济改革实施项目贷款协定和赠款协定	2006 年 6 月 21 日	北京
94	中华人民共和国政府和塞内加尔共和国政府经济技术合作协定	2006 年 6 月 22 日	北京
95	中华人民共和国政府和坦桑尼亚联合共和国政府和赞比亚共和国政府关于中华人民共和国向坦赞铁路提供专项贷款的协定	2006 年 6 月 22 日	达累斯萨拉姆
96	中华人民共和国政府和坦桑尼亚联合共和国桑给巴尔革命政府经济技术合作协定	2006 年 6 月 22 日	达累斯萨拉姆
97	中华人民共和国政府和坦桑尼亚联合共和国桑给巴尔革命政府经济技术合作协定	2006 年 6 月 22 日	达累斯萨拉姆
98	中华人民共和国政府和日本国政府关于日本向中华人民共和国提供 2005 年度日元贷款的换文	2006 年 6 月 23 日	北京
99	中华人民共和国政府和希腊共和国政府旅游合作协定	2006 年 6 月 23 日	北京
100	中华人民共和国政府和乌干达共和国政府经济技术合作协定	2006 年 6 月 23 日	坎帕拉
101	中华人民共和国政府和苏丹共和国政府文化合作协定 2006 - 2008 年执行计划	2006 年 6 月 24 日	北京

续表

序号	名 称	签订日期	签订地点
102	中华人民共和国政府和几内亚比绍共和国政府关于派遣医疗队赴几内亚比绍工作议定书	2006年6月28日	比绍
103	中华人民共和国政府和汤加王国政府经济技术合作协定	2006年6月30日	努库阿洛法
104	中华人民共和国政府和澳大利亚联邦政府关于打击犯罪的合作谅解备忘录	2006年7月3日	北京
105	中华人民共和国政府和塞舌尔共和国政府关于中华人民共和国派遣医生赴塞舌尔工作的议定书	2006年7月5日	维多利亚
106	中华人民共和国和黑山共和国建立外交关系公报	2006年7月6日	北京
107	中华人民共和国与亚洲开发银行关于广西南宁市城市环境改善项目贷款协定	2006年7月6日	马尼拉
108	中华人民共和国政府和朝鲜民主主义人民共和国政府经济技术合作协定	2006年7月10日	平壤
109	中华人民共和国政府和朝鲜民主主义人民共和国政府关于中华人民共和国向朝鲜提供农用物资的换文	2006年7月10日	平壤
110	中华人民共和国政府和柬埔寨王国政府互免外交和公务人员护照签证协定	2006年7月14日	北京
111	中华人民共和国政府和东帝汶政府关于中华人民共和国派遣医疗队赴东帝汶工作的议定书	2006年7月17日	帝力市
112	中华人民共和国政府和尼日尔共和国政府经济技术合作协定	2006年7月18日	北京
113	中华人民共和国政府和尼日尔共和国政府经济技术合作协定	2006年7月18日	北京
114	中华人民共和国政府和尼泊尔政府经济技术合作协定	2006年7月27日	加德满都
115	中华人民共和国政府和密克罗尼西亚联邦政府经济技术合作协定	2006年7月30日	帕利基尔
116	中华人民共和国政府和科摩罗联盟政府文化协定	2006年7月31日	莫罗尼
117	中华人民共和国和国际复兴开发银行关于长江中上游水土保持项目贷款协定和赠款协定	2006年7月31日	北京
118	中华人民共和国政府和库克群岛政府经济技术合作协定	2006年8月1日	阿瓦鲁阿

续表

序号	名　　称	签订日期	签订地点
119	中华人民共和国政府和伊拉克共和国政府经济技术合作协定	2006 年 8 月 2 日	巴格达
120	中华人民共和国政府和斐济群岛共和国政府经济技术合作协定	2006 年 8 月 4 日	苏瓦
121	中华人民共和国政府和斯洛文尼亚共和国政府经济技术合作协定	2006 年 8 月 13 日	卢布尔雅那
122	中华人民共和国政府和加蓬共和国政府贸易协定	2006 年 8 月 21 日	北京
123	中华人民共和国政府和土库曼斯坦政府经济技术合作协定	2006 年 8 月 21 日	阿什哈巴德
124	中华人民共和国政府和越南社会主义共和国政府经济技术合作协定	2006 年 8 月 22 日	北京
125	中华人民共和国政府和贝宁共和国政府关于中国派遣医疗队赴贝宁工作议定书	2006 年 8 月 22 日	科托努
126	中华人民共和国政府和乌兹别克斯坦共和国政府经济技术合作协定	2006 年 8 月 23 日	塔什干
127	中华人民共和国政府和几内亚共和国政府经济技术合作协定	2006 年 8 月 25 日	北京
128	中华人民共和国政府和几内亚共和国政府经济技术合作协定	2006 年 8 月 25 日	北京
129	中华人民共和国政府和塞尔维亚共和国政府经济技术合作协定	2006 年 8 月 27 日	贝尔格莱德
130	中华人民共和国政府和卢旺达共和国政府经济技术合作协定	2006 年 8 月 29 日	基加利
131	中华人民共和国政府和黑山共和国政府经济技术合作协定	2006 年 8 月 29 日	圣斯泰凡
132	中华人民共和国政府和国际复兴开发银行关于河南中小城市发展项目的贷款协定	2006 年 9 月 1 日	北京
133	中华人民共和国政府和乌拉圭东岸共和国政府经济技术合作协定	2006 年 9 月 4 日	蒙得维的亚
134	中华人民共和国政府和乌拉圭东岸共和国政府经济技术合作协定	2006 年 9 月 4 日	蒙得维的亚
135	中华人民共和国政府和毛里求斯共和国政府关于对所得避免双重征税和防止偷漏税的协定的议定书	2006 年 9 月 5 日	北京
136	中华人民共和国政府和国际移民组织关于在北京设立联络处的协议	2006 年 9 月 5 日	日内瓦

续表

序号	名　　称	签订日期	签订地点
137	中华人民共和国政府和加蓬共和国政府经济技术合作协定	2006年9月7日	利伯维尔
138	中华人民共和国政府和刚果民主共和国政府关于中国向刚果（金）提供优惠贷款的框架协议	2006年9月7日	金沙萨
139	中华人民共和国政府和马尔代夫共和国政府经济技术合作协定	2006年9月12日	北京
140	中华人民共和国政府与瑞典王国政府关于高等教育领域合作的框架协议	2006年9月14日	斯德哥尔摩
141	中华人民共和国政府和塔吉克斯坦共和国政府经济技术合作协定	2006年9月15日	杜尚别
142	中华人民共和国政府和瑞典王国政府经济、工业和技术合作协定	2006年9月15日	斯德哥尔摩
143	中华人民共和国政府和塔吉克斯坦共和国政府联合公报	2006年9月16日	杜尚别
144	中华人民共和国政府和东帝汶民主共和国政府经济技术合作协定	2006年9月23日	澳门
145	中华人民共和国政府和厄立特里亚政府关于中国派遣医疗队赴厄立特里亚工作的议定书	2006年10月12日	阿斯马拉
146	中华人民共和国与国际复兴开发银行关于辽宁中等城市交通发展项目贷款协定	2006年10月18日	北京
147	中华人民共和国政府和突尼斯共和国政府科学技术合作协定	2006年10月19日	突尼斯
148	中华人民共和国政府和罗马尼亚政府经济技术合作协定	2006年10月19日	布加勒斯特
149	中华人民共和国政府和莱索托王国政府关于派遣医疗队赴莱索托工作议定书	2006年10月24日	北京
150	中华人民共和国政府和特立尼达和多巴哥共和国政府关于互免持外交、公务、官员护照人员签证的协定	2006年10月25日	北京
151	中法联合声明共同建设更加安全、繁荣、和谐与团结的世界	2006年10月26日	北京
152	中华人民共和国和国际复兴开发银行关于四川城市环境治理项目贷款协定	2006年10月27日	北京
153	中华人民共和国政府和利比里亚共和国政府经济技术合作协定	2006年11月1日	北京

续表

序号	名　　称	签订日期	签订地点
154	中华人民共和国政府和几内亚比绍共和国政府经济技术合作协定	2006年11月1日	北京
155	中华人民共和国政府和阿尔及利亚人民民主共和国政府经济技术合作协定	2006年11月6日	北京

九、2006年中国与各建交国贸易额一览表*

金额单位：万美元

国家	进出口总额	出口额	进口额	累计比上年同期增减%		
				进出口	出口	进口
亚洲						
阿富汗	10 066	10 047	19	90.9	96.2	-87.7
巴林	34 873	28 392	6 482	36.3	51.8	-6.0
孟加拉国	318 909	309 025	9 884	28.5	28.6	25.7
文莱	31 494	9 963	21 531	20.7	87.5	3.7
缅甸	146 007	120 742	25 265	20.7	29.2	-7.9
柬埔寨	73 290	69 780	3 509	30.1	30.2	28.5
塞浦路斯	35 371	35 072	299	21.9	22.1	5.3
朝鲜	170 015	123 237	46 778	7.6	14.0	-6.3
印度	2 486 084	1 458 241	1 027 843	32.9	63.2	5.2
印度尼西亚	1 905 709	945 031	960 678	13.5	13.2	13.9
伊朗	1 444 587	448 913	995 674	43.3	36.2	46.7
伊拉克	114 464	49 115	65 349	38.9	20.3	57.2
以色列	387 576	256 135	131 441	28.0	31.1	22.4
日本	20 735 592	9 163 920	11 571 672	12.5	9.1	15.2
约旦	103 098	97 775	5 323	13.2	17.5	-32.5
科威特	278 537	86 127	192 410	68.9	37.0	88.5
老挝	21 836	16 872	4 965	69.4	63.2	94.3
黎巴嫩	50 804	49 944	860	6.7	5.8	105.3
马来西亚	3 711 229	1 353 735	2 357 494	20.9	27.6	17.3
马尔代夫	1 600	1 540	60	-5.7	-9.0	2 107.2
蒙古	158 090	43 350	114 740	83.8	35.9	112.1
尼泊尔	26 807	25 979	829	36.5	38.2	-2.5

续表

国家	进出口总额	出口额	进口额	累计比上年同期增减%		
				进出口	出口	进口
阿曼	646 927	33 954	612 973	49.4	77.8	48.1
巴基斯坦	524 690	423 973	100 717	23.1	23.7	20.9
巴勒斯坦	2 807	2 786	21	17.8	18.1	-8.9
菲律宾	2 341 260	573 833	1 767 427	33.3	22.4	37.3
卡塔尔	99 879	43 681	56 198	47.7	114.5	18.9
沙特阿拉伯	2 014 012	505 573	1 508 439	25.3	32.2	23.2
新加坡	4 085 432	2 318 538	1 766 894	23.3	39.4	7.0
大韩民国	13 430 503	4 452 632	8 977 870	20.0	26.8	16.9
斯里兰卡	114 129	110 646	3 483	16.9	17.7	-4.8
叙利亚	140 705	135 636	5 069	55.2	52.6	185.8
泰国	2 772 659	976 417	1 796 243	27.1	24.9	28.4
土耳其	806 949	730 402	76 547	65.5	71.7	23.1
阿拉伯联合酋长国	1 420 589	1 141 003	279 587	31.8	30.7	36.7
也门	303 481	80 226	223 255	-5.6	46.6	-16.3
越南	995 054	746 463	248 591	21.4	32.3	-2.6
东帝汶	1 676	579	1 096	1 215.9	355.2	*
哈萨克斯坦	835 778	475 051	360 727	22.8	21.9	24.0
吉尔吉斯斯坦	222 570	211 279	11 292	128.9	143.6	7.5
塔吉克斯坦	32 378	30 578	1 800	105.0	112.7	26.8
土库曼斯坦	17 858	16 257	1 601	62.4	78.9	-16.1
乌兹别克斯坦	97 209	40 615	56 594	42.8	76.5	25.6
非洲						
阿尔及利亚	209 060	194 748	14 312	18.2	38.7	-60.7
安哥拉	1 182 748	89 419	1 093 330	70.1	139.9	66.1
贝宁	154 130	145 191	8 940	41.1	52.4	-35.9
博茨瓦纳	6 995	6 178	817	11.9	5.6	103.9
布隆迪	1 193	1 018	175	-2.4	-14.4	433.9

续表

国家	进出口总额	出口额	进口额	累计比上年同期增减%		
				进出口	出口	进口
喀麦隆	39 095	19 115	19 980	98.8	47.2	199.3
佛得角	1 009	1 009	0	94.6	94.6	–
中非	1 030	169	861	-35.9	-76.1	-4.2
乍得	27 432	1 414	26 018	33.2	-5.3	36.2
科摩罗	620	620	0	239.1	239.2	17.2
刚果(布)	303 217	24 147	279 070	25.2	66.9	22.5
吉布提	15 533	15 495	38	38.7	39.0	-28.4
埃及	319 252	297 571	21 681	48.8	53.9	2.7
赤道几内亚	257 870	4 111	253 759	77.0	118.6	76.5
埃塞俄比亚	56 278	43 096	13 182	52.2	51.7	53.8
加蓬	88 064	6 388	81 676	124.1	54.8	132.2
加纳	88 274	80 301	7 973	14.9	19.4	-17.0
几内亚	18 777	17 549	1 229	27.5	21.6	309.3
几内亚比绍	568	568	0	-2.0	-2.0	–
科特迪瓦	35 297	22 748	12 549	58.9	66.0	47.5
肯尼亚	64 577	62 136	2 441	36.1	36.0	38.3
利比里亚	53 176	52 983	193	224.6	254.1	-86.4
利比亚	239 806	70 411	169 395	84.2	95.3	79.9
马达加斯加	24 689	22 257	2 432	25.6	21.9	73.7
马里	18 923	7 499	11 424	30.3	13.7	44.2
毛里塔尼亚	51 126	10 924	40 202	552.5	47.0	9 808.0
毛里求斯	20 508	19 775	733	10.5	11.5	-11.5
摩洛哥	192 887	156 952	35 935	30.0	30.1	29.5
莫桑比克	20 774	12 797	7 977	25.9	39.9	8.5
纳米比亚	25 502	13 316	12 186	86.5	120.6	59.5
尼日尔	7 269	7 176	93	114.4	111.7	*
尼日利亚	313 096	285 330	27 766	10.6	23.9	-47.3

续表

国家	进出口总额	出口额	进口额	累计比上年同期增减%		
				进出口	出口	进口
卢旺达	3 429	1 241	2 189	45.7	3.3	89.8
塞内加尔	19 663	18 727	936	39.5	40.7	18.8
塞舌尔	590	530	60	72.9	55.8	6 017.0
塞拉利昂	3 996	3 898	98	24.4	26.7	-28.0
索马里	3 064	2 758	307	56.0	66.5	-0.3
南非	985 620	576 782	408 838	35.6	50.8	18.7
苏丹	335 381	141 033	194 348	-14.2	9.0	-25.7
坦桑尼亚	53 559	38 292	15 268	12.9	26.1	-10.6
多哥	72 571	70 411	2 160	27.3	30.9	-32.2
突尼斯	40 840	35 787	5 053	20.2	21.1	14.6
乌干达	15 559	13 780	1 779	56.6	73.6	-11.1
刚果(金)	43 720	6 877	36 844	93.9	38.3	109.6
赞比亚	37 280	10 256	27 024	24.0	111.5	7.2
津巴布韦	27 532	13 629	13 902	-2.8	8.7	-12.0
莱索托	6 570	6 442	128	17.0	15.4	287.0
厄立特里亚	3 865	3 795	71	369.3	384.7	73.4
欧洲						
比利时	1 421 291	990 921	430 371	21.0	28.0	7.4
丹麦	495 504	364 584	130 920	24.5	30.7	10.0
英国	3 066 959	2 416 321	650 638	25.2	27.3	17.8
德国	7 819 443	4 031 571	3 787 872	23.6	23.9	23.3
法国	2 518 851	1 390 976	1 127 875	22.0	19.5	25.2
爱尔兰	546 348	391 824	154 524	18.6	23.0	8.6
意大利	2 457 657	1 597 340	860 317	32.0	36.7	24.2
卢森堡	218 528	201 594	16 934	-0.2	-1.2	12.3
荷兰	3 451 216	3 086 079	365 137	19.8	19.3	24.8
希腊	228 318	217 887	10 431	12.9	12.6	20.3

续表

国家	进出口总额	出口额	进口额	累计比上年同期增减%		
				进出口	出口	进口
葡萄牙	171 353	135 972	35 381	38.7	49.1	9.3
西班牙	1 449 236	1 148 901	300 334	37.7	36.1	44.3
奥地利	310 568	104 875	205 693	24.6	18.8	27.8
芬兰	808 320	495 838	312 482	29.2	36.7	18.9
瑞典	672 550	327 795	344 755	18.0	27.2	10.4
阿尔巴尼亚	7 895	6 610	1 284	-12.5	-20.6	82.3
安道尔	89	88	0	-72.7	-72.6	-95.5
保加利亚	186 465	178 280	8 185	251.3	303.7	-8.2
匈牙利	398 734	328 801	69 933	39.5	31.9	91.3
冰岛	11 765	7 767	3 999	-3.1	4.0	-14.4
列支敦士登	2 494	1 095	1 399	31.5	18.9	43.5
马耳他	82 564	47 506	35 058	53.2	57.8	47.3
摩纳哥	1 846	902	944	-4.0	-2.4	-5.4
挪威	295 056	170 083	124 973	19.7	28.7	9.2
波兰	467 161	400 443	66 718	48.2	54.3	19.7
罗马尼亚	631 448	608 361	23 087	280.0	344.3	-21.0
圣马力诺	533	520	13	228.4	221.6	2 271.9
瑞士	676 498	250 956	425 542	16.1	28.9	9.7
爱沙尼亚	74 122	45 624	28 498	100.8	46.5	394.2
拉脱维亚	45 312	43 940	1 372	56.1	56.0	60.4
立陶宛	57 147	55 587	1 560	53.5	54.1	35.9
格鲁吉亚	8 526	7 831	695	96.4	92.1	161.4
亚美尼亚	4 149	3 308	841	77.4	43.6	2 293.4
阿塞拜疆	36 866	34 667	2 199	42.9	48.4	-9.9
白俄罗斯	64 450	21 573	42 877	12.7	165.4	-12.6
摩尔多瓦共和国	3 219	3 163	56	-37.6	-38.6	299.9
俄罗斯	3 338 655	1 583 243	1 755 412	14.7	19.8	10.5

续表

国家	进出口总额	出口额	进口额	累计比上年同期增减%		
				进出口	出口	进口
乌克兰	415 984	372 267	43 717	26.9	49.4	-44.3
塞尔维亚和黑山	30 714	30 016	698	38.0	49.3	-67.4
斯洛文尼亚	54 134	44 644	9 490	67.7	68.1	65.8
克罗地亚	93 341	87 838	5 503	51.2	53.1	25.6
捷克共和国	288 178	236 510	51 668	41.3	41.8	39.0
斯洛伐克	91 368	57 728	33 640	85.9	87.2	83.8
马其顿共和国	3 112	2 824	288	-8.9	31.4	-77.2
波斯尼亚和黑塞哥维那	14 418	2 408	12 010	17.2	23.0	16.1
美洲						
加拿大	2 318 317	1 551 663	766 654	21.0	33.1	2.1
美国	26 268 050	20 347 198	5 920 853	24.2	24.9	21.8
安提瓜和巴布达	16 106	16 105	1	9.6	9.6	-
阿根廷	570 406	200 397	370 010	11.3	51.3	-2.6
巴哈马	16 461	16 454	7	5.8	5.8	-63.9
巴巴多斯	7 589	7 560	29	290.8	293.6	39.3
玻利维亚	10 485	5 835	4 650	28.5	15.4	49.8
巴西	2 029 997	737 995	1 292 002	37.0	52.9	29.3
智利	884 490	310 936	573 554	23.9	44.7	14.9
哥伦比亚	175 983	149 600	26 383	55.0	60.8	28.6
多米尼克	6 905	6 086	818	38.1	24.1	765.3
古巴	179 245	126 413	52 831	105.4	98.8	123.0
厄瓜多尔	80 155	71 435	8 720	57.1	52.9	104.1
格林纳达	408	406	2	49.7	49.0	1 572.0
圭亚那	9 919	8 150	1 768	185.2	199.5	133.6
牙买加	53 840	17 963	35 877	65.6	72.6	62.3
墨西哥	1 143 092	882 405	260 687	47.2	59.3	17.1

续表

国家	进出口总额	出口额	进口额	累计比上年同期增减%		
				进出口	出口	进口
秘鲁	391 820	100 852	290 967	35.7	65.6	27.7
圣卢西亚	415	412	3	-88.3	45.7	-99.9
苏里南	4 688	4 294	395	1.9	11.0	-46.1
特立尼达和多巴哥	17 496	16 475	1 021	46.9	64.0	-45.3
乌拉圭	67 265	40 265	27 000	47.5	42.5	55.8
委内瑞拉	433 789	169 804	263 985	102.5	87.0	113.9
大洋洲						
澳大利亚	3 294 580	1 362 515	1 932 065	20.9	23.2	19.3
库克群岛	202	82	120	-65.9	84.9	-78.1
斐济	6 923	6 800	123	52.9	58.1	-46.0
瓦努阿图	1 938	1 832	105	134.2	135.0	121.5
新西兰	293 443	161 978	131 465	9.5	19.7	-0.9
巴布亚新几内亚	51 825	12 640	39 185	37.8	89.8	26.6
汤加	375	374	1	27.6	27.2	897.1
萨摩亚	1 296	1 295	1	116.7	118.0	-71.6
密克罗尼西亚联邦	295	288	7	21.0	19.0	272.9

* 以上统计数字未包括各建交国与中国香港特别行政区、中国澳门特别行政区和中国台湾省的贸易额。

十、2006 年中国接收各建交国留学生情况统计表*

国　　别	长期留学生人数	短期留学生人数	总　数
亚洲			
阿富汗	46	3	49
巴林	22	0	22
孟加拉国	167	42	209
文莱	8	2	10
缅甸	363	175	538
柬埔寨	179	42	221
塞浦路斯	2	2	4
朝鲜	675	40	715
印度	5 533	101	5 634
印度尼西亚	4 469	1 183	5 652
伊朗	168	22	190
伊拉克	81	6	87
以色列	95	93	188
日本	11 510	6 853	18 363
约旦	85	13	98
科威特	5	2	7
老挝	728	105	833
黎巴嫩	31	10	41
马来西亚	1 553	190	1 743
马尔代夫	15	2	17
蒙古	2 454	261	2 715
尼泊尔	2 192	15	2 207
阿曼	18	2	20

续表

国 别	长期留学生人数	短期留学生人数	总 数
巴基斯坦	3 282	26	3 308
巴勒斯坦	102	3	105
菲律宾	835	677	1 512
卡塔尔	1	0	1
沙特阿拉伯	90	7	97
新加坡	801	591	1 392
大韩民国	46 330	11 174	57 504
斯里兰卡	445	4	449
叙利亚	97	7	104
泰国	3 201	2 321	5 522
土耳其	504	116	620
阿拉伯联合酋长国	6	0	6
也门	435	43	478
越南	6 830	480	7 310
东帝汶	3	0	3
哈萨克斯坦	1 594	231	1 825
吉尔吉斯斯坦	531	31	562
塔吉克斯坦	127	13	140
土库曼斯坦	45	4	49
乌兹别克斯坦	179	65	244
非洲			
阿尔及利亚	92	6	98
安哥拉	20	3	23
贝宁	51	4	55
博茨瓦纳	15	3	18
布隆迪	100	8	108
喀麦隆	120	20	140
佛得角	27	0	27

续表

国　　别	长期留学生人数	短期留学生人数	总　数
中非	40	7	47
乍得	22	0	22
科摩罗	12	1	13
刚果(布)	72	10	82
吉布提	17	4	21
埃及	49	35	84
赤道几内亚	82	4	86
埃塞俄比亚	80	48	128
加蓬	83	5	88
加纳	76	21	97
几内亚	46	9	55
几内亚比绍	243	7	250
科特迪瓦	29	4	33
肯尼亚	89	21	110
利比里亚	37	10	47
利比亚	44	3	47
马达加斯加	49	9	58
马里	106	2	108
毛里塔尼亚	36	4	40
毛里求斯	107	25	132
摩洛哥	55	10	65
莫桑比克	28	3	31
纳米比亚	33	8	41
尼日尔	66	2	68
尼日利亚	126	20	146
卢旺达	67	6	73
塞内加尔	38	1	39
塞舌尔	24	5	29

续表

国 别	长期留学生人数	短期留学生人数	总 数
塞拉利昂	61	11	72
索马里	26	0	26
南非	68	28	96
苏丹	135	25	160
坦桑尼亚	301	20	321
多哥	40	4	44
突尼斯	30	3	33
乌干达	74	9	83
刚果(金)	92	30	122
赞比亚	148	32	180
津巴布韦	39	7	46
莱索托	21	4	25
厄立特里亚	9	4	13
欧洲			
比利时	175	205	380
丹麦	139	125	264
英国	754	645	1 399
德国	1 936	1 154	3 090
法国	2 353	1 504	3 857
爱尔兰	56	45	101
意大利	715	682	1 397
卢森堡	6	1	7
荷兰	324	302	626
希腊	31	73	104
葡萄牙	73	73	146
西班牙	384	243	627
奥地利	142	241	383
芬兰	136	153	289

续表

国　别	长期留学生人数	短期留学生人数	总　数
瑞典	495	190	685
阿尔巴尼亚	26	0	26
安道尔			
保加利亚	55	12	67
匈牙利	65	13	78
冰岛	28	53	81
列支敦士登	1	49	50
马耳他	1	0	1
摩纳哥			
黑山	0	2	2
挪威	205	371	576
波兰	145	31	176
罗马尼亚	70	30	100
圣马力诺			
瑞士	261	214	475
爱沙尼亚	13	4	17
拉脱维亚	23	1	24
立陶宛	23	3	26
格鲁吉亚	36	2	38
亚美尼亚	36	2	38
阿塞拜疆	45	13	58
白俄罗斯	88	2	90
摩尔多瓦共和国	29	1	30
俄罗斯	3 165	1 870	5 035
乌克兰	178	39	217
塞尔维亚	41	5	46
斯洛文尼亚	27	20	47
克罗地亚	19	3	22

续表

国别	长期留学生人数	短期留学生人数	总数
捷克	64	14	78
斯洛伐克	28	6	34
马其顿共和国	10	0	10
波斯尼亚和黑塞哥维那	11	2	13
美洲			
加拿大	1 032	734	1 766
美国	4 841	6 943	11 784
安提瓜和巴布达	0	1	1
阿根廷	52	10	62
巴哈马	14	0	14
巴巴多斯	8	0	8
玻利维亚	50	4	54
巴西	226	122	348
智利	51	45	96
哥伦比亚	149	43	192
多米尼克	47	1	48
古巴	103	3	106
厄瓜多尔	64	24	88
格林纳达	23	1	24
圭亚那	8	2	10
牙买加	14	9	23
墨西哥	412	194	606
秘鲁	74	15	89
圣卢西亚	4	1	5
苏里南	9	1	10
特立尼达和多巴哥	4	2	6
乌拉圭	10	2	12
委内瑞拉	67	19	86

续表

国别	长期留学生人数	短期留学生人数	总数
大洋洲			
澳大利亚	603	817	1 420
库克群岛			
斐济	15	9	24
瓦努阿图	4	1	5
新西兰	142	53	195
巴布亚新几内亚	14	2	16
汤加	27	4	31
萨摩亚	10	0	10
密克罗尼西亚联邦	19	2	21

* 本表未包括各建交国在中国香港特别行政区、澳门特别行政区和台湾省就读的留学生人数。

后 记

《中国外交》由外交部政策研究司主编、外交部各地区业务司撰稿、世界知识出版社出版发行，每年出版一卷，向国内外公开发行。

《中国外交》旨在准确、全面地阐述中国的外交政策和中国对国际形势的最新看法，系统、完整地介绍中国上一年度对外关系及外交实践。

《中国外交》2007年版主要介绍2006年的中国外交，文中配有彩色插图，同时发行中文版和英文全译本。

《中国外交》2007年版共分七章。

第一章和第二章主要介绍中国对2006年国际形势的看法和中国的外交工作概况。

第三章主要介绍2006年中国与各建交国家的关系。每个建交国成一节，按各建交国国名的英文字母顺序排列。

第四章主要介绍2006年中国与国际和地区组织的关系以及中国对有关问题的立场及观点。

第五章介绍2006年中国外交中的条约法律工作。

第六章介绍2006年中国外交中的新闻工作。

第七章介绍2006年中国外交中的领事工作。

另外还收录“2006年中国外交重要活动”和“2006年中国外交重要文献”。

最后为附录。

外交部政策研究司

二〇〇七年三月十日

图书在版编目（CIP）数据

中国外交.2007年／中华人民共和国外交部政策研究司编. —北京：世界知识出版社，2007.9

ISBN 978－7－5012－3157－7

Ⅰ.中…　Ⅱ.中…　Ⅲ.外交—概况—中国—2007　Ⅳ.D82

中国版本图书馆CIP数据核字（2007）第061705号

中国外交／2007年版

Zhongguo Waijiao／2007 Nian Ban

责任编辑／陈　平　杨志芬　周宇君　田　非

责任出版／王勇刚

责任校对／张　琨

出版发行／世界知识出版社

地址电话／北京市东城区干面胡同51号　（010）65265919

邮政编码／100010

经　　销／新华书店

排版印刷／世知萨隆文化交流中心　河北新华印刷一厂印刷

开本印张／787×1092毫米　1/16　31印张　16插页　570千字

版次印次／2007年9月第一版　2007年9月第一次印刷

标准书号／ISBN 978－7－5012－3157－7

定　　价／38.00元（平装）